HEILIGE UND HEXER

Alexandra David-Néel

Heilige und Hexer

Glaube und Aberglaube im Lande des Lamaismus

ZWEITE AUFLAGE

F. A. BROCKHAUS · WIESBADEN 1984

Neue Ausgabe der 1936 bei F. A. Brockhaus, Leipzig, erschienenen 3. Auflage, übersetzt aus dem Französischen von Ada Ditzen. – 2. Auflage.

Schutzumschlag nach Entwurf von Wolfgang Walther

CIP-Kurztitelaufnahme der Deutschen Bibliothek

David-Néel, Alexandra:

Heilige und Hexer: Glaube u. Aberglaube im Lande d. Lamaismus
Alexandra David-Néel. –
2. Aufl., Neue Ausg. d. 1936 bei Brockhaus, Leipzig, erschienenen 3. Aufl.,
übers. aus d. Franz. von Ada Ditzen. –
Wiesbaden: Brockhaus, 1984.
Einheitssacht.: Mystiques et magiciens du Tibet «dt.»
ISBN 3-7653-0325-9

V. Nr. W 1648 – ISBN 3-7653-0325-9

Satz und Druck: Druck- und Verlags-Gesellschaft mbH, Darmstadt.

Inhalt

Vorwort

Für den Abendländer ist Tibet von einer fremden, seltsamen Atmosphäre umwittert. Das Land des Schnees wird ihm die Heimat alles Geheimnisvollen, Phantastischen und Unmöglichen.

Alle nur erdenklichen übermenschlichen Kräfte hat man den Lamas, Magiern, Zauberern, all den Nekromanten und Okkultisten zugeschrieben, die dort auf den Hochebenen in einer von der Natur begünstigten und selbstgewollten, weltfernen Einsamkeit hausen.

Die sonderbarsten Legenden werden als unumstößliche Wahrheit hingenommen. Pflanzen, Tiere und Menschen können sich, so scheint es, in diesem Lande ganz nach ihrem Belieben den festbegründeten Gesetzen der Physik, der Chemie, der Physiologie, ja sogar denen des gesunden Menschenverstandes entziehen.

Wir dürfen uns deshalb nicht wundern, wenn der an die strenge Zucht des Experiments gewöhnte Gelehrte sich diese Erzählungen anhört wie Märchen, und bis zu dem Tage, an dem ein glücklicher Zufall mich mit Frau Alexandra David-Néel zusammenführte, dachte ich ebenso.

Die berühmte, kühne Erforscherin Tibets vereinigt in sich alle Eigenschaften des Geistes, des Körpers und des Verstandes, die unumgängliche Vorbedingungen für die Bearbeitung eines solchen Stoffes bilden. Diese Feststellung muß sie sich bei aller ihrer Bescheidenheit schon gefallen lassen.

Frau David-Néel versteht, spricht und schreibt fließend alle Mundarten Tibets. Vierzehn Jahre lang hat sie sich ununterbrochen in dem geheimnisvollen Lande und seinen Grenzgebieten aufgehalten. Sie bekennt sich zum Buddhismus und hat es verstanden, sich das Vertrauen der größten Lamaisten zu erwerben.

Ihr Adoptivsohn ist ein echter Lama, und Frau David-Néel hat sich selbst der geistigen Schulung, von der sie uns berichtet, unterzogen. Sie ist, mit einem Worte, wie sie selbst sagt, vollkommen zur Asiatin geworden und wird als solche von ihrer Umgebung auch anerkannt. Eine Tatsache von höchster Wichtigkeit angesichts der Schwierigkeit, einen Bereich zu erforschen, der sich bislang aller fremden Beobachtung entzog.

Aber bei alledem ist diese Asiatin und vollkommene Tibeterin doch ein Kind des Abendlandes geblieben, und zwar eine Abendländerin aus der Schule von Descartes und von Claude Bernard. Getreu dem einen handhabt sie den philosophischen Zweifel, der ja, wie der andere zu sagen pflegte, das Kopfkissen des Gelehrten bilden soll.

Frau David-Néel hat ihre Beobachtungen in Tibet in völliger geistiger Freiheit und Unbefangenheit angestellt, sie hatte alle vorgefaßten Meinungen abgeschüttelt und sich weder durch eine Lehre, noch durch ein Dogma im voraus festgelegt.

Sie konnte die Vorträge, die sie auf meinen Wunsch von meinem Lehrstuhl im Collège de France aus hielt – er war auch der meines Lehrers Claude Bernard – mit den Worten schließen: »Alles, was nahen oder entfernten Bezug auf die geistigen Vorgänge und auf Kräfte im allgemeinen hat, muß genauso studiert werden wie jede andere Wissenschaft auch. Es gibt da keinerlei Wunder, nichts Übernatürliches, nichts, was Aberglauben erzeugen oder nähren kann. Eine vernünftige und wissenschaftlich geleitete geistige Schulung kann erwünschte Feststellungen herbeiführen. Durch eine derartige Ausbildung erzielte Ergebnisse können folglich selbst dann nützliche Dokumente liefern, die Ihre Aufmerksamkeit verdienen, wenn diese Ausbildung auf empirische Weise stattgefunden hat und auf Theorien fußt, denen wir uns nicht immer anschließen können.«

Das ist, wie man sieht, der wahre wissenschaftliche Determinismus, der übermäßiger Zweifelsucht ebenso fernsteht wie blinder Leichtgläubigkeit.

Dr. d'Arsonval

Mitglied der Académie des Sciences und der Académie de Médecine, Professor am Collège de France, Präsident des Institut général psychologique.

Einleitung

Gleich nach der Veröffentlichung des Berichtes über meine Reise nach Lhasa[1]* wurde sowohl in Besprechungen meines Buches wie auf privatem Wege der Wunsch laut, zu erfahren, wie ich auf den Gedanken gekommen sei, unter den Lamas zu leben. Andere wieder baten mich um Aufklärung über das Verfahren der Mystiker und Okkultisten Tibets.

Ich will versuchen, diese wohlwollende Wißbegierde zu befriedigen, wenn auch der beschränkte Raum, über den ich verfüge, mir diese Aufgabe etwas erschwert.

Um den beiden verschiedenartigen Fragen, die man mir gestellt hat, gerecht zu werden, habe ich zuerst erzählt, welche Umstände mich in Verbindung mit der Welt der lamaistischen Religion und mit den in ihrem Banne lebenden Zauberern gebracht haben.

Ich bin dann zur Gruppierung einer Anzahl hervorspringender Punkte übergegangen, die sich auf die okkulten oder mystischen Theorien und das Verfahren bei der geistigen Schulung der Tibeter beziehen. Jedesmal, wenn ich in dem überreichen Schatz meiner Erinnerungen eine daran anknüpfende Tatsache fand, habe ich sie da, wo sie hingehört, erzählt. Es handelt sich hier also nicht um ein Reisetagebuch; der Gegenstand ist dafür nicht geeignet.

Bei Nachforschungen wie den meinigen können manchmal mehrere Monate oder sogar Jahre vergehen, bis eine vielleicht schon vor langer Zeit erhaltene Belehrung ihre Vervollständigung erhält. Eine richtige Veranschaulichung des behandelten Gegenstandes kann man erst dann geben, wenn man die von verschiedenen Stellen zusammengetragenen Auskünfte als Ganzes zusammenfaßt.

Ich habe übrigens die Absicht, die Frage des Mystizismus und der Philosophie der Tibeter in einer späteren, mehr technisch gehaltenen Arbeit wiederaufzunehmen.

* Zusammenfassung der Anmerkungen auf Seite 254

KAPITEL 1

Die Vorschule

»Also abgemacht! Ich lasse Ihnen Dawasandup als Dolmetscher. Er wird mit uns reisen.«

Ist das ein Mensch, der mit mir spricht? Dies winzige Kerlchen, mit dem gelblichen Teint, in einem orangefarbenen Brokatgewand und mit dem funkelnden Diamantstern an der Mütze – ist es nicht etwa ein von den benachbarten Bergen herabgestiegener Kobold?

Mag er immerhin verkörperter Lama und Thronfolger eines Himalajareiches heißen, ich kann ihn eben jetzt kaum für wirklich halten.

Ich würde mich gar nicht wundern, wenn er mit samt seinem buntscheckigen Gefolge und seinem gelbaufgezäumten Prunkpferd sich wie eine Luftspiegelung auflöste. Er gehört mit zu dem Märchen, in dem ich seit vierzehn Tagen lebe oder wenigstens zu leben glaube. Dieses neue Ereignis paßt ganz genau in den Rahmen meines Traums. Noch ein paar Augenblicke, und ich werde in meinem Bette aufwachen, irgendwo in einem Lande, in dem weder Kobolde noch verkörperte Lamas in schillernden Gewändern spuken, sondern wo die Herren gewöhnliche Straßenanzüge tragen, und in dem normal große Pferde nicht in leuchtend sonnengelbe Stoffe gehüllt einhergehen.

Da schreckt mich ein Paukenwirbel auf, Oboen stimmen eine schwermütige Mollweise an. Der Kobold besteigt sein Prachtroß, die Herren und Diener des Gefolges schwingen sich in den Sattel. »Ich erwarte Sie also«, wiederholt der Fürst-Lama mit gnädigem Lächeln.

Als ob ich jemand anders reden hörte, vernehme ich mein eigenes Versprechen, mich übermorgen in seiner Hauptstadt einzufinden, und mit der Musik an der Spitze entfernt sich die seltsame Reiterschar. Mit den letzten in der Ferne verhallenden Tönen der wehmütigen Melodie schwindet auch die Verzauberung, die mich in ihrem Bann gehalten hatte. »Nein, ich habe nicht geträumt, diese ganze Szene ist Wirklichkeit. Ich bin in Kalimpong, im Himalaja, und neben mir steht der Dolmetscher, der mir gleich bei meiner Ankunft zur Verfügung gestellt worden war.«

Wie ich hierhergekommen bin, habe ich in »Arjopa« erzählt.

Politische Ereignisse hatten den Dalai Lama bewogen, auf britischem Gebiet Zuflucht zu suchen, und sein Aufenthalt an der indischen Grenze schien mir eine einzigartige Gelegenheit, ihn zu sehen und von ihm Angaben über die Natur des in Tibet vorherrschenden Buddhismus zu erhalten.

Wenige Reisende haben dem Mönchkönig in seiner heiligen Stadt, im Lande des Schnees, nahen können, und auch in der Verbannung war es nicht leicht. Bis zu meinem Besuche hatte er sich hartnäckig geweigert, andere Frauen als tibetische bei sich zu empfangen. Mir zuliebe machte er das erstemal eine Ausnahme, und ich kann ruhig annehmen, daß es bei dem einen Mal geblieben ist.

Als ich an einem frischen Frühlingsmorgen, während das Gebirge sich in rosigen Nebel hüllte, Darjeeling verließ, ahnte ich noch keineswegs die außergewöhnlichen Folgen meines Schrittes. Ich glaubte einem kurzen Ausflug und einem interessanten Zusammentreffen entgegenzugehen. In Wirklichkeit aber war es die Einleitung zu Wanderungen, die mich mehr als zehn Jahre lang in Asien festhalten sollten.

Am Anfang dieses langen Weges spielt in meiner Erinnerung der Dalai Lama etwa die Rolle eines gefälligen Wirtes, der den Reisenden am Fuß der Einfriedigungsmauern seines Besitztums umherirren sieht und dem Eindringling nun freundlich selbst den rechten Weg zum Eingang weist. Diese Richtungsangabe lag in den drei Worten: »Lernen Sie Tibetisch.«

Glaubt man seinen Untertanen, die ihn den Allwissenden nennen (Ahamstehed mykénpa), so wußte der Herrscher Tibets, was für Folgen dieser Rat für mich haben würde. Er hätte mich dann selbst nicht nur Lhasa, seiner verbotenen Stadt, zugeführt – das hätte noch nicht viel sagen wollen –, sondern mir den Weg zu den mystischen Meistern und den unbekannten, noch weit unzugänglicheren Magiern gezeigt, die sein wundersames Land birgt.

In Kalimpong hielt der Lama-König in einem geräumigen, dem Minister des Radscha von Bhutan gehörigen Landhaus Hof. Um der Behausung einen majestätischen Anstrich zu geben, hatte man durch zwei von der Straße abzweigende Reihen hoher Bambusstangen eine Allee angedeutet. Jede Stange trug entweder eine Fahne mit dem Aufdruck: »Om mani padme hum«, oder dem »Pferd der Luft«, umgeben von magischen Formeln. Ich glaube, damals war die tibetische Nationalstandarte, ein goldener Löwe auf karmesinrotem Grunde, noch nicht erfunden.

Der Hofstaat des verbannten Gebieters war zahlreich, und die Dienerschaft belief sich auf mehr als hundert Leute. Für gewöhnlich gab sich alles dem Dolcefarniente hin, und die größte Ruhe, nur durch endloses Geschwätz verschönt, herrschte im Umkreis des Großlamas. An Fest- oder Empfangstagen aber schwärmte es überall von der lauten, geschäftigen Menge der Würdenträger und Dienstboten. Sie drängten sich an allen Türen, zeigten sich an allen Fenstern und wimmelten in der Umgebung umher. Alles hastete, stürzte, schrie, und in ihren schmierigen Gewändern sahen sie sich alle oft so ähnlich, daß einem Fremden leicht peinliche Mißverständnisse begegnen konnten.

Wo waren die Feierlichkeit, die Etikette und die Pracht des Potala geblieben? Niemand, der mit ansah, wie hier am Wegrand der Herrscher Tibets darauf wartete, daß treue Untertanen den Thron für ihn zurückeroberten, hätte den früheren Hof von Lhasa wiedererkannt.

Die britische Expedition, die trotz der Zaubereien und Beschwörungen der hervorragendsten Hexenmeister mit Gewalt in das verbotene Gebiet eingedrungen war und in seiner Hauptstadt herumstolzierte, wird den Dalai Lama wohl davon überzeugt haben, daß die ausländischen Barbaren stärker waren als er. Vermutlich hatte er während einer Reise durch Indien auch Gelegenheit gehabt, die technischen Errungenschaften der Neuzeit kennenzulernen, die ihm beweisen mußten, wie geschickt die Weißen in der Dienstbarmachung und Formung der Materie waren. Unerschüttert war aber sein Glaube an die geistige Minderwertigkeit der weißen Rasse geblieben, und darin teilte er nur die allgemeine Ansicht aller Asiaten, von Ceylon bis zu den nördlichen Grenzen der Mongolei.

Daß eine Europäerin in buddhistischen Lehren erfahren sein könnte, schien ihm ein unfaßliches Wunder. Hätte ich mich, während er mit mir sprach, plötzlich verflüchtigt, so wäre er nicht überrascht gewesen. Im Gegenteil, die Wirklichkeit meiner Person war ihm viel erstaunlicher.

Da er aber nun mal seinen Augen trauen mußte, fragte mich der Dalai Lama nach meinem Lehrer; den mußte ich doch haben, und es konnte nur ein Asiate sein. Er fiel aus den Wolken, als ich ihm sagte, daß schon vor meiner Geburt der tibetische Text eines von den Lamas besonders hochgeschätzten buddhistischen Buches ins Französische übersetzt worden war[2].

Er gab die Tatsache nur ungern zu und bemühte sich, wenigstens ihren Wert zu verringern. »Wenn wirklich«, so sagte er, »einige Ausländer auch unsere Sprache erlernt und unsere heiligen Bücher gelesen haben – ihren Sinn haben sie deshalb doch nicht verstanden.«

Diese Äußerung bot mir Gelegenheit zu der Bitte: »Grade weil ich bezweifele, daß gewisse religiöse tibetische Lehren richtig verstanden worden sind, wende ich mich an Sie um Aufklärung.«

Die Antwort gefiel dem Dalai Lama; er ging nicht allein mündlich auf die von mir gestellten Fragen ein, sondern überreichte mir später noch eine Denkschrift mit ausführlicheren Erläuterungen.

Der Fürst von Sikkim mit Gefolge war verschwunden; ich hätte nun eigentlich mein Versprechen halten und mich zur Abreise nach Gangtok rüsten müssen, aber mir lag noch eine andere Sache am Herzen.

Ich hatte den Abend vorher gesehen, wie der Dalai Lama die Pilger gesegnet hatte, wobei mir aufgefallen war, wie ganz anders als in Rom dabei verfahren wurde.

Mit einer einzigen Handbewegung erteilt der Papst einer ganzen Menschenmenge den Segen, die anspruchsvolleren Tibeter verlangen ihn jeder besonders. Bei den Lamaisten gibt es drei verschiedene Abstufungen der Segenspendung, die der Lama nach seinem Ermessen erteilt. Am höchsten steht die Auflegung beider Hände auf das Haupt des Empfängers. Wird nur eine Hand aufgelegt, so ist das schon ein geringerer Grad, und dabei unterscheidet man noch Schattierungen, wie die Berührung mit zwei, oder auch nur mit einem Finger. An letzter Stelle steht der Segen, bei dem das Haupt nur mit einer Art Flederwisch gestreift wird, an dessen Stiel bunte Seitenbänder befestigt sind.

Man sieht, daß bei all diesen Gegenspendungen immer eine unmittelbare oder mittelbare Berührung zwischen dem Lama und dem Gläubigen stattfindet. Und das muß so sein, weil der Lamaist durch den Segen nicht Gottes Gnade auf Menschen oder Sachen herabrufen, sondern ihnen die vom Lama ausströmende Heilkraft einflößen will.

Schon die Größe der Volksmenge, die in Kalimpong zusammengekommen war, um an der kirchlichen Handlung des Dalai Lama teilzunehmen, gab mir einen Begriff davon, welch hohe Achtung er genießt. Mehrere Stunden lang zog die Menge an ihm vorbei, und der endlose Zug der Frommen bestand keineswegs nur aus eingeborenen Lamaisten; es waren darunter auch viele Angehörige hindustanischer Sekten aus Nepal und Bengalen. Auch sah ich mehrere, die ursprünglich nur aus Schaulust gekommen waren, dann aber, einer Art von geheimnisvoller Anziehung unterliegend, sich eiligst der Herde der Gläubigen anschlossen. Noch in meine Beobachtungen versunken, fiel mir ein etwas abseits auf der Erde sitzender Mensch auf, der sein wild zerzaustes Haar turbanartig um den Kopf gewunden hatte, wie das gewisse indische Klausner zu tun pflegen. Wie ein Hindu sah er aber sonst nicht aus, und sein schmutziges, zerlumptes Kleid war das eines lamaistischen Mönches.

Er hatte seinen Bettelsack neben sich stehen, und mir schien, als ob er die Menge mit spöttischem Ausdruck musterte.

Ich machte Dawasandup auf ihn aufmerksam und fragte ihn, ob er eine Ahnung habe, wer dieser Diogenes vom Himalaja sei. »Das muß ein reisender Naldjorpa[3] sein«, antwortete er, und da mein gefälliger Dolmetscher meine Neugier sah, fing er ein Gespräch mit ihm an, von dem er bald, ganz ernst geworden, zu mir zurückkehrte. »Dieser Lama«, berichtete er, »ist ein Bhutani[4], ein peripatetischer Asket. Er wohnt bald hier, bald da, in Höhlen, in verlassenen Häusern oder unter den Bäumen des Waldes. Hier hält er sich nur einige Tage lang in einem kleinen benachbarten Kloster auf.«

An diesen Landstreicher dachte ich, nachdem der Fürst mit seinem Gefolge fortgeritten war. Zeit hatte ich ja, warum sollte ich nicht die Gompa (Kloster), in der er hauste, aufsuchen? Möglich, daß ich ihm dort begegnen würde. Es war vielleicht der Mühe wert, zu erfahren, warum er solch spöttische Blicke auf den Dalai Lama und seine Schäflein geworfen hatte.

Dawasandup, dem ich meinen Wunsch mitteilte, erklärte sich zu meiner Begleitung bereit. Ein kurzer Ritt brachte uns nach der Gompa, die nicht mehr als ein großes Landhaus war.

Im Lhakhang, dem Saal mit den Götterstatuen, fanden wir den Naldjorpa, der, auf einem Kissen vor einem niedrigen Tische sitzend, gerade seine Mahlzeit beendete. Der Tempeldiener brachte auch für uns Polster herbei und bot uns Tee an.

Nun galt es, den wandernden Asketen zum Sprechen zu bringen, wozu er gar keine Lust zeigte. Den Mund voll mit Reis antwortete er auf unsere höfliche Begrüßung kaum durch ein Grunzen.

Ich suchte noch nach einem Gesprächsanfang, als der sonderbare Biedermann lachend einige Worte äußerte, die Dawasandup etwas verlegen zu machen schienen.

»Was sagt er?« fragte ich.

»Verzeihen Sie«, erwiderte der Dolmetscher, »diese Naldjorpas drücken sich manchmal etwas roh aus . . . Ich weiß nicht, ob ich es übersetzen soll. . .«

»Ich bitte Sie darum«, antwortete ich, »ich bin ja hier, um alles zu beobachten, und erst recht alles nur irgendwie Eigenartige.«

»Dann . . . entschuldigen Sie, er sagt: ›Was will diese Gans hier?‹«.

Die Unhöflichkeit dieser Frage überraschte mich nicht eben. Auch in Indien beschimpfen gewisse Sannyasins (Asketen) jeden, der sich ihnen nähert.

»Antworten Sie ihm«, sagte ich Dawasandup, »daß ich gern von ihm erführe, warum er sich über die Menschen lustig machte, die um den Segen des Dalai Lama baten.« »Wie sie sich alle wichtig fühlen und mit ihrem Tun wichtig machen«, murmelte der Naldjorpa zwischen den

Zähnen, »und sind doch nur Insekten, die im Dreck herumkrabbeln . . .«

Das konnte nett werden!

»Nun, und Sie«, fuhr ich fort, »fühlen Sie sich so sicher und ganz außerhalb dieses Schmutzes?«

Er lachte laut.

»Will man sich rein halten, gerät man nur desto tiefer hinein. Ich wälze mich darin wie ein Schwein. Ich verdaue ihn und verwandle ihn in Goldsand oder in reines Quellwasser. Wer's versteht, der kann Gestirne aus Hundedreck formen.«

Der Mann schien Zoten zu lieben; vermutlich wollte er sein Übermenschtum beweisen.

»Warum soll dies fromme Volk denn nicht den Dalai Lama um seinen Segen bitten, wenn er einmal da ist?« fragte ich ihn. »Es sind einfache, brave Leute, wenn auch ihr Geist sich nicht bis zu den höchsten Lehren aufschwingen kann.«

»Damit ein Segen wirksam ist«, unterbrach mich der Naldjorpa, »muß doch sein Spender eine Kraft zu vergeben haben, die auf vielerlei Weisen verwandt werden kann. Wozu braucht denn, wenn er eine solche Kraft besitzt, der ›kostbare Beschützer‹ noch Soldaten, um die Chinesen oder seine andern Feinde zu bekämpfen? Ist er nicht allein Manns genug, alle, die ihm mißfallen, aus Tibet zu vertreiben und das Land mit unsichtbaren und unübersteiglichen Schranken zu umgeben? Der ›im Lotus geborene Guru‹ (Padmasambhava) hatte diese Kraft, und sein Segen beglückt noch immer alle seine Getreuen, wenn er auch selbst jetzt in dem fernen Lande der Rakschasas wohnt.

Ich bin ja nur ein demütiger Jünger, und dennoch . . .«

Der demütige Jünger schien mir übergeschnappt und überdies gehörig eitel, denn sein kurz abbrechendes »dennoch« war von einem vielsagenden Blick begleitet, der keinen Zweifel über den eigentlichen Schluß des Satzes zuließ.

Mein Dolmetscher fühlte sich sichtlich unbehaglich. Er verehrte den Dalai Lama und hörte nicht gern an ihm mäkeln. Andererseits flößte ihm aber der Mann, der »Gestirne aus Hundedreck formen konnte«, abergläubische Furcht ein.

Ich wollte nun gehen, aber da ich von dem Tempeldiener erfuhr, daß der Lama sich morgen wieder auf den Weg machen sollte, reichte ich Dawasandup ein paar Rupien, damit er sie ihm zum Ankauf von etwas Reisevorrat anböte.

Dies Geschenk verstimmte den Naldjorpa; er lehnte es mit den Worten ab, Mundvorräte habe er schon mehr, als er tragen könne.

Dawasandup glaubte aber, darauf bestehen zu sollen, und wollte das

Geld auf den Tisch neben dem Lama legen. Jetzt ging es ihm aber schlecht. Er hatte noch keine drei Schritte auf den Lama zu gemacht, als ich ihn taumeln, zurückprallen und so mit dem Rücken gegen die Wand schlagen sah, als ob er heftig zurückgestoßen worden wäre, wobei er zugleich aufschrie und mit der Hand nach der Magengegend fuhr.

Der Naldjorpa stand auf und verließ hohnlachend das Zimmer.

»Ich bin durch einen furchtbaren Faustschlag zurückgestoßen worden«, sagte mir Dawasandup. »Wie soll ich nur den Zorn des Lamas begütigen?«

»Wir wollen fortgehen«, antwortete ich. »Der Lama hat mit Ihrem Unfall nichts zu tun; vielleicht ist Ihre Herztätigkeit nicht ganz in Ordnung. Sie sollten lieber einen Arzt zuziehen.«

Der Dolmetscher erwiderte nichts, blieb aber blaß und sorgenvoll, und wir kehrten heim, ohne daß es mir gelang, seine Befürchtungen zu zerstreuen.

Bei Tagesanbruch machten wir uns, Dawasandup und ich, auf den Weg nach Gangtok. Wir folgten einem Maultierpfad, der uns zum Himalaja führte, in das heilige Land, das die hindustanischen Sagen so reich mit Weisen, wundertätigen Asketen und Gottheiten bevölkern. Noch haben die Sommerkurorte der Ausländer sein Äußeres nicht ändern können. Nur wenige Kilometer von den großen Hotels, in denen man zum Klange der Jazzband tanzt, behauptet der Urwald seine Rechte. Wenn die Nebel ziehen, so sieht der erschrockene Reisende dort noch immer geisterhafte Baumriesen in langschleppende fahlgrüne Moosgewänder gehüllt, die ihm gespenstisch zuzuwinken scheinen. Von den Tälern mit ihren üppig wuchernden Dschungeln an bis zu den in ewigem Schnee starrenden Gipfeln hinauf ist das ganze Land von einem unsagbar geheimnisvollen Dunstkreis umwittert, und das Zauberwesen, das unter der sich buddhistisch nennenden Bevölkerung eine unumschränkte Herrschaft ausübt, hält sich ganz im Rahmen dieses Bildes. Bönpos, Paos, Bounting und Yabas beiderlei Geschlechtes vermitteln selbst für die kleinsten Dörfer noch den Verkehr mit den Göttern und den Verstorbenen.

Ich übernachtete unterwegs in Pakyong und erreichte am folgenden Morgen Gangtok, wo mich, wenige Kilometer von der dörflichen Hauptstadt entfernt, ein furchtbares Gewitter mit Hagelschlag empfing.

Die Tibeter sehen in den Wettererscheinungen das Werk der Dämonen oder der Magier und halten den Hagelsturm für eine ihrer Lieblingswaffen. Wie sie meinen, wollen die Dämonen dadurch den Pilgern den Besuch der heiligen Stätten erschweren, und die wundertätigen Lamas sollen sich des Unwetters bedienen, um ihre Einsamkeit gegen unerwünschte Besucher zu verteidigen und ihnen lästige Schüler fernzuhalten.

Einige Wochen später vertraute der abergläubische Dawasandup mir an, daß er einen Mopa (Seher) wegen des plötzlich nach einem strahlend hellen Tage ausgebrochenen Unwetters befragt habe, das mit meiner Ankunft zusammenfiel.

Das Orakel hatte gelautet, die örtlichen Gottheiten und die heiligen Lamas seien mir zwar nicht feindlich gesinnt, aber es würde mich dennoch viel Mühe kosten, im »Land der Religion« – so wird Tibet umschrieben – zu verweilen.

Ob der Mopa nun hellsehend war oder nicht: jedenfalls sollte ihm die Zukunft recht geben.

Der Thronfolger von Sikkim, Seine Hoheit Sid-keong Nam-gyal, war ein richtiger Lama. Er war Abt eines Klosters der Sekte der Khagyud-Karma und obendrein ein Tulku[5]; man hielt ihn für die Wiederverkörperung seines Onkels, eines Lamas, der einst als heilig galt.

Wie das die Sitte wollte, hatte er schon als Kind in dem Kloster, zu dessen Leitung er durch die Geburt bestimmt war, das Mönchsgewand angelegt und dort auch einen Teil seiner Jugend verbracht.

Die britischen Behörden hatten ihn dann, mit Übergehung seines älteren Bruders, zum Nachfolger seines Vaters, des Maharadschas, ernannt. Der englische Resident nahm ihn aus dem Kloster und stellte ihn unter die Obhut eines englischgesinnten Hindus, der ihm als Vormund und Lehrer dienen sollte. Ein kurzer Aufenthalt an der Universität Oxford und eine Reise um die Welt unter der Führung eines Herrn aus dem diplomatischen Dienst vollendeten seine etwas buntscheckige Erziehung. Sid-keong Tulku sprach fließend englisch, viel weniger gut dagegen tibetisch, seine Muttersprache. Außerdem konnte er fließend hindustanisch und ein wenig chinesisch sprechen. Das Privathaus, das er sich in den Gärten seines väterlichen Palastes hatte erbauen lassen, sah aus, als ob man einem hübschen englischen Landhaus einen tibetischen Tempel angegliedert hätte. Dem entsprach auch das Innere; das Erdgeschoß war im englischen Geschmack ausgestattet; im ersten Stock waren Betzimmer und Salon tibetisch.

Der junge Fürst war ein offener Kopf; er interessierte sich sogleich für meine Studien und bemühte sich eifrig, sie mir zu erleichtern.

Den Anfang meines Aufenthaltes in Sikkim benutzte ich zum Besuch der zerstreut liegenden Waldklöster. Sie machten mir durch ihre meist herrliche Lage auf den Vorsprüngen der Berge großen Eindruck. Ich dachte mir die ländlichen Gebäude gern von Denkern bewohnt, die allen Ehrgeiz und Kampf der Welt verachten und ihre Tage in der Stille und in tiefem Nachdenken verbringen.

Aber die Wirklichkeit entsprach nicht meinen Vorstellungen. Die Mönche Sikkims sind meist einfache Bauern, die häufig weder lesen noch schreiben können und selbst für den Buddhismus, zu dem sie sich doch angeblich bekennen, keinerlei Interesse zeigen. Übrigens haben sie auch gar keine Zeit dafür. Ihre Klöster sind arm; den Mitgliedern fehlen sowohl Einnahmen wie reiche Wohltäter. So bleibt den Trapas in Ermanglung regelmäßiger Einkünfte oder Gaben, die ihren Unterhalt verbürgen, nichts anderes übrig, als sich das, was sie brauchen, zu erarbeiten.

Ich muß hier eine Erklärung des Wortes Trapa einschalten, da der Ausdruck noch öfter vorkommen wird.

Die ausländischen Schriftsteller nennen alle Angehörigen der lamaistischen Geistlichkeit ohne Unterschied Lamas. Das tut man aber in Tibet selbst nicht. Nur die geistlichen Würdenträger können den Titel Lama, das heißt Oberer, beanspruchen, also die Tulkus, die Äbte der großen Klöster, und die im Besitz der höchsten akademischen Grade befindlichen Mönche. Alle andern Mönche sind nur Trapas, das heißt Schüler, selbst dann, wenn sie die höhere Weihe eines Gelong empfangen haben. Immerhin redet man aus Höflichkeit alle gelehrten Mönche reiferen Alters gewöhnlich mit dem Lamatitel an.

Einzelne Trapas in Sikkim, die bei ihren Kollegen als Gelehrte galten, waren imstande, einige religiöse Ritushandlungen vorzunehmen. Sie lehrten ihrerseits wieder die Novizen liturgische Gebete und wurden dafür entweder mit Lebensmitteln oder mit ein wenig Geld belohnt; oft bezahlten ihre Schüler sie aber auch nur durch persönliche Dienstleistungen.

Die Haupteinnahmequelle aller Mönche bleibt aber die Ausübung des Priesterberufs.

Bekanntlich verbietet der strenggläubige Buddhismus alle religiösen Formeln. Die lamaistischen Schriftgelehrten geben offen zu, daß sie keine geistige Erleuchtung geben können, da diese nur durch geistige Anstrengung erworben werden kann. Jedoch preisen die meisten von ihnen auch die Vornahme von Handlungen an, die andere Zwecke verfolgen, wie z. B. die Heilung von Kranken, äußerliches Wohlergehen, Unterjochung der bösen Geister und Beeinflussung der Verstorbenen im Jenseits.

Die hauptsächliche kirchliche Tätigkeit der Bergmönche vom Himalaja bestand in ihrer Teilnahme an den religiösen Begräbnisfeierlichkeiten, und diese Aufgabe erfüllten sie sichtlich mit Eifer, um nicht zu sagen fast mit Vergnügen.

Bei den Beerdigungen finden nämlich ein oder zwei Schmausereien statt, zu denen die Familie des Toten alle Mitglieder des Klosters, zu dessen Sprengel er gehört, einlädt. Ferner bekommen die in dem Trauerhause amtierenden Trapas als Bezahlung meist noch Geschenke, sei es in Geld oder in Naturalien. Nun ist der Bauernklerus dieser Waldgegend arm und gewöhnlich schlecht ernährt, so daß die armen Teufel oft kaum einen Freudenschrei unterdrücken können, wenn ihnen ein Todesfall bei reichen Leuten ein paar fette Tage verheißt.

Die älteren Männer verstehen meist, diese Gefühle zu verbergen, aber die noch kindlichen Novizen, die das Vieh im Walde zu hüten pflegen, zeigen ihre Freude auf die urwüchsigste Art.

Als ich einmal in der Nähe solcher kleinen Hirten-Mönchlein rastete, trug mir der Wind aus weiter Ferne die verhallenden Töne eines Blasinstrumentes zu. Im Nu standen die spielenden Knaben stockstill und waren ganz Ohr.

»Die Muschelhörner«, sagte einer von ihnen. »Da ist jemand gestorben«, meinte ein anderer.

Dann verstummten sie und sahen sich freudestrahlend an.

»Jetzt gibt's bald Fleisch zu essen!« murmelte einer der Jungen.

Freilich müssen die Lamas in vielen Dörfern den Wettbewerb mit den Zauberern aufnehmen. Dabei geht es aber meist ganz friedlich zu, denn jeder glaubt an die Methode des andern ebenso fest wie an die eigene. Wenn der Lama auch höher geachtet wird als ein Bön-Zauberer, wie die Sektierer genannt werden, die an der alten Religion der Ureinwohner festhalten, wenn er auch mehr Ansehen genießt als ein zur beamteten Geistlichkeit gehöriger Ngags-pa-Magier, so gelten diese wiederum für geschickter in der Behandlung der Dämonen, die auf irgendeine Art einem Lebenden oder dem Geist eines Verstorbenen Übles antun.

Ein unvorhergesehener Umstand verschaffte mir Einsicht in das Verfahren des amtierenden Lamas, wenn er dem Körper des Sterbenden die Seele entlockt, um sie in der andern Welt auf den rechten Weg zu bringen.

Ich kehrte von einem Waldausflug zurück, als ich einen kurzen scharfen Schrei vernahm, der aber keinen der mir bekannten Tierlaute glich. Der gleiche Schrei wiederholte sich kurz darauf noch zweimal, und leise ging ich seiner Richtung nach.

Bald sah ich eine Hütte auftauchen, die mir eine Bodensenkung bisher verborgen hatte. Ich legte mich hinter einem Gebüsch platt auf den Boden und konnte, selbst unbemerkt, von da aus alles beobachten.

Unter den Bäumen saßen zwei Mönche, mit niedergeschlagenen Augen, in tiefes Nachdenken verloren.

»Hik!« rief mit sonderbarer Kopfstimme der eine, und »hik« antwortete gleich darauf der andere.

Und so fuhren sie in langen Zwischenräumen, ohne zu sprechen oder sich zu rühren, mit Schreien fort. Mir fiel auf, daß dieser Schrei sie Mühe zu kosten schien, gleichsam als holten sie ihn aus der Tiefe ihrer Eingeweide hervor. Als ich sie eine gewisse Zeit lang beobachtet hatte, sah ich, wie einer der Männer, einen Ausdruck des Leidens auf seinen Zügen, die Hand an seine Kehle legte. Er wandte den Kopf weg und spuckte etwas Blut.

Sein Gefährte sagte ihm einige mir unverständlich bleibende Worte. Ohne etwas zu erwidern, erhob sich der Mönch und schritt der Hütte zu. Jetzt sah ich, daß auf seinem Scheitel ein langer Strohhalm gerade in die Höhe stand. Was mochte dieser Schmuck zu bedeuten haben?

Ich benutzte den Augenblick, in dem der eine Trapa in die Hütte getreten war und der andere mir den Rücken zukehrte, um mich davonzumachen. Sobald ich seiner habhaft wurde, befragte ich Dawasandup. Was taten diese Leute, und warum stießen sie solch wunderliche Schreie aus?

»Der Schrei«, erklärte mir mein Dolmetscher, »ist der vorgeschriebene Ausruf, den der Lama bei einem eben Verstorbenen erschallen läßt. Die Zaubersilbe verursacht oben am Schädel eine Öffnung, durch die der Geist entweicht und sich vom Körper befreit.

Nur der Lama, der von einem sachverständigen Meister angeleitet worden ist, dieses ›hik‹ mit dem richtigen Ton und der erforderlichen Körperkraft auszusprechen, kann das Verfahren mit Erfolg vornehmen. Übt er sein Amt bei einer Leiche aus, so folgt dem ›hik‹ noch ein ›phet‹; wenn er aber nur einfache Übungen anstellt wie die eben von Ihnen überraschten Mönche, so muß er sich wohl hüten, dies ›phet‹ laut werden zu lassen. Die Verbindung der beiden Töne führt unweigerlich die Trennung von Geist und Körper herbei, und der Lama, der sie bei Übungen beide zusammen richtig ausspricht, würde auf der Stelle tot umfallen. Ist er im Amte, so läuft er keine Gefahr, da er dann in Vertretung des Toten handelte und die Wirkung auf diesen, nicht auf den Lama zurückfällt.«

Nachdem ein sachverständiger Meister den Schülern die geistige Kraft verliehen hat, die Seele von ihrer Körperhülle zu befreien, müssen sie noch lernen, den Laut »hik« richtig auszustoßen. Daß sie dies Ziel erreicht haben, erkennt man, wenn ein in ihr Scheitelhaar gesteckter Strohhalm, beliebig lang, aufrecht darin stehenbleibt. In der Tat bewirkt die richtige Aussprache des »hik« eine kleine Öffnung oben in der Schädeldecke, und in diese steckt man den Strohhalm hinein. Handelt es sich um einen Toten, so kann die Öffnung sogar so weit werden, daß man den kleinen Finger in sie einführen kann.

Dawasandup interessierte sich sehr für alle auf den Tod und das

Überleben eines »Geistes« bezüglichen Fragen. Fünf oder sechs Jahre nachdem er mir diese Aufklärungen gegeben hatte, übersetzte er mir ein klassisches tibetisches Buch über die Wanderungen der Verstorbenen.

Mehrere Ausländer, sowohl britische Beamte wie Orientalisten, haben sich Dawasandups Hilfe bedient und seine Fähigkeiten anerkannt. Ich habe jedoch guten Grund zu glauben, daß sie seine wahrhafte, sehr romantische Persönlichkeit, die er wohl zu verbergen wußte, gar nicht begriffen haben.

Sicher war Dawasandup Okkultist, und in gewissem Sinne auch Mystiker. Er suchte in geheime Verbindung mit den Dakinis[6] und den Schreckensgöttern zu treten. Alles, was sich auf die geheimnisvolle Welt der für gewöhnlich unsichtbaren Wesen bezog, hatte für ihn den stärksten Anreiz. Auch mit dem Mediumismus hätte er sich gern beschäftigt, wurde aber durch die Notwendigkeit des Broterwerbs davon abgehalten, tiefer darin einzudringen.

Er war in Kalimpong geboren, seine Vorfahren stammten aus Bhutan und Sikkim, waren also Berg- und Waldbewohner gewesen. Als Stipendiat besuchte er die für junge Leute tibetischer Herkunft gegründete höhere Schule in Darjeeling. Später trat er in den Dienst der britischen Regierung Indiens und wurde Dolmetscher in Baxe Duar, einem an der südlichen Grenze Bhutans gelegenen Orte.

Dort begegnete er dem Lama, den er sich zum geistigen Führer wählte, und auch ich lernte ihn aus den Erzählungen des ihn hochverehrenden Dawasandup kennen. Er schien mir vielen, die ich gesehen hatte, zu gleichen, mit seinem bißchen Gelehrsamkeit und bißchen Aberglauben, aber auch mit einem Übergewicht von Güte und Barmherzigkeit.

Von seinen Kollegen unterschied ihn nur die Tatsache, daß er einen wahren Heiligen als Guru oder geistlichen Führer gehabt hatte, dessen Tod wohl wert ist, hier erzählt zu werden. Dieser Guru war ein Einsiedler, der sich in einem entlegenen Winkel Bhutans mystischen Betrachtungen widmete, wobei einer seiner Jünger als Diener bei ihm wohnte. Eines Tages kam ein Wohltäter des Einsiedlers zu Besuch und hinterließ ihm eine kleine Summe zum Einkauf von Wintervorräten. Den Jünger packte die Geldgier; er erschlug seinen alten Herrn und entfloh mit seinem Raube.

Der Lama, den er tot geglaubt hatte, erholte sich wieder, aber der Greis litt schreckliche Qualen von den ihm beigebrachten schweren Säbelwunden. Um dieser Tortur zu entgehen, versenkte er sich in tiefe Betrachtungen.

Die tibetischen Mystiker bringen die Gedankenkonzentration auf eine solche Höhe, daß das körperliche Empfinden ganz aufgehoben oder, selbst wenn nur ein geringerer Grad erreicht wird, immerhin sehr abgeschwächt werden kann.

Als ein anderer Jünger den Lama einige Tage nach dem Verbrechen besuchte, fand er ihn, unbeweglich in eine Decke gehüllt, daliegen. Der üble Geruch der bereits vereiterten Wunden und die blutgetränkte Decke erregten seine Aufmerksamkeit, und auf Befragen erzählte ihm sein Meister, was vorgefallen war. Der Schüler wollte nun sofort einen Arzt aus dem nächsten Kloster herbeiholen, aber der Lama verbot es ihm. »Wenn man mich in diesem Zustande findet«, so sagte er, »wird man nach dem Schuldigen suchen. Weit kann er nicht sein, und finge man ihn, so würde er vermutlich zum Tode verurteilt werden. Das kann ich nicht zulassen. Verschweige ich den Vorfall, so lasse ich ihm damit mehr Zeit zur Flucht vor seinen Verfolgern. Sprecht nun nicht mehr mit mir, sondern geht und laßt mich allein. Solange ich in meine Betrachtungen versunken bin, leide ich auch nicht, aber kaum werde ich meines Körpers wieder bewußt, sind meine Schmerzen ganz unerträglich.«

Ein orientalischer Jünger hat volles Verständnis für die Geistesverfassung, aus der solch ein Befehl entspringt, und gehorcht ihm ohne weiteres. Der Mann fiel seinem Guru zu Füßen und zog sich zurück. Einige Tage später starb der Einsiedler einsam in seiner Höhle.

So sehr Dawasandup das Benehmen dieses heiligen Lamas bewunderte, maßte er sich doch nicht an, auf gleicher moralischer Höhe zu wandeln, das gab er demütig zu. Er unterlag aber, wie ich schon gesagt habe, dem Anreiz, mit den Wesen der verborgenen Welt zu verkehren, um sich von ihnen außergewöhnliche Kräfte verleihen zu lassen. Wunder sehen, womöglich Wunder tun, das war sein Traum. Er hatte allen Ehrgeiz, ein Magier zu sein, besaß aber weder das erforderliche Wissen noch die sittliche Kraft dafür.

Für ihn wie für viel zu viele seiner Landsleute wurde die Trunksucht zum Fluch ihres Lebens. Seine natürliche Anlage zum Jähzorn wurde dadurch sehr genährt, und er wäre so um ein Haarbreit zum Mörder geworden.

Solange ich in Gangtok wohnte, hatte ich etwas Einfluß auf ihn. Er gab mir das Versprechen, die allen Buddhisten vorgeschriebene völlige Enthaltsamkeit von sämtlichen gegorenen Getränken wirklich durchzuführen, aber mein trefflicher Dolmetscher hatte nicht die dafür nötige Energie. Er konnte seiner trinkfrohen Umgebung nicht widerstehen, die es für eine berechtigte Eigentümlichkeit eines treuen Jüngers Padmasambhavas[7] hält, sich bis zur Besinnungslosigkeit zu betrinken. Als ich Dawasandup kennenlernte, hatte er den Regierungsdienst verlassen, um Rektor und Lehrer an der tibetischen Schule zu Gangtok zu werden, und in dieser Rolle benahm er sich allerdings unglaublich. Übersetzungen und andere schriftliche Arbeiten, Besuche und lange Plaudereien bei den Lamas, die Vornahme okkulter Handlungen und besonders seine Lesewut – der er übrigens seine Gelehrsamkeit verdankte – hielten ihn davon ab, sich um seine Schule zu bekümmern, die er oft völlig zu vergessen schien.

Wo er ging und stand, auch in dem verschwiegensten Gemach seiner Wohnung, hatte er ein Buch bei sich, geriet über dem Lesen oft in einen Zustand der Verzückung und verlor ganze Stunden lang jedes Bewußtsein davon, wo er eigentlich war.

Es kam vor, daß er einen ganzen Monat hindurch keinen Fuß in das Klassenzimmer setzte und seine Schüler der Obhut eines zweiten Lehrers überließ, der die Nachlässigkeit seines Vorgesetzten gerade so weit nachahmte, wie er das angesichts der Gefahr, abgerufen zu werden, wagen konnte. Die sich selbst überlassenen Knaben taten nichts, als sich spielend in den Wäldern herumzutreiben, und vergaßen dabei das bißchen, was sie gelernt hatten.

Plötzlich kam dann aber ein Tag, an dem Dawasandup mit der strengen Miene des Richters beim Untergang der Welt vor ihnen erschien, und die Kleinen, die aus Erfahrung wußten, was ihnen drohte, zitterten an allen Gliedern.

Zuerst mußten sie sich in einer Reihe vor ihrem Examinator aufpflanzen, dann richtete er an einen der beiden Flügelmänner irgendeine Frage. War die Antwort verkehrt, oder blieb sie ganz aus, so mußte der Zunächststehende die Frage beantworten. Tat er das zur Zufriedenheit, so bekam er den Befehl, dem ersten eine derbe Ohrfeige zu versetzen und dessen Platz einzunehmen.

Der unglückliche Geohrfeigte ward von neuem gefragt, und blieb er wieder stumm, oder war die Antwort wieder verkehrt, so mußte der dritte, falls er sich als klüger erwiesen hatte, ihm eine neue Backpfeife geben und seinen Platz einnehmen.

So konnte ein Pechvogel, ganz verblödet durch die fortgesetzten Züchtigungen, nachdem er ein Dutzend Ohrfeigen eingeheimst hatte, endlich am Ende der Reihe anlagen.

Es kam oft vor, daß mehrere der nebeneinander aufgestellten Schüler ihre Aufgabe nicht hersagen konnten. Dann teilte der Klügste aus der Gruppe ganz allein die Schläge aus, und wenn alle die gleichen Esel waren, übernahm Dawasandup selbst die allgemeine Abstrafung.

Zuweilen zögerte ein Schüler, bevor er seinen Freund ohrfeigte, oder tat nur so, als ob er zuschlüge. Aber dann wehe ihm, Dawasandup paßte gut auf! »Na, Freundchen«, lachte er wild auf, »du weißt wohl nicht, wie man das macht. Komm mal her, ich werde es dich lehren!« Und patsch! fuhr seine Hand auf die Backe des Jungen herab, der gleich tausend Sterne funkeln sah und jetzt, wenn er nicht noch mal diesen Anschauungsunterricht riskieren wollte, die Ohrfeige zur Zufriedenheit seines schrecklichen Lehrers wiederholen mußte.

Manchmal bezog die Strafe sich gar nicht auf den Unterricht. In dieser eigenartigen, ganz führerlosen Schule entdeckte Dawasandups erfinderischer, origineller Geist auch ab und zu Übertretungen von gar nicht vorhandenen Regeln. Dann bewaffnete er sich flugs mit einem Stocke, befahl dem Verurteilten, den Arm lang auszustrecken, dabei die Hand weit offen zu halten, und auf die Handfläche hagelten nun unter lautem Geheul des Jungen die Schläge, die sein Henkersmeister ihm zugedacht hatte. Zog der Sünder die Hand fort, so bekam er die Prügel auf den Schädel.

Mittlerweile führte Dawasandup eine Art Indianertanz aus; bei jedem Schlag, den er erteilte, stieß er ein sonores »Ha« aus, wie man das manchmal von Holzhackern hört. Dabei zwang der Schmerz den unglücklichen Verbrecher zum Krümmen, Trippeln und Winden, so daß die ganze Abstrafung eigentlich einem teuflischen Ballett glich.

Ich konnte die geschilderten Szenen bei meinen unerwarteten Besuchen in der Schule öfter beobachten und ward auch von den bald zutraulich gewordenen Schülern ausgiebig darüber unterrichtet.

Hatte Dawasandup seine Lehrtätigkeit so ein paar Wochen lang ausgeübt, dann überließ er seine Schüler wieder ihrem Schicksal.

Ich könnte noch manches von meinem braven Dolmetscher berichten, auch lockere Geschichten, der Feder eines Boccaccio würdig, fehlten nicht. Er gefiel sich noch in ganz andern Rollen als denen des Schulmeisters, Okkultisten und Schriftstellers. Aber Friede seinem Andenken; ich will es nicht schwärzen! Ich lernte in ihm eine interessante Persönlichkeit kennen, einen anziehenden Menschen, der sich seine Gelehrsamkeit ganz selbständig erworben hatte. Ich konnte mir zu seiner Bekanntschaft Glück wünschen und erkenne gern an, was ich ihm zu verdanken habe.

Ich füge hinzu, daß Dawasandup das erste und bis jetzt einzige englisch-tibetische Wörterbuch verfaßt und sein Leben als Professor des Tibetischen an der Universität Kalkutta beschlossen hat.

Meine Freude war groß, als der Tulku-Fürst mir mitteilte, ein echter Tibeter, Doktor der Philosophie der berühmten Klosteruniversität von Taschi-lhünpo in Schi-ga-tse, der Hauptstadt der Provinz Tsang, wohne seit kurzem in der Gompa von Gutsche, nahe bei Gangtok, und daß bald ein anderer, aus Sikkim gebürtiger Lama, der aber in Tibet studiert hatte, in sein Heimatland zurückkehren werde.

Ich sollte in diesen beiden Männern tüchtige Gelehrte kennenlernen. Der eine, Kutschog[8] Tschös-dzed, gehörte zur Familie der alten Könige von Tibet. Er war aus politischen Gründen lange eingekerkert gewesen und schrieb seinen schlechten Gesundheitszustand den vergifteten Lebensmitteln zu, die ihm, wie er glaubte, im Gefängnis verabfolgt worden waren.

Der Fürst von Sikkim, ein Gönner der Gelehrten, hatte den Flüchtling mit Freuden aufgenommen. Um ihm zu einem Lebensunterhalt zu verhelfen, und zugleich um einige junge Mönche aus seinem Wissen Nutzen ziehen zu lassen, hatte er ihn zum Abt des Klosters von Entsche ernannt, und damit die Verpflichtung verbunden, etwa zwanzig junge Schüler in der Grammatik zu unterrichten.

Kutschog Tschös-dzed war ein Geluk-pa, das heißt Mitglied der von Tsong Khapa gegen 1400 gegründeten reformierten Sekte der »Gelbmützen«.

Wenn die ausländischen Schriftsteller die Lehren und Religionsübungen der »Gelbmützen« ganz abweichend von denen der »Rotmützen« schildern, so hätten sie sich hier leicht von ihrem Irrtum überzeugen können, wo ein Geluk-pa-Abt den Mönchen einer roten Sekte vorstand und beim Gottesdienst zusammen mit ihnen psalmodierte.

Ob der Lama von Entsche fleißig die Betrachtung pflegte, und ob ich ihn unter die Mystiker einreihen kann, weiß ich nicht, seine Gelehrsamkeit war jedenfalls erstaunlich. Sein Gedächtnis war eine wahre Wunderbibliothek, deren Bücher immer bereit waren, sich auf seinen Wunsch hin auf jeder beliebigen Seite zu öffnen. Er konnte dutzendweise die Texte zitieren, was allerdings in Tibet nichts Ungewöhnliches ist; aber Kutschog Tschös-dzed beherrschte die feinsten Schattierungen dieser Texte bis zur Vollkommenheit.

Sei es aus Bescheidenheit, sei es aus dem instinktiven Stolz heraus, daß er von älterem und höherem Adel als sein Beschützer war, kurz, der Lama von Entsche begab sich nur selten nach der Villa des Fürsten, und nur dann, wenn er mit ihm über Angelegenheiten des anvertrauten Klosters zu verhandeln hatte. Manchmal kam er zu mir, aber meist war ich es, die zu ihm nach der beherrschend auf einem Felsenvorsprung oberhalb Gangtok gelegenen Gompa hinaufstieg.

Der Lama war wie alle Orientalen mißtrauisch, und nachdem er ein paar Male mit mir geplaudert hatte, dachte er sich eine drollige List aus, um sich davon zu überzeugen, wie weit meine Kenntnisse des Buddhismus wirklich gingen, und ob ich seine Lehren begriffen hätte.

Als ich ihn einmal wieder besuchte, zog er aus einer Lade ein Blatt Papier mit einer langen Liste von Fragen hervor und bat mich mit ausgesuchtester Höflichkeit, sie sofort zu beantworten.

Es handelte sich um verwickelte Probleme, die sicher mit der Absicht, mich in Verlegenheit zu bringen, gewählt waren. Ich bestand die Prüfung ganz ehrenvoll; mein Examinator schien zufrieden. Er gestand mir, daß er bis dahin eigentlich nicht recht an meinen Buddhismus geglaubt und hinter meinen an die Lamas gerichteten Fragen schlechte Absichten gewittert habe, für die er sich freilich keinen Grund habe denken können.

Von jetzt an schien er ganz beruhigt und bewies mir viel Vertrauen. Der andere Lama, auf den mich der Thronfolger aufmerksam gemacht hatte, kehrte bald darauf aus dem bei Lhasa gelegenen Kloster Tolung Tserpug nach Gangtok zurück. In seiner Jugend hatte er dort studiert und war später als Sekretär des Oberhauptes der Karmapas – einer der bedeutendsten »Rotmützen-Sekten« – in dem gleichen Kloster angestellt worden.

Man nannte ihn Bermiak Kutschog – den Herrn von Bermiak –, weil er der Sohn des dortigen Grundbesitzers und damit einer der wenigen Adligen Sikkims war, die der Rasse der Eingeborenen, den Leptschas, angehören.

Gleich Kutschog Tschös-dzed hatte er die höheren Gelukweihen erhalten und war unverheiratet. Als vom Maharadscha angestellter Almosenpfleger wohnte er im Palast. Fast jeden Nachmittag begab er sich durch die Gärten nach dem erbprinzlichen Landhaus, und dort, in dem englisch ausgestatteten Salon, führten wir lange Gespräche über Dinge, die dem Denken des Abendlandes sehr fern liegen.

Gern erinnere ich mich dieser Plaudereien, die mir den Schleier lüften halfen, der unsern Augen das wirkliche Antlitz Tibets und die Welt seiner Religion verhüllt.

Sid-keong Tulku thronte, stets in buntschillernde Seidengewänder gekleidet, vor einem Tisch auf einem Ruhebett; ich saß ihm gegenüber in einem Lehnstuhl. Vor jedem von uns stand auf silbernem Fuß ein Schälchen aus feinem chinesischem Porzellan mit pagodenförmigem, korallen- und türkisenverziertem Deckel.

In einiger Entfernung vom Fürsten auf einen zweiten Lehnsessel ließ sich der Herr von Bermiak nieder. Er wirkte in seinem Mönchsgewande und seiner dunkelroten Toga höchst malerisch. Auf einem kleinen Tisch vor ihm stand auf silberner Untertasse gleichfalls ein Schälchen, dieses aber ohne Deckel. Der häufig auch anwesende Dawasandup kauerte wie ein Schneider – im Orient sagt man »wie ein Lotus« – zu unsern Füßen, und sein auf dem Teppich stehendes Schälchen hatte weder Untertasse noch Deckel. So wollte es die strenge und verwickelte tibetische Etikette, die den Gästen je nach ihrem Rang Deckel, Untertassen und Sitze von verschiedener Höhe zuteilt.

Während der redegewandte, gelehrte Bermiak Kutschog sprach, ward uns wiederholt der tibetische blaßrosafarbige, mit Butter und Salz gewürzte Tee angeboten. Reiche Leute haben hierzulande immer die gefüllten Schälchen zur Hand, und in Tibet pflegt man, wenn man einen Menschen als wohlhabend bezeichnen will, den Ausdruck zu gebrauchen: »Seine Lippen sind stets feucht von Tee oder Bier.« Bei unseren Zusammenkünften kam aus Achtung vor meiner buddhistischen Strenggläubigkeit nur Tee auf den Tisch.

Ein junger Diener brachte ihn in einer riesigen silbernen Kanne herbei, die er beim Herumgehen bis zur Schulterhöhe erhob, um sie dann mit den genau einstudierten Bewegungen eines zelebrierenden Priesters zu unsern Tassen herabzusenken. In einem Winkel des Zimmers brannten einige Räucherkerzen. Ihr Duft unterschied sich von allem Weihrauch Indiens oder Chinas, den ich je auf meinen Reisen eingeatmet hatte. Manchmal drang auch von der Schloßkapelle her, durch die Entfernung gedämpft, eine tief schwermütige, langsame Weise an unser Ohr. Und dabei fuhr der Lama von Bermiak fort, uns das Leben und Denken der Weisen und der Metaphysiker zu schildern, die einstmals oder noch zu unserer Zeit in dem verbotenen Lande, dessen Grenze so nahe lag, gelebt hatten oder noch lebten.

Ich habe es Kutschog Tschös-dzed und Bermiak Kutschog zu verdanken, wenn ich von vornherein in die sonst noch wenig bekannten Vorstellungen eingeführt wurde, die sich die Lamaisten vom Tode und vom Jenseits machen.

Da der eine dieser Lamas zur »Gelbmützen-Sekte« gehörte, der andere zu den »Rotmützen«, war ich, wenn ich beide hörte, sicher, daß ihre Ausführungen wirklich die allgemeingültige Meinung wiedergaben, und nicht nur Lehren, die von der einen Sekte angenommen, von der andern aber verworfen wurden.

Während der folgenden Jahre hatte ich in verschiedenen Gegenden Tibets häufig Gelegenheit, auch noch andere Lamas zu befragen. Ich fasse zur Bequemlichkeit des Lesers die Summe dieser mannigfachen Belehrungen zusammen.

Der Tod und das Jenseits

Uneingeweihte meinen zumeist, daß die Buddhisten an die Wiederverkörperung der Seele und sogar an die Seelenwanderung glauben.

Das ist ein Irrtum. Dagegen lehrt der Buddhismus, daß die durch die geistige und körperliche Tätigkeit eines Wesens hervorgebrachte Kraft nach der Auflösung dieses Wesens durch den Tod das Erscheinen neuer geistiger und körperlicher Erscheinungen bewirkt.

Es gibt hierüber eine Menge spitzfindiger Lehren, und die tibetischen Mystiker scheinen tiefer in diese Frage eingedrungen zu sein als die meisten andern Buddhisten.

Es ist ohne weiteres verständlich, daß die Begriffe der Philosophen nur Auserwählten zugänglich sind. Obgleich die Massen das strenggläubige Glaubensbekenntnis nachsprechen: »Jeder Zustand ist vorübergehend; es gibt kein persönliches ›Ich‹«, so bleiben sie doch bei dem einfachen Glauben an eine unbegrenzte Wesenheit stehen, die unter Annahme verschiedener Formen von einer Welt zur andern wandert.

Die Lamaisten fassen jedoch die Umstände dieser Pilgerfahrt ganz anders auf als ihre Religionsgenossen in den südlichen Ländern, wie etwa in Ceylon und Burma. Sie nehmen an, daß zwischen dem Augenblick des Todes und der Wiedergeburt des Verstorbenen in der einen oder andern der sechs von ihnen anerkannten Arten von Lebewesen ein längerer oder kürzerer Zeitraum liegt.

Diese sechs Arten sind: 1. die Götter; 2. die Nicht-Götter; 3. die Menschen; 4. die Nicht-Menschen, einschließlich der Genien, Geister, Feen usw., die teils freundlicher, teils bösartiger Natur sind; 5. die Tiere; 6. die Yidag – Ungeheuer, die ewig Hunger und Durstqualen erdulden – und die Bewohner der verschiedenen Fegefeuer, die grausame Leiden erdulden.

Keine dieser Lebensformen dauert ewig. Nach allgemeiner Auffassung wird der Verstorbene je nach seinen guten oder bösen Taten in einer mehr oder weniger glücklichen Form wiedergeboren. Die aufgeklärteren Lamas lehren, daß der Mensch, oder auch jedes andere Wesen, durch seine Handlungen und Gedanken Anlagen entwickelt, die ihn ganz von selbst zu den ihm gemäßen Lebensbedingungen führen. Wieder andere meinen, ein Wesen verändere durch all sein Tun, besonders aber durch geistige Tätigkeit, die Natur des Stoffes, aus dem es besteht, und verwandle sich auf diese Weise selbst in einen Gott, ein Tier, einen Verdammten oder dergleichen.

Bis hierher weichen diese Lehren kaum von der buddhistischen ab, aber in dem nun Folgenden entwickeln die Lamaisten größere Selbständigkeit.

Ich muß vorausschicken, daß sie auf Klugheit und Geschicklichkeit große Stücke halten, noch mehr als einige mahāyānistische Sekten das tun. »Wer's versteht, kann auch in der Hölle behaglich leben«, ist ein in Tibet häufig gebrauchtes Sprichwort, das besser als lange Erläuterungen beweist, wie die Lamaisten über die »Methode«, von ihnen

»thabs« genannt, denken. So meinen also die Lamaisten im Unterschied zu den meisten ihrer Glaubensgenossen, daß das Schicksal der Verstorbenen nicht unabweislich ihrem sittlichen Wert entspricht, sondern daß der »Findige« es fertigbringen kann, sein Schicksal nach dem Tode so weit abzuändern und zu verbessern, daß er noch in einer möglichst angenehmen Lage wiedergeboren werden kann.

Ich sage »möglichst angenehm«, denn bei allem Vertrauen zum Erfolg der Geschicklichkeit: die Last der begangenen Taten bleibt; ja manchmal wiegt sie so schwer, daß der »Geist« trotz aller Bemühungen des Verstorbenen oder der Anstrengungen eines sich für ihn einsetzenden, kundigen Wundermannes unrettbar einer elenden Wiedergeburt verfällt. Wir werden das weiter unten an einem Beispiel sehen.

Die Lamaisten gehen von der Ansicht aus, daß »Methode« und Geschicklichkeit im allgemeinen eine große Rolle spielen. Man muß also neben der Kunst, gut zu leben, auch die, gut zu sterben verstehen, wenn es einem im Jenseits nicht schlecht ergehen soll.

Als Eingeweihter weiß man, was einem nach dem Tode bevorsteht, und durch tiefe Betrachtungen hat man schon vorher die den Tod begleitenden Empfindungen durchlebt. Daher kann die Loslösung vom Körper weder überraschen noch aufregen, und »das«, was dann seinen Weg fortsetzen muß, wird, da es ja mit wachem Bewußtsein das Jenseits betritt, auf wohlbekannten Wegen nach wohlbekannten Zielen wandern.

Was für ein »das« setzt nun seinen Weg fort, wenn der Körper zur Leiche geworden ist? Den Lamaisten nach ist es eine der vielen Arten des Bewußtseins, die sie unterscheiden, nämlich das Bewußtsein des »Ich«, oder mit andern Worten »der Wunsch, zu leben«. Ich will den Wanderer, dem wir auf seinen Pilgerfahrten im Jenseits folgen werden, mit dem Worte »Geist« bezeichnen. Freilich gibt dieser Ausdruck nur mangelhaft die Vorstellung wieder, die man in Tibet mit den Worten »yid ky rnampar tschespa« verbindet; dafür ist er aber im Abendlande bekannt, und ich finde im europäischen Wortschatz keinen passenderen.

Wie gesagt, verstehen es die Eingeweihten, sich während der Auflösung ihrer irdischen Persönlichkeit den Geist klarzuhalten und mit vollem Bewußtsein des Vorganges von der einen Welt in die andere hinüberzugehen. Sie können in ihrem letzten Stündlein alle fremde Hilfe entbehren, und bei ihrem Tode sind religiöse Handlungen überflüssig.

Aber bei gewöhnlichen Sterblichen liegt die Sache ganz anders, und zwar gilt das für alle Mönche oder Laien, die nicht die Wissenschaft des Todes besitzen. Das ist aber die große Mehrzahl.

Der Lamaismus überläßt diese Unwissenden nicht sich selbst. Während des Todeskampfes und nach dem Ableben lehrt sie ein Lama alles, was sie bei Lebzeiten versäumt hatten. Er erklärt ihnen die Natur der Wesen und Dinge, die ihnen jetzt erscheinen, beruhigt sie und weist sie auf den richtigen Weg.

Als erste Hilfeleistung hindert der Lama einen Sterbenden daran, einzuschlafen und in Ohnmacht oder Bewußtlosigkeit zu verfallen. Er belehrt ihn über den stufenweisen Verlust der verschiedenen Bewußtseinsarten, des Sehens, Riechens, Schmeckens, Fühlens und Hörens, also über das allmähliche Versagen aller Sinne.

In dem nun gefühllos gewordenen Körper muß der Geist tätig bleiben und dem Ablauf der jetzt einsetzenden Vorgänge aufmerksam folgen. Es gilt, dem Geist durch die Schädeldecke hindurch zur Freiheit zu verhelfen, denn entwiche er auf einem andern Wege, würde sein ferneres Wohlergehen ernstlich beeinträchtigt werden.

Die Befreiung des Geistes wird, wie ich oben erzählte, durch den vorgeschriebenen Schrei »hik« mit darauffolgendem »phet« bewirkt. Bevor der Lama ihn ausstößt, muß er sich mit dem eben Verstorbenen identifizieren und an seiner Stelle den eigentlich diesem selbst zufallenden mühsamen Anstieg des Geistes zur Schädeldecke so kraftvoll ausführen, daß eine Lücke im Knochen entsteht, die freien Ausweg gewährt. Wenn Eingeweihte, die ohne Hilfe fähig sind, den Geist zum Aufstieg zu bringen, ihr Ende nahen fühlen, sprechen sie selbst das befreiende »hik« und »phet« aus. Sie können auf diese Weise auch Selbstmord begehen, und das soll wirklich zuweilen vorkommen.

Der körperlose Geist beginnt nun eine seltsame Wanderschaft. Der Volksglaube sieht darin eine wirkliche Reise nach wirklichen Orten, von wirklichen Wesen bewohnt. Die gebildeteren Lamas verstehen darunter aber ein Vorbeiziehen selbstgeschaffener Gesichte, einen vom Geiste selbst hervorgebrachten Traum, entstanden unter dem Einfluß der Anlagen und der Taten des Verstorbenen.

Andere wieder behaupten, der Geist habe sogleich nach seiner Entkörperung eine blitzartige Erkenntnis der höchsten Wirklichkeit. Kann er diese Erleuchtung fassen, so ist er endgültig von der »Runde« des sich stets wiederholenden Geborenwerdens und Sterbens befreit. Er hat dann den Zustand des »Nirwana« erreicht.

Allein dieser Fall ist selten. Meist wird der Geist von dieser plötzlichen Klarheit geblendet. Seine falschen Begriffe ziehen ihn nach rückwärts; er weicht zurück, denn er hängt noch an dem persönlichen Dasein, am »Ich« und an den Sinnesfreuden. Oder auch, er mißversteht die Erscheinung völlig, so wie uns ja oft in der Zerstreutheit die Vorgänge um uns herum auch ganz entgehen.

Der gewöhnliche Verstorbene, der während einer Ohnmacht das Jenseits betreten hat, wird sich, wenn sein Bewußtsein zurückgekehrt ist, nicht gleich über seine Lage klar. Ein paar Tage lang spricht er noch mit seinen früheren Hausgenossen und wundert sich, daß ihm niemand antwortet, und daß keiner seine Gegenwart zu bemerken scheint.

Ein Lama aus dem Kloster Litang in Osttibet erzählte mir, er habe durch Vermittlung von Paos-Medien von Toten erfahren, wie sie versucht hätten, ihr früheres Eigentum auch weiterhin zu gebrauchen. Sie wollten also etwa den Pflug ergreifen, um ihre Felder zu bestellen, oder ihre aufgehängten Kleidungsstücke vom Nagel nehmen und anziehen. Sie ärgerten sich dann, wenn sie die gewohnten Bewegungen nicht ausführen konnten. Ein solcher Geist weiß nicht aus noch ein. Was ist ihm nur geschehen?

Da umstehen ja die Lamas einen leblosen Körper, der dem seinen gleicht. Sollte er etwa tot sein?

Will sich der Entkörperte darüber Gewißheit verschaffen, so muß er sich dem Volksglauben nach an eine sandige Stelle begeben und dort seine Fußspuren betrachten. Sieht er seine Füße nach rückwärts gewandt, das heißt die Fersen nach vorn, die Zehen nach hinten gerichtet, so kann er sich ruhig für tot halten.

Freilich wird man einwerfen: Was ist das für ein »Geist«, der Füße hat? In Wirklichkeit hat sie nicht der Geist, sondern der vorläufig noch mit ihm verbundene Astralleib. Die Tibeter teilen mit den alten Ägyptern den Glauben an den »Doppelgänger«.

Zu Lebzeiten, in gewöhnlichem Zustand, bleibt dieser Doppelgänger eng mit dem materiellen Körper vereint. Unter gewissen Umständen kann er ihn aber zeitweilig verlassen und sich fern von dem materiellen Körper anderswo aufhalten oder unsichtbar bleiben und Wanderungen ausführen.

Diese Trennung zwischen Körper und Doppelgänger vollzieht sich in manchen Fällen unfreiwillig; aber wer darin ausgebildet ist, kann sie, wie die Tibeter meinen, ganz nach Wunsch bewerkstelligen. Vollständig ist die Trennung jedoch nicht; es bleibt ein Band zwischen den beiden Formen zurück, das auch den Tod noch längere oder kürzere Zeit überdauert. Die Zerstörung des Leichnams bringt gewöhnlich, wenn auch nicht notwendigerweise, die des »Doppelgängers« mit sich; manchmal überlebt dieser auch den Körper.

Es gibt Leute in Tibet, die, aus einem mehr oder weniger langen Zustand totenähnlichen Schlafes erwacht, verschiedene Orte beschreiben, die sie besucht haben wollen. Zuweilen handelt es sich um von Menschen bewohnte Länder; andere wissen aber auch von Wanderungen durch Paradies und Fegefeuer zu erzählen oder durch den Bardo, dieses Zwischenreich, in dem der Geist nach dem Tode in Erwartung seiner neuen Verkörperung umherirrt.

Die seltsamen Reisenden werden »Delogs« genannt, das heißt die »vom Jenseits Zurückgekehrten«.

Was die Orte, die sie besucht, und die Abenteuer, die sie unterwegs erlebt haben, betrifft, so weichen die Berichte der Delogs voneinander ab. Dagegen schildern sie fast einstimmig die Eindrücke während des Scheintodes als recht angenehm.

Ich traf im Dorfe Tsa-wa-rong eine Frau, die fast eine Woche lang leblos dagelegen hatte. Sie erzählte mir freudig erstaunt, wie außerordentlich leicht und schnell ihr Körper sich bewegt habe. Kaum hatte sie sich nach einem andern Ort hingewünscht, so war sie auch schon da gewesen. Sie konnte auf dem Wasser wandelnd über die Flüsse setzen, durch die Wände gehen und dergleichen mehr. Nur eins gelang ihr nicht, nämlich ein fast unmerkliches, körperliches Band zu zerschneiden, das sie mit ihrem alten Körper verknüpfte, den sie übrigens ganz deutlich auf seinem Lager gebettet daliegen sah. Dieses Band verlängerte sich bis ins unendliche, behinderte sie aber dauernd in der Fortbewegung. »Ich verwickelte mich darin«, drückte sie sich aus. Ein männlicher Delog, ein Jugendbekannter meines Adoptivsohnes, beschrieb seinen Zustand ganz ebenso.

Da der Delog nicht wirklich gestorben ist, beweist natürlich nichts, daß das von ihm während seiner Lethargie Empfundene dem gleicht, was die wirklich Toten fühlen, aber das scheint die Tibeter nicht weiter zu kümmern.

Wenn der Sterbende seinen letzten Seufzer ausgehaucht hat, werden ihm seine Kleider verkehrt herum angelegt, so daß das Vorderteil auf dem Rücken sitzt. Dann umschnürt man ihn, in der Buddhastellung hockend, mit gekreuzten oder mit eingezogenen Beinen, die Knie die Brust berührend. In den Dörfern pflegt man dann den Körper meist in einen Kessel zu setzen, der natürlich von Verwesungsflüssigkeiten beschmutzt wird. Kaum hat man aber die Leiche wieder herausgenommen, so wird nach einer nur recht oberflächlichen Reinigung die Suppe oder der Tee für die Leidtragenden darin zubereitet.

Das Begräbnis läßt in Tibet auf sich warten. In den hochgelegenen mittleren und nördlichen Provinzen tritt die Verwesung ja erst spät ein; aber in den heißen, feuchten Tälern des Südens verbreiten die oft acht Tage oder noch länger aufbewahrten Leichen einen grauenhaften Geruch.

Das beeinträchtigt den Appetit der Trapas aber durchaus nicht; sie erteilen unentwegt dem Verstorbenen ihre Ratschläge, um ihm im Jenseits die richtigen Pfade zu weisen und ihn vor den falschen zu warnen. Sie nehmen ihre Mahlzeiten im Beisein des Toten und mit ihm ein, denn der amtierende Lama ruft ihn beim Namen und fordert ihn ausdrücklich auf, zu essen: »Sende deinen Geist sofort hierher, auf daß er sich nähre!«

In den Waldgegenden Tibets werden die Leichen eingeäschert. Die Bewohner der weiten, kahlen Landstriche Mittel- und Nordtibets, denen als einziger Brennstoff Viehdung zur Verfügung steht, liefern sie den Raubvögeln aus, sei es an den eigens diesem Zweck vorbehaltenen Orten in der Nähe der Dörfer, sei es, wenn es sich um Nomaden oder um Einödbauern handelt, auf Bergeshöhen. Die Leichen der hohen klösterlichen Würdenträger werden zuweilen mittels eines doppelten Verfahrens erhalten: entweder durch Einsalzen oder durch Abkochen in Butter. Diese Mumien heißen Mardong. Ihr Antlitz wird vergoldet, man setzt sie, in ihre Kleider gehüllt, in einem aus schwerem Silber bestehenden, mit kostbaren Steinen verzierten Grabmal bei. Manchmal wird in Kopfhöhe der Leiche ein Spiegel angebracht, damit der Tote sein vergoldetes Gesicht betrachten kann. Großlamas werden einfach mit Butter übergossen, eingeäschert und ihre Gebeine in reichgeschmückten Gräbern beigesetzt. Alle Grabdenkmäler Tibets bevorzugen die Tschortenform, eine Nachahmung der alt-buddhistischen Stupas.

Unter dem Einfluß der buddhistischen Lehre von dem Verdienst der guten Werke sehen viele Lamaisten in der Bestattung eine Gelegenheit zu höchstem Almosenopfer. Der Verstorbene hat gewünscht, oder man schiebt ihm den Wunsch unter, seine Leiche möge gleichsam als seine letzte Gabe dazu dienen, die zu speisen, die vom Hunger gequält werden. Diese Frage wird in einem Werke behandelt, das den Titel trägt »Führer für den Geist der Toten im Jenseits«:

1. Man trägt die Leiche auf einen Berggipfel. Dort trennt man ihre Glieder mit einem scharfen Messer ab. Eingeweide, Herz und Lunge werden auf der Erde ausgebreitet, Vögeln, Wölfen und Füchsen zum Fraß.

2. Man wirft die Leiche in einen heiligen Strom, in dessen blauem Wasser Blut und Säfte sich auflösen. Fische und Otter fressen das Fleisch und Fett.

3. Die Leiche wird verbrannt. Fleisch, Knochen und Haut werden in ein Aschenhäuflein verwandelt. Vom Geruch nähren sich die Tisas[9].

4. Der Körper wird unter der Erde verscharrt. Fleisch, Knochen und Haut dienen den Würmern zum Fraß.

Wohlhabende Familien, die über Mittel zur Bezahlung eines Lamas verfügen, lassen nach dem Begräbnis noch etwa sechs Wochen lang täglich ein Totenamt abhalten. Dann wird mit Hilfe der Kleider des

Toten, die durch Holzstäbe ausgespannt werden, seine Figur nachgebildet. Den Kopf deutet ein Blatt Papier an. Zuweilen zeichnet man darauf die Züge des Verstorbenen, meist kauft man aber diese Papierblätter schon fertig bedruckt in den Klöstern. Es gibt zwei Vorlagen dafür, eine mit dem Bild eines Mannes, die andere mit dem einer Frau. Unter dem Bilde ist ein Raum freigelassen, damit man mit der Hand den Namen des oder der Verstorbenen eintragen kann.

Wieder findet eine gottesdienstliche Handlung statt, und zum Schlusse verbrennt der Lama das Stück Papier, das die Person des Toten darstellt. Die Kleider, mit denen die Figur hergestellt war, beansprucht er als Teil seines Honorars.

Nach dieser symbolischen Einäscherung hält man die Bande, die den Toten noch mit den Lebenden verknüpften, für endgültig zerschnitten.

Die Tibeter haben den sehnlichsten Wunsch, jede Verbindung mit den Verstorbenen zu vermeiden. Die Bauern reden eine besonders deutliche Sprache, wenn sie ihnen den Laufpaß geben.

Bevor die Leiche aus dem Hause getragen wird, richtet man dem Verstorbenen die letzte Mahlzeit. Dabei redet ein älteres Familienglied ihm ins Gewissen: »Hör mal, du«, so sagt er, »du bist nun tot. Merk dir das wohl! Du hast hier jetzt nichts mehr zu suchen. Iß dich noch einmal gründlich satt, denn du hast einen langen Weg vor dir und mußt mehrere Pässe überschreiten; also stärke dich jetzt und komm dann nicht wieder!«

Ein andermal hörte ich eine noch sonderbarere Ansprache.

Der Redner hatte erst wie immer dem Verstorbenen wiederholt, daß er dieser Welt nicht mehr angehörte, und ihn gebeten, sich nicht mehr darin sehen zu lassen, fuhr dann aber fort: »Pagdzin, ich muß dir sagen, daß eine Feuersbrunst dein Haus zerstört hat. All dein Hab und Gut ist verbrannt. Weil du vergessen hattest, eine Schuld zu bezahlen, hat dein Gläubiger deine beiden Söhne als seine Sklaven mitgenommen. Deine Frau hat sich schon wieder verheiratet. Komm ja nicht zurück, du würdest hier nur Jammer und Elend sehen.«

Ganz verdutzt hörte ich bei der Aufzählung dieses ungewöhnlichen Mißgeschicks zu.

»Wie hat denn nur all dies Unglück geschehen können?« fragte ich einen der Umstehenden.

»Gar nichts ist geschehen«, antwortete mir der Gevatter mit schlauem Lächeln, »Haus und Vieh sind unversehrt, und die Frau lebt mit den Söhnen friedlich im alten Hause weiter. Der Tote soll nur abgeschreckt werden, damit er sich nicht untersteht, etwa nach Hause zurückzukehren.«

Ein reichlich harmloses Verfahren bei Leuten, die dem Doppelgänger ja die Fähigkeit zutrauen, alles zu sehen, was in unserer Welt vorgeht.

Der Lama gebraucht in seinen Liturgien gewähltere Ausdrücke als der Bauer, wenn er den Toten auffordert, seines Weges zu gehen, ohne rückwärts zu blicken; allein er sagt das zum Heil des Verstorbenen; der Ungebildete will sich nur die gefürchtete geheime Gegenwart des Gespenstes vom Leibe halten.

Während alle diese Zeremonien stattfinden, wandert der »Geist« durch den Bardo. Abwechselnd offenbaren sich ihm leuchtende, überirdisch schöne Wesen und grauenhafte Gestalten, er hört verschiedenartige Stimmen und hat eine Fülle der sonderbarsten Visionen. Verwirrt und verstört irrt der Geist dort unter all diesen Erscheinungen umher. Gelingt es ihm, die Ratschläge des amtierenden Lamas zu hören und zu befolgen, kann er gleich dem vorher Eingeweihten, der das Jenseits mit Bewußtsein betritt, einen Weg einschlagen, der ihn zu einer Wiedergeburt unter den Göttern führt. Wer aber zu Lebzeiten nichts über den Bardo erfahren hat und voll von Kummer über den Abschied vom Leben darin eingeht, dem können alle guten Ratschläge, wenn sie überhaupt zu seinen Ohren dringen, doch nichts nützen. So lassen diese Armen sich alle Gelegenheiten, geschickt und »findig« zu sein, entgehen, durch welche sie sich den mathematisch strengen Folgen ihrer Taten allenfalls entziehen könnten. Die glücklichen Stunden sind für sie vorbei. Sie fallen Sinnestäuschungen zum Opfer und glauben in einer menschlichen oder tierischen Gebärmutter Grotten oder Paläste zu sehen, die sie in der Hoffnung betreten, sich dort angenehm ausruhen zu können. So bestimmen sie selbst die Art ihrer Wiedergeburt; so wird der eine ein Hund, der andere der Sohn vornehmer Eltern im Reich der Menschen.

Andere wieder glauben, daß die große Masse der Menschen, denen der Tod keine geistige Erleuchtung gebracht hat, weil sie die sofort darauffolgende blitzartige Vision nicht verstanden haben, gleich einer furchtsamen Herde durch die Spukwelt des Bardo hindurchtrabt, bis sie zum Richterstuhl des Schin-dsche kommen. Dieser Totenrichter prüft ihre vor dem Tode begangenen Taten. Ein Spiegel zeigt ihm ihre Bilder, oder er wägt sie in der Gestalt schwarzer oder weißer Kiesel ab. Je nachdem das Gute oder das Böse überwiegt, bestimmt er dem Geiste die Welt und die näheren Umstände seiner Wiedergeburt. Er teilt ihm körperliche Schönheit oder Häßlichkeit, Geistesgaben, gesellschaftliche Stellung der Eltern und all die andern Bedingungen seines neuen Lebens zu.

Diesem unparteiischen und unbeugsamen Richter kann man durch Geschicklichkeit nicht mehr entwischen. Überhaupt hilft »Findigkeit« nur innerhalb der von der Gewalt der eigenen Taten gesteckten Grenzen. Ich habe das schon früher gesagt und möchte es noch durch eine sehr kennzeichnende tibetische Geschichte, die nicht ohne Humor ist, beleuchten.

Ein großer Tulku-Lama (siehe Seite 96 ff.) hatte sein Leben in Müßiggang verbracht. Trotz ausgezeichneten Unterrichts in seiner Jugend, trotz einer ansehnlichen, von seinen Vorgängern ererbten Bücherei und obgleich er immer von bedeutenden Gelehrten umgeben war, hatte er kaum lesen gelernt. Nun lag er auf den Tod.

Zu jener Zeit lebte ein sonderbarer Kauz, halb Wundertäter, halb rauher Philosoph. Seine oft derben Eigentümlichkeiten, die seine Biographen übrigens stark übertrieben haben, scheinen eine Menge von Geschichtchen à la Rabelais ins Leben gerufen zu haben, die in Tibet immer wieder gern gehört werden. Dugpa Kunlegs, so hieß er, trieb sich einmal wieder im Lande herum, als er am Ufer eines Baches ein dort Wasser schöpfendes Mädchen antraf.

Ohne auch nur ein Wort zu verlieren, warf er sich auf sie und versuchte, sie zu vergewaltigen. Das Mädchen war kräftig und Dugpa schon alt. Sie verteidigte sich so tapfer, daß es ihr gelang, ihm zu entkommen; dann rannte sie schnurstracks ins Dorf, um ihrer Mutter das Abenteuer zu erzählen.

Die gute Frau war völlig verblüfft. Im Lande herrschten gute Sitten, da war niemand, gegen den man Verdacht hegen konnte; der elende Mensch mußte ein Fremder sein. Sie ließ sich den schlechten Kerl von ihrer Tochter genau beschreiben.

Während das geschah, dachte die Mutter nach. Sie erinnerte sich von einer Pilgerfahrt her an eine Begegnung mit dem Dubtob[10] Dugpa Kunlegs, und jetzt stimmte die Beschreibung des Mädchens genau mit der Erscheinung dieses Heiligen und rätselhaften Sonderlings überein.

Die Bauernfrau überlegte. Die für den gemeinen Mann gültigen Grundsätze, so dachte sie, können nicht auf Menschen Anwendung finden, die übernatürliche Kenntnisse besitzen. Weshalb sollte ein Dubtob sich an sittliche oder weltliche Gesetze binden? Seine Handlungen werden durch höhere Überlegungen bestimmt. Davon versteht unsereiner nichts.

»Meine Tochter«, sagte sie darauf, »der Mann, den du gesehen hast, ist der große Dugpa Kunlegs. Was er tut, ist immer wohlgetan. Geh zurück zum Bache, wirf dich ihm zu Füßen und gib ihm in allem nach!«

Das junge Mädchen folgte ihr und fand den Dubtob in Gedanken verloren auf einem Steine sitzend. Sie warf sich vor ihm in den Staub, entschuldigte ihren Widerstand damit, daß sie ihn nicht gekannt habe, und versprach, ihm in allem zu Willen zu sein.

Der Heilige zuckte die Achseln.

»Mein Kind«, sagte er, »nach Frauen steht mir der Sinn nicht. Aber sieh, der Großlama eines benachbarten Klosters ist nach einem unwürdig geführten Leben in großer Unwissenheit gestorben, denn er hat alle Gelegenheiten, etwas zu lernen, versäumt. Ich sah ihn im Bardo als herumirrenden Geist einer neuen, schlechten Geburt entgegentaumeln und wollte ihm aus Barmherzigkeit einen menschlichen Körper verschaffen. Aber das ließ die Macht seiner bösen Taten nicht zu. Während du dich vor mir ins Dorf geflüchtet hattest, haben der Esel und die Eselin, die du dort auf der Weide siehst, sich gepaart. Nun wird der Großlama bald in Gestalt eines Eselfüllens wiedergeboren werden.«

Meist fügen die Verstorbenen sich den Wünschen, die bei ihrer Begräbnisfeier so unverblümt geäußert werden, und rufen sich nicht ins Gedächtnis der Lebenden zurück. Diese schließen daraus, daß ihr Schicksal im Jenseits endgültig und vermutlich auch auf befriedigende Weise geregelt worden ist.

Aber nicht alle Toten benehmen sich so bescheiden. Manche von ihnen erscheinen ihren Angehörigen oder Freunden oft im Traum, und in ihren ehemaligen Wohnungen ereignen sich die seltsamsten Dinge. Die Tibeter halten das für ein Zeichen, daß der Verstorbene sich unglücklich fühlt und um Hilfe ruft.

In diesem Fall kann man Wahrsager-Lamas zuziehen. Sie geben an, was für Riten abzuhalten sind, wieviel Almosen gegeben und welche heiligen Bücher gelesen werden müssen, um dem Verblichenen beizustehen.

Immerhin kommen bei solchen Anlässen viele Leute, besonders die Grenzbewohner, wieder auf die Gebräuche der alten Landesreligion zurück.

Der Tote selbst, so meinen sie, muß gehört werden; daher ist ein männliches oder weibliches Medium unerläßlich (Pao oder Pamo), das dem Geiste des Verstorbenen den eigenen Körper leiht und für ihn spricht.

Die spiritistischen Sitzungen in Tibet sind den unsrigen ganz unähnlich; weder Dunkelheit noch Stillschweigen sind erforderlich; manchmal finden sie sogar im Freien statt. Das Medium schläft weder, noch hält es sich unbeweglich, sondern fuchtelt im Gegenteil wild herum.

Anfangs psalmodiert es und begleitet sich dabei selbst mit dem Tamburin oder einer kleinen Glocke. Zugleich führt es einen erst langsamen, dann schnelleren Tanzschritt aus und verfällt allmählich in heftiges Zittern. Ein Wesen aus der andern Welt, sei es nun ein Gott, ein Genius, ein Dämon oder der Geist eines Toten, hat Besitz von ihm ergriffen. Jetzt gerät das Medium in Raserei und gibt durch stoßweises Singen das wieder, was die unsichtbare Persönlichkeit den Umstehenden mitteilen will. Die abgehackten Worte, die der Pao oder die Pamo ausstoßen, sind sehr schwer zu verstehen, und da es von größter Wichtigkeit ist, zu erraten, wer sich ihrer Stimme bedient, und alles aufzufassen, was sie an Anweisungen übermittelt, so werden die klügsten Leute des Dorfes mit dieser Rolle des Zuhörers betraut.

Zuweilen bemächtigen im Verlauf der Sitzungen verschiedene Götter oder Geister sich des Mediums, oder dieses stürzt sich, einer plötzlichen Eingebung aus der andern Welt gehorchend, auf einen der Umstehenden und prügelt ihn ordentlich durch. Diese unerwartete Züchtigung wird stets widerstandslos geduldet. Wie die Tibeter glauben, wird dadurch ein Dämon ausgetrieben, der sich unbemerkt in dem Opfer der Schläge eingenistet hatte und der von dem Geist, der das Medium beseelte, bemerkt worden war.

Meist beschränken sich aber die Toten, die im Jenseits zu leiden haben, auf die Erzählung ihres Ungemachs.

Ich wohnte einmal einer solchen Sitzung bei und hörte folgendes dabei vortragen: »Ich bin einem Dämon begegnet, der mich nach seiner Behausung schleppte. Er hat mich zu seinem Sklaven gemacht und zwingt mich bei schlechter Behandlung zu unablässiger Arbeit. Habt Mitleid mit mir! Befreit mich, damit ich in das Paradies der ›Großen Seligkeit‹ eingehen kann!«

Mutter, Frau und Kinder des vermeintlich Sprechenden weinten dabei heiße Tränen. Wenn solche Bitten den Familien zu Ohren kommen, haben sie keinen andern Gedanken mehr, als den armen Verstorbenen zu befreien.

Das geht nicht ohne große Umstände ab; zuallererst muß man sich mit dem Dämon in Verbindung setzen und über den Loskauf seines Gefangenen mit ihm verhandeln.

Der dazu gewählte Mittelsmann ist oft ein Bön-Zauberer. Er benachrichtigt die Angehörigen des Gefangenen, daß der dämonische Gebieter ihn nur gegen das Opfer eines Schweines oder einer Kuh herausgeben will.

Ist das Opfer dargebracht, versetzt sich der Bön in einen Trancezustand; angeblich begibt sich dann der Geist oder sein »Doppelgänger« in die Wohnung des Dämons.

Wie lang und qualvoll, wie von Hindernissen strotzend diese Reise ist, das sieht man an dem Krümmen und Winden des Zauberers; allein er macht es nicht wie der Pao, sondern bleibt, bis auf Bewegungen mit Kopf und Rumpf, ruhig sitzen. Ein ununterbrochener Wortschwall entströmt dabei seinen Lippen und meldet alle Wendungen des Abenteuers, in das er sich eingelassen hat.

Dabei ist er noch unverständlicher als der Pao, und kaum die

Gewitzigsten unter den Anwesenden können dem Sinn der Sache folgen.

Nun ist der Zauberer aber am Ziel, nun hat er den Geist gepackt und will ihn mit sich fortnehmen. Der Dämon hat das vereinbarte Lösegeld bekommen, erweist sich aber meist als wortbrüchig und versucht, seinen Sklaven festzuhalten. Man sieht, wie der Bön mit ihm kämpft, man sieht ihn sich winden, hört ihn keuchen und schreien.

Sippe und Freundschaft des Toten verfolgen ängstlich den Verlauf des Dramas und begrüßen es mit lauter Freude, wenn der ermattete Zauberer ihnen verkündet, daß er gesiegt und den Geist in freundlichere Regionen geführt hat.

Freilich gelingt der Versuch nicht immer sofort. Ich habe mehreren Rettungsversuchen beigewohnt, bei denen der Zauberer schließlich gestehen mußte, der Dämon habe ihm den Geist wieder entrissen.

Dann muß von vorne angefangen werden. Wird die Rettung eines »Geistes« aus der Sklaverei einem Lama anvertraut, dann wird kein Opfer dargeboten, und der abgehaltene Ritus trägt nicht den Charakter eines Handelsgeschäftes. Der Lama weiß sich im Besitz des magischen Ritus, um dadurch allein den Dämon zur Freigabe seines Opfers zu zwingen.

Im eigentlichen Tibet stehen die Bewohner so stark unter dem Einfluß des Buddhismus, daß sie keine Tiere mehr opfern; aber im Himalaja, wo der Firnis des Lamaismus nur sehr dünn aufliegt, ist es anders. Die dort ansässigen Tibeter sind wirkliche Schamanisten.

Was das Schicksal des Geistes im Jenseits angeht, weichen die Ansichten der gelehrten Lamas, und mehr noch die der kontemplativen Mystiker, sehr weit von denen der großen Masse ab. So halten sie schon die vielfachen Zwischenfälle auf der Wanderung durch den Bardo nur für rein subjektive Visionen. Ihre Natur hängt, wie sie meinen, von den Gedanken ab, die wir bei Lebzeiten gehegt haben. Paradies, Hölle, Totenrichter usw. werden dem erscheinen, der an sie geglaubt hat.

Ein Gomtschen[11] aus Osttibet erzählte mir folgende Geschichte:

Ein Kunstmaler beschäftigte sich hauptsächlich mit der Innenausschmückung der Tempel. Unter anderm stellte er dort Fabelwesen mit Menschenkörper und Tierkopf dar, denn so denkt man sich die Diener des Totenrichters. Sein Söhnchen leistete ihm oft bei der Arbeit Gesellschaft und freute sich am Entstehen dieser Ungeheuer auf den Wandgemälden. Das Schicksal wollte, daß das Kind starb, und als es den Bardo betrat, begegneten ihm dort alle diese ihm ja schon ganz vertrauten Schreckgespenster. Anstatt zu erschrecken, fing der Knabe an zu lachen und rief: »Oh, ich kenne euch alle; mein Papa malt euch ja an die Wand«, und er wollte mit ihnen spielen.

Ich fragte eines Tages den Lama von Entsche, was für Erscheinungen etwa ein Materialist nach dem Tode haben könne, jemand, der den Tod stets für eine absolute Vernichtung gehalten habe.

»Möglicherweise«, erwiderte mir der Lama, »wird er Erscheinungen sehen, die seinem Kindheitsglauben oder der Religion seiner damaligen Umwelt entsprachen. Soweit sein augenblicklicher Grad von Verstand und Geistesklarheit ihm das erlaubt, wird er dann die Erscheinungen um sich herum prüfen und zerlegen. Unterdessen werden ihm alle die zu seinen Lebzeiten gehegten Zweifel und die Tatsachen vor Augen stehen, die ihn zur Leugnung des Jenseits bewogen hatten, und so könnte er recht gut zu dem Schlusse kommen, er habe es mit einem Hirngespinst zu tun.

Ein weniger gebildeter Mensch, dessen Glaube an die endliche Vernichtung mehr der Gleichgültigkeit und Denkfaulheit als dem Nachdenken entspringt, wird vielleicht keinerlei Gesichte sehen. Das würde die durch seine früheren Taten erzeugte Kraft aber nicht hindern, ihren Lauf fortzusetzen und sich in neuen Erscheinungen zu äußern. Sie würde also, kurz gesagt, auch die Wiedergeburt des Materialisten nicht verhindern.«

Zahlreiche mit Notizen angefüllte Hefte bezeugten, daß ich seit meiner Ankunft in Sikkim fleißig gearbeitet hatte. Ich glaubte, mir Ferien verdient zu haben. Es wurde Sommer, und das mildere Wetter verlockte mich zu einer Reise nach dem Norden des Landes.

Ich wählte dafür einen vorzüglichen Maultierpfad, der von Gangtok nach Kampa Dsong und Schi-ga-tse in Tibet führte.

Von dem mitten im Tropendschungel am Tistaufer gelegenen Diktschu steigt er allmählich an, folgt einem Nebenflusse dieses Stromes bis zu seiner Quelle und bietet auf seinem ganzen Verlauf eine Fülle der herrlichsten Landschaftsbilder. Ungefähr achtzig Kilometer von Gangtok, in 2400 Meter Höhe, berührt diese Straße ein Latschen genanntes Dorf, das eine große Rolle in der Geschichte meiner Erfahrungen mit der lamaistischen Mystik spielen sollte.

Diese kleine Siedlung von Gebirgsbewohnern, die halb Ackerbauer, halb Hirten sind, liegt im äußersten Norden von Sikkim und ist die letzte auf dem Wege, der zur tibetischen Grenze hinaufführt. Ein bescheidenes Kloster schaut von luftiger Felsenklippe beherrschend auf die Hütten der Bauern hinab.

Gleich am Morgen nach meiner Ankunft machte ich mich auf den Weg. In dem Tempel dort gab es wenig zu sehen. Ich wollte schon fortgehen, als von dem hellen Raum der weit offenen Tür ein Schatten sich abhob und ein Lama auf der Schwelle erschien.

Ich sage, ein Lama. Freilich trug der Mann nicht das blaue Mönchsgewand, ebensowenig allerdings das der Laien. Sein weißer Rock reichte ihm bis auf die Füße. Seine granatrote Weste zeigte chinesischen Schnitt, und aus ihren weiten Armlöchern hingen die umfangreichen Ärmel eines gelben Hemdes. Auf seiner Brust lag wie eine Halskette ein Rosenkranz aus Korallenkugeln mit grauen runden Scheibchen dazwischen. Wie ich später erfuhr, waren diese Scheibchen aus Menschenschädeln herausgeschnitten. In den Ohren trug er mit Türkisen verzierte, große Ringe, und sein langes, festgeflochtenes Haar hing ihm bis auf die Hacken hinunter.

Die sonderbare Erscheinung starrte mich wortlos an, und ich getraute mich nicht, mit dem kleinen tibetischen Wortschatz, über den ich damals verfügte, ein Gespräch mit ihm anzufangen. Ich verließ ihn also mit stummem Gruß.

Auf der Klosterterrasse erwartete mich der Jüngling, der mir in allen Reise- und Dienstbotenangelegenheiten als Haushofmeister und Dolmetscher diente. Kaum sah er den Lama, der hinter mir die Stufen der Säulenhalle hinabstieg, als er sich dreimal auf den Boden warf und um seinen Segen bat.

Das fiel mir auf; der Jüngling war sonst nicht so freigebig mit Ehrfurchtsbezeugungen und beehrte eigentlich nur den Tulku-Fürsten und Bermiak Kutschog damit.

»Wer ist dieser Lama«, fragte ich ihn, während ich nach dem Rasthaus zurückkehrte.

»Das ist ein großer Gomtschen«, lautete die Antwort. »Einer seiner Mönche hat mir das erzählt, als Sie im Tempel verweilten. Er hat jahrelang allein in einer Höhle im Hochgebirge gehaust. Die Dämonen sind ihm untertan, und er kann Wunder wirken. Man erzählt sich, daß er die Menschen aus der Entfernung töten und daß er selbst durch die Luft fliegen kann.«

Das ist ja ein ungewöhnlicher Mensch, dachte ich bei mir.

Ich hatte mit Dawasandup die Lebensgeschichte des Asketen Milaraspa gelesen und schon viel vom Leben der Einsiedler, ihren sonderbaren Lehren und Wundertaten erzählen hören, so daß meine Neugier mächtig angeregt war. Jetzt galt es, die gute Gelegenheit zu nützen und mit einem von ihnen zu sprechen. Aber wie sollte ich das anstellen? Mein Diener sprach nur die Mundart von Sikkim und kannte selbstverständlich die philosophischen Ausdrücke des Tibetischen nicht. Er konnte mir hier also nicht als Dolmetscher dienen.

Dies war eine ärgerliche Lage, die mir auch nachts keine Ruhe ließ. Ich sah mich in wirren Träumen von Elefanten mit hochaufgerichteten Rüsseln umgeben, die laut trompetend auf mich zukamen. Von diesem sonderbaren Konzert wachte ich auf und erblickte nun freilich keine Elefanten mehr, hörte aber wohl noch das Geräusch. Nach einigem Lauschen unterschied ich die Klänge religiöser Musik. Es waren die Lamas, die im Tempelvorhof bliesen. Wem mochte ihr nächtliches Ständchen gelten?

Auf alle Fälle wollte ich nun eine Unterredung mit dem Gomtschen herbeizuführen versuchen. Ich ließ ihn bitten, mich zu empfangen, und von meinem Diener begleitet, kehrte ich am folgenden Morgen nach dem Kloster zurück.

Den Zugang zur Wohnung des Lamas bildete eine leiterartige Treppe, die auf einer mit Wandgemälden geschmückten kleinen Laube endete. Bis man mich einlud, näherzutreten, vertrieb ich mir die Zeit mit den Bildern. Die Einbildungskraft des einfältigen Malers war größer gewesen als sein Zeichentalent. Er hatte die Qualen des Fegefeuers dargestellt, und es wimmelte geradezu von drolligen Dämonen und von komisch genug wirkenden verdammten Seelen.

Ungefähr in der Mitte der Wandfläche bekam die Wollust ihre Strafe. Ein nackter, ungewöhnlich abgezehrter Mann stand einer unbekleideten Frau gegenüber. Die Schöne war ganz Bauch und sah jenen Ostereiern nicht unähnlich, denen man zwei Beine und einen Puppenkopf angeklebt hat. Die Geschlechtsmerkmale waren bei dem Wüstling wie bei der Nymphe, die ihn foltern sollte, stark übertrieben. Der unverbesserliche Lüstling vergaß ganz, bis wohin ihn seine Leidenschaften schon gebracht hatten, denn er zog das teuflische Geschöpf an seine Brust. Und die Frau umstrickte ihn mit ihren Armen, während aus ihrem Munde und aus einer andern, verborgeneren Körperöffnung die hellen Flammen schlugen und an ihrem unseligen Liebhaber emporleckten. Das weibliche Gegenstück, die Sünderin, hing, den Kopf nach oben, die Beine gespreizt, an einem, mit der Spitze nach unten gekehrten Dreieck, als Opfer eines grünen Teufels, der sie mit seinem affenartigen, wie eine Säge gezahnten Schwanz liebkoste, während andere, ähnlich gestaltete Ungeheuer herbeiliefen, augenscheinlich gewillt, ihren Kameraden abzulösen.

Der Gomtschen bewohnte eine Art Kapelle, deren Decke auf rot bemalten Holzsäulen ruhte. Nur ein einziges kleines Fenster sorgte für Licht. Der Altar im Hintergrund des Raumes diente, wie das in Tibet üblich ist, als Bibliothek. Mitten unter den Büchern befanden sich in einer Nische eine kleine Figur Padmasambhavas und davor aufgereiht die vorgeschriebenen Opfergaben, bestehend aus sieben mit frischem Wasser gefüllten Gefäßen, Weizen und einer Lampe.

Auf einem Tischchen schwelten einige Räucherkerzen, und ihr Duft mischte sich mit dem muffigen Geruch von abgestandenem Tee und geschmolzener Butter. Die Kissen und Teppiche, die dem Hausherrn als Lagerstätte dienten, sahen recht abgenutzt und verblaßt aus, und im Lichte des kleinen goldenen Sternes, der durch die brennende Altarlampe gebildet wurde, wirkte der Raum öde und verstaubt. Mit Hilfe meines kleinen Dolmetschers versuchte ich einige Fragen über Gegenstände zu stellen, die ich schon von meinen Lehrern, den Lamas in Gangtok, hatte besprechen hören, aber es war verlorene Liebesmüh. Ohne Dawasandup war ich hilflos. Der arme Junge, auf den ich angewiesen war, hatte keine Ahnung von Philosophie. Er sah mich nur blöde an, unfähig, Ausdrücke zu finden für Dinge, deren Sinn er nicht verstand.

Ich gab also mein Vorhaben auf, und eine ganze Weile saßen der Lama und ich einander stumm gegenüber.

Am Morgen darauf verließ ich Latschen, um meinen Weg nach Norden fortzusetzen. War er schon bis hierher sehr schön gewesen, jetzt wurde er geradezu herrlich. Die Azaleen und Rhododendren prangten noch in ihrem Frühlingsschmuck. Es sah aus, als ob ein Strom von Blüten das Tal überschwemmt hätte. Wahre Wellen von purpurnen, lila und leuchtendweißen Blumen schäumten an den benachbarten Hängen empor. Meine Träger ragten wie Schwimmer nur eben mit ihren Köpfen aus dem Meer blühender Gesträuche hervor.

Aber mit jedem Kilometer des Vorwärtsdringens wurden die Feengärten lichter und lichter. Ab und zu verriet noch ein rosiger Fleck die Stelle, an der eine vereinzelte Azalee den Kampf mit der Höhe aufnahm. Der Pfad führte in die phantastischen Landschaften, die den Zugang zu den Hochpässen[12] bilden. In der Totenstille dieser Felswüste hörte man nur die kristallhelle Stimme der klaren, eisigen Bäche flüstern. Manchmal stand am Ufer eines düsteren Bergsees ein einsamer Vogel mit goldenem Federkrönchen auf dem Kopfe und blickte ernst auf meine vorüberziehende Karawane. Und immer noch stieg der Weg, an riesigen Gletschern entlang führend. Zuweilen ließ er den Einblick in geheimnisvolle Seitentäler frei, angefüllt mit dichten Wolkenschwaden. Dann plötzlich, ohne jeden Übergang, blieb die Nebelwelt hinter uns, und vor uns lag die riesige tibetische Hochebene, nackt und strahlend hell unter dem leuchtenden Himmel Innerasiens.

Seitdem habe ich das Land hinter den fernen Gebirgen durchstreift, die damals meinen Horizont begrenzten. Ich habe Lhasa, Schi-ga-tse und die Graswüste mit ihren meerartigen Seen kennengelernt, habe Kham, die Heimat der Raubritter und Magier, gesehen, die unerforschten Wälder und zauberhaften Täler von Tsarong, in denen die Granatäpfel reifen. Aber in meiner Erinnerung hat nichts diesen ersten Blick verwischen können, den ich hier auf Tibet werfen durfte.

Nach einigen Wochen schönen Wetters fing es wieder an zu schneien. Meine Vorräte schmolzen zusammen, Träger und Diener verloren die Nerven und wurden zänkisch. Eines Tages mußte ich die Reitpeitsche gebrauchen, um zwei Männer auseinanderzuprügeln, die sich, mit dem Messer in der Hand, um einen Platz am Feuer rauften.

Nach ein paar kurzen Abstechern auf tibetisches Gebiet verließ ich die Grenze. Ich hatte mich nicht für eine längere Reise ausgerüstet, und zudem war das vor mir liegende Gebiet verbotenes Land.

Wieder berührte ich Latschen, sah noch einmal den Gomtschen, und er erzählte mir von seiner eine Tagereise höher in den Bergen gelegenen Einsiedelei, die er siebzehn Jahre lang bewohnt hatte. Diese Einzelheiten, für die der Lama sich der örtlichen Mundart bediente, konnte mein Diener mir mühelos übersetzen. Ich wagte es nicht, auf die Dämonen anzuspielen, die ihm dem Volksglauben nach dienstbar sein sollten. Ich wußte wohl, mein junger Dolmetscher war viel zu abergläubisch, um die Übersetzung einer solchen Frage zu wagen, und überdies würde sie der Lama auch höchstwahrscheinlich nicht beantwortet haben.

Sehr betrübt, daß ich eine so schöne Gelegenheit versäumt hatte, interessante Dinge zu erfahren, kehrte ich nach Gangtok zurück. Ich war ganz untröstlich, Tibet verlassen zu müssen, und ahnte noch nichts von den merkwürdigen Folgen, die meine Reise für mich haben sollte.

Kurz nachher verließ der Dalai Lama Kalimpong. Seine Truppen hatten die Chinesen geschlagen, und im Triumph kehrte er nach Lhasa zurück. Ich ging nach einem unterhalb des Jelep-Passes gelegenen Dorfe, um ihm Lebewohl zu sagen.

Lange vor ihm kam ich in dem Hause an, das ihm als Wohnung angewiesen war, und fand dort einige hohe Beamte des Hofes von Sikkim in großer Aufregung. Sie hatten die Instandsetzung der zeitweiligen Behausung des Lama-Königs übernommen, aber, wie das im Orient so zu gehen pflegt, die erforderlichen Sachen waren zu spät gebracht worden. Möbel, Teppiche, Vorhänge, nichts war in Ordnung, und doch sollte der hohe Reisende gleich ankommen.

In dem Häuschen, in dem Herren und Diener einander auf die Füße traten, herrschte ein unbeschreibliches Durcheinander. Es machte mir Spaß, mit zuzugreifen, und ich ordnete die für das Bett des Dalai Lamas bestimmten Kissen, worauf einige der Anwesenden mir versicherten, das müsse mir in diesem Leben sowohl wie in allen noch darauffolgenden Glück bringen.

Wer weiß, ob es mir nicht deshalb gelungen ist, bis Lhasa vorzudringen?

Noch einmal plauderte ich mit dem tibetischen Herrscher, der mit seinen Gedanken ausschließlich bei der Politik zu sein schien. Immerhin gab er mit seinem bebänderten Flederwisch den vor ihm Vorüberziehenden noch seinen Segen, aber man fühlte wohl, daß er im Geist schon den Grenzpaß überschritten hatte und nur noch überlegte, wie er den Sieg am besten ausbeuten könnte.

Im folgenden Herbst nahm ich von Sikkim Abschied und ging über Nepal nach Benares, wo ich ungefähr ein Jahr lang blieb. Ich kannte es schon von einem längeren Aufenthalt in meiner Jugendzeit her und freute mich nun, es wiederzusehen. Die Mitglieder der theosophischen Gesellschaft nahmen mich freundlich auf, und ich nahm gern eine von ihnen angebotene Wohnung an, die in einem schönen Park gelegen war. Das Haus mit seinem Gepräge strengster Einfachheit stimmte gut zu der mystischen Atmosphäre der heiligen Stadt Schiwas und war ganz nach meinem Geschmack. Ich machte mich fleißig an das Studium der Vedanta-Philosophie und ließ den Lamaismus etwas dahinter zurücktreten, da ich doch keine Möglichkeit sah, tiefer darin einzudringen. Ich dachte nicht daran, Benares zu verlassen, als ein Zusammentreffen von Umständen, die mir immer dunkel geblieben sind, mich eines Morgens bewog, in einen Zug einzusteigen, der in Richtung Himalaja fuhr.

KAPITEL 2

Lehrjahre in der Einsamkeit

In Gangtok traf ich Bermiak Kutschog wieder. Der Lama von Entsche war nach Schi-ga-tse in Tibet abgereist und kam erst nach einigen Monaten zurück. Dawasandup war abgerufen worden, um als Dolmetscher den britischen Vertreter zu der in Indien tagenden chinesisch-tibetischen Konferenz zu begleiten. Der Maharadscha starb; sein Sohn Sid-keong Tulku hatte als sein Nachfolger wenig Zeit für religiöse Studien übrig. Ich konnte keinen meiner Reisepläne ausführen. Alles schien für mich schiefzugehen.

Ich hatte nach und nach immer mehr den Eindruck von Feindseligkeit ringsumher, und es kam mir vor, als ob ich von unsichtbaren Geistern besessen wäre, die mir weder erlauben wollten, mit meinen Studien des Lamaismus fortzufahren, noch überhaupt auf tibetischem Boden zu bleiben. Fast wie hellseherisch sah ich dann aber wieder, wie nach meiner Abreise meine Feinde frohlocken würden, mich verjagt zu haben.

Ich suchte die Ursache für all dies in den Fieberanfällen und der nervösen Erschöpfung, die ich dem Ärger und der geistigen Überarbeitung zu verdanken hatte. Vielleicht hätte man auch verborgene Kräfte dahinter vermuten können. Jedenfalls gelang es mir nicht, diesen an Sinnestäuschung grenzenden, unglücklichen Zustand abzuschütteln. Alle Beruhigungsmittel versagten, so wollte ich es nun einmal mit Ortsveränderung versuchen.

Ich erkundigte mich gerade nach einem geeigneten Ruheplätzchen irgendwo im Himalaja, als der Fürst von Sikkim, nicht ahnend, welchen Gefallen er mir damit tat, mir eine Wohnung im Kloster Podang anbot. Es lag etwa fünfzehn Kilometer von Gangtok entfernt mitten in Wäldern, die beinahe immer in dicken Wolken steckten. Meine Wohnung bestand aus einem riesigen Eckzimmer im ersten Stock des Tempels und einer überlebensgroßen Küche, in der, wie es in Tibet Sitte ist, meine beiden Diener schlafen sollten.

Zwei ungeheure Fenster erlaubten dem Himmelslicht freien Zugang in mein Zimmer, standen aber Wind, Regen und Hagel ebenso gastlich offen. Die Fensterrahmen waren viel zu klein und schlossen nur oben fest an die Mauer an, nicht aber seitlich, so daß zu beiden Seiten große Lücken klafften.

Zunächst brachte ich meine Bücher auf einem Mauervorsprung unter. Dann wurden der Tisch und mein Klappstuhl aufgestellt, und das »Arbeitszimmer« war fertig. In einer andern Ecke schlug ich mein Zelt auf, und unter ihm stand mein Feldbett. Da hatte ich also mein »Schlafzimmer«. Die Mitte des überreichlich ventilierten Raumes bildete eine Art öffentlichen Platzes, wo ich bei gutem Wetter täglich Besuch empfing.

Das Schönste in Podang war für mich die religiöse Musik, die ich dort zweimal am Tage zu hören bekam, einmal vor Sonnenaufgang und dann wieder abends bei Sonnenuntergang. Das Orchester war denkbar klein. Es bestand aus zwei oboeartigen Instrumenten, den Gyalings, zwei drei bis vier Meter langen Ragdongs, in der Form riesiger Aidatrompeten[13], und zwei Pauken.

Als Vorspiel erklang eine tiefe Glocke in dem in allen orientalischen Tempeln eigenen Rhythmus. Nach einer Pause setzten die Ragdongs mit dumpfem Grollen ein. Darauf nahmen die Gyalings allein eine langsame Melodie auf, die in ihrer Einfachheit geradezu erschütternd wirkte, und in die nun einsetzenden Variationen fielen die Ragdongs mit ihren tiefen Baßtönen ein, bis schließlich noch die Pauken wie mit fernem Donnerrollen einstimmten.

Wie die Wasser eines tiefen Stromes floß die Melodie in Moll dahin, glatt, ebenmäßig, leidenschaftslos. Eine unendliche Trostlosigkeit ging von ihr aus. Es war, als ob der ganze Schmerz der Wanderer, die seit Anbeginn aller Zeiten verurteilt sind, von Welt zu Welt herumzuirren, sich hier in einem müden, verzweifelten Klagelaut Luft machen wollte. Wo wohl der Musiker sein mochte, der mit unbewußtem Genie dies herrliche Leitmotiv für alles Leid der Welt erfunden hatte? Wie ging es zu, daß ein so ungleich zusammengesetztes Orchester, daß Männer, denen man durchaus keine künstlerische Begabung anmerkte, es mit dieser ergreifenden Glut wiedergeben konnten?

Aber dafür würde ihnen selbst jede Erklärung gefehlt haben. Ich mußte mich damit begnügen, ihnen zu lauschen, früh, wenn die Sonne hinter dem Gebirge aufstieg, oder wenn die Abenddämmerung sich herabsenkte.

Außer diesen täglichen Gottesdiensten hatte ich in Podang auch Gelegenheit, jenen Feierlichkeiten beizuwohnen, die alljährlich einmal zu Ehren der Dämonen abgehalten werden. In Tibet habe ich sie später noch mehrfach gesehen, aber der Pomp und das Gepränge, mit denen sie dort verbunden waren, nahmen den Feierlichkeiten für mein Gefühl manches von der malerischen Wirkung, die ihnen hier in Podang die Waldeinsamkeit des Himalaja verlieh. Zauberkünste gehören nicht in das helle Tageslicht und nicht unter die Menge.

Zuerst brachten die Trapas Mahakala ins Freie, nachdem sie ihn das ganze übrige Jahr, inmitten von Opfergaben und Amuletten, in einem Schranke verborgen gehalten hatten.

Es gibt wohl kein lamaistisches Kloster, das unter seinen Tempeln nicht einen hätte, der den alten eingeborenen und den von den Indern neu eingeführten Göttern geweiht ist. Die indischen Gottheiten sind freilich im »Lande des Schnees« sehr heruntergekommen, denn die Tibeter haben sie in unbewußter Nichtachtung zu Dämonen umgewandelt und behandeln sie manchmal recht schlecht.

Mahakala ist von allen verpflanzten indischen Göttern entschieden der berühmteste.

Ursprünglich ist er Schiwa in seiner Gestalt als Weltzerstörer. Hier ist aber einfach ein bösartiger Geist aus ihm geworden, den die Magier-Lamas wie ihren Sklaven behandeln, der ihnen alle möglichen Dienste leisten muß, wobei er gelegentlich sogar derb abgestraft wird.

Der Volkssage nach hatte das große Oberhaupt der Karmapa-Sekte sich einst den Mahakala dienstbar gemacht. Nun begab es sich, daß der Lama, als er am chinesischen Hofe verweilte, dem Kaiser mißfiel, und der Herrscher ihn mit dem Barte an den Schwanz eines Pferdes binden ließ.

Als das Tier ihn daran hinter sich herschleppte, rief der große Karmapa in seiner Todesangst Mahakala zu Hilfe, bekam aber nicht gleich Antwort, und der Lama befreite sich nun selbst mittels einer magischen Formel, durch die sein Bart sich vom Kinn ablöste. Als er sich erhob, sah er den zu spät gekommenen Mahakala, den er jetzt nicht mehr brauchte, und gab ihm in hellem Zorn solch kräftige Ohrfeige, daß der arme Teufel selbst jetzt, nachdem mehrere Jahrhunderte darüber hingegangen sind, noch immer mit einer geschwollenen Backe herumläuft.

Die Trapas von Podang waren freilich keine so erleuchteten Geister, um sich so viel erlauben zu können. Sie hatten eine gesunde Angst vor Mahakala.

Es fehlte bei ihnen, wie übrigens auch in den andern Klöstern, nicht an Schauergeschichten über ihn. Die Wände des Schrankes, in dem dies Greuelwesen stecken sollte, schwitzten, wie man sagte, Blut aus. Öffnete man dann den Schrank, so fand man darin schauerliche Überreste von Menschenherzen oder Menschengehirnen, deren Anwesenheit nur durch das Wirken okkulter Mächte erklärlich war.

Man denkt sich den wirklichen Mahakala unter der ihn darstellenden

Maske verborgen und weist ihm, sobald er aus dem Schrank herausgenommen ist, eine dunkle Höhle neben dem Tempel als Wohnung an, in dem auch seine Zunftgenossen hausen. Zwei junge Schüler halten bei ihm Wache, indem sie unaufhörlich eine Zauberformel murmeln, die ihn bannen soll. Oft kämpfen die Knaben, wenn sie zur Nachtzeit ihre eintönige Weise herleiern, zitternd und bebend mit dem Schlaf. Sie sind fest überzeugt, daß der Dämon die leiseste Unachtsamkeit ihrerseits dazu benutzen würde, sich zu befreien, und dann wären sie sicher seine allerersten Opfer.

Die Bauern der umliegenden Dörfer waren sehr beunruhigt durch die Freiheit, die dem Mahakala gewährt wurde. Eiligst schlossen sie abends die Haustür ab, und die Mütter flehten ihre Kinder an, nach Sonnenuntergang nicht im Freien zu bleiben.

Durch die Zaubersprüche der Lamas wurden geringere dämonische Wesen, denen man alle möglichen üblen Streiche zutraute, bei ihrem Herumspuken im Lande magisch angezogen. Man lockte sie dann in einen ganz harmlos aussehenden hübschen Käfig aus leichtem Holz und bunten Fäden. Hatte man sie aber erst eingefangen, so wurde das zierliche Gebilde feierlich aus dem Kloster herausgetragen und samt den überlisteten Dämonen in ein flammendes Kohlenbecken geworfen.

Aber zum Glück für die Zauberer, die ja von ihnen leben, sind die Teufel unsterblich, und im folgenden Jahr muß der gleiche Hokuspokus wiederholt werden.

Um diese Zeit kehrte ein gelehrter Lama nach Tibet zurück. Er stammte aus einer vornehmen Familie Sikkims und übernahm als Nachfolger seines kürzlich verstorbenen Bruders das Amt des Abtes im Kloster Rhumteck. Dem Herkommen nach mußte er in verschiedenen Gompas seiner Sekte die Kulthandlungen vornehmen lassen, die dem Verstorbenen das Dasein im Jenseits leidlich gestalten sollten.

Ich hatte diesen Bruder als einen vortrefflichen Mann gekannt, der zwei Frauen gehabt hatte, immer guter Dinge war und sich wenig aus der Philosophie machte, desto mehr aber aus gutem französischen Kognak, von dem er mit Leichtigkeit ein paar Flaschen am Tage vertilgte.

Für tibetische Begriffe war er sehr reich, und er kaufte sich aufs Geratewohl eine Menge Dinge zusammen, ohne zu wissen, was er mit ihnen anfangen sollte. So sah ich den großen vierschrötigen Mann einmal mit einem rosabebänderten Babyhütchen auf dem Kopfe herumstolzieren, das für ein dreijähriges Kind gepaßt hätte.

Der neue Abt, den man gewöhnlich Herr aus Tibet (Pö Kutschog) nannte, weil er sich meist dort aufhielt, war in allem und jedem ganz anders als sein Bruder. Selbst in Lhasa sprach man mit größter Achtung von ihm als von einem verdienstvollen Sprachforscher. Er hatte die höheren Weihen erhalten und war unbeweibt, was bei der Geistlichkeit des Himalaja selten vorkommt.

Die von ihm geleiteten Begräbnisfeierlichkeiten dauerten eine ganze Woche lang. Die Trapas hatten fette Tage und wurden vom Erben reich beschenkt.

Darauf nahm Pö Kutschog die alljährliche Segnung der Klostergebäude vor. Ein Chor von Trapas zog von ihm angeführt durch die Gänge, sang die Litaneien der guten Wünsche und warf dabei in jede Zelle Getreidekörner, die den Segen empfangen hatten. Auch auf mein Schlafzimmerzelt wurden mit gnädigem Lächeln und dem Wunsche Tratschi Tschog (»Mögen sie blühen und gedeihen«) ein paar Handvoll Gerstenkörner geworfen, die sich auf Tisch und Bücher meines »Studierzimmers« verteilten.

Blühen und Gedeihen! Ja, ein so gut von Spuk gereinigtes und gesegnetes Kloster mußte ja unbedingt eine Zweigniederlassung des Paradieses der »Großen Seligkeit« werden!

Ganz sicher fühlten die Mönche sich aber anscheinend doch noch nicht. Sie zweifelten wohl heimlich an ihren eigenen okkulten Kräften, und selbst denen des gelehrten Sprachforschers mochten sie nicht so ganz trauen. Wer weiß, ob nicht einige Teufel der Vernichtung entronnen waren und sich verborgen hielten, um ihren Unfug noch weiter zu treiben.

Eines Abends sah ich den Gomtschen von Latschen in seiner vollständigen Aufmachung als schwarzer Magier erscheinen, auf dem Haupt den fünfeckigen Kopfschmuck, um den Hals die Kette aus Schädelscheibchen, die Schürze aus geschnitzten und durchlöcherten Menschenknochen vorgebunden und den mystischen Dolch an der Seite. Im Freien wurde ein loderndes Feuer angezündet, hochaufgerichtet stand er daneben, schwang das Dordschi-Zepter, stieß mit dem Dolch in die leere Luft und murmelte dabei seine Beschwörungen.

Was für unsichtbare Dämonen er dabei bekämpfte, weiß ich nicht, aber so wie er von dem flackernden Licht der Flammen beleuchtet dastand, glich er selbst aufs Haar einem bösen Geist.

Meine selbstgewählte Kur erwies sich als wirksam. Die Fiebermikroben wurden durch den Aufenthaltswechsel besiegt, und alle die neuen Eindrücke machten die geistige Ermüdung weniger fühlbar. Oder aber die mir übelwollenden Wesen aus der okkulten Welt, die ja vielleicht an meinem elenden Befinden schuld waren, hatten sich meinem festen Widerstand gegenüber für geschlagen erklärt und ließen mich nun in Frieden.

Jedoch war mir während meines Verweilens in Podang noch ein höchst sonderbares Erlebnis beschieden.

Sid-keong Tulku wollte seine Untertanen, nun er Maharadscha geworden war, vom Aberglauben abbringen und sie dem rechtgläubigen Buddhismus zuführen. Zu diesem Zwecke hatte er Kale Kuma, einen Mönch aus der Philosophieschule des Südens, als Missionsprediger kommen lassen. Er sollte den Kampf gegen die unbuddhistischen Gebräuche aufnehmen, also gegen das Zauberwesen, den »Geisterkult« und den Genuß gegorener Getränke. Mit dieser Aufgabe war der Mann nun zur Zeit gerade beschäftigt.

Als Abt von Podang hatte der Maharadscha im dortigen Kloster ein Absteigequartier, das er nur bewohnte, wenn er – was selten vorkam – an der Spitze seiner Mönche den Gottesdienst dort abhielt. Während meines Aufenthaltes war er eben zwei Tage lang anwesend.

Wir saßen am späten Nachmittag gerade zusammen beim Tee, plauderten von der Mission Kale Kumas und von den übrigen Versuchen, die Gebirgsbewohner von ihrem eingefleischten Aberglauben zu heilen.

»Es ist unmöglich«, sagte ich, »Genaueres über den historischen Padmasambhava zu erfahren, der einstmals in Tibet predigte, aber eins steht fest, die tibetischen Rotmützen von Sikkim haben einen sagenhaften Helden aus ihm gemacht und lassen ihn als solchen der Trunksucht und allerlei verrückten und schädlichen Gebräuchen Vorschub leisten. Sie haben einem bösen Geist seinen Namen gegeben und ihn auf ihre Altäre gestellt; den beten sie nun an . . ., wie Sie das ja übrigens auch tun«, fügte ich lachend hinzu und zeigte dabei auf eine Statuette des großen Magiers, die mit einer zu ihren Füßen brennenden Altarlampe im Hintergrund des Gemaches thronte.

»Man müßte«, begann ich von neuem, . . . aber ich unterbrach mich. Ganz wörtlich genommen schnitt »man« mir das Wort ab. Und doch hatte kein Mensch gesprochen, alles war totenstill, aber trotzdem fühlte ich ganz deutlich die Anwesenheit einer feindlichen Macht im Zimmer, fühlte, daß sich ein Dritter unsichtbar in unser Gespräch mischte. »Nichts wird dir gelingen«, hörte ich ihn deutlich sagen . . . »Mein ist das Volk dieses Landes. Ich bin stärker als du . . .«

Aufs äußerste erstaunt, lauschte ich dieser Stimme, die doch lautlos blieb. Ich hätte sie vielleicht einfach für das Echo meiner Zweifel am Gelingen der beabsichtigten Reform gehalten, wenn jetzt nicht der Maharadscha geantwortet hätte. Und zwar antwortete er auf etwas, was ich gar nicht gesagt hatte. Er erörterte seine Pläne mit dem unsichtbaren Gegner.

»Warum sollte es mir nicht gelingen?« fragte er. »Schon möglich, daß es viel Zeit kosten wird, bis die Dorfleute und die niedrige Geistlichkeit anders denken gelernt haben. Die Dämonen, die von ihnen leben, werden sich so leicht nicht aushungern lassen, aber Sie sollen sehen, ich werde schon mit ihnen fertig.«

Er spielte scherzend auf die Tieropfer an, die von den Zauberern den bösen Geistern dargebracht wurden.

»Ich habe ja aber nicht gesagt«, fing ich an, fuhr aber nicht weiter fort. Ich hatte mir überlegt, daß, so tapfer diese Kriegserklärung an die Dämonen auch klang, der Fürst selbst doch kaum ganz frei von Aberglauben war und ich besser tat, ihm nichts von dem eben Vorgefallenen zu erzählen.

Ich will aber nicht weiter auf den Aberglauben des Sid-keong Tulku eingehen. Vielleicht hatte er sich schon mehr davon befreit, als ich ihm zutraute. Das geht aus folgendem hervor:

Die Tibeter glauben unbedingt an die Voraussagen des Horoskops, und ihm war das Jahr, in dem er später wirklich starb, als sehr gefährlich prophezeit worden. Um den feindlichen Einflüssen zu begegnen, hatten mehrere Lamas, darunter auch der Gomtschen von Latschen, ihm angeboten, die zu diesem Zwecke vorgeschriebenen Riten abzuhalten. Er lehnte das aber mit kurzem Dank ab. Wenn er sterben sollte, fühle er sich Manns genug, ganz einfach und ohne ihren Zauberkram in das andere Leben einzugehen.

Ich fürchte, er ist dadurch in den Geruch der Gottlosigkeit gekommen.

Übrigens, kaum war er tot, so wurden alle die von ihm eingeführten Neuerungen und religiösen Verbesserungen gleich wieder abgeschafft. Es war Schluß mit den Bußpredigten, dem Verbot, Bier in den Tempeln zu trinken. Ein Lama verkündete der Geistlichkeit der Umgegend, daß alle alten Gewohnheiten wieder aufgenommen werden sollten.

Der unsichtbare Feind triumphierte, ganz wie er vorausgesagt hatte.

Obgleich ich mein Hauptquartier in Podang aufgeschlagen hatte, verzichtete ich deshalb doch nicht völlig auf meine Ausflüge kreuz und quer durch das Land. In ihrem Verlauf lernte ich zwei Gomtschen aus Osttibet kennen, die erst seit kurzem im Himalaja wohnten.

Der eine hatte sich in Sakyong niedergelassen und hieß deshalb Sakyong Gomtschen. Es gilt in Tibet nicht für höflich, die Leute bei Namen zu nennen. Wenn man nicht mit Untergebenen zu tun hat, so redet man allgemein nur mit dem Titel an.

Der Gomtschen hatte etwas Malerisches an sich und war sehr aufgeweckt. Er besuchte die Friedhöfe und lebte Monate lang ganz zurückgezogen, um magische Riten vorzunehmen. Wie sein Amtsbruder in Latschen, trug er keine eigentliche Mönchskleidung, und anstatt sein Haar ganz kahl abzuscheren, trug er es wie die indischen Yogis auf dem Scheitel zusammengerollt.

In Tibet ist langes Haar, falls man nicht Laie ist, eins der Abzeichen der Einsiedlerasketen oder der Naldjorpas genannten kontemplativen Mystiker.

Bis jetzt hatte ich mich mit den Lamas besonders über die philosophischen Lehren des mahayanistischen Buddhismus unterhalten, an die der Lamaismus anknüpft. Sakyong Gomtschen wollte nicht viel davon wissen und kannte sie auch nur sehr unvollkommen.

Er schwärmte für gewagte Behauptungen. »Wenn man zur Erkenntnis gelangen will«, meinte er, »kann das Studium gar nichts nützen, sondern im Gegenteil nur schaden. Alles, was man zu wissen glaubt, ist eitel. In Wirklichkeit ›weiß‹ man nur von den eigenen Vorstellungen. Die Ursachen aber, die diese hervorgerufen haben, liegen für uns unerreichbar da.

Wollen wir sie fassen, so ergreifen wir wiederum nur die Vorstellung, die wir uns von diesen Ursachen machen.«

Ich weiß nicht, verstand er, was er sagte, oder wiederholte er nur Gelesenes oder von andern Gehörtes?

Auf Wunsch des Fürst-Tulkus begab Sakyong Gomtschen sich auch auf eine Predigtreise, wobei ich Gelegenheit hatte, ihn sprechen zu sehen. Ich sage absichtlich »sehen« anstatt »hören«, denn ich war damals nicht entfernt imstande, alles zu verstehen, was er auf tibetisch sagte. In dieser Apostelrolle war er geradezu hervorragend. Mit seinem Redestrom, seinen Gesten und seinem wechselnden Gesichtsausdruck war er der geborene Redner, und man sah es den erschrockenen, tränengebadeten Zügen seiner Zuhörer an, welch starken Eindruck er auf sie machte.

Der Gomtschen von Sakyong ist der einzige Buddhist, den ich jemals so hochdramatisch predigen sah. Die strenggläubige Richtung läßt bei der Darlegung einer Lehre, die sich nur an die ruhige Vernunft wendet, wenig große Bewegungen und nur sparsamen Stimmaufwand zu. Ich fragte ihn eines Tages: »Was ist eigentlich die höchste Befreiung (tharpa), das Nirwana?« Und die Antwort lautete: »Es ist die Abwesenheit jedes Glaubens, jeder Einbildung, das Aufhören der alle Täuschung bewirkenden Geschäftigkeit.«

»Sie sollten nach Tibet gehen und sich dort von einem Meister des ›direkten Pfades‹ einweihen lassen«, sagte er mir ein anderes Mal, »Sie hängen viel zu sehr an den Lehren der ›nien teus‹ (der Buddhisten des Südens, Ceylons usw.). Ich habe eine Ahnung, als ob Sie die Geheimlehre erfassen könnten.« – »Wie kann ich nach Tibet gehen«, erwiderte ich, »da Fremde ja dort nicht zugelassen werden?«

»Bah«, meinte er leichthin, »viele Wege führen nach Tibet. Nicht alle Lamas wohnen ja in den Provinzen Ü und Tsang, den mittleren Landschaften mit Lhasa und Schi-ga-tse als Hauptstädten. In meiner Heimat gibt es noch gelehrtere.«

Ich hatte noch nie daran gedacht, Tibet auf dem Wege über China zu betreten, und selbst als der Gomtschen mir davon sprach, fand der Gedanke noch kein Echo bei mir. Die rechte Stunde hatte gewiß noch nicht für mich geschlagen.

Der zweite Gomtschen, den ich kennenlernte, war wenig mitteilsamer Natur, und die höflichen Worte, mit denen er mich dem Herkommen nach begrüßte, klangen eisig und hatten etwas Herablassendes. Weshalb man ihn nach seinem Wohnort Daling Gomtschen nannte, habe ich schon früher erklärt.

Er trug stets das gewöhnliche Mönchsgewand, das er durch elfenbeinerne Ohrringe und einen mit Türkisen besetzten silbernen Dordschi vervollständigte, der durch seinen Haarknoten gesteckt war.

Den Sommer verbrachte der Lama stets ganz einsam auf dem Gipfel eines bewaldeten Berges, wo man eigens für ihn eine Hütte erbaut hatte.

Kurz bevor er dort ankam, brachten seine Schüler und die Bauern der Umgegend für etwa drei bis vier Monate Vorräte an Lebensmitteln hinauf. Danach war ihnen aber jede weitere Annäherung streng verboten. Ich glaube, es fiel dem Gomtschen nicht eben schwer, seine Einsamkeit zu verteidigen. Im Volk war gar kein Zweifel darüber, daß er da oben schreckliche Riten vornahm, und daß er die Dämonen in eine Falle lockte, um sie zu zwingen, alle ihre bösartigen Anschläge gegen Gut und Leben der ihm ergebenen Anhänger aufzugeben. Einerseits war diesen der Schutz, dessen sie so teilhaftig wurden, freilich ganz recht; andrerseits lebten sie aber in ständiger Angst vor der Begegnung mit bösen Geistern, wenn sie sich einmal in die Nähe der Einsiedelei wagten. Und im übrigen mahnte sie schon das Geheimnis, das alles Tun und Treiben der Einsiedler-Naldjorpas umschwebt, zur Vorsicht. Wie wenig Lust der Lama auch haben mochte, meine Fragen zu beantworten, er mußte dem ausgesprochenen Wunsche des Fürsten, dem er seine Stellung als Abt in dem kleinen Kloster von Daling verdankte, doch nachkommen und etwas von seiner Zurückhaltung aufgeben. In einer unserer Unterhaltungen kam ich auch auf die einem Buddhisten erlaubte Art der Ernährung zu sprechen. »Wie steht es«, so fragte ich ihn, »um die Spitzfindigkeiten, mit denen man das ausdrückliche Verbot, zu töten, auslegen will? Kann es einem Buddhisten je gestattet sein, Fleisch oder Fisch zu essen?«

Der Lama aß, wie die meisten Tibeter, durchaus nicht nur Pflanzenkost und erklärte mir nun seine Grundsätze so, wie ich sie später in Tibet noch oft auslegen hörte. Eigenartig genug sind sie wirklich. »Die meisten Menschen«, sagte er, »fressen wie die Tiere, um satt zu werden und ohne sich das, was sie tun und was daraus folgt, klarzumachen. Wer so unwissend ist, der enthält sich besser aller tierischen Nahrung. Andere hingegen legen sich Rechenschaft davon ab, was aus den Stoffen wird, die sie sich beim Verzehren eines Tieres einverleiben. Sie wissen, daß die Aneignung des Fleisches auch die der andern, mit ihm verbundenen geistigen Bestandteile nach sich zieht. Wer es so weit in der Erkenntnis gebracht hat, kann auf seine eigene Gefahr hin diese Verbindungen eingehen und sich bemühen, daraus Folgen zu entnehmen, die dem geopferten Tier nützlich sind. Es handelt sich darum, zu wissen, ob die von ihm genossenen tierischen Bestandteile das Tierische im Menschen verstärken werden, oder ob der Mensch fähig sein wird, das von dem Tiere auf ihn Übergegangene in Verstandes- und Geisteskraft umzusetzen, die dann in ihm in Form seiner eigenen Tätigkeit wiedergeboren würde.«

Ich fragte ihn darauf, ob das eben Gesagte etwa der volkstümliche Sinn des in Tibet verbreiteten Glaubens sei, daß die Lamas die Geister der abgeschlachteten Tiere in das Paradies der »Großen Seligkeit« befördern können.

»Das kann man nicht mit wenigen Worten sagen«, erwiderte er, »dafür ist die Sache zu verwickelt. Die Tiere haben, ganz wie wir, mehrfache Arten von ›Bewußtsein‹, und wiederum ganz wie bei uns, schlagen diese nach dem Tode nicht alle denselben Weg ein. Ein Lebewesen ist ein Zusammengesetztes, keine Einheit; aber um diese Lehren verstehen zu können, muß man schon vorher von einem erfahrenen Meister eingeweiht sein.«

Auf solche Weise brach der Lama seine Erklärungen oft kurz ab.

Eines Abends, als der Fürst, Daling Lama und ich gerade im Rasthaus von Kewzing zusammen plauderten, kamen wir auf die mystischen Asketen zu sprechen. Mit glühender Begeisterung erzählte der Gomtschen uns höchst eindrucksvoll von seinem Lehrer, dessen Weisheit und übernatürliche Kräfte er nicht genug rühmen konnte. Sid-keong Tulku stand ganz unter dem Einfluß der tiefen Verehrung, die die Worte des Lamas hervorriefen.

Eben jetzt war er in großer Sorge wegen einer Familienangelegenheit. Es handelte sich um seine geplante Heirat mit einer birmanischen Prinzessin. »Schade«, sagte er mir auf englisch, »daß ich da den großen Naldjorpa nicht befragen kann. Er würde mir gewiß einige gute Ratschläge geben können.« Dann wandte er sich an den Gomtschen und wiederholte auf tibetisch: »Sehr schade, daß Ihr Meister nicht hier ist.

Ich hätte den Rat eines weisen Hellsehers, wie er es ist, sehr nötig.«

Er ging nicht näher auf diese für ihn so wichtige Frage ein und ließ sich auch überhaupt nicht weiter über die Art seiner Beunruhigung aus.

Der Gomtschen erkundigte sich mit seiner gewöhnlichen Kühle: »Handelt es sich um etwas Ernstes?«

»Die Sache ist sogar sehr wichtig«, antwortete der Fürst.

»Am Ende kann ich Ihnen den gewünschten Rat verschaffen«, sagte der Lama.

Ich nahm an, er wolle durch einen Boten einen Brief absenden, und schickte mich gerade an, ihn an die weite Entfernung, die zurückzulegen war, zu erinnern, als mir eine große Veränderung in seinen Gesichtszügen auffiel.

Er hatte die Augen geschlossen und ward blässer und blässer. Ich glaubte, er fühle sich unwohl, und wollte auf ihn zugehen, ward aber durch den Fürsten, der ihn auch beobachtet hatte, davon zurückgehalten, indem er mir zuflüsterte:

»Machen Sie nur keine Bewegung! Diese Gomtschen pflegen manchmal plötzlich in Trance zu verfallen. Man muß sie dann gewähren lassen, sonst werden sie krank, wenn es nicht gar mit dem Tode endet.« Ich blieb also ruhig sitzen, die Augen fest auf den unbeweglich stehenden Mann geheftet. Nach und nach veränderten sich seine Züge, sein Gesicht furchte sich und nahm allmählich einen mir ganz fremden Ausdruck an. Er öffnete die Augen, und der Fürst fuhr erschrocken zusammen.

Der Mensch, der uns jetzt anblickte, war nicht mehr der Lama von Daling, sondern ein uns völlig unbekannter Mann. Er bewegte mühsam die Lippen und sagte mit einer Stimme, die sicher nicht die des Gomtschen war:

»Machen Sie sich keine Sorge, diese Frage wird nie an Sie gerichtet werden.« Dann schloß er langsam die Augen, wiederum veränderten sich seine Züge, aber jetzt zurück in die des Lamas von Daling, und dann kehrte nach und nach auch sein Bewußtsein wieder.

Meinen Fragen entzog er sich und verschwand in aller Stille. Er schwankte und schien vor Müdigkeit ganz erschöpft.

»Seine Antwort hat ja gar keinen Sinn«, schloß der Fürst.

Ob es nun Zufall war oder nicht, die Zukunft sollte leider das Gegenteil beweisen. Die Frage, die den jungen Maharadscha ängstigte, bezog sich sowohl auf seine Braut wie auf eine anderweitige Liebschaft. Aus dieser Verbindung war ihm ein Sohn geboren, und er wollte trotz seiner Heirat nicht gern mit der Mutter seines Kindes brechen. Allerdings hätte er sich über sein Verhalten den beiden Frauen gegenüber nicht den Kopf zu zerbrechen brauchen, denn er starb noch vor der Hochzeit.

Ich hatte auch Gelegenheit, einen Blick auf zwei Einsiedler zu werfen, die ich in dieser Eigenart nur dies eine Mal in Tibet angetroffen habe, wo, vielleicht überraschenderweise, die Eingeborenen viel zivilisierter als im Himalaja sind.

Ich kehrte mit dem Lama-Fürsten von einem Ausflug nach der Grenze von Nepal zurück, als ihn seine Diener von der Anwesenheit zweier Einsiedler auf einem Berge in Kenntnis setzten, der ganz nahe bei unserm letzten Nachtlager lag.

Die Leute wußten, daß er mir gern »religiöse Seltsamkeiten«, die im Lande vorkamen, zeigte, und erzählten nun, diese beiden Männer hielten sich so hartnäckig und so geschickt verborgen, daß es seit Jahren niemand mehr gelungen sei, sie zu Gesicht zu bekommen. Was ihnen an Mundvorräten geliefert wurde, stellte man in langen Zwischenräumen an einen verabredeten Platz, unter einem Felsen, von wo sie es bei Nacht abholten. Wo sie sich ihre Hütten gebaut hatten, wußte auch niemand so recht, und keiner bekümmerte sich nun mehr darum.

Lag den Klausnern daran, nicht gesehen zu werden, so waren die Landleute noch viel weniger darauf aus, ihnen zu begegnen. Sie lebten in einer abergläubischen Angst vor ihnen und vermieden es gern, den Wald, in dem sie hausten, zu betreten.

Sid-keong Tulku hatte die Furcht vor Zauberei abgeschüttelt. Er befahl seinen Dienern, mit einigen Bauern das Gebirge zu durchsuchen und ihm die Einsiedler vorzuführen. Sie sollten keine Gewalt anwenden und ihnen sogar ein Geschenk in Aussicht stellen, sie aber dabei scharf im Auge behalten und nicht entwischen lassen. Es gab eine aufregende Jagd. Die beiden Einsiedler versuchten zu fliehen, als man sie in ihrer Einsamkeit aufgestöbert hatte. Aber was wollten sie gegen die Umzingelung von zwanzig Verfolgern machen? So wurden sie schließlich gefangengenommen.

Man mußte Gewalt anwenden, um sie in den kleinen Tempel hineinzubringen, in dem wir uns mit einigen Lamas und dem Gomtschen von Sakyong befanden, aber es gelang uns allen nicht, ihnen auch nur ein Wort zu entlocken.

Ich habe selten solch merkwürdige Gesichter wie bei diesen beiden Menschen gesehen. Sie starrten vor Schmutz und hatten nur mehr wenige Lumpen am Leibe. Ihr langes, verwildertes Haupthaar fiel ihnen über das ganze Gesicht, aus dem die Augen wie glühende Kohlen hervorleuchteten.

Während sie uns wie Raubtiere anstarrten, die sich plötzlich der Freiheit beraubt im Käfig wiederfinden, ließ der Fürst so recht sichtbar zwei große Weidenkörbe, mit Vorräten gefüllt, vor sie hinstellen. Er erklärte ihnen, alles dies, Butter, Tee, Fleisch, Gerstenmehl, Reis, solle ihnen gehören, aber es half nichts, die Einsiedler blieben scheu und stumm.

Ein Einwohner des Fleckens erzählte dann, er glaube, daß die Eremiten gleich bei ihrer Ansiedlung im Lande das Schweigegelübde abgelegt hätten.

Seine Hoheit war nicht ganz frei von echt orientalischer Herrschsucht und erwiderte, sie hätten ihn doch wenigstens grüßen und nach Gebühr achtungsvoll behandeln können. Ich sah, wie der Zorn anfing, ihn zu übermannen, und um den Klausnern Unannehmlichkeiten zu ersparen, bat ich ihn, er möge ihnen erlauben, sich zurückzuziehen. Er zögerte noch, aber ich wiederholte meine Bitte.

Mittlerweile hatte ich aus meinem Gepäck zwei Säckchen mit Kristallzucker holen lassen, auf den die Tibeter besonders erpicht sind, und legte in jeden der Körbe eins davon.

»Öffnet die Tür, damit die Kerle machen, daß sie fortkommen«, befahl schließlich der Fürst.

Kaum sahen sie den Weg frei, stürzten die beiden Einsiedler sich auf die Körbe, um sich ihrer zu bemächtigen. Einer von ihnen holte schnell etwas unter seinen Lumpen hervor, fuhr mit seinen krallenartigen Fingernägeln in mein Haar, und leicht und flink wie die Rehe sprangen die beiden davon.

Ich zog aus meiner Frisur ein kleines Amulett heraus, das ich erst den Umstehenden, dann später auch einigen in den Zauberwissenschaften bewanderten Lamas zeigte. Sie alle versicherten mir, das Amulett bringe keineswegs Unheil, im Gegenteil, von jetzt an könne ich auf die Begleitung eines Dämons zählen, der mir alle Gefahren aus dem Wege räumen und treulich dienen würde.

Was wollte ich noch mehr? Vermutlich war den Einsiedlern meine Fürbitte nicht entgangen. Sie wußten, daß sie mir ihre Freilassung verdankten, und mit dem sonderbaren Geschenk wollten sie mir gewiß ihre Erkenntlichkeit bezeigen.

Der letzte Ausflug, den ich mit dem Fürst-Lama unternahm, führte mich wieder gen Norden. Ich sah Latschen und seinen Gomtschen wieder. Diesmal gelang es mir, wenn auch nur kurz, mit ihm zu sprechen, denn wir hielten uns nur einen Tag lang in Latschen auf, da unsere Reise bis zum Fuße des Kangchendzönga[14] gehen sollte.

Wir lagerten unterwegs nahe bei einem hübschen See in dem öden Tal von Lonak, nicht weit von dem vielleicht höchsten Paß der Welt, dem 6000 Meter hohen Jongsong-la.

Hier schneiden sich die Grenzen von Tibet, Nepal und Sikkim. Wir verweilten dann einige Tage am Rande riesiger Moränen, aus denen sich die vergletscherten Grate des Kangchendzönga erheben. Darauf verließ mich Sid-keong, um nach Gangtok zurückzukehren.

Beim Abschied neckte er mich wegen meiner Liebe zu der Einsamkeit des Hochgebirges, die mich veranlaßte, die Reise allein fortzusetzen. Ich sehe ihn noch vor mir. Diesmal trug er nicht eines der Koboldgewänder, die aus Tausendundeinernacht zu stammen schienen, sondern er sah ganz aus wie ein Bergfex im Abendland. Noch einmal drehte er sich nach mir um, schwenkte sein Hütchen und rief mir noch von weitem zu: »Auf baldiges Wiedersehen! Bleiben Sie nicht zu lange fort!«

Ich habe ihn nie wiedergesehen. Er starb einige Monate später in Gangtok eines geheimnisvollen Todes.

Im Tale von Lonak lockte mich die Nähe von Tibet zur Überschreitung eines der dorthin führenden Pässe. Unter ihnen war der Nago am leichtesten zugänglich. Bei unserem Aufbruch war das Wetter bis auf unbedeutenden Schneefall schön, wenn auch etwas verschleiert. Die Landschaft, die sich mir von der Paßhöhe aus bot, war sehr verschieden von der leuchtenden Pracht, in der ich sie vor zwei Jahren genossen hatte.

Wohl erstreckten sich noch wie damals die unendlichen Einöden vom Fuße des Gebirges an bis zu den andern in der Ferne verschwimmenden Berglinien hin, aber jetzt warf die Dämmerung ihren bläulichgrauen Schleier darüber und machte sie dadurch noch geheimnisvoller. Und wer weiß, vielleicht auch noch anziehender und unwiderstehlicher. Selbst ohne bestimmtes Ziel würde ich dies wunderbare Land immer gern durchstreift haben, aber an Aufgaben fehlte es mir ja nicht. Vor meiner Abreise aus Gangtok hatte einer der Hofherren des Fürsten mir vom Kloster des Tschorten Nyima gesprochen. »Die Gompas, die Sie in Sikkim besucht haben«, hatte er gesagt, »sind ganz verschieden von den tibetischen Klöstern. Selbst wenn Sie nicht weiter in das Land vordringen können, so sehen Sie sich wenigstens die Gompa von Tschorten Nyima an. Dann können Sie sich doch ungefähr einen Begriff von einem tibetischen Kloster machen.« Diesem Rate wollte ich jetzt folgen.

Gompa, »einsamer Wohnort«, heißen die Klöster auf tibetisch, und hier war der Name wohlverdient. Etwas Weltferneres als diese lamaistische Einöde kann man sich unmöglich vorstellen. Weit und breit umher ist die ganze Gegend völlig menschenleer, und die Höhenlage macht sie vollends zu einer wahren Wüstenei. Sonderbar zerfressenes Gestein türmte sich zu hohen Klippen auf. Durch ein breites Tal stieg man zu einem Bergsee empor; von den schneeigen Gipfeln schäumte ein klarer Sturzbach herab, und die Felsblöcke, über die er hinwegbrauste, erglänzten in den herrlichsten graugrünen, violetten oder rosenroten Farben. Diese bunte Steinpracht schuf dem Kloster einen Hintergrund höchster Erhabenheit und Ruhe. Das ist die richtige Umgebung für Sagen und Märchen, und es fehlte in Tschorten Nyima denn auch nicht daran. Schon der Name »Sonnen-Heiligenschrein« deutet an, daß ein Tschorten mit kostbaren Heiligtümern auf wunderbare Weise durch die Luft von Indien hierher versetzt worden ist.

Ferner berichtet die Sage, Padmasambhava, der Apostel Tibets, habe in der Nähe des Klosters gewisse Handschriften mystischen Inhalts versteckt. Damals, im achten Jahrhundert, waren die Tibeter noch völlig ungebildet. Er hielt sie deshalb noch nicht für reif genug, ihnen diese Lehren schon damals mitzuteilen. Der Meister sah aber voraus, daß lange nach seinem Tode Lamas, durch ihr früheres Leben dazu vorbestimmt, die Handschriften wiederfinden würden. Wie man sagt, sind in dieser Gegend schon mehrere derartige Werke ans Tageslicht gekommen, und die Lamas sind jetzt noch auf der Suche.

Die Tibeter behaupten, es gäbe hundertundacht warme und kalte Quellen in der Umgebung von Tschorten Nyima. Aber sie sind lange nicht für alle Menschen sichtbar; viele von ihnen können nur von denen erblickt werden, »die besonders reinen Geistes sind«. Jeder an den Quellen ausgesprochene Wunsch wird unweigerlich dem erfüllt, so sagt man, der an der Stelle ihres Ursprungs einen Schluck von ihrem Wasser trinkt und eine Opfergabe niederlegt.

Die ganze Gegend starrt von Tschödos (Steinopfern), bestehend aus aufrecht stehenden oder zu Haufen geschichteten Steinen. Diese von Pilgerhänden errichteten, urwüchsigen Denkmäler gelten für unzerstörbar.

Früher muß das Kloster einige Bedeutung gehabt haben, jetzt verfällt es. Das ist hier, wie auch sonst häufig in Tibet, die Folge des Niedergangs jener alten Sekten, die sich der Reform des Tsong Khapa nicht angeschlossen haben und daher nicht wie deren Jünger zur Staatsgeistlichkeit gehören. Ich fand bei meinem Besuche nur vier Klosterfrauen aus der Sekte der »Alten« (gningma) vor. Sie lebten im Zölibat, hatten aber keine eigentlichen Weihen empfangen und trugen auch keine Nonnengewänder.

Unter all den vielen Beispielen von auf die Spitze getriebener Sonderbarkeit, von denen Tibet wimmelt, hat mich die unglaubliche Tapferkeit seiner Frauen immer überrascht. Wenige Europäerinnen oder Amerikanerinnen würden es wagen, so mitten in der Wüste in kleinen Gruppen von vier oder fünf Schwestern, oder auch wohl völlig allein, zu leben. Und für monate- oder jahrelange Reisen im einsamsten Hochgebirge, das von Räubern und wilden Tieren unsicher gemacht wird, möchten sich bei uns auch wenig Liebhaberinnen finden.

Dabei zeigt sich so recht das eigentümliche Verhalten der Tibeterinnen. Nicht genug, daß sie sich der wirklichen Gefahren vollkommen bewußt sind, hinzu kommt ja noch die eingebildete Bedrohung seitens Legionen böser Geister. Man stellt sie sich in tausend und abertausend tollen Formen vor; sogar an einer Teufelspflanze fehlt es nicht, die am Rand der Abgründe wächst, mit ihren stachligen Zweigen nach den Reisenden greift und sie in die Tiefe zerrt.

Eigentlich hätten die Frauen also allen Grund, in ihren Dörfern zu bleiben, und doch findet man an unzähligen Orten kleine Gruppen von etwa einem Dutzend Nonnen, die in abgelegenen Klöstern hausen, oft in solcher Höhe, daß sie acht Monate im Jahre völlig eingeschneit sind.

Andere wieder führen in Höhlen ein Einsiedlerleben, und mutterseelenallein, nur mit einem Bündelchen auf dem Rücken, durchziehen viele von ihnen als Pilgerinnen das ganze riesige Tibet.

Als ich die Lhakhangs – Götterhäuser, in denen ihre Standbilder stehen – besuchte, die unter den verfallenen Klostergebäuden noch erhalten geblieben waren, entdeckte ich in einem derselben eine Sammlung von bunten Tonfigürchen. Sie stellten die aufeinanderfolgenden Erscheinungen dar, die vor den Geistern der den Bardo durchirrenden Verstorbenen auftauchen. Über ihnen thronte der nackte Dordschi Tschang, in der Haltung eines in Nachdenken versunkenen Buddhas. Die blaue Farbe seines Körpers war ein Sinnbild des Raumes oder, wie es in der Mystik heißt, der Leere.

Eine der Nonnen überraschte mich durch ihre Auslegung der Bedeutung dieser Tonfigürchen.

»Alle diese sind gar nichts«, sagte sie zu mir und zeigte dabei auf die Fabelwesen. »Der Geist ruft sie aus der Leere hervor, deshalb kann er sie auch wieder dahin zurückschicken und darin auflösen.«

»Woher wißt Ihr das?« fragte ich, denn ich dachte mir wohl, daß das gute Mädchen nicht von selbst darauf gekommen wäre.

»Von meinem Lama«, antwortete sie.

»Und wer ist Euer Lama?«

»Ein Gomtschen, der nahe dem Mo-te-tong-See wohnt.«

»Kommt er zuweilen hierher?«

»Nein, nie. Der Lama von Tschorten Nyima wohnt in Tranglung.«

»Ist er auch ein Gomtschen?«

»Nein, er ist ein Ngags-pa (Magier). Er wohnt bei seiner Familie. Er ist sehr reich und kann vielerlei Wunder tun.«

»Was für welche?«

»Er kann nach Gutdünken Hagel und Regen fallen lassen oder ihnen

Einhalt gebieten. Er kann Mensch und Tier gesund oder krank werden lassen, selbst aus der Entfernung. Und hören Sie nur, was er vor ein paar Jahren tat:

Es war gerade Erntezeit. Der Lama befahl den Dorfleuten, sein Korn zu schneiden und in die Scheunen zu bringen, was oft als Frondienst geleistet wird. Darauf antworteten ihm mehrere: ›Jawohl, aber erst bringen wir unsere eigene Ernte unter Dach.‹ Das Wetter war unsicher, und die Bauern hatten Angst vor dem in dieser Jahreszeit nicht seltenen Hagel. Anstatt den Lama zu bitten, er möge ihre Ernte beschützen, während sie sein Korn einbrachten, versteiften sich viele von ihnen darauf, zuerst die eigene Gerste zu schneiden.

Jetzt bekamen sie es aber mit den magischen Kräften des Lamas zu tun. Er nahm seine Beschwörungen vor, rief seine Schutzgötter an und hauchte den Tormas[15] Leben ein. Kaum war das geschehen, flogen die Tormas wie Vögel davon, flatterten in ganzen Schwärmen in die Häuser der Leute, die nicht gleich gehorcht hatten, und richteten dort großen Schaden an. An den Wohnungen der Männer, die unverweilt die Felder des Lamas abgeerntet hatten, flogen sie aber ohne einzudringen vorbei.

Von da an wagte niemand mehr, dem Lama ungehorsam zu sein.«

Was hätte ich nicht darum gegeben, mit dem Wundermanne sprechen zu können, der Kuchen als Rachegeister in den Raum hinauszuschleudern vermochte. Der Wunsch verfolgte mich geradezu. Nun lag Tranglung gar nicht weit von Tschorten Nyima; den Nönnchen nach war es nur eine Tagereise entfernt . . . Aber der Weg hätte ganz durch verbotenes Land geführt. Ein Stückchen weit hatte ich mich schon hineingewagt, sollte ich noch tiefer eindringen bis in bewohnte Gegenden hinein? Lief ich dann nicht Gefahr, aus Sikkim ausgewiesen zu werden? Eine wirkliche Reise durch Tibet konnte gar nicht in Frage kommen. Ich war in keiner Weise darauf eingerichtet, und da es sich schließlich doch nur um einen kurzen Besuch bei einem Hexenmeister handelte, sah ich ein, daß ich um seinetwillen nicht die Fortsetzung meiner tibetischen Studien im Himalaja aufs Spiel setzen durfte.

Also hieß es umkehren, nachdem ich die Nonnen beschenkt und ihnen auch für den Lama von Tranglung eine Gabe überreicht hatte.

Ich hätte mir das Bedauern sparen können. Zwei Jahre nachher lernte ich den Zauberer kennen und war mehrfach bei ihm in Tranglung zu Gast.

Der Herbst kam heran; auf den Pässen war Schnee gefallen, in den Nächten machte sich die Kälte unter dem Zeltdach unangenehm fühlbar. Ich kehrte über die Grenze zurück und freute mich, wieder unter Dach und Fach am flackernden Feuer wohnen zu können.

Ich bezog eines der Rasthäuser, wie sie die britische Verwaltung den Reisenden auf allen Straßen Indiens und der angrenzenden Länder zur Verfügung stellt, eine Einrichtung, die das Reisen, das sich sonst sehr umständlich gestalten würde, außerordentlich erleichtert.

Das Rasthaus von Thangu lag 3600 Meter hoch, einsam, aber sehr hübsch inmitten von Wäldern. Die tibetische Grenze lief 30 Kilometer weiter südlich.

Ich befand mich dort sehr wohl und beeilte mich durchaus nicht mit der Rückkehr nach Gangtok oder Podang. Von den Lamas, mit denen ich bis jetzt verkehrt hatte, konnte ich nicht viel lernen. In gewöhnlichen Zeiten wäre ich vielleicht nach China oder Japan abgereist, aber gerade als ich nach Tschorten Nyima aufbrach, hatte in Europa der Krieg angefangen, und die Seereisen waren nicht mehr ganz einfach und ungefährlich. Ich zerbrach mir schon den Kopf darüber, wo ich mich für den Winter niederlassen sollte, als ich wenige Tage nach meiner Ankunft in Thangu erfuhr, daß der Gomtschen von Latschen sich nur eine halbe Tagereise von meinem Rasthaus entfernt in seiner Einsiedelei befand.

Ich beschloß sofort, ihn zu besuchen. Das mußte ein lohnender Ausflug werden. Ich war nicht wenig neugierig auf diese Höhle des »klaren Lichtes«, wie er sie nannte.

Was mochte es damit auf sich haben, und wie lebte er da wohl?

Mein Pferd hatte ich zurückgeschickt, bevor ich nach Tschorten Nyima aufgebrochen war, da ich für die Weiterreise einen Yak geritten hatte. Der Wächter des Rasthauses bot mir, als er mich jetzt unberitten sah, ein Pferd an. Er empfahl es mir besonders wegen seiner sicheren Gangart und meinte, es sei gerade das richtige für den steilen Ziegenpfad, der zur Höhle des Gomtschen hinaufführte.

Ich nahm das Anerbieten an und bestieg am folgenden Morgen das kleine rotbehaarte, gar nicht so häßliche Tier.

Pferde haben Gebiß und Zügel, Yaks werden ohne sie geritten, man hat daher beim Reiten die Hände frei. Zerstreut, wie ich war, dachte ich nicht daran, daß ich jetzt wieder auf einem Pferde saß. Ich vergaß die Zügel zu halten und zog mir die Handschuhe an. Dabei hatte ich aber nicht mit der Natur meines Pferdes gerechnet, das jedenfalls seine Mucken hatte. Während ich noch ganz in Gedanken war, fing das Tier an zu steigen und heftig auszuschlagen. Der Erfolg war blitzartig; ich wurde in die Luft geschleudert und landete unterhalb des Pfades, zum Glück auf einem Rasenstück. Der Anprall war aber doch so heftig, daß ich das Bewußtsein verlor.

Als ich wieder zu mir kam, fühlte ich starke Schmerzen im Kreuz, und es war mir unmöglich, mich aufzurichten.

Das rote Pferd hatte sich nach dem Ausschlagen nicht wieder gerührt; es stand nun lammfromm da, den Kopf mir zugewandt und besah sich mit größter Anteilnahme die Leute, die sich um mich versammelt hatten und mich nach meinem Zimmer trugen.

Der Aufseher des Rasthauses war ganz zerknirscht bei meinen Vorwürfen.

»So hat das Pferd sich nie vorher benommen. Ich versichere Sie, es ist sonst wirklich nicht bösartig, sonst hätte ich es Ihnen doch gewiß nicht angeboten. Ich reite es selbst schon seit Jahr und Tag. Sehen Sie, ich will es gleich einmal traben lassen!«

Ich sah aus dem Fenster auf das immer noch wie ein Stock dastehende Pferd herab. Es war wirklich die Sanftmut selbst.

Sein Herr näherte sich ihm, sprach ihm zu, ergriff den Zügel, setzte den Fuß in den Steigbügel und schwang sich – zwar nicht, wie er beabsichtigt hatte, in den Sattel, sondern in die Lüfte, wohin ihn das von neuem ausschlagende Pferd schleunigst beförderte. Und dabei fiel er nicht so weich wie ich, sondern auf harten Fels.

Alle eilten auf ihn zu. Er blutete aus einer häßlichen Kopfwunde, hatte sich aber nichts gebrochen.

»So hat das Pferd sich ja noch nie aufgeführt«, jammerte er immer wieder vor sich hin, während man ihn wegbrachte.

»Das ist doch sonderbar«, dachte ich, als ich mit schmerzenden Gliedern auf meinem Bett lag, und es ging mir noch durch den Kopf, wie wunderlich das sonst für friedlich geltende Pferd auf einmal geworden war, als mein Koch bei mir eintrat.

»Oh, ehrwürdige Dame«, redete er mich an, »dies geht nicht mit rechten Dingen zu. Ich habe mich bei dem Diener des Aufsehers nach dem Pferde erkundigt, und es stimmt alles, das Tier ist wirklich immer lammfromm gewesen. Dahinter muß der Gomtschen mit seinen Dämonen stecken. Gehen Sie nur nicht nach seiner Einsiedelei, das könnte Ihnen übel bekommen. Kehren Sie nach Gangtok zurück! Wenn Sie nicht wieder ein Pferd besteigen wollen, so sorge ich für einen Tragstuhl.«

Ein anderer meiner Diener zündete Räucherkerzen und eine kleine Altarlampe an. Yongden, der zu dieser Zeit erst fünfzehn Jahre alt war, saß weinend in einer Ecke.

Es sah fast so aus, als ob ich auf den Tod läge, und ich mußte lachen.

»Gestorben bin ich gottlob doch noch nicht«, sagte ich, »und die Dämonen sind an dieser Sache wirklich ganz unschuldig. Der Gomtschen ist sicher kein schlechter Mensch, warum habt ihr solche Angst vor ihm? Ihr könnt bald das Mittagessen auftragen, und dann wollen wir alle schlafen gehen. Morgen werden wir weiter sehen.«

Zwei Tage später schickte mir der Gomtschen, der von meinem Unfall gehört hatte, eine schwarze Stute für den Besuch bei ihm.

Der Weg verlief ohne Abenteuer. Auf Ziegenpfaden, an bewaldeten Abhängen im Zickzack bergan reitend, kam ich an eine schöne Lichtung am Fuß eines sehr steilen und kahlen Felsens, gekrönt von schwärzlichen Steinzacken. Noch ein wenig höher hinauf zeigten flatternde Wimpel mir die Lage der Einsiedelei an.

Der Lama kam mir auf halbem Wege entgegen, um mich willkommen zu heißen, und führte mich auf gewundenen Pfaden, wenn auch nicht in seine eigene Einsiedelei, so doch nach einer anderen, nur einen Kilometer entfernten. Er hatte einen großen Topf mit Buttertee herbeiholen und auf der Erde, in der Mitte des Zimmers, ein Feuer anzünden lassen. Aber das Wort Zimmer könnte zu Irrtümern über die Art des mir dargebotenen Raumes führen, ich will ihn also näher beschreiben.

Es handelte sich hier weder um ein Haus noch eine Hütte, sondern um eine kleine Höhle, der eine Steinmauer zum Abschluß diente. Zwei etwa 20 Zentimeter im Viereck messende Öffnungen bildeten die Fenster. Ein paar mit der Axt zugehauene Bretter, mit Bändern aus weicher Baumrinde untereinander verbunden, stellten die Tür vor. Natürlich blieben die »Fenster« weit offen.

Ich hatte Thangu erst gegen Abend verlassen, und bald nach meinem Eintreffen in der Einsiedelei brach die Nacht herein. Meine jungen Diener breiteten meine Decken auf dem nackten Felsen aus, und der Gomtschen wies ihnen ihr Nachtlager in einer Hütte an, die, wie er sagte, neben seiner eigenen Höhle lag.

Kaum alleingeblieben, trat ich ins Freie hinaus. Es war eine mondlose Nacht. Von der Landschaft unterschied ich nichts als die weiße Masse eines Gletschers, die sich scharf von dem im Schatten liegenden Hintergrund am Ende des Tales abhob, und die düsteren Felszacken, die sich mir zu Häupten zum gestirnten Himmel erhoben. Unter mir ertönte aus einem Abgrund von Finsternis heraus die Stimme eines fernen Bergbaches. Ich mochte mich nicht weiter in die Dunkelheit hineinwagen. Der Pfad war gerade breit genug für die Füße und führte hart am Abgrund entlang. So mußte ich das Erkunden der Nachbarschaft lieber auf den Morgen verschieben.

Ich ging hinein und legte mich nieder. Kaum hatte ich mich in meine Decken gewickelt, als die Flamme meiner Laterne aufflackerte und erlosch. Die Diener hatten vergessen, den Erdölbehälter nachzufüllen. Streichhölzer waren mir nicht zur Hand, und da ich meine vorgeschichtliche Wohnstätte noch nicht recht erforscht hatte, wagte ich, aus Angst, mich an einer Felszacke zu stoßen, keine Bewegung.

Ein eisiger Wind begann durch die »Fenster« und Türritzen zu wehen. Gerade meinem Lager gegenüber schaute ein Stern durch die Öffnung zu mir hinein.

»Nun, wie geht's«, sprach er zu mir, »wie gefällt dir das Einsiedlerleben?«

Ich glaube wahrhaftig, das Sternchen wollte mich mit seinem spöttischen Blinzeln necken.

»Gut geht's mir«, antwortete ich, »mehr als gut. Ich finde dies Einsiedlerleben, frei von alle dem, was man Güter und Freuden des Lebens nennt, einfach herrlich.«

Da hörte der Stern auf, mich zu foppen. Er glänzte immer mehr, ward größer und leuchtete in die Höhle hinein.

»Möchte ich es doch so weit bringen, in dieser Einsiedelei zu sterben, dann könnte ich mit mir zufrieden sein[16]«, sagte er auf tibetisch mit Milaraspas Dichterworten.

Allein ich hörte aus dem bedenklichen Ton seiner Stimme wohl einigen Zweifel heraus.

Am folgenden Morgen stieg ich zur Einsiedelei des Gomtschen hinan. Es war freilich auch eine Höhle, aber geräumiger und besser ausgebaut als die meinige. Der ganze Raum, den der Felsen überwölbte, war durch eine mit fester Türe versehene Mauer aus rohen Steinen abgeschlossen. Zuerst betrat man die Küche, und in ihrem Hintergrunde führte eine kleine natürliche Öffnung in eine winzige Grotte, nicht viel mehr als ein enger Gang, wo der Gomtschen wohnte. Eine Holzstufe bildete den Zugang, denn das Zimmerchen lag etwas höher als die Küche, und ein schwerer, bunter Vorhang diente als Abschluß. Für Lüftung dieses hinteren Raumes war in keiner Weise gesorgt. Ein Felsspalt, der allenfalls die Luft ebensogut wie das Licht hätte einlassen können, war durch eine Glasscheibe abgeschlossen.

Und die Einrichtung? Ein paar Holztruhen, übereinandergetürmt hinter einem Vorhang im Hintergrund; davor einige breite, harte Kissen auf der bloßen Erde als Lagerstätte. Zwei niedrige zusammengeschobene Tische aus einfachen Brettern, auf schreiend bemalten, geschnitzten Füßen ruhend.

Auf einem kleinen Altar an der Rückwand der Grotte sah man ein paar Figürchen und die gewöhnlichen Opfergaben stehen. Uneingerahmte Bilder, in der Art der japanischen Kakemonos, bedeckten die Felswände, und unter einem von ihnen war der Schrank verborgen, in dem die Lamas der tantristischen Sekten einen Dämon gefangenhalten. Ich bekam ihn übrigens bei diesem ersten Besuch noch nicht zu sehen.

Draußen dienten zwei an den Felsen angebaute Hütten als Vorratskammern. Wie man sieht, machte es sich dieser Gomtschen schon leidlich bequem.

An die romantische und vollständig einsame Lage dieses Adlernestes knüpfte sich eine Geschichte. Die Eingeborenen glaubten, der Ort sei von bösen Geistern bewohnt. Sie erzählten, wenn sie sich einmal auf der Suche nach einem verirrten Stück Vieh oder beim Holzfällen bis hierher vorgewagt hätten, seien ihnen die tollsten Abenteuer, manchmal mit tödlichem Ausgang, zugestoßen.

Die tibetischen Asketen siedeln sich häufig an derartigen Orten an. Vielleicht weil sie ihnen gerade der richtige Schauplatz für ihre geistige Ausbildung zu sein scheinen. Vielleicht glauben sie, oder glaubt auch nur das Volk, daß sich hier am besten ihre übernatürlichen Kräfte zum Besten von Mensch und Vieh ausüben lassen, möge es sich um die Bekehrung bösartiger Dämonen oder um die Abwehr ihrer Tücke handeln.

Der Lama, den die Eingeborenen Djoo Gomtschen nannten (Herr Gomtschen), hatte sich schon vor siebzehn Jahren in der Höhle, in der ich ihn sah, niedergelassen. Die Mönche vom Kloster Latschen hatten nach und nach einige Verbesserungen angebracht, bis sie sich zu der eben beschriebenen kleinen Wohnung entwickelt hatte.

Anfangs hatte der Einsiedler streng zurückgezogen gelebt. Die Bauern und Hirten, die ihn mit Nahrungsmitteln versorgten, legten ihre Gaben vor seiner Tür nieder, ohne ihn überhaupt jemals zu Gesicht zu bekommen. Übrigens war der Ort drei oder vier Monate lang im Jahre ganz unzugänglich. Die dahinführenden Täler waren dann ganz verschneit.

Mit herannahendem Alter behielt er einen Jüngling als Diener bei sich, und als ich die Höhle unterhalb der seinigen bezog, ließ er seine Frau kommen, denn als zur Sekte der »Rotmützen« gehörig, brauchte er nicht unverehelicht zu leben.

Ich blieb eine Woche lang in meiner Höhle und besuchte den Gomtschen täglich. Ich unterhielt mich gern mit ihm, aber was mich am meisten anzog, war, daß ich so am besten einen Einblick in das tägliche Leben eines tibetischen Klausners bekam. Einige wenige Europäer wie Csoma Körösi oder die Lazaristenmissionare Huc und Gabet haben schon in lamaistischen Klöstern gewohnt, aber noch niemand hat bei diesen Klausnern verweilt, über die so viele abenteuerliche Gerüchte gehen. Das wäre ja schon ein triftiger Grund für mein Verbleiben in der Nachbarschaft des Gomtschen gewesen; außerdem hatte ich aber schon lange lebhaft gewünscht, es einmal selbst mit dem beschaulichen Leben der Lamaisten zu versuchen.

Freilich, der gute Wille allein tat es nicht, ich mußte die Genehmigung des Lamas erbitten. Ohne die hätte mir das Wohnen in seiner

Nähe nichts genützt. Er brauchte sich ja nur abzuschließen, dann durfte ich mir höchstens die kahle Mauer ansehen und konnte mir den Rest dazudenken. Danach stand mir gar nicht der Sinn. Ich richtete also mein Gesuch so an den Lama, wie es die orientalische Sitte verlangt, und bat ihn um Unterweisung in der Lehre seines Glaubens. Darauf führte er natürlich sein geringes Wissen ins Feld und gab mir zu bedenken, wie ich in dieser ungastlichen Gegend als Schülerin eines so unwissenden Lehrers ja nur meine Zeit verlieren würde. Und das, nachdem ich schon soviel mit hochgelehrten Lamas verkehrt hätte.

Ich ließ aber nicht locker, und schließlich gab er so weit nach, es zu erlauben, daß ich, wenn auch nicht gerade als seine Schülerin, doch versuchsweise als eine Art Novize bleiben dürfe.

Ich fing an, ihm zu danken, als er mich unterbrach:

»Halt«, sagte er, »noch eine Bedingung. Sie müssen mir eins versprechen, nämlich, daß Sie ohne meine Erlaubnis weder nach Gangtok zurückkehren noch irgendeinen Ausflug gen Süden[17] machen werden.«

Das klang ja immer abenteuerlicher, aber gerade darum gefiel es mir.

»Ich verspreche es«, antwortete ich ohne Zögern.

Meine Höhle bekam nun, ganz wie die des Gomtschen, einen kleinen, aus rohgezimmerten Brettern bestehenden Anbau. Die Bergbewohner dieser Gegend verstehen nur die Axt, nicht die Säge zu handhaben, und damals wenigstens lag ihnen auch noch nichts daran, es zu lernen. Ein paar hundert Meter weiter entfernt wurde eine andere Hütte mit einem Zimmerchen für Yongden und einem Schlafraum für unsere Diener erbaut.

Es war nicht nur aus Hang zur Üppigkeit, daß ich meine Einsiedelei vergrößerte. Es wäre mir schwergefallen, selbst Wasser zu holen und mir Brennholz im Walde zusammenzusuchen, namentlich aber die Last dann bis zu meiner Wohnung hinaufzutragen. Yongden hatte bis vor kurzem ganz das Leben eines Klosterschülers geführt und verstand sich deshalb auf dergleichen ebenso schlecht wie ich. Also Hilfe mußten wir für diese und manche anderen Arbeiten haben, und der voraussichtlich lange Winter erforderte gehörige Vorräte an Nahrungsmitteln nebst einem Schuppen als Lagerraum.

Heute würden diese Bedenken mich wenig schrecken, aber damals war ich als Einsiedlerin noch ein Neuling, und mein Pflegesohn hatte sich auch noch nicht die Sporen als Forschungsreisender verdient.

Die Tage vergingen; der Winter kam. Er hüllte die ganze Landschaft in einen Mantel fleckenlosen Schnees, und ganz wie wir uns gedacht hatten, schneiten die zum Fuß unseres Berges führenden Täler gänzlich ein.

Der Gomtschen zog sich längere Zeit völlig zurück, und ich folgte seinem Beispiel. Meine einzige Tagesmahlzeit ward mir hinter einem Vorhang am Eingang der Hütte hingestellt.

Der Knabe, der sie brachte und nachher die leeren Teller wieder abholte, kam und ging stumm, ohne mich gesehen zu haben. Ich führte das Leben der Kartäuser, freilich ohne wie sie die Zerstreuung der gottesdienstlichen Handlungen zu haben.

Einmal kam ein Bär auf der Suche nach Nahrung. Erst war er etwas erstaunt und mißtrauisch, gewöhnte sich aber bald daran, zu warten, bis ich ihm Speisereste zuwarf.

Endlich, Anfang April, bemerkte einer der Diener einen beweglichen schwarzen Punkt auf der unter uns liegenden Lichtung, und sein Ruf: »Ein Mensch!« erinnerte an den Schrei: »Land!« der alten Seefahrer. Die Blockade war aufgehoben, und die vor fünf Monaten in Europa geschriebenen Briefe kamen endlich an.

Feenhaft schön wurden bald die blühenden Rhododendronbüsche dreihundert Meter oberhalb meiner Höhle. Im dunstigen Frühling des Himalaja kam nun die Zeit, wo ich die riesigen, kahlen Felsen besteigen und lange Wanderungen durch die menschenleeren Täler an übernatürlich klaren Seen entlang beginnen konnte.

Noch immer die tiefste Einsamkeit. Geist und Sinne schärfen sich bei diesem unablässigen Sinnen und Grübeln. Muß diese Vertiefung nicht hellseherisch machen, oder waren wir etwa bisher blind, und fällt es uns nur wie Schuppen von den Augen?

Ein paar Kilometer nördlich, jenseits der letzten Himalajagipfel, also unerreichbar für die Wolken des Monsuns, scheint die Sonne, und über der tibetischen Hochebene blaut der Himmel. Hier aber ist der Sommer regnerisch, kalt und sehr kurz. Von September an wollen sich die Wolken um uns herum nicht mehr heben, und wie lange wird's dauern, dann fängt unsere jährliche Gefangenschaft von neuem an.

Was ich während dieser fern von der Welt verbrachten Jahre gelernt habe, läßt sich nur schwer in Worte fassen, und doch haben sich meine Kenntnisse sehr dadurch erweitert.

Ich studierte die tibetische Sprache mit Hilfe von Lehr- und Wörterbüchern und praktisch durch meine Gespräche mit dem Gomtschen. Ich las ferner mit ihm den Lebenslauf der Mystiker dieses Landes. Er unterbrach sich dabei oft, um mir ähnliche Tatsachen wie die in den Büchern berichteten zu erzählen, bei denen er selbst Augenzeuge gewesen war.

Er schilderte mir die Menschen, mit denen er zusammengekommen war, wie sie sprachen und wie sie lebten. Er nahm mich im Geiste mit in die Einsiedeleien der Asketen und in die Paläste der reichen Lamas und ließ mich seine Reiseabenteuer und seltsamen Begegnungen teilen.

Dank ihm habe ich Tibet, sein Land und seine Leute, so gut kennengelernt, daß ich den Gewinn gar nicht hoch genug anschlagen kann; denn auch später sollte er mir noch gute Dienste leisten. Daß das Einsiedlerleben für mich noch kein endgültiger Abschluß sein konnte, war mir immer klar gewesen, trotzdem hätte ich es gerne noch länger fortgesetzt. Ich sehnte mich auch wohl oft danach, die törichte Last von Gedanken, Sorgen und Pflichten des Alltags, mit der ich leider noch beladen war, für immer abzuwerfen. Aber zu viele äußerliche Ursachen bekämpften noch dies Verlangen. Ich sah ein, daß das Einsiedlerdasein nur ein Zwischenspiel meines Reiselebens sein konnte, und tiefunglücklich, ja fast entsetzt sah ich auf den Pfad hinab, der sich ins Tal hinunterschlängelte und sich dann wieder ansteigend in den Bergen verlor.

Am Ende würde er mich ja unweigerlich in die hinter den fernen Höhen verborgene Welt zurückführen, zurück in all das Fieber, die Aufregung und das Elend.

Mein Herz krampfte sich zusammen bei dem Gedanken an den Tag, wo ich ihm folgen und in jene Hölle zurückkehren würde.

Neben andern wichtigeren Gründen zwang mich schon die Unmöglichkeit, meine Leute noch länger in dieser Einöde festzuhalten, dazu, an die Abreise zu denken. Ich wollte Tibet aber diesmal nicht wieder verlassen, ohne vorher den einen der beiden großen religiösen Mittelpunkte des Landes, Schi-ga-tse, besucht zu haben, zumal es in der Nähe meiner Einsiedelei lag. Der Stadt noch näher befindet sich das berühmte Kloster Taschi-lhünpo, der Sitz des Großlamas, den die Ausländer den Taschi Lama nennen. Die Tibeter nennen ihn Tsang Pan-tschhen Rin-po-tschhe, das heißt den »kostbaren Gelehrten der Provinz Tsang«. Man hält ihn für eine Verkörperung des Odpagmed, des geheimnisvollen Buddhas vom »unendlichen Licht«, und des Subhuti, eines der hervorragendsten Schüler des historischen Buddhas. Vom geistigen Standpunkt aus ist er dem Dalai Lama ebenbürtig, aber wie so oft auf Erden muß in Wirklichkeit die geistige hinter der weltlichen Macht zurückstehen, und so ist der Dalai Lama, nicht er, der wahre unumschränkte Herrscher über Tibet.

Ich zögerte mit dem Aufbruch nach Schi-ga-tse bis zum Augenblick, an dem ich wirklich entschlossen war, den Himalaja zu verlassen, denn ich ahnte wohl, wie folgenschwer diese Reise für mich werden würde. Und wirklich kam alles so, wie ich mir gedacht hatte.

Von meiner Einsiedelei begab ich mich zuerst wieder nach dem Kloster Tschorten Nyima, und von da ging es weiter nach Schi-ga-tse. Nur Yongden und ein uns zur Bedienung mitgegebener Mönch begleiteten mich. Wir waren alle drei beritten, und unser geringes Gepäck hing, wie das in Tibet Brauch ist, in großen Ledersäcken zu beiden Seiten des Sattels. Außerdem führten wir noch ein Maultier bei uns, das mit zwei kleinen Zelten und Lebensmitteln beladen war.

Der Weg ist nicht weit; er läßt sich bequem in vier Tagen zurücklegen, aber ich gedachte sehr langsam zu reisen. Ich wollte unterwegs alles Sehenswerte betrachten; namentlich lag mir daran, so recht mit Verstand und allen fünf Sinnen das Tibet in mich aufzunehmen, das mir nun endlich sein Inneres erschließen sollte, und das ich kaum hoffen konnte, je wiederzusehen.

Seit meinem Besuch in Tschorten Nyima hatte ich einen der Söhne des Zauberer-Lamas kennengelernt, der sich darauf verstand, seinen ungehorsamen Schäflein fliegende Kuchen an den Kopf zu werfen (siehe Seite 61 f.), und ich war aufgefordert worden, den Hexenmeister bei Gelegenheit aufzusuchen.

Die Möglichkeit bot sich jetzt. Auf dem geraden Wege von meiner Einsiedelei nach Schi-ga-tse lag freilich weder Tunglung noch Tschorten Nyima, aber ich wollte ja, wie gesagt, gemächlich reisen und soviel wie möglich von diesem Ritt ins verbotene Land haben.

Gegen Abend langten wir in Tunglung an. Das Dorf sah ganz anders aus als die tibetischen Ansiedlungen im Himalaja. Sonderbar, bei solch kurzer Entfernung solch großer Unterschied! Nicht nur die hohen Steinhäuser stachen von den aus Holz oder Strauchwerk errichteten Hütten der Sikkimer Bauern sehr ab; auch Klima, Bodenbeschaffenheit und der Gesichtsausdruck der Einwohner, alles war anders. Nun erst war ich wirklich in Tibet.

Wir fanden den Zauberer in seinem Betsaal, einem weiten, fensterlosen Raum, der nur durch das Dach spärliches Licht erhielt. Er war gerade dabei, an einige Männer Amulette zu verteilen, die zu meinem Erstaunen aus kleinen tönernen Schweinsköpfchen bestanden, rosenrot bemalt und mit Wollfäden umwickelt.

Die Bauern lauschten dabei mit gespanntester Aufmerksamkeit der endlosen Rede des Lamas über den Gebrauch dieser Gegenstände.

Kaum waren sie gegangen, lud der Hausherr mich mit liebenswürdigem Lächeln zum Tee ein, und eine lange Unterhaltung entspann sich. Ich brannte förmlich vor Verlangen, meinen Wirt nach dem Wunder der »fliegenden Kuchen« zu fragen, aber das ging nicht so ohne weiteres an. Es wäre ein Verstoß gegen den landesüblichen guten Ton gewesen. Ich mußte eine Gelegenheit abpassen, und leider fand sie sich weder an diesem Abend noch am Morgen darauf.

Dagegen wurde ich in ein häusliches Drama eingeweiht. Ja – und das rechne ich mir bei einem waschechten Zauberer zur besonderen Ehre an –, ich wurde sogar in der Sache um Rat gefragt.

In der Familie meines Wirtes herrschte, wie in den Provinzen Ü und Tsang auch sonst häufig, die Vielmännerei. Am Tage, an dem der älteste Sohn heiratete, waren auch die Namen der jüngeren Brüder im Ehevertrag vermerkt worden, und damit hatte das junge Mädchen sie alle zu Gatten angenommen.

Als das geschah, standen, wie das fast immer vorkommt, einige der »Gatten« noch im zarten Kindesalter. Sie waren natürlich gar nicht um ihre Meinung gefragt worden, galten aber nichtsdestoweniger für gesetzlich verheiratet. Der Zauberer hatte vier Söhne. Wie der zweite es mit der seinem Bruder versprochenen Mitwirkung hielt, davon erfuhr ich nichts, vermutlich machte er aber keine Schwierigkeiten. Im Augenblick war er auf Reisen, wie auch der dritte Sohn, der eben mein Bekannter war.

Dieser dritte war der Störenfried. Mit seinen 25 Jahren war er viel jünger als seine beiden Brüder und weigerte sich hartnäckig, seine ehelichen Pflichten auszuüben. Für die Dame traf es sich nun so unglücklich, daß gerade dieser dritte ehrenamtliche Gatte verführerischer als die beiden andern Männer war. Ich spreche da weniger von seiner körperlichen Schönheit, obgleich er auch recht gut aussah, als von seiner gesellschaftlichen Stellung, Beredsamkeit und Weltgewandtheit, und wer weiß, was er sonst noch an mir unbekannt gebliebenen Vorzügen besitzen mochte.

Die beiden älteren Söhne des Zauberers waren freilich einflußreiche, wohlhabende Gutsbesitzer, aber es waren Laien, und in Tibet spielt nun einmal die Geistlichkeit die erste Rolle. Der widerspenstige dritte Gatte aber war Lama. Obendrein sogar Naldjorpa, in der Geheimlehre erfahren. Als solcher trug er die fünfeckige Kopfbedeckung der tantristischen Mystiker und den weißen Rock der Wunder (tumo) tuenden Respas, die sich selbst bei der größten Kälte ohne Feuer warmzuhalten verstehen.

Und gerade dieser vornehme Gatte wollte nichts von ihr wissen! Die gemeinsame Ehefrau konnte sich nicht dazu verstehen, ihre Rechte aufzugeben und sich von ihm verschmähen zu lassen, erst recht nicht, als er einem jungen Mädchen in der Nachbarschaft den Hof machte und es heiraten wollte.

An sich war ihm das erlaubt, aber den Landesgesetzen nach verwirkte er durch eine solche Heirat das Recht auf seinen Anteil am väterlichen Erbe, weil dadurch der Einheit der Familie Abbruch geschah. Der junge Mann hätte sich also einen neuen Herd gründen und seine Familie selbst erhalten müssen, wozu er übrigens anscheinend auch bereit war, da er auf die Einkünfte aus seinem Zauberhandwerk rechnete.

Wenn er sich aber »auf eigene Rechnung« niederließ, trat er damit nicht in gefährlichen Wettbewerb mit seinem Vater? Mein Gastfreund gab das freilich nicht offen zu, aber ich begriff wohl seine Angst vor dem Nebenbuhler, diesem Starrkopf, der sich weigerte, eine gesunde, kräftige und gewiß auch nicht häßliche Vierzigerin zu beglücken. Über ihr Äußeres habe ich allerdings kein Urteil, denn die Züge der Dame waren dermaßen unter einer dicken Fett- und Rußschicht verborgen, daß sie so schwarz wie eine Vollblutnegerin aussah.

»Was sollen wir tun?« jammerte kläglich die alte Familienmutter. Ich war zu unerfahren, um da Rat geben zu können. Nicht daß es im Abendland so ganz an Frauen fehlte, die sich mehr als einen Mann nehmen, und auch bei uns geht es dann selten gut ab. Allein es wird dann doch nicht oft ein Familienrat zur Regelung der Sache einberufen. Bis jetzt hatte ich auf meinen Reisen meist erlebt, daß es der Ehemann war, der um Hilfe bat, wenn seine verschiedenen Frauen nicht Frieden halten wollten.

Ich deutete an, der junge Lama könne, da ja auch die Vielweiberei in Tibet gesetzlich erlaubt ist, vielleicht bewogen werden, wieder mit seiner Familie zusammen zu leben, wenn er die junge Gattin seiner Wahl mitbringen dürfte.

Gut, daß mein allgemein geachtetes Einsiedlerinnengewand der Frau mit den vielen Gatten Mäßigung gebot, sonst wäre sie sicher über mich hergefallen.

»Oh, sehr ehrwürdige Dame«, rief die alte Mutter in Tränen. »Wissen Sie nicht, daß meine Schwiegertochter ihre Mägde zu dem jungen Mädchen schicken wollte, um sie durchzuprügeln und zu entstellen? Wir konnten sie kaum davon abhalten. Und das bei Leuten unseres Standes! Wenn dergleichen vorkäme! Wir wären ja auf ewige Zeiten entehrt!«

Ich war mit meinem Latein zu Ende, erklärte, die Stunde meiner Abendandacht sei nun gekommen, und bat, mich in den Lhakhang, den Betsaal des Lamas, zurückziehen zu dürfen, den er mir freundlichst als Nachtquartier abgetreten hatte.

Beim Hinausgehen fielen meine Augen auf den jüngsten Sohn des Hauses, einen achtzehnjährigen Jüngling, den Gatten Nummer vier. Aus einer dunklen Ecke des Zimmers heraus sah er, wie mir schien, etwas spöttisch lächelnd auf seine Gemahlin.

»Warte nur, liebe Alte«, las ich aus seinem Lächeln heraus, »es wird noch anders kommen, und du sollst dich noch mehr verrechnet haben!«

Wir zogen langsam schlendernd von Dorf zu Dorf und übernachteten, anstatt unsere Zelte aufzuschlagen, meist bei den Bauern. Ich gab mir diesmal durchaus nicht, wie später auf meiner Reise nach Lhasa, irgendwelche Mühe, unerkannt zu bleiben, doch entweder vermutete niemand in mir eine Ausländerin, oder aber die Tatsache ließ alle Welt ganz gleichgültig.

Ich kam nahe an dem Kloster von Patur vorbei, das mir, verglichen mit denen in Sikkim, riesengroß vorkam. Als Gäste eines der dortigen Angestellten konnten wir uns in Gesellschaft einiger Geistlicher in einem düsteren Saale eine vortreffliche Mahlzeit gut schmecken lassen.

Außer der massiven Bauart der mehrstöckigen Häuser sah ich eigentlich nicht viel Neues, aber so viel ward mir doch klar: Alles, was ich in Sikkim vom Lamaismus gesehen hatte, war nur ein blasser Widerschein davon gewesen. Ich hatte mir halb und halb eingebildet, das Land jenseits des Himalaja müsse völlig wild sein, und nun begriff ich allmählich, daß ich es hier mit einem sehr hochentwickelten Volke zu tun hatte.

Trotz der Hilfe von drei Eingeborenen, die unsere Reittiere eins nach dem andern hinüberführten, war es nicht ganz leicht, durch die Furt des von Regen und Schneeschmelze ungewöhnlich hoch angeschwollenen Flusses Tschi Tschu zu gelangen.

Jenseits des Kuma hatte ich nach den verlockenden Schilderungen unseres Dieners auf ein heißes Bad und einen angenehmen Lagerplatz nahe bei warmen Quellen gerechnet. Aber ein plötzliches Unwetter zwang uns, unsere Zelte in aller Eile aufzuschlagen, noch ehe wir dies Paradies auf Erden erreicht hatten. Erst prasselte Hagel auf uns herunter, dann fiel der Schnee so dicht, daß er uns bald bis halb an die Knie reichte. Darauf ergoß sich ein benachbarter Bach in unser Lager, und ich verbrachte die ganze Nacht, von der ich mir besonderes Ausruhen versprochen hatte, stehend auf einem winzigen Brett, dem einzigen trockengebliebenen Fleck unter meinem sonst völlig von schmutzigem Wasser überschwemmten Zelt.

Ein paar Tage später, als ich mir gerade einen im Staube liegenden Trunkenbold betrachtete, tauchte bei einer Biegung des Weges plötzlich eine Erscheinung wie aus einer anderen Welt vor mir auf. Vom Hintergrund des schon dunkler werdenden Abendhimmels ragte die schneeweiße Masse des riesigen Klosters von Taschi-lhünpo empor, und der letzte Widerschein der untergehenden Sonne sandte seine Strahlen auf die goldenen Dächer herab.

Ich war am Ziel.

Mir war ein wunderlicher Gedanke gekommen. Anstatt mir in einer der Herbergen in der Stadt ein Obdach zu suchen, schickte ich meinen Diener zu dem Lama, dem die Unterbringung der aus der Provinz Kham stammenden Mönche, Besucher oder Studenten oblag. Eigentlich ging ihn ja eine fremde Reisende wie ich nichts an, und beanspruchen konnte ich seine Hilfe sicher nicht. Ich dachte auch gar nicht nach, ich folge nur einem blinden Trieb, der sich aber später noch als sehr nützlich für mich erweisen sollte.

Der hohe Beamte ließ durch einen Trapa zwei Zimmer in dem einzigen an das Kloster stoßenden Gebäude für mich belegen, und ich richtete mich häuslich ein.

Gleich am folgenden Morgen tat ich die erforderlichen Schritte, um mir einen Empfang beim Taschi Lama zu sichern. Ich mußte nähere Ausweise über meine Person beibringen und gab ganz einfach Paris als mein Heimatland an.

Welches Paris? Südlich von Lhasa gibt es einen Ort namens Phagri, der Pari ausgesprochen wird. Ich erklärte, mein Paris liege mehr nach Osten und sei erheblich weiter entfernt, aber da man es ohne Seereise erreichen könne, sei ich immerhin keine »Philing« (Ausländerin). Das war ein Wortspiel, denn wörtlich bedeutet es jemand, der von einem andern Festland, einer Insel oder von einem Orte kommt, der durch das Weltmeer von Tibet getrennt ist.

Ich hatte zu lange in der Nähe von Schi-ga-tse gewohnt, um dort ganz unbekannt zu sein, und in meiner Eigenschaft als Gomtschen Ma genoß ich sogar besondere Achtung. So ward mir nun sofort der Empfang beim Taschi Lama bewilligt, und seine Mutter bat mich sogar, ihr Gast zu sein.

Ich besah das Kloster aufs gründlichste, und um mich erkenntlich zu zeigen, lud ich die Tausende von Mönchen, seine Bewohner, zum Tee ein.

Inzwischen ist manches Jahr vergangen, seit ich Taschi-lhünpo besuchte, und ich habe nachher noch viele Lamasereien gesehen und bewohnt, so daß sich der Eindruck etwas abgeschwächt hat, aber damals war die Wirkung auf mich ungemein stark. In all den Tempeln, Hallen und Palästen der hohen Würdenträger, überall herrschte eine geradezu unbeschreibliche, barbarische Pracht. Altäre, Gräber, Umrahmung der Türen, gottesdienstliche Gegenstände, ja sogar das Hausgerät der reichen Lamas, alles strotzte von Gold, Silber, Türkisen und andern Kostbarkeiten.

Aber dieser Prunk ließ mich ganz kalt. Ich fand ihn so überladen und kindisch, als ob er von Wesen mit riesigen Körpern, aber verkrüppelten Seelen geschaffen sei. Vielleicht wäre der erste Eindruck mir noch widerwärtiger gewesen, hätte ich nicht noch im Herzen die frische Erinnerung an die erhabene Einsamkeit getragen, in der asketische Denker all das Gemeine weit hinter sich lassen, das die Menge für Größe hält.

Der Taschi Lama war nicht nur sehr gnädig; er überschüttete mich bei jedem meiner Besuche geradezu mit Aufmerksamkeiten. Er wußte über mein Paris genau Bescheid, und seine Aussprache des Wortes Frankreich ließ an Reinheit nichts zu wünschen übrig.

Er freute sich über die lebhafte Teilnahme, die ich für alle lamaistischen Studien und für Tibet im allgemeinen zeigte, und war gern bereit, mir meine Forschungen zu erleichtern. Warum ich nicht in Schi-ga-tse bliebe, fragte er mich. Ja, warum eigentlich nicht? Der Wunsch war freilich da, aber ich wußte wohl, der Taschi Lama war gar nicht Herr im eigenen Lande und hatte mir nicht viel zu erlauben. Immerhin bot er mir an, ich möge mir selbst eine Wohnung wählen, und zwar ganz nach Belieben, bei seiner Mutter, in einem Nonnenkloster oder in einer Einsiedelei, die er eigens für mich bauen lassen wollte. Ich könnte dann bei den besten Sprachlehrern und den berühmtesten Gelehrten Unterricht nehmen und die Klausner auf ihren Bergen aufsuchen.

Wäre ich in diesem Augenblick schon so frei und ungebunden gewesen wie nach meiner Reise nach Lhasa, wer weiß, ob ich nicht das Anerbieten meines Gönners angenommen hätte. Wenn auch nicht gerade in Schi-ga-tse, so hätte ich mich vielleicht an einem andern, entlegeneren Ort niederlassen können, aber der Vorschlag kam zu unvorhergesehen. Gepäck, Aufzeichnungen, Photographien – ach, warum ist uns das alles so wichtig! – waren teils in Kalkutta bei Freunden, teils in meiner Einsiedelei zurückgeblieben. Ich fühlte mich innerlich noch nicht frei genug, darauf zu verzichten, und dann – die abscheuliche Geldfrage! Ich hatte nur gerade das nötige Reisegeld bei mir, und über die in Indien zurückgelassenen Mittel glaubte ich von Tibet aus nicht verfügen zu können.

Nun, es blieb mir eben noch viel zu lernen übrig, und ich mußte noch manch seelische Wandlung durchmachen, bis ich das werden konnte, was ich ein paar Jahre später in Tibet mit Freuden ward, nämlich eine Landstreicherin.

Ich lernte die Lehrer und Erzieher des Taschi Lamas kennen, von denen der eine ihn in die Literatur, der andere in die Geheimlehren eingeführt hatte, und auch einen kontemplativen Mystiker, seinen geistigen Berater, einen allgemein hochverehrten Mann, der dem Volksglauben nach ein wunderbares Ende genommen hat.

Gerade als ich in Schi-ga-tse war, legte man die letzte Hand an den Tempel, den der Taschi Lama dem künftigen Buddha Maitreya, der verkörperten Allgüte, erbaut hatte. Ich sah das ungeheure Standbild in seiner Halle, umgeben von Emporen, die den Gläubigen zuerst zu ebener Erde den Rundgang um die Füße gestatten, um dann im ersten, zweiten und dritten Stockwerk um Gürtel, Schulter und Kopfhöhe der

Gottheit herumzuführen. Im Augenblick waren gerade etwa zwanzig Goldschmiede dabei, die Kleinodien für den riesigen Maitreya herzustellen. Die adligen Frauen Tsangs, die Mutter des Taschi Lamas an der Spitze, hatten ihnen dafür den eigenen Schmuck zum Umarbeiten zur Verfügung gestellt.

Ich verlebte in den verschiedenen Palästen des Taschi Lamas genußreiche Tage und plauderte mit einer bunten Reihe von Menschen. Nur der böse Gedanke an die nahe Abreise trübte meine geradezu paradiesische Glückseligkeit.

Schließlich war der Unglückstag aber da. Ich packte alles zusammen, Bücher, Aufzeichnungen, Geschenke und das Lama-Doktorgewand, eine Art Doktordiplom honoris causa der lamaistischen Universität von Taschi-lhünpo, das ich dem Taschi Lama verdankte. An der gleichen Wegbiegung, an der ich das große Kloster vor kurzem zuerst erblickt hatte, sah ich es nun wieder verschwinden.

Ich ging jetzt erst nach Na-tang, um mir die größte lamaistische Druckerei anzusehen. Die Zahl der gestochenen Druckplatten ist ungeheuerlich groß. Sie füllen, auf Wandbrettern geordnet, ein ganzes riesiges Gebäude. Die Drucker sind bis zum Ellbogen mit Farbe beschmiert und verrichten ihre Arbeit in hockender Stellung. In andern Räumen schneiden Mönche das Papier in dem gerade erforderlichen Format zu. Und alles geschieht ohne Hast, unterbrochen von Unterhaltungen und vom behaglichen Schlürfen des Buttertees. Wie ganz anders in unsern fieberhaft geschäftigen Druckereien!

Die Druckerei hier blieb aber immer, wenn sie auch von Mönchen bedient wurde, ein »Werk der Welt«, und um die zu sehen, war ich nicht nach Tibet gekommen.

Ich folgte der freundlichen Einladung eines Gomtschen nach seiner Einsiedelei. Sie lag öde und einsam am Nordabhang eines Berges oberhalb des Sees Mo-te-tong und bestand aus einer recht geräumigen Höhle, die durch viele spätere Anbauten allmählich einem kleinen Festungswerk glich. Der jetzige Bewohner hatte das Erbe seines Meisters angetreten, der es seinerseits auch schon von einem andern übernommen hatte. Dank dieser Reihenfolge von drei Zauberer-Lamas an einem Orte waren von den Leuten aus der Umgegend allerlei Geschenke zusammengekommen, so daß es sogar an einer gewissen Behaglichkeit nicht mehr fehlte. Wohlverstanden vom Standpunkt eines Tibeters aus, der von Jugend auf an das Einsiedlerleben gewöhnt ist. Von der Welt außerhalb seiner Höhle wußte mein Wirt nichts. Vor ihm hatte sein Meister schon mehr als dreißig Jahre seines Lebens dort zugebracht, und gleich nach dessen Tod hatte er sich selbst darin so gut wie eingemauert.

Das Einmauern ist so zu verstehen, daß nur eine einzige Tür, der sich der Lama nie näherte, den Zugang zur Festung bildete. Die beiden unteren, dem Felsen abgewonnenen Räume empfingen ihr Licht von einem Innenhof. Die Aussicht ins Freie war durch eine ohne Mörtel aufgeführte Mauer versperrt. Oben befand sich die Privatwohnung des Lamas, zu der eine mit einer Falltür endende Leiter hinaufführte. Das Zimmer ging auf eine ebenfalls von Mauern umgebene kleine Terrasse hinaus, wo der Klausner sich ungesehen ein wenig Bewegung machen oder sonnen konnte, selbst aber von der Außenwelt nichts als das Stück Himmel über seinem Kopfe sah.

So hatte er nun schon fünfzehn Jahre lang gelebt.

Dies Einsiedlerleben galt aber, da er Besuche empfangen durfte, noch für sehr gemildert, und der Gomtschen hatte freiwillig auch das strengere Gelübde abgelegt, sich beim Schlafen nie auszustrecken. Er verbrachte also seine Nächte in einem »Gamti«, einer Art von viereckigem Kasten, in dem man sitzend mit gekreuzten Beinen schläft.

Ich hatte einige anziehende Gespräche mit dem Lama und nahm dann Abschied von ihm.

Unterdessen hatte ich schon durch Sikkimer Bauern einen Brief vom britischen Residenten erhalten, mit dem Befehl, den tibetischen Boden zu verlassen. Ich hatte das aber nicht getan, weil mir daran lag, meine Reise gerade so, wie sie geplant war, auszuführen. Das war inzwischen geschehen, und da ich mir schon im voraus die Folgen eines längeren Aufenthalts in dem verbotenen Gebiet klargemacht hatte, war ich nun bereit, den Himalaja zu verlassen.

Übrigens war schon ein zweiter Brief an mich über Indien unterwegs, der mir mit der Ausweisung aus Sikkim drohte.

KAPITEL 3

Im Kloster Kum-bum

Nachdem ich Schi-ga-tse und meine Einsiedelei verlassen hatte, überschritt ich auf meinem Abstieg nach Indien wiederum den Himalaja.

Ich nehme ungern Abschied von der Zauberstadt, in der ich mehrere Jahre lang ein abenteuerliches, fesselndes Dasein geführt habe. Ich weiß nur zu gut, ich habe in dieser Vorhalle Tibets noch lange nicht all das ergründet, was die mystischen Klöster des weiten »Land des Schnees« an sonderbaren Lehren und Gebräuchen vor den Augen der Welt verbergen. In Schi-ga-tse habe ich auch das gelehrte Tibet, seine Mönchsuniversitäten und Riesenbüchereien kennengelernt, aber wieviel des Unbekannten gab es doch noch für mich, und nun sollte ich schon fort! . . .

Was nun kam, war zuerst ein Aufenthalt in Burma, und eine einsame Rast auf den Sagainbergen, bei den Kamatangs, den kontemplativen Mönchen der strengsten buddhistischen Sekte.

Dann Japan, wo ich in der tiefen Ruhe des Töfoku-ji-Klosters als Gast der Sekte Zen wohnte, aus der schon seit Jahrhunderten der ganze Geistesadel des Landes hervorgeht.

Darauf hielt ich mich in Korea auf, in Panya-an, dem Kloster der Weisheit, einer mitten im Walde gelegenen Einsiedelei, wo wenige einsame Denker, ohne viel Aufhebens davon zu machen, ein ruhiges Leben der Entsagung führen.

Als ich auf dem Wege dorthin war und um vorübergehende Aufnahme bitten wollte, hatten Wolkenbrüche den Weg zerstört, und ich fand die Mönche von Panya-an mit Wiederherstellungsarbeiten beschäftigt. Der junge Mönch, den mir sein Abt zu meiner Einführung mitgegeben hatte, blieb vor einem der ganz mit Straßenschmutz besudelten Arbeiter stehen, grüßte ihn tief und richtete einige Worte an ihn. Der »Erdarbeiter« musterte mich, auf seine Schaufel gestützt, ein paar Augenblicke sehr aufmerksam, nickte bejahend mit dem Kopfe und fuhr dann mit seiner Arbeit fort, ohne mich weiter zu beachten.

»Das ist unser Oberhaupt«, sagte mein Führer, »er erlaubt Ihnen, zu kommen.«

Am Morgen darauf stellte man mir eine völlig leere Zelle zur Verfügung. Als Lager mußte mir meine auf der Erde ausgebreitete Decke dienen, mein Köfferchen als Tisch. Yongden teilte das ebenso spartanisch ausgestattete Zimmer eines gleichaltrigen Klosterschülers.

Die Hausordnung schrieb acht, in vier Abschnitte abgeteilte Stunden der Versenkung vor, dazu kamen acht dem Studium und der körperlichen Arbeit gewidmete, und die übrigen acht blieben nach Belieben für Mahlzeiten, Schlaf und Erholung frei.

Jeden Morgen machte früh vor 3 Uhr einer der Mönche die Runde um das Gebäude und weckte durch Schlagen auf ein Holzinstrument seine Brüder. Sie zogen darauf alle in den Versammlungssaal, wo sie sich, das Gesicht zur Mauer gewandt, zwei Stunden lang in Betrachtungen versenkten.

Die Kost ist bald beschrieben; es gab nichts als Reis und etwas in Wasser gekochtes Gemüse, aber oft fehlte auch dies, und dann bestand die Mahlzeit eben ausschließlich aus Reis.

Die Mönche waren zwar durch kein Gelübde des Schweigens gebunden, aber ihre Unterhaltung beschränkte sich doch auf wenige Worte. Sie hatten keine Lust zum Plaudern und vergeudeten ihre Tatkraft nicht in Äußerlichkeiten. Ihre Gedanken drehten sich ausschließlich um Seelenrätsel, und ihre Augen blickten wie die Buddhas nach »innen«.

Bei einem kürzeren Aufenthalt in Peking wohnte ich wiederum in einem Kloster, fast eine Tagereise vom Fremdenviertel entfernt, im ehemaligen Kaiserpalast Pei-ling-sse.

Dann aber konnte ich dem alten Zauber nicht länger widerstehen und entschloß mich zur Abreise nach Kum-bum, meinem alten Wunschtraum. Freilich muß ich dabei ganz China bis zu seiner Westgrenze durchqueren.

Ich schließe mich einer dorthin wandernden Karawane an. Sie besteht aus zwei Lama-Tulkus[18], jeder mit Gefolge, auf der Heimreise begriffen, einem chinesischen Händler aus der entlegenen Provinz Kansu und einigen ungenannt bleibenden Leuten, die sich bei den unruhigen Zeiten der Sicherheit wegen unserer größeren Gesellschaft anschließen.

Die Reise bietet viele malerische Eindrücke, schon meine Weggenossen sind an sich erstaunlich genug.

Eines Tages lädt unser riesenhafter Karawanenführer chinesische Dirnen in die von uns bewohnte Herberge ein. Wie eine Däumlingsfamilie trippeln die winzigen Persönchen in ihren hellgrünen Atlashosen und rosenroten Jacken in das Gemach des Oger-Lamas hinein. Er ist ein Ngags-pa aus der sehr freigläubigen Sekte der Magier, also verheiratet und kaum mehr zur Geistlichkeit rechnend. Es wird erbittert und lärmend gefeilscht. Ein ganz teilnahmsloser Sekretär spielt Dolmetscher und übersetzt die halb schamlosen, halb urwüchsigen Ausdrücke der Grenzbewohner ins Chinesische. Endlich wird man sich auf fünf Piaster handelseinig. Der Biedermann behält eins der Püppchen die Nacht über bis 10 Uhr am folgenden Morgen für sich da.

Ein andermal zankt er sich mit einem chinesischen Offizier herum. Bewaffnete Soldaten von einem Nachbarposten dringen in die Herberge ein. Der Lama ruft seine Diener herbei, die ebenfalls zu den Gewehren greifen. Der Wirt wirft sich mir zu Füßen und fleht mich an, Frieden zu stiften.

Unterstützt von dem Händler, unserm Reisegefährten, überzeuge ich die Soldaten, daß es ihrer ganz unwürdig ist, von den wilden Leuten des »Graslandes« überhaupt Notiz zu nehmen. Und dann gebe ich dem kriegerischen Lama zu bedenken, daß ein Mann wie er sich doch nicht mit elenden Söldnern einlassen kann. Das hilft.

China zeigt sich mir mit seinen Bürgerkriegen und seinem Räuberunwesen von den verschiedensten Seiten, und ich nehme mich als freiwillige Krankenpflegerin der völlig verlassenen Verwundeten an. Eines Morgens sehe ich über der Tür meiner Herberge ein ganzes Bündel abgeschnittener Köpfe hängen. Mein nicht leicht zu erschütternder Pflegesohn knüpft daran nur einige philosophische Betrachtungen über den Tod.

Die Straße wird ganz unwegsam, weiter vorn wird gekämpft. Ich versuche auszuweichen, indem ich mich nach Tungtschou begebe.

Am Morgen nach meiner Ankunft dort wird die Stadt belagert. Ich beobachte Leiterangriffe, sehe, wie die Belagerten sich von den Wällen herab durch Steinwürfe dagegen verteidigen, und glaube, eine der Schlachten mitzuerleben, die man von alten Gemälden her kennt.

Ich benutze ein Unwetter, während dessen die Heere in ihrer Deckung bleiben, um zu fliehen. Nach nächtlichem Ritt kommen wir an ein Flußufer; drüben winkt uns Sicherheit. Wir rufen nach dem Fährmann, um übergesetzt zu werden. Als Antwort schießt man vom andern Ufer aus auf uns.

Gern denke ich noch daran zurück, wie ich einmal beim Statthalter von Schensi Tee trank. Der Feind hat die Stadt umzingelt, der Tee wird von Soldaten aufgetragen, die, den Revolver am Gürtel und das Gewehr umgehängt, ganz kampfbereit sind, denn der Angriff kann jeden Augenblick stattfinden. Aber dank der guten alten chinesischen Erziehung plaudern die Gäste in scheinbarer Ruhe und Höflichkeit. Was auch der Statthalter und seine Parteigänger wirklich empfinden mögen, auf ihren Gesichtern ist nichts davon zu lesen. Sie unterhalten sich, wie gebildete Leute das zu tun pflegen, mit der ganzen Freude am leidenschaftslosen Austausch eines verfeinerten Gedankenspiels.

Man mag gegen die Chinesen soviel sagen, wie man will, sie bleiben doch eine vornehme, bewundernswürdige Rasse!

Endlich bin ich heraus aus dem Kriegslärm und in Amdo. Ich bewohne im Kloster Kum-bum ein mit dem Palast des Lamas Pegyai verbundenes Häuschen. Ich stehe am Anfang meines tibetischen Lebens.

Ehre sei Buddha!
In der Sprache der Götter,
der Nagas, der Dämonen und der Menschen,
In der Sprache aller Wesen,
so viele es deren auch gibt,
Verkünde ich die Lehre!

Stehend, das Muschelhorn in der Hand, haben einige Jünglinge von der Dachterrasse der Versammlungshalle aus diesen feierlichen Spruch verkündet, und jetzt setzen sie alle mit der gleichen Bewegung ihr Instrument an den Mund. Ein sonderbares Gebrüll erschallt; die Tonwellen schwellen an und sterben langsam wieder ab. Sie heben und senken sich wieder und wieder, bis sie schließlich wie eine Brandung das schlafende Kloster umwogen. Noch ist es Nacht. Die stumm daliegende Gompa mit ihren vielen niedrigen, weißen, aus der Finsternis auftauchenden Häusern gleicht einer Totenstadt. Und die Musikanten, wie sie da, in ihre weißen Gewänder gehüllt, sich von dem Sternenhimmel abheben, sehen aus wie Boten aus einer andern Welt, abgesandt, um die Toten zu erwecken.

Der mächtige Ruf verklingt. In den Fenstern der von den geistlichen Würdenträgern bewohnten Paläste sieht man bewegliche Lichter auftauchen, und aus den bescheidenen Behausungen der niederen Geistlichkeit dringen Geräusche hervor. Die Türen öffnen sich, aus allen Straßen der Klosterstadt hört man das Getrippel vieler eiliger Füße. Die Lamas begeben sich zum Frühgottesdienst.

Gerade als sie am Vorbau der Halle sind, erblaßt der Nachthimmel, und es wird Tag.

Die Klosterbrüder entledigen sich ihrer Filzstiefel, die in unordentlichen Haufen draußen liegenbleiben. Je nachdem sie schon die Ordensgelübde abgelegt haben oder noch einfache Novizen sind, werfen sie sich entweder auf der Schwelle des großen Tores oder im Vorhof zu Boden, um dann rasch jeder seinen Platz aufzusuchen.

In Kum-bum oder andern großen Klöstern sind oft mehrere tausend Mönche versammelt. Das ist in der Hauptsache eine übelriechende, zerlumpte Bande, von der die üppigen Gewänder und die Goldstofffrökke der Groß-Lamas und die edelsteingeschmückten Mäntel der durch Wahl zur Leitung des Klosters bestimmten Oberhäupter nicht wenig abstechen.

Über der Versammlung schwebt von unzähligen Bannern herab, die teils von der Decke herunterhängen, teils an den Emporen und den hohen Säulen angebracht sind, ein ganzes Heer von Buddhas und Gottheiten. Und von den Wandgemälden rundumher engen wiederum Scharen von Helden, Dämonen und Heiligen, abschreckend oder segnend, den Raum noch mehr ein.

Im Hintergrund der weiten Halle leuchten, halb verborgen durch mehrere Reihen von Altarlampen, in sanftem Schimmer die vergoldeten Standbilder der verstorbenen Lamas und die mit kostbaren Steinen verzierten goldenen und silbernen Schreine, die Asche oder Mumien dieser Heiligen bergen.

All diese gemalten, in Stein gehauenen oder wenigstens durch ihre Überreste vertretenen Persönlichkeiten hielten schon durch ihre große Anzahl die Mönche fest in ihrem Bann. Mit bald drohendem, bald gütigem Mienenspiel blicken sie auf die Versammlung herab, die dadurch weit über ihren eigentlichen Rahmen hinauswächst. Es ist, als ob die Ahnen und die Götter selbst zugegen wären. Menschen und Dinge sind wie vom Schauer des Geheimnisses umwittert, alles Kleinliche und Gemeine verschwindet, und über Antlitz und Gebärden der Gläubigen liegt ein Schimmer der Verklärung.

Sowenig man an der geistigen und sittlichen Mittelmäßigkeit vieler der hier versammelten Mönche zweifeln kann: von der Versammlung als ein Ganzes geht unleugbar die stärkste Wirkung aus.

Alles sitzt nach orientalischer Sitte mit gekreuzten Beinen, die hohe Geistlichkeit auf ihren je nach ihrem Range abgestuften Thronen, die vielen niederen Lamas hocken auf wenig über den Boden erhöhten, mit Teppichen belegten Bänken.

Das Psalmodieren setzt mit ganz langsamem Rhythmus in den tiefsten Baßtönen ein. Dem Chor wird der Takt zuerst durch Glöckchen angegeben, in die nach und nach die Klagelaute der Gyalings, die Donnerklänge der riesigen Aidatrompeten und die wirbelnden Schläge von teils ungewöhnlich großen, teils winzig kleinen Tamburinen einfallen. Alle diese Instrumente begleiten von Zeit zu Zeit auch den Einzelgesang des Priesters.

Die kleinen Klosterschüler am Ende der Bänke nahe der Tür wagen kaum mehr zu atmen. Sie leben in heiliger Scheu vor dem Tschö-timpa mit den Luchsaugen. Beim leisesten Geschwätz, bei der kleinsten Bewegung greift er von seinem hohen Sitz am Pfeiler aus nach der im Bereich seiner Hand hängenden Peitsche, und dann wehe ihnen!

Übrigens droht sie durchaus nicht nur den kleinen Jungen, jeder Klosterbewohner, mit alleiniger Ausnahme der Greise und der Würdenträger, kann sie gelegentlich zu kosten bekommen.

Ich habe einige derartige Züchtigungen miterlebt, darunter eine in einer Gompa, die der Sekte der Sakya-pas gehörte.

Fast tausend Mönche mochten in dem Saale versammelt sein, und der große Raum hallte wie gewöhnlich vom Psalmodieren und den herben Klängen ihrer Kirchenmusik wider, als drei der Chorsänger einander durch Gebärden eine Mitteilung machten. Vermutlich glaubten sie sich durch die vier vor ihnen sitzenden Brüder genugsam gedeckt, um von ihrem Oberhaupte ungesehen einige Blicke wechseln und ein paar Handbewegungen wagen zu können.

Jedoch die Schutzgötter der Lamasereien mußten ihrem Priester wohl ungewöhnlich scharfe Augen verliehen haben; er hatte die Schuldigen gesehen und erhob sich sofort.

Es war ein riesiger Khampa mit gebräuntem Gesicht und glich, wie er da aufrecht auf den Stufen seines Thrones emporragte, einem ehernen Standbild. Mit feierlicher Gebärde nahm er seine Peitsche vom Haken und ging, ganz wie ein Racheengel anzusehen, Schrecken und Angst vor sich verbreitend, mit großen Schritten quer durch die Halle.

Bei den Verbrechern angelangt, ergriff er erst einen, dann den andern am Nacken und riß sie von der Bank in die Höhe.

An Flucht war nicht zu denken; die Mönche bahnten sich gottergeben einen Weg durch die Reihen ihrer Amtsbrüder und warfen sich mit gesenkter Stirn zu Boden.

Man hörte einige klatschende Peitschenhiebe auf ihren Rücken niedersausen und sah dann den Riesen von Aufseher seinen Sitz mit derselben unnahbaren Würde wieder einnehmen.

Nur wer sich schlecht hält, wird in dieser Weise gleich vor der ganzen Versammlung abgestraft. Hat man ein schwereres Vergehen abzubüßen oder sich außerhalb des Chores etwas zuschulden kommen lassen, so erfolgt die Züchtigung an einem besonderen Ort, und nicht, ohne daß vorher von den gerichtlichen Klosterbehörden eine Untersuchung angestellt und ein Urteil gesprochen wäre.

Jetzt unterbricht ein allen Mönchen gleich willkommenes Zwischenspiel den endlosen Gottesdienst: es wird Tee herumgereicht. In großen Holzkübeln trägt man ihn herein, kochendheiß und für tibetischen Geschmack mit Butter und Salz gewürzt.

Bei der Austeilung wird mehrere Male zwischen den Reihen die Runde gemacht, um die immer wieder hingehaltenen Schalen neu zu füllen.

Jeder an diesen Versammlungen teilnehmende Mönch muß seine eigene Schale bei sich führen und im gegebenen Augenblick unter seiner Kleidung hervorziehen.

Schalen aus Porzellan oder Silber sind dabei untersagt, nur einfache hölzerne sind erlaubt. In dieser Vorschrift steckt noch ein letzter Rest des Armutsgelübdes, das der frühe Buddhismus seinen Jüngern auferlegte. Allein die schlauen Lamas verstehen es vortrefflich, alle ihnen unbequemen Gebräuche zu umgehen. Selbst die reichsten unter ihnen haben allerdings zwei Schalen aus Holz, aber es ist mit kostbaren Essenzen bearbeitet oder stammt von seltenen Schmarotzerpflanzen und zeichnet sich durch schöne Maserung aus. Manche Schalen sind bis 150 Mark wert.

Manchmal werden mit dem täglich gebotenen Tee auch ein wenig Tsamba[19] und ein Stückchen Butter gereicht. Es kommt sogar vor, daß die eingeschobene Mahlzeit aus Tee, Suppe und einem Stück gekochten Fleisches besteht.

Die Mönche, die zu einem Kloster von großem Ruf gehören, werden oft zu solchen Schmausereien eingeladen, die man den Geschenken reicher Laienpilger oder wohlhabender Lamas verdankt.

Bei der Gelegenheit sieht man dann in den Küchen wahre Berge von Tsamba, und bis vor die Türen hinaus liegen da Hammelmagen mit darin eingenähten Butterstücken aufgestapelt. Zuweilen müssen dabei Hunderte von Hammeln ihr Leben lassen und in die Riesenkessel wandern, in denen die Schlemmersuppe hergestellt wird.

Ich als Frau durfte freilich weder in Kum-bum noch in andern Klöstern an den Riesenschmausereien teilnehmen, aber ich brauchte nur den Wunsch auszusprechen, dann wurde mir immer ein Töpfchen mit dem größten Leckerbissen, den es gerade gab, aufs Zimmer geschickt.

Auf diese Weise lernte ich ein gewisses mongolisches Gericht kennen, das aus Hammelfleisch, Reis, chinesischen Datteln, Butter, Käse, geronnener Milch, Kandiszucker, Ingwer und noch andern Gewürzen besteht, alles zusammengekocht. Und das war durchaus nicht die einzige Kostprobe, die ich der Kochkunst der lamaistischen »Küchenchefs« zu verdanken hatte.

Mitunter wird im Verlauf der Mahlzeit auch Geld verteilt, wobei aber die Mongolen sich weit freigiebiger als die Tibeter zeigen. Ich kenne welche, die bei einem Besuche in Kum mehr als 10 000 chinesische Dollar dort zurückließen, und der chinesische Dollar galt damals fast soviel wie der amerikanische.

So wird dies seltsame Frühamt Tag für Tag in unzähligen Gompas in den riesigen Gebieten abgehalten, von denen Tibet selbst nur ein winziger Teil ist[20]. In der schaurigen Kälte des Wintermorgens so gut wie in der lauen Luft der Sommerfrühe, täglich reiben die noch halb im Traum befangenen Knaben sich, den älteren Mönchen zur Seite, den Schlaf aus den Augen und berauschen sich an dieser aus Mystizismus, Naschhaftigkeit und Geldgier seltsam gemischten Stimmung.

Dieser Tagesanfang ist höchst bezeichnend für das ganze lamaistische Mönchsleben. Wir finden darin all die unendlich verschiedenen Verbindungen wieder, die uns das Frühamt ahnen ließ. Haarspaltende Philosophie, Handelsgeist, hohe Vergeistigung, leidenschaftliche Jagd nach groben Sinnesfreuden, all diese verschiedenen Bestandteile sind so eng ineinander verwoben, daß keine reinliche Scheidung möglich ist.

Bei diesen ganz entgegengesetzten Strömungen folgen die jungen Klosterschüler je nach ihrer Veranlagung oder nach der Beeinflussung durch ihre Lehrer der einen oder der andern Richtung.

Die geistliche Erziehung Tibets bildet eine kleine, erlesene Gruppe von Gelehrten heran. Die schwerfälligen Tagediebe, die fidelen Lebemänner und die malerischen Prahlhänse sind aber weitaus in der Mehrzahl. Außerdem gibt es ja noch etliche Mystiker, die ihr Leben als Einsiedler in der Wüste in ununterbrochenen Betrachtungen verbringen.

Allerdings gehören die meisten Angehörigen der Geistlichkeit Tibets weder ganz zu der einen noch der andern dieser Rangstufen. Eigentlich birgt jeder von ihnen alle diese Möglichkeiten, wenigstens im Keime, in sich, und viel anders pflegt es ja überall in der Welt nicht zu sein. Aber es ist in Tibet doch besonders stark ausgeprägt, und deshalb wird der Beobachter hier immer von neuem durch den Zwiespalt zwischen Reden und Betragen der Geistlichen überrascht.

Der lamaistische Buddhismus unterscheidet sich sehr von dem auf Ceylon, in Burma und Siam, sogar auch von dem chinesischen und japanischen. Zum Teil verrät schon die Lage der tibetischen Klostergebäude, wie ganz eigenartig die buddhistische Lehre hier aufgefaßt wird.

Die Klöster Tibets auf ihren windumbrausten Bergeshöhen haben schon äußerlich Angriffsstimmung und scheinen unsichtbaren Feinden in allen Richtungen der Windrose Trotz zu bieten. Und wenn sie sich in einsame Hochtäler verkriechen, dann gleichen sie wiederum unheimlichen Werkstätten, in denen geheimnisvolle Kräfte im verborgenen wirken.

Dies doppelte Gesicht täuscht auch nicht ganz. Jetzt freilich sind schon lange die Gedanken der Mönche stark auf den Handel und andere Alltagssorgen gerichtet, aber einstmals waren die Erbauer der Gompas Männer von ganz anderem Schrot und Korn.

Die Eroberung einer jenseits unserer Sinne geahnten Welt, der

Erwerb übersinnlicher Kenntnisse, die Verfolgung mystischer Zwecke, die Beherrschung der geheimen Kräfte, das waren die Ziele, die ursprünglich zum Bau der in den Wolken thronenden Festungen geführt hatten. Um ihretwillen hatten sich diese rätselhaften Städte im Irrgarten der Berge versteckt.

Heutzutage muß man Mystiker und Magier aber außerhalb der Klostermauern suchen. Ihnen ist die dortige, von weltlichen Sorgen arg beschwerte Luft schon seit langer Zeit nicht mehr rein genug, und sie sind nach weiter entlegenen und weniger zugänglichen Orten abgewandert. Die Suche nach diesen Einsiedeleien erfordert manchmal wahre Entdeckungsreisen.

Fast alle Klausner waren aber anfänglich Schüler der gewöhnlichen Mönchsorden.

Wenn Eltern einen Knaben für den geistlichen Stand bestimmt haben, so bringen sie ihn im Alter von etwa acht Jahren in ein Kloster, wo er irgendeinem verwandten oder befreundeten Mönch anvertraut wird. Gewöhnlich wird dieser auch sein erster Lehrer, und oftmals bleibt er dann auch ausschließlich bei diesem einen.

Sind die Eltern wohlhabend genug, um den Unterricht eines gelehrten Mönches bezahlen zu können, so geben sie den Knaben häufig bei einem solchen in Pension oder lassen ihm wenigstens regelmäßigen Unterricht erteilen. Manchmal, besonders wenn der Knabe von Adel ist, nimmt ihn auch ein höherer Geistlicher zu sich ins Haus, um mehr oder weniger sorgfältig seine Studien überwachen zu können.

Für den Unterhalt dieser Knaben sorgen die Eltern, indem sie dem Lehrer die landesüblichen Nahrungsmittel, Butter, Tee und Fleisch, schicken.

Außerdem versorgen die reichen Tibeter ihre Söhne auch mit einigen Leckerbissen, wie Käse, getrocknetem Fleisch und Dörrobst, Zukker, Sirupkuchen und dergleichen. Dieser Schlemmerschatz spielt im Leben der mit ihm gesegneten Mönchlein eine große Rolle. Der schönste Tauschhandel läßt sich damit treiben, und mit einer Handvoll steinharter, getrockneter Aprikosen oder ein paar winzigen Stücken gedörrten Hammelfleisches kann man sich allerlei Dienstleistungen von armen, aber leckermäuligen Gefährten erkaufen.

Die Söhne ganz mittelloser Väter werden »Geyags«[21], das heißt sie zahlen für den empfangenen Unterricht, indem sie dem Lehrer einen Diener ersetzen. Nur zu begreiflich, daß aus dem Lernen dann nicht viel wird. Der Lehrer ist meist völlig oder doch fast unwissend und kann den ihm anvertrauten Jungen kaum mehr beibringen, als daß er sie Bruchstücke der Kirchengebete wiederholen läßt, die er selbst gräßlich verballhornt und deren Sinn er sicher nie verstanden hat.

Viele Geyags lernen überhaupt nichts. Nicht gerade, weil sie körperlich überlastet würden, aber in ihrem Alter sind sie natürlich noch zu gleichgültig, um Aufgaben zu erbitten, die ihnen nicht aufgezwungen werden, und so verbringen sie ihre zahlreichen Mußestunden damit, daß sie mit gleichaltrigen und gleichgestellten Gefährten spielen.

Gleich nach seinem Eintritt in ein Kloster bekommt der Schüler, wie jung er auch sein mag, einen Anteil an dessen Einkünften wie auch an den Opfergaben der Frommen.

Diese Einkünfte bestehen aus dem Ertrag des Bodens und des Viehs, die dem Kloster gehören und von Laien ausgebeutet werden. Die drei Staatsklöster: Sera, Galden und Depung, in der Nähe von Lhasa, und einige andere beziehen auch eine jährliche Beihilfe von der Regierung. Schließlich treiben auch alle Klöster Handel, teils durch abhängige Kaufleute, teils unmittelbarer durch geistliche Angestellte, die vom Kloster gewählt und mit der Leitung seiner weltlichen Angelegenheiten betraut werden.

Wenn der Schüler etwas herangereift ist und Lust zum Studieren hat, kann er um Aufnahme in eine der vier Schulen nachsuchen, die allen großen Klöstern angegliedert sind und in denen der höhere Unterricht erteilt wird.

Die Schüler der kleinen, nicht mit Schulen versehenen Klöster bekommen leicht die Erlaubnis, irgendwoanders zu studieren.

Der lamaistische Klosterunterricht lehrt:

Philosophie und Metaphysik, in der Schule von Tsen gnid.

Kirchengebräuche, Zauberei, Sterndeuterei, in der Schule von Gyud.

Heilkunde, in der Schule von Men.

Die heiligen Schriften und die Ordensregeln, in der Schule von Do.

Sprachlehre, Rechenkunst und andere Wissenschaften werden außerhalb der Schulen bei besonderen Lehrern erlernt.

An gewissen Tagen finden öffentliche philosophische Erörterungen zwischen den Studenten der Philosophie statt.

Rituelle Bewegungen begleiten die Wechselreden auf die drolligste Weise. Wie man sich den langen Rosenkranz um den Arm wickelt, wie man in die Hände klatscht und beim Stellen einer Frage mit dem Fuß aufstampft, all das hat seine bestimmte Form. Und der Luftsprung, mit dem man die Antwort an den Gegner einleitet oder ihm einen Einwand entgegenschleudert, ist auch streng vorgeschrieben.

So hat man bei diesen wilden Sprüngen ganz und gar den Eindruck der leidenschaftlichsten Auseinandersetzungen, und dabei sind die Sätze meist wörtlich klassischen Werken entnommen und machen nur dem Gedächtnis der Redner alle Ehre.

Man muß nun aber ja nicht glauben, daß alle Mitglieder der

philosophischen Schulen einfach Papageien sind. Es gibt unter ihnen hervorragende Gelehrte und scharfe Denker, die nicht nur stundenlang Stellen aus unzähligen Werken anführen können, sondern die sich ebensogut auf den Sinn derselben verstehen und ihn mit dem Ergebnis ihres eigenen Nachdenkens sogar noch bereichern und erweitern.

Erwähnenswert ist noch, daß der in der Redeschlacht Sieger gebliebene Mönch, auf den Schultern des besiegten Gegners reitend, schließlich die Runde um die ganze Versammlung macht.

Die Zauberritusschule ist fast immer im prächtigsten Gebäude des ganzen Klosters untergebracht, und ihre akademischen Lehrer, Gyudpas genannt, genießen hohe Achtung. Von ihnen erwartete man, daß sie die Gompa schützen, ihr Gefahren fernhalten und Glück bringen.

Die Mitglieder der beiden großen Gyudschulen zu Lhasa haben dasselbe Amt dem Staate und dem Dalai Lama gegenüber. Sie sollen ferner die angestammten Götter und Dämonen ehren, denen man als Entgelt für freundliches oder neutrales Verhalten ewige Dienstbarkeit und ewigen Unterhalt versprochen hat.

Endlich gibt es noch einige Gyuds, die, wie man glaubt, kraft ihrer Zaubergewalt besonders wilde und unzähmbare böse Geister zu bannen verstehen.

Uns fehlt in unserer Sprache der richtige Ausdruck für »Gompa«, und so müssen wir sie eben »Kloster« nennen, aber die ganze Ähnlichkeit zwischen den christlichen und den lamaistischen Klöstern beschränkt sich auf die Ehelosigkeit der Mönche und die Gemeinsamkeit des Besitzes.

In bezug auf die Ehelosigkeit schicke ich voraus, daß nur die reformierte Sekte der Geluk-pas – im Volksmunde »Gelbmützen« genannt – sie ausnahmslos allen Mönchen vorschreibt. Bei den verschiedenen Sekten der »Rotmützen« sind nur die Gelongs, das heißt die schon mit den höheren Weihen versehenen Mönche, zur Ehelosigkeit verpflichtet. Die verheirateten Lamas wohnen mit ihrer Familie außerhalb des Klosters und haben in dem Kloster, dem sie angehören, ein Absteigequartier. Hier wohnen sie während der religiösen Feierlichkeiten, oder wenn sie sich zeitweilig von der Welt zurückziehen, um sich frommen Betrachtungen oder Übungen zu widmen. Den Frauen ist das Zusammenleben mit ihren Gatten innerhalb der Gompa verboten.

Die lamaistischen Klöster wollen Menschen, die nach einem geistigen Ziele streben, Obdach gewähren. Streng umschrieben ist dies Ziel nicht, und es ist auch nicht etwa für alle Mitglieder der Gompa verbindlich oder gleich. Jeder Mönch hält sein Streben geheim, mag es nun bescheiden oder hochfliegend sein, und er kann sich die Mittel zu dessen Verwirklichung nach Belieben wählen.

Die einzigen in den Gompas gültigen Regeln beziehen sich auf die Hausordnung, auf die von den Mönchen innerhalb wie außerhalb des Klosters erwartete gute Führung und auf ihr pünktliches Erscheinen bei den verschiedenen Zusammenkünften, die aber keineswegs die Rolle eines öffentlichen Gottesdienstes spielen, von dem jeder Teilnehmer für sich selbst irgendwelchen geistigen oder greifbaren Nutzen erwarten könnte. Wenn die Gäste der Gompas sich in der Versammlungshalle vereinigen, so geschieht das, um eine Art Tagesbefehl verlesen zu hören, den die Vorgesetzten erlassen haben. Darauf werden im Chorgesang Abschnitte aus den Schriften der Kirchenväter aufgesagt. Das gilt für glückbringend, soll Unglücksfälle und Seuchen abwenden und wird als eine Gunst angesehen, die man von Amts wegen auf das Land, seinen Herrscher und die Wohltäter des Klosters herabfleht.

Auch die gottesdienstlichen Handlungen werden im Hinblick auf Ziele abgehalten, die mit dem Wohl der amtierenden Priester selbst nichts zu tun haben. Die Tibeter glauben sogar, daß gerade der sie Ausübende keinerlei persönlichen Nutzen davon haben kann, und selbst der geschickteste Gyud-pa muß sich, falls er für seine eigene Person etwas erbitten möchte, deshalb an einen Amtsbruder wenden.

Die zu persönlichen Zwecken ausgeübten Zauberkünste, die Versenkung und alle mystischen Übungen werden fern von der Öffentlichkeit vorgenommen. Niemand außer dem geistigen Berater der Mönche hat das Recht, sich in diese Fragen einzumischen, wie auch niemand von einem lamaistischen Mönch Rechenschaft über seine religiösen oder philosophischen Ansichten verlangen darf. Er kann glauben, was er will, und selbst wenn er ganz ungläubig ist, so hat er das mit sich allein abzumachen.

In den tibetischen Klöstern gibt es weder Kirchen noch Kapellen. Was man an Lhakhangs (Götterhäusern) sieht, muß man als besondere Wohnstätten der Götter oder der mehr oder weniger geschichtlich beglaubigten Helden auffassen. Jeder kann ihren Standbildern einen Höflichkeitsbesuch abstatten oder zu ihren Ehren Lämpchen oder Weihrauchkerzchen anzünden und dann nach dreifacher Verneigung seiner Wege gehen. Die Besucher erbitten dabei in aller Eile oft irgendwelche Gnade, aber manchmal bezeugen sie auch ihre Ehrfurcht ohne jeden selbstsüchtigen Hintergedanken und gehen wieder fort, ohne Hilfe erfleht zu haben.

Auch von den Buddhabildern erbittet man keine Gnade; denn die Buddhas thronen ja jenseits der Welt unserer Wünsche und jenseits aller Welten überhaupt. Allein, es werden doch wohl manchmal Gelübde abgelegt, Hoffnungen ausgesprochen und Entschlüsse gefaßt. So sagt der Besucher etwa zu sich selbst: »Möchte ich doch hienieden und in allen noch kommenden Daseinsformen stets die Mittel haben, reiche Almosen zu verteilen und recht viele Leute glücklich zu machen.« Oder auch: »Möchte ich doch fähig werden, die Lehre Buddhas völlig zu verstehen und ihr ganz nachzuleben.«

Mehr Fromme, als man glauben sollte, wünschen sich geistige Erleuchtung, wenn sie, dem Brauche folgend, eine kleine brennende Opferlampe vor dem Standbild Buddhas emporheben. Das mystische Wunschziel des Heils als Frucht der Erkenntnis ist in allen Tibetern lebendig, wenn auch die Mehrzahl wenig Anstrengungen macht, es zu verwirklichen.

Der völligen Geistesfreiheit, die der lamaistische Mönch genießt, entspricht eine fast ebenso große äußerliche Ungebundenheit.

Die Klosterbrüder leben nicht in Gemeinschaft, sondern jeder für sich in seinem Hause oder Zimmer, und zwar jeder den eigenen Mitteln gemäß. Sie legen nicht mehr wie im ursprünglichen Buddhismus das Gelübde der Armut ab. Ich möchte sogar behaupten, daß der sich dazu bekennende Lama dadurch recht unbeliebt werden würde. Nur die Einsiedler dürfen sich solch auffallendes Benehmen erlauben.

Und doch ist die vollständige Entsagung, so wie sie Indien und eigentlich nur Indien hervorgebracht hat, als Endziel auch den Tibetern nicht ganz fremd. Milaraspa, der asketische Dichter des 11. Jahrhunderts, der volkstümlichste unter den tibetischen Heiligen, ist ein Beweis dafür. Sie sind sich der Größe dieses Zieles durchaus bewußt und erwähnen es immer mit Ehrfurcht. Die Erzählungen von den »Söhnen aus gutem Hause«, die ihr üppiges Heim verließen, um als Bettelmönche weiterzuleben, werden immer mit ebensoviel Achtung wie Bewunderung angehört. Und wieviel mehr noch gilt das für die Geschichte Buddhas selbst, und für sein Verzichten auf Krone und Reich. Aber die Zuhörer lauschen diesen Berichten, die ja längst vergangene Tatsachen verkünden, doch mehr wie Klängen aus einer andern Welt und beziehen sie nicht auf ihre im Überfluß lebenden, aber trotzdem hochverehrten Lamas.

Man kann der einen oder andern Stufe des Mönchsordens angehören, ohne deshalb ein wirklicher Klosterbruder zu werden; es kommt allerdings selten vor, und nur dann, wenn der Anwärter alt genug ist, um selbst seinen Weg zu wählen, und wenn er ein Einsiedlerleben führen will.

Die Zulassung zu einer Gompa berechtigt noch nicht zu freier Wohnung darin. Jeder Mönch soll sich ein eigenes Haus bauen oder, wenn gerade eins leer steht, kaufen, vorausgesetzt, daß er nicht eins von einem Verwandten oder Lehrer geerbt hat.

Ist ein Mönch zu arm, um Hausbesitzer zu werden, so mietet er sich ein oder zwei Zimmer bei einem wohlhabenden Amtsbruder. Mittellose Studenten und Gelehrte oder bedürftige alte Mönche finden aber meist umsonst Unterkunft in den geräumigen Wohnungen der reichen Lamas.

Die Ärmsten der Armen, denen es nicht nur an Obdach, sondern auch am täglichen Unterhalt fehlt, treten bei den Großlamas in Dienst oder bewerben sich um eine Stelle in den Amtsstuben oder bei den durch Wahl ernannten Angestellten der Gompa. Ihre Lage hängt dann von ihrem Talent ab. Einige werden Schriftleiter, Buchhalter, Rechnungsbeamte, andere Köche oder Reitknechte. Die größten Aussichten haben sie als Verwalter der Tulkus. Gelehrte Mönche, die von armen Eltern abstammen, erwerben sich auch oft ihr Brot als Lehrer, und wer künstlerische Anlagen hat, malt religiöse Bilder. Das ist gar kein schlechtes Geschäft, und die wenigen Klöster, in denen es eine Kunstschule gibt, ziehen viele Schüler an. Auch die Stellung als Hausgeistlicher bei einem reichen Lama oder Laien ist sehr gesucht. Schließlich bleibt noch als freier Beruf Zauberei und Sterndeuterei, Stellen des Horoskopes, Abhalten religiöser Feste innerhalb der Familien, kurz, es gibt eine ganze Auswahl von Berufen für Trapas, die sich selbst ihren Unterhalt verdienen müssen.

Beneidenswert gut stehen sich die Lama-Ärzte, für deren große Heilkunst übrigens viele gut gelungene Kuren auch in ernsten Krankheitsfällen und bei bekannten Persönlichkeiten sprechen. Überhaupt ist der ärztliche Beruf hier selbst bei geringeren Heilerfolgen recht lohnend.

Den meisten Mönchen erscheint das Handelsgewerbe aber doch als die allerverlockendste Laufbahn, und ihm widmet sich denn auch die große Mehrzahl der Schüler, die, wenn sie herangewachsen sind, weder religiöse Neigungen noch Wissensdurst haben. Fehlt es ihnen an Geld zur Gründung eigener Unternehmungen, so verdingen sie sich als Schreiber, Kassierer, Vertreter oder, wenn's sein muß, auch als einfacher Dienstbote bei einem Kaufmann.

Den Klöstern ist der Abschluß von gewissen Handelsgeschäften erlaubt. Trapas, die wirklich wichtige Angelegenheiten zu erledigen haben, können manchmal sogar mehrjährigen Urlaub von den Vorgesetzten ihres Klosters erbitten, um mit ihrer Karawane zu reisen oder, wo es erforderlich ist, Niederlassungen zu eröffnen.

Alle Klöster treiben Großhandel, indem sie Tausch- oder Verkaufsgeschäfte mit ihren Erzeugnissen vornehmen, und dazu gesellen sich noch die großen, »Kartik« genannten Almosensammlungen, die teils regelmäßig, teils gelegentlich stattfinden.

Die unbedeutenderen Klöster schicken nur einige Mönche Almosen heischend in der Nachbarschaft herum, bei den größeren aber wird das »Kartik« zu einer Unternehmung großen Stils. Ganze Gruppen von Trapas, zuweilen von hohen Geistlichen geführt, wandern von Tibet bis tief in die Mongolei hinein. Sie durchstreifen monatelang das Land und treiben bei ihrer Rückkehr, wie zu alten Zeiten die siegreichen Feldherren, Hunderte von Pferden und Lasttieren vor sich her, hoch beladen mit den verschiedenartigsten Opfergaben der Frommen.

Merkwürdig ist der Brauch, einem Angestellten des Klosters eine gewisse Zeit lang, zuweilen auf drei Jahre, eine Summe Geld oder einen Posten Waren anzuvertrauen. Aus dem Erlös muß er verschiedene vorgeschriebene Ausgaben bestreiten, z. B. muß er für Butter zur Speisung der Altarlämpchen sorgen oder den Klosterbrüdern eine gewisse Anzahl Mahlzeiten liefern. Oder er muß die Kosten für den Bauunterhalt der Gompa, für die Bewirtung der Gäste, für das Pferdefutter oder dergleichen tragen. Ist die Leihfrist des Kapitals abgelaufen, so hat der Verwaltende es ohne jeden Abzug zurückzuzahlen. Wenn es in verderblicher Ware bestand, muß er sie durch ganz gleichartige in derselben Menge ersetzen. Wenn das Glück ihm hold war, und er mehr als den Betrag seiner Zwangsleistung eingenommen hat, kommt der Überschuß ihm selbst zugute. Andernfalls aber muß er aus seiner eigenen Tasche das Loch im Kapital ausfüllen. Die Anfangssumme darf nie vermindert werden, da sie noch öfter von einer Hand in die andere wandern soll.

Die Verwaltung eines großen Klosters ist ebenso verwickelt wie die einer Stadt. Nicht nur, daß mehrere tausend Mönche innerhalb einer solchen Gompa leben, es hängen von ihr auch noch zahlreiche Pächter und halbe Leibeigene ab, die unter ihrer Gerichtsbarkeit stehen. Der Klosterrat wählt Angestellte, in deren Hand die weltlichen Angelegenheiten ruhen und die von Unterbeamten und einer kleinen Polizeitruppe unterstützt werden.

Diese Polizisten, Doblobs genannt, verdienen eine besondere Bemerkung. Ihre Truppe besteht aus kräftigen, ganz ungebildeten Haudegen und Raufbolden mit Spatzengehirnen, die als Kinder zufällig ins Kloster geraten sind, in einer Kaserne aber besser an ihrem Platze wären.

Es sind tapfere Kerle mit dem unbekümmerten Wagemut, wie ihn sonst nur wilde Tiere haben. Sie sind stets auf der Suche nach Händeln und schlimmen Streichen und gehören mit ihrem trotzig frechen Wesen eigentlich in das Mittelalter.

Als Uniform dient ihnen, wie man wohl sagen kann, der Schmutz, der, wie sie glauben, das kriegerische Ansehen entschieden erhöht. Solch ein Held wäscht sich nie; er schwärzt sich sogar noch die Haut mit dem am Boden der Kochtöpfe haftenden fetten Ruß, bis er ganz zum Neger geworden ist. Der Doblob geht meist in Lumpen einher, hat aber sein Klostergewand oft eigenhändig zerfetzt, weil er dadurch noch fürchterlicher auszusehen hofft. Hat er einmal neue Kleider, so läßt es ihm keine Ruhe, bis er sie schmutzig gemacht hat, denn so will es die Überlieferung. Mag der Stoff noch so teuer gewesen sein, der Doblob hat nichts Eiligeres zu tun, als ein Stück Butter in seinen dreckigen Händen zu kneten und sein neues Gewand durch eine dicke Fettschicht einzuweihen. Die edlen Herren sehen ihren höchsten Stolz darin, wenn Kleid und Mantel infolge des Schmutzes in samtartig-düsteren Farbentönen spielen und starr wie ein Panzer von alleine stehenbleiben.

Der Wunderbaum des Tsong Khapa

Das Kloster von Kum-bum verdankt Namen und Ruf einem Wunderbaum. Ich entnehme den Klosteraufzeichnungen folgende darauf bezügliche Einzelheiten.

Im Jahre 1555 ward im nordöstlichen Tibet, in Amdo, der Reformator Tsong Khapa, der Gründer der Geluk-pa-Sekte, ebenda geboren, wo jetzt das Kloster steht. Kurze Zeit danach prophezeite der Lama Dubtschen Karma Dordschi dem Kinde außerordentliche Schicksale und empfahl, die Stelle, an der ihn die Mutter zur Welt gebracht hatte, besonders sauber und gut zu halten. Ein wenig später wuchs auf diesem Fleck ein Baum aus der Erde. Ich muß hier einschalten, daß selbst heutzutage in den meisten Häusern Amdos festgestampfte Erde als Fußboden dient und daß die Eingeborenen auf Kissen und Teppichen ruhen, die auf die bloße Erde gelegt sind. Daher die Überlieferung, derzufolge der Baum aus dem während der Entbindung und bei Abtrennung der Nabelschnur vergossenen Blute entsprossen sein soll.

Zuerst trugen die Blätter des Baumes noch keinerlei Zeichen, aber dank seinem wunderbaren Ursprung genoß er doch schon eine gewisse Verehrung. Eine Hütte, die sich ein Mönch in seiner Nachbarschaft baute, sollte dann der erste Keim zu dem ganzen großen, reichen Kloster werden.

Viele Jahre später, als Tsong Khapa schon als Reformator tätig war, wünschte seine Mutter ihn nach langer Trennung wiederzusehen und rief ihn brieflich in die Heimat zurück.

Tsong Khapa weilte damals gerade im mittleren Tibet. Im Verlauf einer mystischen Übung wurde es ihm klar, daß seine Reise nach Amdo zwecklos war, und so begnügte er sich damit, an die Mutter zu schreiben.

Zugleich mit dem Briefe überreichte er dem Boten sein Konterfei in doppelter Ausführung, das eine für seine Mutter, das andere für seine Schwester bestimmt; ferner einige Abbilder des Demtschog[22], der zu den tantristischen Gottheiten gehört, und eins des Gyalwa Sensche[23], des Herrn über Wissenschaft und Redekunst, des Schutzpatrons der Gelehrten.

Im selben Augenblick, in dem der Abgesandte Tsong Khapas der Familie des Reformators diese Gegenstände aushändigte, ließ der Zauberer, dessen Macht auch in die Ferne reichte, die Götterbildnisse auf den Blättern des Wunderbaumes erscheinen. Der geschickteste Maler – so lautet die mir vorliegende Fassung der Geschichte – hätte sie nicht ähnlicher wiedergeben können.

Außer den Bildern zeigten sich auf den Zweigen und der Rinde des Baumes noch andere Abdrücke, sowie die »6 Schriften«, das heißt die sechssilbige Formel »om mani padme hum«, und nach diesem Wunder heißt das Kloster Kum-bum, nämlich das der hunderttausend Bilder.

Die Lazaristenmissionare Huc und Gabet behaupten in ihrer Reisebeschreibung, diese Inschrift auf Blättern und Stamm des Baumes selbst gesehen zu haben. Sie verweilen besonders bei der Tatsache, daß auf den jungen Blättern und unter der Rinde, wenn man ein Stück davon abkratzte, die noch nicht ganz ausgeschriebenen und erst halb leserlichen Worte deutlich erkennbar gewesen seien.

Nun ist die Frage: Welcher ist der von den Reisenden gesehene Baum?

Den Aufzeichnungen des Klosters nach wurde er, nachdem sich das Bilderwunder begeben hatte, in ein Stück Seide (ein »Gewand«) gehüllt und um ihn herum ein Tempel erbaut. Blieb etwa das Dach offen? Der in der Handschrift gebrauchte Ausdruck »Tschorten« spricht nicht dafür, denn so nennt man ein spitz zulaufendes, oben geschlossenes Bauwerk.

Allein ein Baum, bei dem Luft und Licht keinen Zutritt haben, geht unfehlbar ein. Und da den Aufzeichnungen nach der rund um den Baum erbaute Tschorten aus dem 16. Jahrhundert stammt, hätten die heiligen Väter Huc und Gabet allerhöchstens noch das Knochengerüst des ursprünglichen Baumes sehen können. Nun deutet ihre Beschreibung aber auf einen noch grünen Baum[24].

Die Aufzeichnungen berichten ferner, daß der Baum sich im Winter und Sommer ganz gleich blieb und daß er stets die gleiche Menge Blätter trug.

An anderer Stelle lesen wir von seltsamen Geräuschen, die dann und wann aus dem Innern des um den Baum herumgebauten Tschorten drangen. Der Abt des Klosters betrat den Raum, reinigte ihn eigenhändig und bemerkte dicht unter dem Baum etwas Flüssigkeit, die er trank.

Diese Einzelheiten lassen auf eine Art von geschlossenem Zimmer schließen, das für gewöhnlich nicht betreten wird; dagegen scheint sich das Wunder, daß der Baum seine Blätter auch im Winter behält, obgleich er eigentlich zu denen gehört, die sie abwerfen, auf einen Baum zu beziehen, in dem noch Leben ist.

Es ist bei diesen Widersprüchen schwer durchzufinden.

Heutzutage erhebt sich inmitten eines Tempels mit vergoldeten Dächern ein 12 bis 15 Meter hoher Tschorten, von dem man sagt, daß er den Wunderbaum wie in einem Heiligenschrein enthält. Als ich in Kum-bum wohnte, wurde mir freilich gesagt, dieser Schrein sei verhältnismäßig neu.

Dem Tempel gegenüber gibt es einen Ableger des Wunderbaumes. Er ist mit einem Geländer umgeben und genießt ebenfalls eine gewisse Verehrung. Ein anderer, kräftigerer Baum, der auch dem Wunderbaum entsprossen ist, befindet sich in dem Vordergärtchen des Buddhatempels.

Was an Blättern von diesen Bäumen herabfällt, wird gesammelt und an die Pilger verteilt, und vielleicht ist einer von diesen beiden der, von dem die beiden Patres Huc und Gabet sprechen. Die meisten der Besucher von Kum-bum wissen überhaupt nichts von der Geschichte, ja nicht einmal von dem Dasein des im Heiligenschrein eingemauerten Baumes.

Fremde aus der chinesischen Provinz Kansu, an deren Grenze Kumbum liegt, versicherten mir, die Worte »om mani padme hum« auf den Blättern der beiden noch lebenden Bäume gelesen zu haben.

Die lamaistischen Pilger und die ungefähr 3000 Mönche des Klosters wollen dagegen nichts Besonderes bemerkt haben und äußern sich sogar mit recht spöttischem Zweifel über den Wunderglauben der Fremden.

Solch fortschrittliche Ansichten finden wir aber nicht in den alten Berichten; ihrer Erzählung nach haben vor einigen hundert Jahren alle Leute in Amdo die wunderbaren Bilder und Schriftzeichen am Baume gesehen.

Die »lebenden Buddhas«

Neben den durch Wahl bestimmten Beamten, die das Kloster regieren oder seine irdischen Güter verwalten, gibt es in Tibet noch einen Kirchenadel, dessen Mitglieder Lama-Tulkus heißen. Ganz mit Unrecht nennen die Fremden sie »lebende Buddhas«.

Die Tulkus sind die eigenartigste Erscheinung des Lamaismus; durch sie unterscheidet er sich scharf von allen andern buddhistischen Sekten. Auch kommt die Tatsache, daß in der tibetischen Gesellschaft dieser kirchliche Adel dem weltlichen gegenübersteht und ihn an Bedeutung überwiegt, ebenfalls nur in Tibet vor.

Im Abendland ist man sich nie ganz klar über die Natur der Tulkus gewesen; es herrschen da viele Mißverständnisse.

Daß es Verkörperungen von Gottheiten oder andern mächtigen Wesen gab, stand für die Tibeter schon lange fest; allein in ihrer jetzigen Form stammt die Adelsklasse der Tulkus doch erst aus dem Jahre 1650.

Um diese Zeit setzte ein Mongolenfürst den fünften Groß-Lama aus der Geluk-pa-Sekte, mit Namen Lobzang Gyatso, als Herrscher über Tibet ein, und der Kaiser von China erkannte ihn als solchen an. Dem ehrgeizigen Lama waren diese Würden aber noch nicht genug, und er legte sich selbst noch einen höheren Titel zu, indem er sich für eine Ausstrahlung oder einen Tulku des Tschenrezigs erklärte, eines hohen Wesens aus der mahayanistischen Götterwelt. Zugleich ernannte er seinen früheren Lehrer und väterlichen Freund zum Groß-Lama des Klosters Taschi-lhünpo und gab ihn für einen Tulku des Odpagmed aus, eines mystischen Buddhas, dessen geistiger Sohn Tschenrezigs ist.

Dies Beispiel des Lamakönigs ermutigte sehr zur Schaffung neuer Tulkus. Es ward für alle bedeutenderen Klöster bald eine Ehrensache, die Verkörperung irgendeines berühmten Wesens an ihrer Spitze zu haben.

Was nun den Ursprung der beiden hervorragendsten Tulku-Klassen betrifft, so zeigt schon die Verkörperung des Tschenrezigs im Dalai Lama und die des Odpagmed im Taschi Lama, daß es sich hier keineswegs, wie die Fremden oft glauben, um Verkörperungen des historischen Buddhas handelt.

Wie denken sich nun die Lamaisten die Natur der Tulkus? Dem Volksglauben nach wie die Verkörperung eines Heiligen oder eines verstorbenen Gelehrten, oder auch irgendeines andern übermenschlichen Wesens, also eines Gottes, eines Dämons oder dergleichen.

Am zahlreichsten sind die zuerst genannten Tulkus. An zweiter Stelle stehen die wenigen Verkörperungen sagenhafter Persönlichkeiten, wie der Dalai Lama, der Taschi Lama, der Dame Lama Dordschi-Phagmo und auf einer niedrigeren Rangstufe in Tulkus gewisser bodenständiger Gottheiten, z. B. des Pekar, in dessen Namen die Tulkus öffentlich weissagen.

Die Götter-, Dämonen- und Feen-Tulkus treten namentlich als Helden der Legenden auf, allein es gibt auch heutigentags noch einige

Männer und Frauen, die man für Tulkus hält und als solche fürchtet. Meist sind dies Ngags-pas, Magier oder Zauberer, die nicht zur eigentlichen Geistlichkeit gezählt werden.

Zuweilen trifft man auch auf einen Laien-Tulku, wie den König von Ling, der für die Verkörperung des Pflegesohns eines berühmten Helden, des Gesar von Ling, gilt.

Frauen, die »Kandhomas« (Feen) verkörpern, können sowohl Nonnen wie Ehefrauen sein.

Diese letzte Klasse der Tulkus steht tiefer als die beiden andern in der geistlichen Rangordnung. Vermutlich hat sie ihren Ursprung nicht im Lamaismus, sondern in der alten Religion Tibets.

Der frühe Buddhismus leugnete freilich die Seelenwanderung und verdammt diese Lehre sogar als höchst schädlich, aber die meisten Buddhisten sind dennoch in den alten Glauben der Hindus zurückverfallen und nehmen an, der »Jiva« oder das »Ich« vertausche seinen abgebrauchten Körper so gegen einen neuen, wie man das etwa mit einem abgetragenen Kleidungsstück zu tun pflegt[25].

Wenn der Tulku für die Verkörperung eines Gottes oder eines zugleich mit ihm vorhandenen mystischen Wesens gilt, kann man aus dem Begriff des »Ich«, das sein leibliches Gewand wechselt, nicht viel zur Aufklärung des ganzen Vorganges entnehmen. Aber darüber zerbrechen sich die Tibeter im allgemeinen nicht die Köpfe, und für gewöhnlich werden alle Tulkus, selbst wenn sie übermenschliche Wesen darstellen sollen, einfach für die Verkörperungen ihrer Vorgänger gehalten.

Der Ahnherr einer ganzen Reihe von Tulkus wird Ku-Kongma genannt. Meistens, wenn auch nicht notwendigerweise, gehört er einem Mönchsorden an.

Eine Ausnahme bilden die Eltern des Reformators Tsong Khapa. Beide wohnen im Kum-bum-Kloster. Der Lama, der für die Wiederverkörperung des Vaters von Tsong Khapa gilt, wird Aghia Tsang genannt. Er ist der Herr und dem Namen nach auch der Besitzer des Klosters; als ich dort wohnte, war er ein etwa zehnjähriger Knabe.

Die Mutter des Reformators hat sich in einem Kinde männlichen Geschlechts verkörpert, das als Lama Tschargsa-Tsang heranwächst.

In ähnlichen Fällen verkörpern sich die Tulkus der Laien bis auf wenige Ausnahmen in der Geistlichkeit.

Es gibt unter den Nonnen Tulkus von heiligen Frauen oder von Göttinnen. Erwähnenswert ist, daß sie, wenn sie nicht gerade als Einsiedlerinnen leben, gewöhnlich Äbtissinnen von Männer-, nicht von Frauenklöstern sind. Allerdings haben sie dabei keine andere Pflicht, als von ihrem Abt-Thronsessel aus den großen Kirchenfesten beizuwohnen. Im übrigen bewohnen sie mit ihrer weltlichen Dienerschaft und ihren Nonnen besondere Paläste. Die Verwaltung aller Klöster liegt in Wirklichkeit, ganz einerlei, wer dem Namen nach der Herr sein mag, in den Händen von Beamten, die von den Mönchen gewählt werden.

Für den unbefangenen Beobachter ist es oft komisch, wie sehr im Laufe der verschiedenen Verkörperungen Verstand und Heiligkeit abhanden zu kommen scheinen. Man sieht da gar nicht selten einen völligen Dummkopf als Verkörperung eines hervorragenden Denkers thronen, oder einen Genußmenschen und Lebemann, der einen wegen seiner Sittenstrenge und Enthaltsamkeit berühmten Mystiker darstellen soll.

Die Wiederverkörperung der Tulkus hat für jemand, der an die Seelenwanderung des »Ich« glaubt, durchaus nichts Befremdendes, denn dieser Annahme nach sind wir ja samt und sonders Tulkus. Das in unserer jetzigen Form verkörperte »Ich« hat in der Vergangenheit schon in andern Formen bestanden. Was die Tulkus an Besonderem voraushaben, ist nur, daß sie für die Wiederverkörperungen bedeutender Persönlichkeiten gehalten werden. Auch daß sie sich zuweilen an Einzelheiten aus ihrem früheren Dasein erinnern und es ihnen in gewissen Fällen möglich ist, ihre künftigen Eltern zu wählen und sowohl sie wie den Ort, an dem sie wiedergeboren werden, zu bezeichnen.

Manche Lamas glauben jedoch an eine große Verschiedenheit zwischen der Wiederverkörperung des Durchschnittsmenschen und der des geistig Erleuchteten.

Menschen, die ihren Verstand nie geübt haben, wie die Tiere dahinleben und hemmungslos ihren Trieben folgen, können nur mit Abenteurern verglichen werden, die sich ziellos dem Spiel des Zufalls überlassen. Es ist, als sähe man in östlicher Richtung einen See und würde vom Durst darauf zugetrieben. Kaum hat man sich aber dem Wasser genähert, so weckt ein brenzliger Geruch die Vorstellung eines nahen Zeltlagers oder Hauses. Das führt nun zu dem Gedanken an ein mögliches Obdach für die Nacht, und daß Tee doch noch besser als Wasser schmecken würde.

Also fort vom See, noch ehe man ihn ganz erreicht hat, und auf nach Norden, woher der Rauchgeruch kommt. Der Lama, der diesen Vergleich brauchte, sprach von »Geruch des Feuers«. Die Tibeter lernen bei ihren Reisen über die Pässe und durch die Graswüsten sehr wohl, auch aus großer Entfernung, den Geruch eines brennenden Feuers selbst dann unterscheiden, wenn gar kein Rauch davon aufzusteigen scheint. Aber bevor noch Haus oder Zelt auftauchen, erscheinen drohende

Gespenster auf dem Wege, und schon flieht der entsetzte, planlose Mensch vor ihnen und wendet sich nach Süden. Erst als er sich vor den Ungeheuern sicher glaubt, hält er ein und sieht nun andere Wesen seines Schlages gleichfalls umherirren. Von ihnen hört er das Lob eines Schlaraffenlandes singen, nach dem sie gerade unterwegs sind. Sofort ist der Mensch ebenfalls dafür begeistert und schließt sich ihnen auf der Reise nach dem Westen an. Allein auch hier bringen ihn neue Eindrücke wieder von seinem Ziel ab, noch ehe er das verheißene Land auch nur von ferne erblickt hat.

So wird ein Tor sein ganzes Leben lang immer wieder die Richtung aus den Augen verlieren und überhaupt nie ein Ziel erreichen. Schließlich überrascht ihn dann der Tod mitten in seiner sinnlosen Wanderschaft, und die aus seiner zerfahrenen Geschäftigkeit erwachsenen feindseligen Kräfte werden in alle Winde zerstreut. Da die zur Fortsetzung derselben Strömung erforderliche Menge an Kraft nicht zustande gekommen ist, kann folglich auch kein Tulku gebildet werden.

Der erleuchtete Mensch dagegen gleicht einem zielbewußten Wanderer, der sich die Lage seines Bestimmungsortes und die dahin führenden Wege ganz klargemacht hat. Nichts kann seinen Geist mehr vom rechten Pfade ablenken, er ist taub und blind für alle Irrbilder und Versuchungen rundumher. Wohl kann sein Körper unterwegs dem Tode anheimfallen. Die geistige Kraft, deren Schöpfer und Geschöpf zugleich dieser Körper war, bleibt deshalb doch unversehrt. In hartnäkkiger Zielstrebigkeit schafft sie sich ein neues greifbares Werkzeug, das heißt eine neue Form in Gestalt eines Tulkus.

Hier gehen die Ansichten auseinander. Einige Lamas glauben, die zarte Kraft[26] überlebe noch den Tod dessen, der sie erzeugt oder genährt hat (letzteres wenn es sich um einen Tulku handelt, der schon einer Reihe von Verkörperungen angehört). Sie soll dann verwandte Kräfte anziehen und ordnen und so den Kern zu einem neuen Wesen bilden. Andere dagegen meinen, das Bündel entkörperter Kräfte vereinige sich mit einem schon bestehenden Wesen, dessen körperliche und seelische, schon in vorhergehenden Leben erworbene Anlagen einen guten Einklang verheißen.

Gegen diese Lehrsätze läßt sich ja vieles einwenden, allein ich möchte in diesem Buche die unter den Mystikern Tibets verbreiteten Ansichten nur wiedergeben, nicht aber sie erörtern.

Immerhin sei noch gesagt, daß jede der eben erwähnten Lehren durch eine Menge alter tibetischer Sagen belegt werden kann, aus denen hervorgeht, wie ihre Helden kraft ihres Willens die Art ihrer Wiedergeburt und den Verlauf ihrer künftigen Verkörperung vorausbestimmen können.

Obgleich ich erwähnte, daß bewußtes und beharrliches Wollen eine große Rolle in der Weiterführung einer Reihe von Tulkus spielt, so darf man trotzdem nicht meinen, die neue Persönlichkeit könne willkürlich gebildet werden. Der Glaube an die Unfreiheit des Willens ist, bis zum halbwilden Steppenhirten hinunter, so fest im Gemüt der Tibeter verwurzelt, daß solch ein Gedanke bei ihnen gar nicht aufkommen kann.

Wörtlich bedeutet der Ausdruck »Tulku« eine mittels Zauberei geschaffene Form. Den Gelehrten und Mystikern Tibets nach müssen wir in den Tulkus Gespenster sehen, geheimnisvolle Ausstrahlungen, Puppen, die ein Zauberer sich für seine Zwecke hergestellt hat.

Um das zu erhärten, führe ich eine mir vom Dalai Lama gegebene Erklärung an.

Ich erzählte ja schon im 1. Kapitel dieses Buches, wie ich dem Dalai Lama 1912 bei seinem Aufenthalt im Himalaja mehrere Fragen über die lamaistische Glaubenslehre stellte. Zuerst beantwortete er sie mir mündlich, bat mich aber dann, um Mißverständnisse zu vermeiden, ihm eine geschriebene Liste mit neuen Fragen aufzustellen.

Ich mußte alle die mir noch dunkel gebliebenen Punkte aufzählen, und die Antwort darauf wurde mir schriftlich erteilt. Diesem Schriftstück entnehme ich folgendes:

»Ein Bodhisatva«, sagte der Dalai Lama, »ist die Grundlage, aus der unzählige Zauberformen entstehen können. Durch seine auf sein Ziel wie auf einen Brennpunkt gerichteten Gedanken kann er in tausend und aber tausend Welten gleichzeitig ein ihm selbst ähnliches Geisteswesen zur Erscheinung bringen. Und nicht nur menschliche Formen gelingt es ihm zu schaffen, sondern auch alle nur erdenklichen andern, selbst leblose Dinge, wie Häuser, Gärten, Wälder, Straßen, Brücken und dergleichen. Er kann Wetter machen und den Trank der Unsterblichkeit brauen, der allen und jeden Durst löscht.«

»Dieser Ausdruck«, erläuterte er mir, »ist sowohl wörtlich wie bildlich zu verstehen; also«, schloß der Dalai Lama, »kennt seine Schöpfermacht keine Grenzen.«

Die von der höchsten Behörde des amtlichen Lamaismus gebilligte Lehre ist der in den mahayanistisch-buddhistischen Schriften niedergelegten gleich. Zehn Zauberwerke werden darin den Bodhisatvas zugeschrieben, diesen Wesen, die auf der geistigen Stufenleiter sofort nach dem Buddha selbst kommen.

Ebensogut wie ein Buddha Zauberformen hervorbringen kann, ist er auch imstande, nach Belieben Menschen, Götter oder Dämonen zu erschaffen. Es gibt da nur einen Unterschied des Grades, und der hängt wiederum einzig und allein davon ab, ob man seinen Geist fest auf einen Punkt richten kann, und welche Eigenschaften dieser Geist besitzt.

Da die Tulkus sagenhafter Persönlichkeiten mit ihrem Schöpfer zugleich ihr Dasein führen, kommt es vor, daß beide voneinander getrennt verehrt werden. Ein neuer Beweis dafür, daß die Tibeter das göttliche oder andersgeartete Wesen nicht für völlig in seinem Tulku verkörpert halten. So wohnt der Dalai Lama, der Tulku des Tschenrezigs ja in Lhasa, Tschenrezigs selber aber soll in Nankai Potala hausen, einer Insel in der Nähe der chinesischen Küste. Den Wohnsitz des Odpagmed, dessen Tulku der Taschi Lama ist, verlegt man nach Nub-dewa-tschen, dem Paradiese des Westens.

Es soll auch Menschen geben, die mit ihrer magischen Nachkommenschaft gleichzeitig leben. Die tibetischen Sagen wissen derartiges vom König Srong-bstan-Gampo, vom Feldherrn Gesar von Ling und andern mehr zu berichten.

Gerade jetzt wird erzählt, daß der Taschi Lama bei seiner Flucht aus Schi-ga-tse dort ein ihm völlig gleichsehendes Spukbild zurückließ, das ihm aufs Haar glich und sich genau so wie er benahm. So wurde alle Welt hinters Licht geführt. Kaum war aber der Lama jenseits der Grenze in Sicherheit, so verflüchtigte sich die Spukgestalt.

Die obengenannten Persönlichkeiten sind selber Tulkus, aber den Lamaisten nach können sie trotzdem Zauberformen hervorbringen, die eine aus der andern entstehen. Es gibt besondere Benennungen für solche Ausstrahlungen zweiten oder dritten Grades, und die Reihe kann noch beliebig verlängert werden.

Manchmal kommt es auch vor, daß ein Verstorbener sich nach dem Tode zu mehreren, öffentlich anerkannten Tulkus vervielfältigt, die dann zur gleichen Zeit ihr Wesen treiben. Und es gibt andererseits Lamas, die zur selben Zeit als Tulkus verschiedener Persönlichkeiten gelten. Zum Beispiel ist der Dalai Lama zugleich die Verkörperung des sagenhaften Tschenrezigs und des Gedundup, eines Jüngers und Nachfolgers des Reformators Tsong Khapa.

Bevor ich weitergehe, möchte ich an die merkwürdige Tatsache erinnern, daß im Urchristentum die Sekte der Doketen Jesus für einen Tulku hielt. Der Gekreuzigte, behaupteten sie, sei keine wirkliche Persönlichkeit, sondern ein durch Wesen aus der Geisterwelt eigens für diese Rolle geschaffenes Gespenst.

Einige Buddhisten behaupten dasselbe vom Buddha. Ihrer Meinung nach hat er seine himmliche Wohnung im Paradiese Tutschita nie verlassen, sondern schuf eine Spukgestalt, die in Indien erschien und Gautama, der historische Buddha, ward.

Trotz der mehr oder weniger spitzfindigen Lehrsätze, die in den

Gelehrtenkreisen über die Tulkus verbreitet sind, werden diese in Wirklichkeit doch für wahre Wiederverkörperungen ihrer Vorgänger gehalten, und in dem Sinne finden auch die Feierlichkeiten statt, die ihrer öffentlichen Anerkennung vorausgehen.

Gar nicht selten sagt ein Lama, der selbst schon ein Tulku ist, auf seinem Sterbebette Ort und Stelle seiner Wiedergeburt voraus. Zuweilen gibt er auch allerlei Einzelheiten über seine künftigen Eltern, die Lage ihres Hauses und dergleichen an.

Gewöhnlich begeben sich etwa zwei Jahre nach dem Tode eines Lama-Tulkus sein Haushofmeister und andere Hausangestellte auf die Suche nach seiner Wiederverkörperung.

Hat der Verstorbene etwas vorhergesagt oder irgendwelche Anweisungen wegen der erforderlichen Nachforschungen hinterlassen, so macht man davon Gebrauch. Sind keine da, wird ein Sterndeuter-Lama oder ein Hellseher befragt, der in oft recht dunklen Ausdrücken das Land angibt, wo man das Kind zu suchen hat, und die Zeichen, an denen man es erkennen kann. Wenn es sich um einen hochgestellten Tulku handelt, wird ein staatliches Orakel um Rat gefragt, bei Wiederverkörperungen des Dalai Lamas oder des Taschi Lamas ist das sogar Vorschrift.

Zuweilen wird auf die Beschreibung des Wahrsagers hin das Kind schnell gefunden, es können aber auch, zum größten Kummer der treuen weltlichen Freunde des Lamas, Jahre darüber hingehen. Noch betrübter sind dann die Mönche seines Klosters, das ohne sein verehrtes Oberhaupt nicht mehr so reichlich von seinen frommen Wohltätern bedacht wird und dem die Opfergaben nun spärlicher zuströmen. Also die Gläubigen und die Trapas trauern, aber es ist sehr gut möglich, daß mittlerweile ein diebischer Verwalter sich ins Fäustchen lacht, denn in Ermangelung des eigentlichen Herrn verfügt er ohne rechte Aufsicht über die Klostergüter und legt so oft in aller Eile den Grundstein zu einem Vermögen.

Entspricht ein Kind annähernd den vorgeschriebenen Bedingungen, wird aufs neue ein Wahrsage-Lama zugezogen, und wenn er sich günstig geäußert hat, stellt man folgenden Versuch an. Mehrere Gegenstände, die aus dem persönlichen Besitz des verstorbenen Lamas stammen, werden mit fremden Sachen vermischt, und das Kind muß nun durch seine richtig getroffene Wahl beweisen, daß es das ihm von seinem früheren Dasein her altvertraute Hab und Gut wiedererkennt.

Es kommt vor, daß mehrere Kinder sich um den Sitz bewerben, der durch den Tod eines Tulkus verwaist ist. Die besonderen Kennzeichen sind bei allen gleich überzeugend, und jedes erkennt auch, ohne sich je zu irren, die Sachen aus dem Besitz des Verstorbenen wieder. Oder auch, die Sterndeuter- und Wahrsager-Lamas können sich über die Wahl nicht einigen und bezeichnen verschiedene Bewerber.

So geht es besonders, wenn die Erbfolge eines der großen Tulkus und wichtige, reichbegüterte Klöster auf dem Spiele stehen. Man kann sich denken, daß viele Familien gern ihrem Sohn den verwaisten Thron verschaffen möchten.

Die Eltern des jungen Tulkus dürfen oft, bis ihr Sohn der Mutter entwachsen ist, innerhalb der Klostermauern leben. Später freilich wird ihnen außerhalb, aber immer noch auf klösterlichem Grund und Boden eine behagliche Wohnung eingeräumt und auch für alles übrige, zu einem bequemen Leben Erforderliche reichlich gesorgt. Hat das Kloster für die Eltern seines Groß-Tulkus keinen Platz, oder handelt es sich um einen Tulku, der über keine Gompa verfügt, werden Vater und Mutter des erwählten Kindes in ihrer eigenen Heimat lebenslänglich auskömmlich unterhalten.

Die großen Klöster zählen außer ihrem eigentlichen Herrn manchmal noch etwa hundert Tulkus unter ihren Mitgliedern, die neben ihrer üppigen Amtswohnung oft noch das Wohnrecht in andern Klöstern und Landbesitz in verschiedenen Gegenden Tibets und der Mongolei haben.

Es ist also begreiflich, daß jeder Tibeter sich wünschen muß, mit einem Tulku verwandt zu sein, selbst wenn er keiner der großen ist. Um die Erbfolge der Tulkus entspinnt sich deshalb ein wahres Netz von Listen und Ränken, und bei den kriegerischen Stämmen von Kham oder der Nordgrenze artet der erbitterte Wettbewerb nicht selten in blutige Kämpfe aus.

Man erzählt sich in ganz Tibet unzählige Geschichten von Tulkukindern, die durch genaue Berichte über ihr früheres Leben die Echtheit ihrer Persönlichkeit beweisen können. All diesen Erzählungen ist die für Tibet so bezeichnende Mischung von Aberglauben, List, Drolligkeit und verblüffenden Tatsachen gemeinsam.

Ich könnte sie dutzendweise anführen, will mich aber auf zwei beschränken, die ich gewissermaßen miterlebte.

Neben dem Palast des Lama-Tulkus Pegyai, bei dem ich in Kumbum wohnte, befand sich das Haus eines andern Tulkus, namens Agnai Tsang. Der letzte Agnai Tsang war schon vor sieben Jahren gestorben, und noch hatte man seine »Wiederverkörperung« nicht entdeckt, was dem Haushofmeister wohl wenig Kummer gemacht haben wird, denn er mußte unterdessen das Vermögen des Lamas verwalten, und seine eigenen Geschäfte schienen dabei gut zu gedeihen.

Nun begab es sich, daß im Lauf einer Handelsreise der Haushofmeister bei einem Pächter einkehrte, um auszuruhen und sich zu erfrischen. Während die Hausfrau den Tee machte, zog er eine Tabaksdose aus Jade aus der Tasche und wollte gerade eine Prise nehmen, als ein kleiner Knirps, der bis dahin in einem Winkel der Küche gespielt hatte, mit seinem Händchen die Dose festhielt und vorwurfsvoll fragte:

»Was tust du da mit meiner Tabaksdose?«

Der Mann stand wie vom Blitz getroffen, denn allerdings gehörte die Dose nicht ihm, sondern dem verstorbenen Agnai Tsang. Vielleicht hatte er sie nicht einmal stehlen wollen, aber freilich stak sie in seiner Tasche und ward täglich von ihm gebraucht.

Erschrocken und zitternd stand er vor dem Knaben, der ihn starr ansah. Sein Gesicht kam ihm auf einmal seltsam verändert vor, so streng und drohend, gar nicht mehr wie das eines Kindes.

»Gleich gibst du sie mir wieder«, befahl der Junge, »sie gehört mir«.

Voller Gewissensbisse, entsetzt und beschämt, warf der abergläubische Mönch sich seinem wiederverkörperten Herrn zu Füßen.

Ein paar Tage später sah ich, wie das Kind mit allem Gepränge nach seiner Wohnung gebracht wurde. Man hatte ihm ein gelbes Brokatgewand angelegt, und das wundervolle schwarze Pferdchen, auf dem es ritt, ward von dem Haushofmeister selber am Zügel geführt.

Als der Zug den Palast betrat, bemerkte der Knabe: »Warum biegen wir, um in den zweiten Hof zu kommen, nach rechts ab? Die Tür befindet sich doch links?«

Nun war aus irgendeinem Grunde nach dem Tode des Lamas die früher an dieser Seite befindliche Tür vermauert und anstatt dessen eine andere durchgebrochen worden.

Voll Bewunderung für diesen neuen Beweis der Echtheit ihres Lamas brachten die Mönche ihn nach seinen Gemächern, wo der Tee gereicht werden sollte.

Der Kleine saß auf einem ganzen Stapel großer Kissen und betrachtete die vor ihm auf einem Tische stehende Jadeschale, mit ihrer Emailleuntertasse und dem türkisengeschmückten Deckel.

»Gebt mir den größeren Porzellannapf«, befahl er und beschrieb ganz genau, bis auf das darauf befindliche Muster, eine Schale aus chinesischem Porzellan.

Niemand wußte etwas davon. Haushofmeister und Mönche versuchten in aller Ehrerbietung den jungen Lama zu überzeugen, daß es im ganzen Hause nichts dergleichen gäbe.

Gerade da betrat ich, im Vertrauen auf meine guten Beziehungen zum Haushofmeister, das Zimmer. Ich kannte die Geschichte mit der Tabaksdose und war neugierig darauf, meinen merkwürdigen kleinen Nachbar in der Nähe zu sehen.

Ich brachte ihm, wie das in Tibet Sitte ist, eine seidene Schärpe und andere kleine Geschenke mit. Er nahm sie auch freundlich lächelnd an, blieb aber sichtlich zerstreut und war noch mit seinen Gedanken bei der Schale.

»Sucht besser nach, ihr werdet sie schon finden«, versicherte er. Und plötzlich, als ob ihm eine blitzartige Erinnerung käme, beschrieb er eine soundso bemalte Truhe, die an dem und dem Orte, in einer Art Rumpelkammer stehen sollte.

Die Mönche hatten mir kurz erzählt, um was es sich handelte, und gespannt auf die Entwicklung blieb ich im Zimmer des Tulkus.

Noch war keine halbe Stunde verstrichen, da hatte sich die Schale samt Untersatz und Deckel in einer Schachtel am Boden der Truhe gefunden, ganz wie das Kind es beschrieben hatte.

»Ich hatte keine Ahnung von dieser Schale«, versicherte der Haushofmeister mir später. »Entweder der Lama selbst oder mein Vorgänger muß sie in den Koffer gelegt haben. Es war der einzige Wertgegenstand darin, und die Truhe war seit Jahren nicht geöffnet worden.«

Einmal erlebte ich auch unter noch viel abenteuerlicheren Umständen, wie ein Tulku entdeckt wurde, und zwar spielte sich die Sache in der ärmlichen Herberge eines kleinen Fleckens ab, nicht weit von An-hsi in der Wüste Gobi.

Pfade, die von der Mongolei nach Tibet führen, kreuzen in dieser Gegend die große, ein ganzes Festland durchquerende Verbindungsstraße zwischen Peking und Rußland. So war ich mehr ärgerlich als überrascht, die Herberge schon von einer mongolischen Karawane besetzt zu finden, als ich bei Sonnenuntergang dort eintraf.

Die Reisenden schienen durch irgendein ungewöhnliches Vorkommnis in Aufregung versetzt. Aber höflich, wie die Mongolen sind, und vielleicht unter dem Eindruck der von Yongden und mir getragenen lamaistischen Ordenstracht, wurde mir und meinen Leuten doch ein Zimmer eingeräumt und unsere Tiere im Stall untergebracht.

Mein Pflegesohn und ich betrachteten uns gerade noch die im Hofe lagernden Kamele, als sich eine der Stubentüren öffnete und ein junger hochgewachsener Mann von angenehmem Äußern in ärmlicher tibetischer Tracht auf der Schwelle erschien und uns fragte, ob wir Tibeter seien. Wir bejahten es.

Hinter dem jungen Mann tauchte jetzt ein alter Lama auf, den wir an seinem großspurigen Auftreten als Herrn der Karawane erkannten. Er redete uns ebenfalls auf tibetisch an.

Nachdem wir die üblichen Fragen über das Woher und Wohin gewechselt hatten, erzählte uns der Lama, er habe eigentlich auf der Winterstraße über Su-tschou nach Lhasa gehen wollen, aber die Reise sei nun unnötig geworden, und so kehre er nach der Mongolei zurück.

Die im Hofe beschäftigte Dienerschaft stimmte dem durch Kopfnicken zu.

Weshalb mochten die Leute ihren Plan nur geändert haben? Aber da der Lama sich in sein Zimmer zurückzog, wollte ich ihm durch weitere Fragen nicht lästig fallen.

Später am Abend jedoch, als die Mongolen sich bei unsern Leuten näher nach uns erkundigt hatten, luden sie uns zum Tee ein, und dabei erzählten sie die ganze Geschichte.

Der hübsche junge Mann war aus der entfernten Provinz Ngari, im Südwesten Tibets, gebürtig und schien ein rechter Träumer zu sein; im Abendlande würde man ihn wenigstens so genannt haben. Aber hier waren wir eben in Asien.

Seit seiner frühesten Jugend hatte Migyur – so hieß er – unter dem Eindruck gestanden, nicht an seinem richtigen Platze zu sein. Im Dorf, in der Familie – überall fühlte er sich fremd. Er sah im Traume Landschaften, die es in Ngari nicht gab, Sandwüsten, runde Filzzelte, ein kleines, auf einem Hügel gelegenes Kloster.

Selbst im Wachen erschienen ihm diese Schöpfungen seiner Einbildungskraft und legten sich wie ein verwirrender Schleier über die ihn umgebenden wirklichen Gegenstände, so daß er schließlich in einer fortwährenden Sinnestäuschung befangen dahinlebte.

Er war noch nicht vierzehn Jahre alt, als es ihn nicht länger in der Heimat duldete, so sehr quälte ihn die Sehnsucht nach Verwirklichung dieser Geschichte. Seither hatte er sich wie ein Landstreicher herumgetrieben und bald hier, bald da unterwegs gearbeitet, um sein Leben zu fristen. Mehr noch aber hatte er gebettelt und war in seiner Aufregung unfähig gewesen, sich irgendwo anzusiedeln. Jetzt eben kam er von Arik im Norden der Graswüste her.

Planlos wandernd, wie gewöhnlich, war er wenige Stunden vor uns gegenüber der Herberge angekommen, in der die Karawane übernachtete.

Er sah die Kamele im Hofe, überschritt die Schwelle, ohne zu wissen, warum, fand sich dem alten Lama gegenüber – und schnell wie der Blitz schoß ihm die Erinnerung an sein früheres Leben durch den Kopf und erleuchtete grell sein Gedächtnis. Er sah den Lama als Jüngling und als seinen Schüler, sich selbst als ältlichen Lama, sah, wie sie beide auf dem Rückweg von den heiligen Stätten Tibets zusammen eines Weges zogen, um nach ihrem Kloster auf dem Hügel heimzukehren.

Mit allen Einzelheiten erinnerte er den Karawanenführer an ihr Leben im fernen Kloster und an viele andere Ereignisse.

Nun hatte die Reise des Mongolen eben den Zweck, den Dalai Lama zu bitten, ihnen zur Entdeckung ihres Tulkus und Abtes zu verhelfen.

Seit mehr als zwanzig Jahren war das Kloster herrenlos gewesen, da alle Bemühungen, die Wiederverkörperung aufzufinden, vergeblich geblieben waren.

Die abergläubischen Leutchen waren nun schon halb und halb überzeugt, daß der Dalai Lama in seiner Allwissenheit ihre Absicht gekannt und in seiner Allgüte dies Zusammentreffen mit ihrem wiederverkörperten Lama veranlaßt habe.

Der Landstreicher von Ngari hatte die übliche Prüfung schnell bestanden, indem er, ohne sich auch nur einmal zu irren, das persönliche Eigentum des verstorbenen Lamas aus einem ganzen Sack voll ähnlicher Gegenstände anderen Ursprungs herausgefunden hatte.

Die Mongolen zweifelten nun nicht im mindesten mehr daran, daß sie ihren rechtmäßigen Tulku entdeckt hatten.

Am Morgen darauf sah ich, wie die Kamele langsamen Schrittes den Rückweg antraten und wie die Karawane in der Richtung nach der Wüste Gobi zu dem Blickfelde entschwand. Und mit ihnen wanderte der neue Tulku seinen seltsamen Lebensweg weiter.

KAPITEL 4

Vom Umgang mit Dämonen

Tibet ist das Land der Dämonen. Wenn man sich auf Volksglauben und Sagen verlassen wollte, müßte man sie für viel zahlreicher als das Menschengeschlecht selbst halten. Die bösen Geister bewohnen, in tausend Formen gekleidet, Bäume, Felsen, Täler, Seen und Quellen. Sie verfolgen Mensch und Tier, um ihnen den »Lebensodem« zu rauben und sich davon zu nähren. Es ist ihnen eine Lust, Steppe und Wald zu durchstreifen, und an jeder Krümmung des Weges läuft der Wanderer Gefahr, sich ihnen plötzlich gegenüberzusehen.

Wenn es so steht, kann man sich leicht denken, wie stark notgedrungen der Verkehr der Tibeter mit den bösen Geistern ist. Der amtliche Lamaismus stellt sich die Aufgabe, sie zu zähmen und zu bekehren, ja sie sich sogar dienstbar zu machen. Und wenn sie sich nicht fügen wollen, nimmt er ihnen wenigstens die Macht zu schaden, oder rottet sie ganz aus. Die Zauberer treten dabei in Wettbewerb mit den angestellten Lamas, haben aber häufig ganz entgegengesetzte Ziele, indem sie versuchen, sich einen oder mehrere der Dämonen untertan zu machen und für ihre unheilvollen Zwecke zu benutzen. Reicht ihre Macht nicht aus, sich Gehorsam zu erzwingen, so treten sie selbst in den Dienst der Dämonen und erbetteln sich durch Schmeicheleien ihre Hilfe.

Außer den Zauberformeln, die der Lama getreu nach den in den Klosterschulen des Gyud erlernten Regeln anwendet, und der schwarzen Kunst der Hexenmeister wird von den tibetischen Mystikern noch eine dritte Art des Verkehrs mit den Dämonen begünstigt, die sich aus der Schulung der Geisteskräfte ergibt. Ich meine Begegnungen, die absichtlich von dem Schüler herbeigeführt werden, wobei er dann den bösen Geistern trotzt oder auch ihnen Gutes erweist.

So wunderlich und sogar abstoßend diese Formeln uns auch anmuten mögen, so haben sie doch oft nützliche und hohe Ziele: sie sollen den Menschen furchtlos machen, die äußerste Barmherzigkeit und Selbstlosigkeit in ihm wecken und ihn schließlich zur geistigen Erleuchtung führen.

Die sonderbarsten Gebräuche kann man bei einer unheimlichen Art von Mysterienspiel, Tschöd[28] genannt, beobachten, das nur von einem einzigen Schauspieler, dem Zauberer selbst, aufgeführt wird. Es kommt vor, daß die Schüler über solchen Übungen wahnsinnig werden oder gar tot hinfallen, mit soviel grausamer Kunst ist das Entsetzliche ausgeklügelt und gehäuft.

Nur nach längeren Vorbereitungen kann der Tschöd Nutzen bringen, und oft muß der Schüler verschiedene Proben bestehen, bevor er überhaupt dabei zugelassen wird. Die Art seiner Prüfungen hängt von dem Grad der Entwicklung ab, den sein Gefühl wie sein Verstand erreicht haben.

Gar nicht selten begeben sich junge Mönche, fest überzeugt davon, daß es Tausende von Dämonen gibt, zu einem mystischen Lama, ohne auch nur eine Ahnung von den Lehren zu haben, die er vertritt, und bitten ihn mit kindlicher Frömmigkeit um seine Führung zu geistigen Zielen.

Der Lehrplan der mystischen Meister enthält keine langatmigen Reden über Irrtum oder Wahrheit. Er gibt den Schülern nur Gelegenheit, sich selbst zu unterrichten. Sie müssen selbst beobachten, und was sie dabei empfinden, soll sie dann zum eigenen Nachdenken anregen.

Um leichtgläubigen und feigen Schülern die Furcht vor den Dämonen zu nehmen, wird zu Mitteln gegriffen, die auf den ersten Blick nur lächerlich scheinen können, in Wirklichkeit aber grausam und abscheulich sind, wenn man die Geistesverfassung der betreffenden Jünglinge bedenkt.

Ich kannte einen jungen Mann, den sein Lehrer, ein Lama aus Amdo, in eine finstere, einsame Schlucht schickte, in der böse Geister spuken sollten. Er selbst sollte sich da an einen Felsen fesseln; wenn es Nacht geworden war, die wildesten, blutdürstigsten Gottheiten anrufen und diesen Schreckgestalten trotzen, die uns die tibetischen Maler zeigen, wie sie den Menschen das Gehirn aussaugen und die Eingeweide aus dem Leibe haspeln.

Sein Entsetzen mochte noch so groß sein, er hatte strengsten Befehl, dem Wunsch, sich loszubinden, nicht nachzugeben und sich vor Sonnenaufgang nicht vom Fleck zu rühren.

Diese Zumutung wird fast immer gestellt und bildet für viele tibetische Lamaschüler den ersten Schritt auf dem Pfade der Mystik.

Manchmal muß der Jünger drei Tage und Nächte oder sogar noch länger gefesselt bleiben, dabei fasten und gegen den Schlaf ankämpfen. Wie leicht wird er dann, müde und hungrig wie er ist, eine Beute der Sinnestäuschungen!

Während meiner heimlichen Pilgerreise nach Lhasa erzählte ein alter

Lama aus Tsarong meinem Adoptivsohn Yongden, der mich begleitete, den traurigen Abschluß einer solchen Kraftprobe. Natürlich ließ ich mir kein Wort der Geschichte entgehen, hielt mich aber dabei hübsch still in einer Ecke, da ich nicht aus meiner damaligen Rolle des demütigen alten Mütterleins fallen durfte.

Der Lama und sein jüngerer Bruder, namens Lodeu, hatten noch jung ihr Kloster verlassen, um sich einem landfremden Klausner anzuschließen, der zeitweilig auf einem als Wallfahrtsziel wohlbekannten Berge, Phagri, nicht weit von Dayul, eine Einsiedelei bewohnte.

Der Waldbruder befahl dem jüngsten der beiden Brüder, sich mit dem Hals an einen Baum zu binden, und zwar an einem Orte, an dem Thags-yang spuken sollte, ein Dämon, dem neben der Gestalt eines Tigers auch dessen wilde Triebe nachgesagt wurden.

Der Mensch, der so an den Marterpfahl gefesselt dastand, mußte sich ja wie eine Kuh vorkommen, die dem Thags-yang geopfert werden sollte. Gelang es ihm, seine Gedanken fest auf einen Punkt zu richten, würde er unfehlbar in einen Dämmerzustand verfallen, das Bewußtsein seiner Persönlichkeit verlieren und sich, wie gesagt, als Kuh fühlen, die in Gefahr war, verschlungen zu werden. Zudem brüllte der arme Teufel auch noch von Zeit zu Zeit, um sich so vollends in den Geist seiner Rolle zu versetzen.

Drei Tage und Nächte hintereinander mußten so ausgehalten werden. Aber selbst nach vier Tagen war der Schüler noch immer nicht zu seinem Meister zurückgekehrt. Am fünften Morgen sagte der Lama zu dem bei ihm gebliebenen Jünger: »Ich habe letzte Nacht einen sonderbaren Traum gehabt, geh und hole deinen Bruder.«

Der Mönch begab sich in die Schlucht, wo sich ihm ein grausiger Anblick bot. Die zerfetzte und angefressene Leiche Lodeus hing zum Teil noch an den Baum gebunden, zum Teil lagen ihre blutigen Überreste im nahen Gestrüpp umher.

Entsetzt sammelte der Schüler die schauerliche Last zusammen, hüllte sie in sein Mönchsgewand und wollte eiligst damit zu seinem Lehrer zurückkehren. Aber die Hütte, in der Einsiedler und Schüler bis dahin gewohnt hatten, stand leer. Der Lama war mit Sack und Pack ausgezogen. Zwei fromme Bücher, ein paar Zaubergeräte und der Wanderstab mit dem Dreizack am Griff, alles war weg.

»Ich glaubte verrückt zu werden«, erzählte der alte Tibeter. »Dies rätselhafte Verschwinden erschreckte mich noch mehr als das Auffinden der Leiche meines Bruders. Was mochte unser Meister geträumt haben? Wußte er schon um das traurige Ende meines Bruders, und warum hatte er sich davongemacht?«

Davon wußte ich freilich auch nicht mehr als damals das arme

Mönchlein, konnte mir aber denken, daß er sich den Verlauf der Sache wohl einigermaßen richtig vorgestellt hatte, als sein Schüler nicht zurückkam. Möglicherweise hatte er auch durch den Traum eine jener rätselhaften Vorahnungen gehabt, die es ja zu geben scheint, und nun die Flucht ergriffen, weil er den Zorn der Eltern des armen Jungen fürchtete.

Der Tod des Schülers ließ sich leicht aus natürlichen Ursachen erklären. Es fehlt in dieser Gegend nicht an Panthern, auch Leoparden kommen vor. Wenige Tage bevor mir die Geschichte erzählt wurde, war ich ihnen selbst im Walde begegnet. Der Schüler mochte sie durch sein Gebrüll sogar herbeigelockt haben, und da konnte er recht gut einem der Tiere zum Opfer gefallen sein, noch ehe er Zeit gehabt hatte, seine Fesseln zu lösen.

Der Mönch, der mir die Sache berichtete, und seine Umgebung dachten freilich ganz anders darüber. Für sie stand es felsenfest, daß der Tigerdämon die ihm so unvorsichtig gebotene Opfergabe ergriffen hatte. Sie meinten, der junge Lehrling habe die Zauberformeln, die ihn hätten schützen können, noch nicht gekannt. Schuld des Lehrers aber war, daß er ihn dem Tigerdämon ausgesetzt hatte, ohne ihn vorher richtig angelernt und eingeweiht zu haben.

Im Grunde seines Herzens hatte der in seiner Bruderliebe gekränkte Mönch aber einen noch weit schrecklicheren Verdacht, den er nur leise und mit zitternder Stimme zu äußern wagte. »Wer weiß«, sagte er, »ob der fremde Lama nicht selbst der Tigerdämon war und Menschengestalt nur angenommen hatte, um ein Opfer an sich zu locken. Bei Tage mag es ihm sein menschliches Aussehen unmöglich gemacht haben, aber vielleicht hat er nachts, als ich schlief, sich wieder in einen Tiger zurückverwandelt und seine Blutgier gestillt.«

Den Worten des Greises folgte tiefes Schweigen. Wie oft mochte er dies so weit zurückliegende grausige Jugenderlebnis wohl schon erzählt haben, ohne daß seine Wirkung sich dadurch abgeschwächt hätte. Und warum auch nicht? Sind nicht Thags-yang und seinesgleichen immer noch bereit, Mensch und Tier, die gegen sie schutzlos sind, zu verschlingen?

Die große Küche war nur von den flackernden Flammen des Herdes beleuchtet, und man fühlte förmlich, wie die blasse Angst die ganze versammelte Familie schüttelte. Eine der Frauen blickte unwillkürlich hinauf zu den Zauberformeln, die auf Papier gemalt rundumher an der Wand hingen, als ob sie sich ihres Schutzes vergewissern wollte. Der Großvater sah nach, ob die Altarlampe für das Vesperopfer im Nebenzimmer auch brannte, und zündete Räucherkerzen an, deren Duft sich im Hause verbreitete.

Man mag die Zahl der merkwürdigen Zwischenfälle, die während solcher Zaubereien vorkommen, noch so hoch anschlagen, sie bleiben immerhin große Ausnahmen. Sehr begreiflich daher, daß der Schüler nach fortgesetztem Besuch der Spukorte, nach kühner Herausforderung der Dämonen und wenn er ihnen seinen Körper wieder und wieder umsonst zur Speise angeboten hat, am Ende an dem Dasein von Wesen, die sich nie zeigen, zu zweifeln anfängt.

Ich fragte mehrere Lamas danach, und einer von ihnen, ein Getsche[29] aus Dirdschi, antwortete mir: »Diese Ungläubigkeit kommt allerdings vor und ist sogar eigentlich das von den mystischen Lehrern erstrebte Ziel. Aber erreicht der Schüler es zu früh, so bringt er sich selbst um die Früchte jenes Teils der Schulung, der ihn furchtlos machen sollte.«

»Die Meister der Mystik«, fügte er hinzu, »wünschen jedoch auch wieder nicht, daß der Schüler eine einfältige Leichtgläubigkeit an den Tag legt, da sie der Wahrheit nicht entspricht.

Der Jünger muß einsehen lernen, daß Götter und Dämonen für den Gläubigen wirklich da sind, und auch die Macht haben, dem, der sie anbetet oder fürchtet, je nachdem Gutes oder Böses zu erweisen.

Es gibt aber wenige Fälle, in denen man schon am Anfang der Schulung zum Unglauben gelangt. Die meisten Schüler sehen die Schreckgestalten wirklich.«

Ich wage dagegen keinen Widerspruch, denn ich habe mehrere Beispiele dafür gehabt, daß es wirklich so ist. Die nächtliche Stunde und der für das Zwiegespräch mit den Dämonen gewählte Ort genügen oft schon vollauf, um Sinnestäuschungen hervorzurufen. Aber muß man wirklich alles, was bei diesen Vorgängen beobachtet wird, Sinnestäuschungen nennen? Die Tibeter versichern das Gegenteil.

Ich unterhielt mich einmal mit einem Einsiedler aus Ga im östlichen Tibet, namens Kutschog Wantschen, über die plötzlichen Todesfälle, die während der Beschwörung böser Geister vorgekommen sind.

Der Lama schien mir durchaus nicht abergläubisch, und so glaubte ich, ihm aus der Seele zu sprechen, als ich sagte: »Wenn Menschen dabei wirklich sterben, so tun sie das nur aus Furcht. Was sie sehen, ist ja nur die Verkörperung ihrer eigenen Gedanken. Jemand, der nicht an Dämonen glaubt, wird auch niemals von ihnen umgebracht werden.«

Ich war nicht wenig überrascht, als der Klausner mit sonderbarem Tone antwortete: »Meinen Sie denn etwa auch, daß jemand, der nicht an Tiger glaubt, auch nicht von ihnen zerrissen werden könnte, wenn er sich ihnen auf Sprungweite näherte?«

Und er fuhr fort: »Mit der Verkörperung der seelischen Vorstellungen ist es eine geheimnisvolle Sache, mag sie nun bewußt oder unbewußt vor sich gehen. Was wird aus diesen Gebilden? Wäre es nicht möglich, daß diese unsere Geisteskinder uns einmal geradeso entgleiten, wie wir das zuweilen bei unsern leiblichen Kindern erleben müssen? Ob sie dann nicht ebenfalls plötzlich, oder auch nach und nach, ihr eigenes Dasein führen wollen?

Ferner, warum sollten nicht andere ebensogut wie wir selbst derartige Gebilde hervorbringen können? Und angenommen, daß es überhaupt solche Tulpas (Zauberwesen) gibt, dann ist doch auch denkbar, daß wir mit ihnen in Berührung kommen, gleichviel ob es ihre anderweitigen Schöpfer so wollen, oder ob wir selbst durch unsere Gedanken diesen Wesen die Möglichkeit erst geben, sich zu zeigen und zu betätigen.

Stellen Sie sich einmal zum Vergleich einen Fluß vor, und denken Sie sich in einiger Entfernung von seinem Ufer einen trocknen Landstrich, auf dem Sie wohnen. Fische werden da natürlich nie in Ihre Nähe kommen. Wenn Sie aber zwischen Fluß und Haus einen Verbindungskanal graben und an seinem Ende einen Teich anlegen, so werden die Fische zusammen mit dem einströmenden Wasser Ihnen so nahe kommen, daß Sie sie von Ihren Fenstern aus schwimmen sehen können.

Man muß sich wohl hüten, leichtsinnig ›Kanäle‹ zu eröffnen. Die meisten Menschen ahnen nicht, was alles in der Abgrundtiefe des Weltalls enthalten ist, die sie so unbesonnen anbohren.«

Und leichteren Tones fuhr er fort: »Ob man selbst oder ob ein anderer der Vater der Tiger ist, man muß sich gegen sie zu verteidigen wissen.«

Aus solchen und ähnlichen Gedankengängen heraus wählt man für den Tschöd gern Begräbnisstätten und andere furchterregende einsame Orte und bevorzugt die, mit denen eine schauerliche Sage verknüpft ist, oder wo sich irgendein erschütterndes Ereignis abgespielt hat.

Man geht dabei von der Überzeugung aus, daß die Zauberwirkung auf das Gemüt des Priesters nicht nur von den düsteren Beschwörungsworten oder von der eindrucksvollen Umgebung allein ausgeht.

Für viel wichtiger gilt es, die geheimnisvollen Kräfte oder die Lebewesen in Bewegung zu setzen, mit denen die Tibeter sich derartige Orte bevölkert denken. Daß sie da ihr Wesen treiben, hält man für das Ergebnis der hier einst begangenen Taten oder auch für die Folge der andauernden Gedankenkonzentration vieler Menschen auf eingebildete Tatsachen.

Ich verglich die Abhaltung des Tschöd mit einem Theaterstück, in dem zuerst nur ein einziger Schauspieler auftritt. Aber plötzlich, sei es infolge einer Verkörperung oder seiner eigenen Einbildungskraft oder auch, wie die Tibeter annehmen, weil Wesen aus der verborgenen Welt sich auf die Bühne drängen, sieht er sich von Gefährten umgeben, die, ehe er es sich versieht, mitspielen wollen. Für die Schulung kann man sich gar nichts Besseres denken, aber die Nerven der Schüler sind dieser rauhen Behandlung manchmal nicht gewachsen, und es kommt zu Unfällen, wie ich sie oben beschrieb, zu Wahnsinn oder plötzlichem Tod.

Wer den Tschöd vornehmen will, muß zuerst, wie jeder andere Schauspieler auch, seine Rolle auswendig lernen. Ferner muß er Tänze üben, deren Schritte geometrische Figuren beschreiben, muß sich auf einem Fuße herumwirbeln, mit der Ferse auf den Boden stampfen und im Takt in die Luft springen. Und zum Schluß muß er sich auch darauf verstehen, alle möglichen bei der Feier gebrauchten Gegenstände genau nach Vorschrift zu schwingen, das Tamburin zu schlagen und eine aus einem menschlichen Schenkelknochen hergestellte Trompete zu blasen.

Das ist keine leichte Aufgabe, und mir ist während meiner Lehrzeit oft der Atem darüber ausgegangen.

Der Lama, der die Übungen leitet, erinnert etwas an einen Ballettmeister, nur daß er freilich nicht von lächelnden Ballettratten in rosa Trikots umschwärmt wird. Die Tänzer sind junge, durch Entbehrungen ausgemergelte Klausner. Sie stecken in Lumpen, und aus ihren schmutzstarrenden Gesichtern leuchten Schwärmeraugen mit hartem, zielbewußtem Blick hervor. Man sieht es ihnen an, daß sie Gefahren entgegenzugehen glauben, und wer weiß, wie der Gedanke an das grausige Festmahl sie verfolgt, bei dem sie sich selbst den heißhungrigen Dämonen als Speise darbieten wollen!

Denkt man darüber nach, so reizt die »Probe« nicht mehr zum Lachen, sondern viel eher zum Entsetzen. Der ganze Wortlaut des Tschöd kann hier nicht übersetzt werden. In langen mystischen Vorbereitungen muß der Priester alle »Leidenschaften« mit Füßen treten und seine Ichsucht kreuzigen.

Die Hauptsache bildet aber immer ein Festmahl, bei dem es folgendermaßen zugeht:

Der Priester stößt in die aus einem menschlichen Schenkelknochen hergestellte Trompete und lädt die Dämonen zum Schmause ein.

Er »denkt sich[30]« eine weibliche Gottheit, die seinen eigenen Willen darstellt und die, mit einem Säbel in der Hand, auf der Höhe des Scheitels seinem Kopfe entsteigt. Mit raschem Hieb haut diese Gestalt ihm das Haupt ab, schon versammeln sich beutegierig die Aasgeier, und während diese das leckere Mahl erwarten, zerstückelt sie den Körper, zieht ihm die Haut ab und öffnet ihm den Bauch. Die Eingeweide quellen hervor, das Blut fließt in Strömen, und die ekelhaften Gäste fallen mit lautem Knacken, Schmatzen und Beißen über ihren Schmaus her. Dabei spricht der Priester die vorgeschriebenen Worte:

»Seit undenklichen Zeiten, in unzähligen Daseinsformen entnahm ich zahllosen Wesen, uneingedenk ihres Wohlseins und Lebens, was ich zur Nahrung, Kleidung und zu jeder Art Dienstleistung brauchte, und erhielt damit meinen Körper gesund, fröhlich und stark genug, um dem Tode zu trotzen.

Der Tag ist gekommen, meine Schulden zu tilgen; so biete ich als Opfergabe diesen meinen so geliebten und verwöhnten Körper zur Vernichtung dar.

Ich gebe meinen Leib den Hungrigen, mein Blut den Durstigen, meine Haut den Nackten, meine Knochen als Feuerung denen, die da Frost leiden!

Ich gebe mein Glück hin für die Unglücklichen, und mein Lebensodem möge die Sterbenden neu beleben!

Schande über mich, wenn ich vor diesem Opfer zurückschrecke. Schande über euch alle, wenn ihr es nicht anzunehmen wagt!«

Dieser Akt des Dramas heißt das »rote Festmahl«, dem das schwarze folgt. Aber nur die Schüler, die schon die höheren Weihen erhalten haben, werden in seine mystische Bedeutung eingeweiht.

Die schauerlichen Gesichte des »roten Festmahls« verblassen, die gellenden Schreie der Aasgeier verstummen. Dunkel und Schweigen lösen den Lärm des wilden Schmauses ab, und bei dem Priester verebbt die Erregung seines dramatischen Opfers.

Jetzt soll er in seiner Vorstellung zu einem kleinen Aschenhäufchen geworden sein, mitten in einem See schwarzen Schlammes, dem Schlamm all der geistigen Befleckung und der bösen Taten, die er seit unvordenklichen Zeiten während unzähliger Verkörperungen erlitten oder begangen hat.

Er soll sich darüber klar werden, daß der Opfergedanke, der ihm eben noch so erhaben schien, nichts als Täuschung, nichts als die Ausgeburt eines ganz sinnlosen Stolzes ist. Er, der nichts ist, kann ja auch nichts geben!

Zum Schlusse wirft der Priester in stummer Entsagung selbst den Opfergedanken noch als eitlen Rausch von sich ab. Man erzählt sich von Lamas, die sich auf die Reise begeben und an 108 Seen, auf 108 Friedhöfen, in 108 Wäldern usw. den Tschöd abhalten. Sie verbringen ganze Jahre mit diesen Übungen und durchstreifen dabei nicht nur Tibet, sondern auch Nepal und Teile von Indien und China.

Andere hinwieder ziehen sich kürzere oder längere Zeit zur täglichen Vornahme des Tschöd in die Einsamkeit zurück, wobei sie fortwährend den Ort wechseln. Der Pilger wählt sich den Platz dafür, indem er einen an einer Schleuder befestigten Stein in die Luft wirft. Bevor er den Strick zum Schwingen bringt, dreht er sich so lange um die eigene Achse, bis er den Begriff der Richtung verloren hat. Die Augen hält er dabei geschlossen und öffnet sie erst dann wieder, wenn der Stein schon fliegt, um zu beobachten, wo er niederfällt.

Zuweilen dient die Schleuder auch zur Wahl der Marschrichtung. Fällt der Stein etwa nach Sonnenaufgang zu, so wird den ganzen Tag über in dieser Richtung gewandert, das heißt soweit das eben in einem Gebirgslande durchführbar ist. In der Abenddämmerung wird dann da haltgemacht, wo man gerade angelangt ist, und in der Nacht darauf der Tschöd abgehalten.

Wieviel Anziehungskraft dieser Ritus besitzt, kann eine kurze, trockene Schilderung nicht wiedergeben, man müßte eben auch Land und Leute kennen. Auch ich und viele andere mit mir haben den düsteren Zauber, der von ihm ausgeht, und den tiefen Eindruck der dabei im nächtlichen Schweigen daliegenden, unendlich weiten Landschaft Tibets stark in der eigenen Seele empfunden.

Als ich mich das erstemal allein auf solch eine wundersame Wanderung begab, machte ich an einem See halt, dessen kristallklare Gewässer von steinigen Ufern eingerahmt waren. Die völlig kahle Umgebung war so ausdruckslos, daß sie weder furchtsam noch sicher, weder traurig noch heiter stimmen konnte; man empfand nichts als die unendliche Gleichgültigkeit der ganzen Außenwelt.

Der Abend begann den klaren Spiegel des Sees zu trüben, und ich verlor mich in Gedanken über das sonderbare Gemütsleben dieses Volksstammes, das den Tschöd und so manch andere seltsame Gebräuche erdacht hat.

Der gespenstische, vom Mond erhellte Zug der Wolken wälzte sich, von den nahen Gipfeln der Berge kommend, immer näher und umringte mich bald mit nebelhaften Spukgestalten. Eine von ihnen löste sich los, und wie auf einem leuchtenden, vor ihren Füßen ausgebreiteten Teppich glitt sie mir auf einem Lichtstreifen näher, der plötzlich auf das dunkle Wasser fiel.

»Du durchsichtiger Riese, du hast ja zwei Sterne als Augen; winktest du mir nicht eben mit deinem langen Arm, den du aus weitem Ärmel mir entgegenstreckst? Willst du mich rufen oder verjagen? Wer weiß?«

So lebendig, so wirklich war die Sinnestäuschung, daß ich die Augen schloß, um sie zu vertreiben. Ich fühlte mich umschlungen, fühlte, wie die Falten eines weichen, eisigen Mantels mich so fest umhüllten, daß mir die Kälte bis ins Innerste drang und das Herz in der Brust mir erstarrte . . .

Wie muß das alles erst auf die Menschen wirken, die in diesen verzauberten Einöden aufgewachsen sind! Was müssen die Jünglinge nicht empfinden, die, vom Aberglauben genährt, von ihren geistigen Führern plötzlich in tiefer Nacht mit ihrer durch wahnsinnige Zauberformeln erhitzten Einbildungskraft alleingelassen werden! Wenn dann die Windsbraut über die Hochebenen dahinfegt, müssen sie da nicht Stimmen hören, die ihnen auf die trotzigen Herausforderungen antworten? Ist es nicht natürlich, daß sie in ihren einsamen, winzigen Zelten, meilenweit von aller menschlichen Gesellschaft entfernt, vor Schrecken erzittern?

Ich konnte mich ganz in ihre Seele hineindenken, wenn ich auch viel von dem, was man mir von den Folgen des Tschöd erzählte, für stark übertrieben hielt und nur ein ungläubiges Lächeln für die in Tibet darüber berichteten Schreckensgeschichten hatte. Als ich aber länger dort gelebt hatte, hörte ich immerhin einige Tatsachen, die mich bis zu einem gewissen Grade umstimmten. Eine davon will ich hier einflechten. Ich hatte damals mein Lager in der riesigen Graswüste aufgeschlagen, die von den Tibetern Tschang-thang genannt wird. In meiner Nähe hausten unter drei schwarzen Zelten Hirten, die den Sommer mit ihren Herden auf den Almen verbrachten.

Der Zufall, unser Lieblingswort für uns noch unbekannte Ursachen, hatte mich auf der Suche nach Butter zu ihnen geführt. Die Dokpas (Hirten) erwiesen sich als ordentliche Leute. Sie hatten anscheinend nichts gegen mich einzuwenden, weder in meiner Eigenschaft als Lama-Dame (Jetsunma Kutschog) noch als gute Kundin, die in »weißem Silber[31]« bezahlte. Sie erboten sich, meine Pferde und Maultiere mit den ihrigen zusammen zu hüten, und ersparten dadurch meinen Leuten viel Arbeit. So entschloß ich mich, Dienerschaft und Tieren eine Ruhewoche zu gönnen.

Zwei Stunden nach meiner Ankunft hatte ich schon alles Wissenswerte über die Gegend gehört. Viel war es nicht. Nach allen vier Himmelsrichtungen erstreckte sich die unendliche, einsame Steppe, und über ihr schwebte eine strahlende, wolkenlose Himmelskuppel.

Etwas Anziehendes gab es aber doch in dieser Wüste. Ich hörte von einem irgendwo weiter nördlich unter den Mongolenstämmen wohnenden Lama, der sich den Sommer über in einer nur wenig von meinem Zeltlager entfernten Höhle niedergelassen hatte. Zwei dienende Trapas, seine Jünger, waren bei ihm. Sie hatten eigentlich nur Tee für ihn zu machen und konnten ihre meiste Zeit religiösen Übungen widmen. Nachts irrten sie oft kreuz und quer in der Wüste umher, und die Hirten konnten am Klange des Damarus und Kanglings hören, daß sie auf den benachbarten Höhen ihr Zauberhandwerk trieben.

Ihr Meister, namens Rabdjoms Gyatso, hatte seine Höhle noch nicht wieder verlassen, seit er sie vor drei Monaten bezogen hatte.

Am folgenden Morgen bei Sonnenaufgang nahm ich mir vor, ihn zu besuchen. Ich wollte gern bei ihm eintreffen, noch ehe die Trapas die Morgenandacht in ihrem Zelt beendet hatten. So hoffte ich von ihnen ungesehen zu bleiben und den Lama bei seinen Beschäftigungen überraschen zu können.

Damit verstieß ich freilich gegen den tibetischen Gebrauch im Verkehr mit Lamas, aber ich kannte die Herren gut genug, um zu befürchten, daß Rabdjoms Gyatso mich überhaupt nicht empfangen würde, wenn er von meinem Kommen im voraus wüßte.

Die Dokpas hatten mir den Weg ganz richtig beschrieben, und ich fand unschwer die Höhle. Sie lag auf halber Höhe eines Abhangs, der ein Tal beherrschte. Unten plätscherte ein Bach. Ein aus Steinen, ein paar Grasbüscheln und etwas Erde aufgeführtes Mauerwerk und ein aus Yakhaaren gewebter Vorhang, das war die ganze, geradezu vorgeschichtliche Behausung des Lamas, und sie genügte auch, um ihn vor den Blicken eines etwa Vorübergehenden zu verbergen.

Meine Kriegslist mißlang. Als ich zur Höhle hinaufkletterte, begegnete ich einem Menschen, nur aus Haut und Knochen bestehend, mit struppigem Haar und in völlig zerlumpter Einsiedlertracht, der mir den Weg versperrte. Ich konnte ihn nur mühsam dazu bringen, mich bei seinem Herrn anzumelden, und dann brachte er mir eine höfliche, aber entschiedene Absage zurück. Rabdjoms Gyatso könne mich im Augenblick keinesfalls empfangen, würde mich aber gern kennenlernen, wenn ich nach vierzehn Tagen wiederkommen wolle.

Da ich nicht wußte, ob eine Unterhaltung mit dem Lama so wertvoll war, daß sie ein Bleiben über die beabsichtigte Zeit hinaus rechtfertigte, wollte ich mich zu nichts verpflichten und ließ nur antworten, ich käme vielleicht, aber nicht sicher, wieder.

Ein oder der andere Trapa ging zweimal am Tage an meinem Zelte vorbei, wenn er bei den Dokpas Milch holte. Der anscheinend kränkliche junge Mann, der mich angehalten hatte, fiel mir auf und tat mir leid. Hätte ich gewußt, was ihm fehlte, so würde sich vielleicht unter den von mir mitgeführten Heilmitteln etwas zu seiner Erleichterung gefunden haben. Ich wartete sein Vorbeikommen also ab und fragte ihn aus.

Kaum hörte er mich von Heilmitteln sprechen, leugnete er bestimmt, krank zu sein, und als ich seine ungewöhnliche Magerkeit erwähnte, riß er seine schon unnatürlich erweiterten Augen noch mehr auf und sah nun ganz wie ein von Entsetzen verfolgter Wahnsinniger aus. Es war unmöglich, von ihm irgendeine Aufklärung zu erhalten.

Ich versuchte, durch meine Leute seinen Gefährten zum Reden zu bringen, aber auch das war vergeblich. Die Tibeter sind sonst sehr geschwätzig, aber diese beiden Männer waren auffallend verschwiegen. Nach meinen vergeblichen Versuchen gingen sie fortan, um mein Lager zu vermeiden, nur auf Umwegen zu den Dokpas. Da sie so sichtlich nicht wollten, daß man ihnen in die Karten sah, selbst wenn es zu ihrem eigenen Besten geschehen sollte, bekümmerte ich mich auch nicht mehr um sie.

Ich lagerte schon seit sieben Tagen an diesem Ort, als bei einer andern Gruppe von Hirten, die ungefähr zwei Kilometer von der Mitte des Thang[32] entfernt wohnte, ein Dokpa starb. Ich schob nun meine Abreise auf, um mir die ländliche Leichenfeier anzusehen.

Zwei Reiter begaben sich in größter Eile nach einer zwei Tagereisen von ihrem Lager entfernt gelegenen Banag Gompa[33], um sich von dort zwei Mönche zur Abhaltung des Totenamtes zu holen.

Einzig und allein die Geistlichen des Klosters, mit dem ein Laie, sei es durch geistige Bande, sei es durch Wohltätigkeit zusammenhängt, haben das Recht, diese Leichenfeiern abzuhalten. Bis zu ihrer Ankunft verlasen die Schüler Rabdjoms Gyatsos abwechselnd Stellen aus den heiligen Büchern bei dem Verstorbenen.

Auch auswärtige Freunde fanden sich ein, um, wie das in Tibet üblich ist, mit kleinen Geschenken die Angehörigen über den Verlust zu trösten. Dann kamen die Reiter mit den beiden Mönchen und einigen Laien aus ihrer Bekanntschaft zurück, und jetzt stimmten die Trapas endlose, geräuschvolle Litaneien an, begleitet von Zimbeln, Trommeln und Glöckchen. Allmählich ward so das ganze Totenamt abgehalten. Dazwischen gab es aber Ruhepausen, während deren Mönche und Laien in nächster Nähe des verwesenden Leichnams gierig über die Speisen und Getränke herfielen. Nach etwa einer Woche war die Feier gebührend erledigt, der Körper ward auf die Berge gebracht, dort zerstückelt und schließlich als größtes Almosen den Geiern ausgeliefert.

Als die Nacht hereinbrach, wickelte ich mich zur Erbauung der Dokpas, nach der alten Sitte der Naldjorpas, deren Gewand ich ja trug, in meinen Klostermantel, den Zen, und begab mich so an den Ort, wo der Leichnam niedergelegt war, um dort die Nacht ganz allein in Betrachtungen zu verbringen.

Der beinahe volle Mond warf ein wunderbar helles Licht auf die Ebene am Fuß des Gebirges, an dem ich entlang wanderte, bis ich an entferntere Bergketten kam, deren Gipfel sich wie schieferblaue Schatten vom weiten klaren Himmel abhoben. Über dieser Einsamkeit liegt nachts ein solcher Zauber, daß ich meine Wanderung am liebsten noch lange fortgesetzt hätte, aber mein Ziel, der Begräbnisplatz, lag kaum eine Stunde Wegs von meinem Zelt entfernt.

Plötzlich, als ich näher kam, schlug ein seltsamer Laut, heiser und schrill zugleich, an mein Ohr und zerriß gleichsam die tiefe Stille der schlummernden Landschaft ringsumher. Er wiederholte sich mehrere Male, gefolgt von den rhythmischen Schlägen eines Tamburins (Damaru). Die Sprache verstand ich; sicher war einer der Jünger Rabdjoms' mir zuvorgekommen und hielt bei den Überresten der Leiche den Tschöd ab.

Die Bodenbeschaffenheit erlaubte mir, mich unbemerkt in den Schatten eines Bergvorsprungs zu schleichen und mich darin zu verstecken. Von meinem Schlupfwinkel aus konnte ich deutlich erkennen, daß der abgezehrte Lama, dem ich umsonst Arzneien angeboten hatte, hier seines Amtes waltete. Über sein gewöhnliches Gewand hatte er einen freilich ebenfalls zerlumpten Zen geworfen, und die weiten Falten des Mantels verliehen der großen, hageren Gestalt des jungen Mönches etwas eigentümlich Vornehmes.

Er war gerade dabei, die Mantra aus der Prajnaparamita aufzusagen.

»O Weisheit, weit, weit, weit bist du fortgegangen; fortgegangen in das Jenseits und über das Jenseits hinaus: Gwaha!«

Dann wurde das eintönige Dong-Dong des Damarus mit seinen schweren Schlägen langsamer und langsamer, bis es ganz erstarb. Der Klausner schien jetzt ganz in Betrachtungen versunken.

Aber bald stand er wieder auf, schlug den Zen enger um sich, und den Kangling hocherhoben in der Linken, mit der Rechten dem Damaru abgehackte, kriegerische Töne entlockend, schien er mit kühnem Trotz einen unsichtbaren Feind herauszufordern.

»Seht mich, den furchtlosen Naldjorpa«, rief er, »wie ich sie alle mit Füßen trete, das ›Ich‹, die Dämonen und die Götter!«

Dann lud er, mit immer lauteren Rufen, die toten Lamas, die Yidams und Khadomas ein, sich ihm anzuschließen, und nun begann er die vorgeschriebenen Tänze. Die Worte: »wie ich sie mit Füßen trete«, wurden jedesmal von Aufstampfen und dem Ruf »Tsem tsches tsem« begleitet, der zu immer wilderem und betäubendem Dröhnen anschwoll.

Jetzt ordnete er sein auf dem Boden schleppendes Gewand von neuem, legte Damaru und Knochentrompete zur Seite, und indem er mit der einen Hand einen Pfahl, mit der andern einen Stein ergriff, schlug er, ununterbrochen weitersingend, ein Zelt auf.

Vor langer Zeit mochte es einmal weiß gewesen sein, jetzt sah das winzige, aus dünnster Baumwolle bestehende Ding im Licht der Mondstrahlen silbergrau aus. Die aus blauem Stoff ausgeschnittenen Silben

»om mani hum« schmückten die drei die Zeltwände bildenden Seiten, und Behänge in den fünf Farben der Mystik hingen vom Dache herab. Das Ganze war verblaßt, verwaschen und höchst ärmlich.

Das Knochengerüst von Lama schien in Unruhe. Seine Blicke irrten zwischen der vor ihm liegenden zerstückelten Leiche und dem eingeengten Gesichtskreis hin und her, wo das trügerische Licht des Mondes alle Formen umwandelte und auflöste und von der ganzen Landschaft nichts als bleifarbige Helligkeit übrigblieb.

Sichtbar zögernd fuhr er sich ein paarmal seufzend über die Stirn, schien aber schließlich allen Mut zusammenzufassen. Er ergriff hastig seinen Kangling, entlockte ihm immer schneller und schneller einige laute Töne, gleichsam als wolle er einen verzweifelten Ruf in alle vier Winde hinaussenden, und ging dann in sein Zelt.

Was sollte ich tun? Das Weitere würde sich nun innen abspielen, also gab es nichts mehr für mich zu sehen. Ich hörte nur noch undeutliches Gemurmel, wie mir schien, von Stöhnen unterbrochen. Es war besser, ich ging.

Gerade als ich vorsichtig meinen Schlupfwinkel verließ, hörte ich, wie mit dumpfem Knurren ein Tier dicht an mir vorüberstrich. Ich hatte einen Wolf aufgestört. Der vom Naldjorpa ausgehende Lärm hatte ihn vorübergehend abgeschreckt; nun es aber wieder ruhig geworden war, wagte er sich wieder an den Schmaus heran, der auf ihn und seinesgleichen wartete.

Ich kletterte eben den Abhang hinunter, als ein Ausruf meine Schritte hemmte: »Ich will ja meine Schuld bezahlen, sättige dich nur an mir«, brüllte der Trapa. »Kommt herbei, ihr ausgehungerten Dämonen! Das Festmahl ist bereit, und mein Fleisch wird jedwede Form annehmen, nach der euch gelüstet. Seht, hier biete ich euch fruchtbare Äcker und grüne Wälder, blühende Gärten und alle erdenklichen Nahrungsmittel, reine und bluttriefende Kleider und lindernde Heilmittel . . . Nehmt und eßt!«

So lauten die vorgeschriebenen Worte.

Der junge Schwärmer blies heftig in seinen Kangling, stieß einen furchtbaren Schrei aus und sprang so wild auf die Füße, daß er mit dem Kopf gegen das dadurch über ihm zusammenfallende Zeltdach prallte.

Als er sich endlich aus den Stoffbahnen herausgewunden hatte, sah er mit seinem verzerrten Gesicht wirklich so abschreckend wie ein Wahnsinniger aus, und dabei krümmte er sich fortwährend wie von Schmerz gefoltert.

Jetzt begriff ich, was der Tschöd für Leute dieses Schlages bedeutet. Der Unselige war davon hypnotisiert und fühlte wirklich den Biß der unheimlichen Wesen, die ihn bei lebendigem Leibe auffraßen.

Als ob Horden von Schreckgestalten aus einer andern Welt ihn umgäben, blickte er sich nach allen Seiten um und schien Grausiges dabei zu schauen.

Es war ein seltsamer Anblick, aber mehr als Mitleid konnte ich nicht dabei empfinden. Der arme Narr brachte sich mit diesem fürchterlichen Sport ja um; hierin bestand natürlich seine Krankheit, und deshalb hatte er nichts von meinen Arzneien wissen wollen.

Am liebsten hätte ich ihn durch Anruf von dem quälenden Alpdruck befreit, aber ich zögerte doch wieder, weil ich wußte, jeder Eingriff verstieß gegen die festgesetzte Regel. Hat man sich einmal auf diese Schulung eingelassen, darf man keine fremde Hilfe mehr dabei beanspruchen.

Ich schwankte daher noch, als ich den Wolf von neuem heulen hörte. Er war über uns auf dem Gipfel eines Hügels stehengeblieben und sah auch wie von Schrecken versteinert aus, die Augen so starr auf das zusammengestürzte Zelt gerichtet, als ob er selbst ebenfalls unheimliche Gestalten erblickte.

Der junge Mönch setzte mittlerweile seine irrsinnigen Bewegungen und sein gefoltertes Schreien fort.

Ich hielt mich nicht länger und stürzte auf ihn zu, aber kaum hatte er mich bemerkt, so winkte er mich heftig näher heran.

»Komm, du, der du hungrig bist! Verschlinge mein Fleisch! Trinke mein Blut!« rief er.

Also auch mich hielt er für einen Dämon! So leid er mir tat, ich hätte doch beinahe gelacht.

»Beruhigen Sie sich«, sagte ich zu ihm, »hier gibt es keine Dämonen. Ich bin ja die ehrwürdige Lama-Dame, die Sie kennen.«

Er schien mich gar nicht zu hören und fuhr fort, sich mir zum Fraße anzubieten. Vielleicht, dachte ich, gibt der Zen, in den ich mich gehüllt habe, mir im Mondlicht etwas Gespenstisches. Ich warf ihn daher ab und sprach ganz sanft: »Schauen Sie mich doch an und überzeugen Sie sich, dann . . .«

Verlorene Mühe! Der arme Schüler fuhr fort zu rasen. Er streckte seine Arme meinem unglücklichen, auf dem Boden liegenden Mantel entgegen und tat, als ob er in ihm eine neu hinzugekommene Ausgeburt der Hölle sähe.

Hätte ich nur gar nicht eingegriffen! Jetzt regte der unselige Mensch sich ja nur noch mehr auf.

Ich war noch unsicher, was ich tun sollte, als der Trapa, der sich kaum noch auf den Beinen hielt, über einen der Zeltpflöcke stolperte, einen schweren Fall tat und wie ohnmächtig liegenblieb. Ich beobachtete ihn, um zu sehen, ob er aufstände, wagte mich aber nicht näher, aus

Furcht, ihn noch mehr zu erschrecken. Als ich dann sah, daß er sich wieder rührte, hielt ich es für das klügste, wegzugehen.

Ich beschloß, dem Lama alles zu erzählen. Vermutlich hatte sein Schüler häufig solche Anfälle, und Rabdjoms Gyatso wußte wahrscheinlich auch davon. Aber heute nacht ging die Raserei des Jünglings doch wohl weiter als sonst. Sein Meister konnte ihn von dem andern Trapa abholen lassen und ihm einige qualvolle Stunden ersparen.

So stieg ich mit langen Schritten wieder hinab nach dem Thang, hörte aber noch lange abwechselnd den Schall des Kangling und das Geheul des Wolfes. Dann erstarb allmählich der wüste Lärm, und als er endlich ganz verklungen war, atmete ich mit Wonne wieder den stillen Frieden der Wüste.

Der schwache Schimmer eines Altarlämpchens zeigte mir wie ein winziges Sternchen die Wohnung des Lamas in einer dunklen Bergschlucht an.

Ich umging das Zelt, wo vermutlich sein Diener schlief, und stieg schnell zur Höhle hinan.

Ich fand Rabdjoms Gyatso in tiefes Nachdenken versunken. Er blieb regungslos sitzen, als ich den Vorhang hob, und sah mich nur stumm an, als ich ihn anredete. Mit kurzen Worten schilderte ich ihm den Zustand, in dem ich seinen Schüler verlassen hatte.

»Es scheint, Sie kennen den Tschöd, Jetsunma[34], oder irre ich mich da?« fragte er ruhig. – »Ja«, erwiderte ich, »ich habe die Übungen selbst mitgemacht.«

Er schwieg. Ich wartete einige Augenblicke, aber da der Lama mich vergessen zu haben schien, versuchte ich nochmals, ihn bei seinem Mitleid zu fassen.

»Rin-po-tschhe[35]«, sagte ich, »ich warne Sie ernstlich. Ich verstehe mich etwas auf die Heilkunst und weiß, das Grauen kann Ihren Jünger schwerkrank, wenn nicht gar verrückt machen. Er fühlte sich wirklich bei lebendigem Leibe aufgefressen.«

»Das ist er auch«, antwortete der Lama mit unerschütterlicher Ruhe, »er ahnt nur nicht, daß er sich selbst verzehrt. Möglich, daß er es eines Tages lernen wird . . .«

Ich hatte die Entgegnung auf der Zunge, daß, noch ehe es so weit wäre, wohl andere bald Gelegenheit haben würden, bei seinem eigenen Leichnam den Tschöd vorzunehmen.

Aber der Lama erriet anscheinend meine Gedanken. Er ließ mir gar keine Zeit zur Antwort, sondern sagte mit leicht erhobener Stimme: »Sie wollen augenscheinlich andeuten, daß Sie den ›direkten Pfad[36]‹ kennen. Hat Ihr geistiger Führer Ihnen nicht alle Gefahren aufgezählt, die Ihnen dabei drohen, und haben Sie sich nicht bereit erklärt,

Krankheit, Wahnsinn oder Tod auf sich zu nehmen, wenn es sein muß? Es ist schwer«, fuhr er fort, »sich ganz von der Selbsttäuschung zu befreien, sich dem Trugbilde der eingebildeten Welt zu entziehen und den Geist von allen Hirngespinsten los und ledig zu machen. Die wahre Erkenntnis[37] ist ein köstliches Kleinod und muß teuer erkauft werden. Viele Wege führen zum Tharpa[38]. Sie selbst gehen vielleicht leichtere Pfade, als sie dem Manne beschieden sind, den Sie so sehr bemitleiden, aber mühsam wird auch der Ihrige sein, denn wäre er das nicht, so würde er nichts taugen. Und nun kehren Sie zu Ihrem Zelt zurück. Sie können, wenn Sie es wünschen, am Nachmittag wiederkommen.«

Da war nichts zu machen. Der Lama sprach nur aus, was die tibetischen Mystiker eben glauben.

Ich schied mit stummem Gruß und ging in mein Lager zurück.

Am folgenden Nachmittag suchte ich Rabdjoms Gyatso von neuem auf und hatte während der wenigen Tage, die ich noch dort blieb, mehrere Gespräche mit ihm. Er war durchaus kein Gelehrter, hatte aber über vieles tief nachgedacht, und ich konnte mich nur freuen, ihm begegnet zu sein.

Man muß sicher den vielen Schauergeschichten mißtrauen, die von den Naldjorpas über den Tschöd erzählt werden. Jedoch daß die Schüler dabei entsetzlich abmagern und daß sie die Empfindung haben, verschlungen zu werden, ist durchaus keine Ausnahmeerscheinung. Außer dem eben berichteten Fall habe ich noch zwei oder drei ähnliche gekannt, und jedesmal weigerten sich die Naldjorpas gerade wie Rabdjoms Gyatso, ihre Schüler darüber aufzuklären, daß die grausigen Ereignisse nur in ihrer Einbildung bestanden.

Und wie ich schon sagte, nicht alle Meister sind davon selbst ganz und gar überzeugt.

Der so aufregende Entwurf zum Tschöd und sein Wortlaut stammen, wie es heißt, von einem Lama, Padma Rigdzin, dem Oberhaupt der Sekte der »Großen Vollendung« (Dzogstschen), der vor etwa zweihundert Jahren gelebt hat.

Im Jahre 1922 befand ich mich bei seinem Nachfolger oder vielmehr, wie die Tibeter glauben, bei demselben Padma Rigdzin, der seitdem schon mehrere Male gestorben und wiedergeboren war und dabei immer den Abtsitz der Dzogstschen Gompa einnahm.

Das Kloster liegt in einer so wilden Einöde an der Grenze der nördlichen Wüste, daß es nur zu begreiflich ist, wenn die Mönche düsteren Gedanken nachhängen.

Mein Wirt, der liebenswürdige Padma Rigdzin, schien freilich nichts weniger als tiefsinnig. In seinem Gemüt lagen allerlei Geschäftssorgen im Streite mit den allerkindlichsten Wünschen. Er stellte mir viele

Fragen über Indochina und Burma und ihre Ein- und Ausfuhrerzeugnisse. Namentlich hätte er gern gewußt, ob er Pfauen für seinen kleinen Tiergarten beziehen könne.

Fern von den üppigen Wohnräumen des Groß-Lamas beherbergten kleine Einzelhäuser jedoch Mönche, deren ernste Mienen und geheimnisvolles Gebaren besser zu der einsamen Landschaft ringsumher paßten.

In einigen eigens dafür gebauten Behausungen wohnten Klosterbrüder in tiefster Zurückgezogenheit und ganz ohne Verbindung mit der Außenwelt. Teils wollten sie seelische Eigenschaften, die über das Gewöhnliche hinausgingen, oder Zauberkräfte erwerben, teils versenkten sie sich in mystische Betrachtungen, die der Ansicht ihrer Sekte nach zur geistigen Erleuchtung führen.

Das Kloster Dzogstschen gilt schon lange für den Mittelpunkt des Unterrichts in den Geheimlehren der geistigen Schulung.

Hat der Zögling das Ziel des Tschöd erreicht, braucht er dessen äußere Aufmachung nicht mehr. Er kann sich fortan auf schweigende Betrachtung beschränken und muß sich die verschiedenen Entwicklungsstufen nur noch geistig klarmachen, um schließlich auch das entbehren zu können.

Wohl wünschen aber einige Gomtschen, in Erinnerung an ihre Lehrzeit oder aus andern ihnen allein bekannten Ursachen, sich manchmal zur Abhaltung des Tschöd zu vereinigen. Es wird dann ein Fest daraus, bei dem sich der Mystiker seiner geistigen Erlösung freut.

Ich habe das seltene Glück gehabt, ein paar derartige Klausner in der Nähe zu sehen. Diese hochgewachsenen Khampas trugen den malerischen kurzen Baumwollrock der Respas[39]. Ihr Haar reichte ihnen, in Zöpfe geflochten, bis auf die Füße. Ich sah sie unter dem gestirnten Himmel auf den höchsten Bergen unserer Erdkugel tanzen oder bis lange nach Sonnenaufgang die Nächte in tiefer Versunkenheit durchwachen. Es ist mir ein unvergeßliches Schauspiel, wie sie völlig unbeweglich dasaßen, Bildsäulen gleich, mit gekreuzten Beinen, den Oberkörper straff aufgerichtet und mit gesenkten Augen.

Wie man »Lebensodem« verschlingt

Ich erwähnte am Anfang dieses Kapitels, daß man in Tibet sich viel von Dämonen erzählte, die auf den »Lebensodem« Jagd machen.

Teils glauben die Tibeter an teuflische, immer auf der Wanderschaft befindliche Wesen, die stets auf der Lauer liegen, um den Lebenden selbst ihren »Odem« zu entreißen; teils denken sie sich diese Unholde als an gewissen Orten fest beheimatet. Dann begnügen sie sich damit, sich den Odem der Sterbenden zutragen zu lassen. Es soll Männer und Frauen geben, die sich unbewußt, in einer Art Verzückung dazu hergeben.

Aber bleibt es bei dieser untätigen Rolle? Bemächtigen sie sich nicht noch, bevor die Schicksalsstunde geschlagen hat, dieses »Odems«? Niemand kann es sagen, wie auch niemand diese »Odemträger« mit Sicherheit kennt. Gewöhnlich wissen sie selbst nichts von den Taten, die sie und ihr »Doppelgänger« im Zustand der Entzückung begehen.

Eine berühmte Gruppe dieser odemfressenden Männer oder vielmehr Frauen, denn es handelt sich in diesem Falle um weibliche Dämonen, hat sich das aus der Geschichte bekannte Kloster Samye, südlich von Lhasa, nahe dem Ufer des Brahmaputra, zum Wohnort gewählt.

Ich habe sie nach meinem Aufenthalt in Lhasa dort besucht. Schon die Reise bietet viel Anziehendes und ist wohl geeignet, das Gemüt abenteuerlichen Erzählungen geneigt zu stimmen.

Ganz nahe bei Lhasa, am linken Ufer des Yeru tsangpo (Brahmaputra) gibt es eine Sahara im kleinen, deren weiße Dünen täglich weiterwandern und mehr und mehr in das Land eindringen. Obwohl eine Gebirgskette ihnen den Weg versperrt, haben die Sandmassen schon das Tal von Kyi tschu erreicht, und ihr feiner Staub sammelt sich schon an den Hecken entlang, die Nor-pu-Ling-ka, das Sommerschloß des Dalai Lamas, umgeben.

Jenseits des malerischen Dordschi-Thag-Klosters ist man bald völlig in der Wüste. Zuerst sieht man noch von weitem, eng an den Fuß der Berge geschmiegt, einige wenige Bauernhöfe, deren Felder aber schon fast ganz vom Sande bedeckt sind, dann verschwindet jede Spur von Anbau oder menschlichen Wohnungen. So weit das Auge reicht, dehnen sich blendend weiße Sandhügel aus.

Ich glaubte mich fast nach Dscherid zurückversetzt, so tiefblau und wolkenlos war der Himmel und so blendend der Widerschein. Aber wenn die Landschaft auch nicht wenig an die afrikanische Wüste erinnerte, wie ganz anders »schmeckte« die Luft! Man konnte nie vergessen, in Hochtibet zu sein, so herrlich leicht atmete es sich hier bei dreitausend Meter Höhe.

Viele uralte oder auch einige schon fast neuzeitliche Sagen knüpften sich an diese Gegend, und an vielen Orten werden Spuren wunderbarer Ereignisse gezeigt. Sehr merkwürdig ist ein riesiger Felsblock, der ganz für sich allein mitten im Flußbett steht.

Vor einigen hundert Jahren, so erzählt man sich, flog er von Indien her durch die Luft nach Tibet. Warum, sagt die Geschichte nicht. Vielleicht machte ihm die ruhige Schönheit des weiten Tales Eindruck, und er bewunderte den blauen Fluß und den noch blaueren Himmel so sehr, daß er hier auszuruhen beschloß und sich mit voller Wucht auf dem Sande niederließ. Aber gleichviel weshalb, er blieb eben. Sein Wanderleben kam endlich zur Ruhe, und nun verharrt er hier in ewigem Entzücken, und den Fuß des Einsamen umspielt die Flut.

Es war Abend, als ich in Samye ankam.

Die Landschaft blieb überall ziemlich dieselbe, ergreifend und geheimnisvoll, wie der Mensch in seinem letzten Stündlein.

Ich kannte von der Wüste Gobi her die stumme Verzweiflung, die sich auch auf den leblosen Dingen am Vorabend ihrer Vernichtung malt, und wußte, wie entsetzt ein Blümchen aussehen kann, in dessen Kelch der tödliche Staub eindringt. Allein in der Umgebung von Samye war mir, als ob hier noch mehr als bloße Naturgewalten am Werke seien. Ich meinte geheime Kräfte zu spüren, und zu dem trostlosen Eindruck der schwermütigen Landschaft gesellte sich noch ein Gefühl von dumpfer Unruhe, ja mehr noch, ein wahres Grauen.

Die schon halb zum Untergang verdammte Oase Samye sah, wie ringsum die furchtbare Sandflut immer höher stieg und sie zu verschlingen drohte. Wer weiß, ob sie noch von ihrer blühenden Vergangenheit träumte, oder ob sie schon den Gipfel der Entsagung erreicht und auf jede Zukunft verzichtet hatte. Der Sand hat die hohen, das Kloster umgebenden Berge schon fast bis zum Gipfel in sein Leichentuch gehüllt, und schon sind die Dünen bis zur Pforte vorgedrungen. Nur noch die bejammernswerten Wipfel einer ehemaligen Baumreihe schauen daraus hervor.

Um das ganze Kloster zieht sich eine weiß angeworfene Mauer. Tausende von winzigen Tschorten überragen sie in gewissen Abständen, und darüber hinaus sieht man noch immer mehr Spitzen von grünen und weißen Tschorten auftauchen, bis einige vergoldete Tempeldächer den Abschluß bilden. In der sinkenden Sonne war es ein eigentümlich entzückendes Bild. Inmitten dieses sterbenden Landes, in dieser weltfernen Einsamkeit hatte das Kloster etwas seltsam Unwirkliches. Nun, Samye wurde ja auch von einem Zauberer erbaut, und wenn die Sage recht hat, ging es dabei wunderbar genug zu.

Samye ist geschichtlich einer der berühmtesten Orte Tibets, denn hier ward im 8. Jahrhundert unserer Zeitrechnung das erste buddhistische Kloster im »Land des Schnees[40]« erbaut.

Tibetische Aufzeichnungen berichten, die eingeborenen Dämonen hätten sich dem Bau widersetzt und in jeder Nacht alles den Tag über fertig gewordene Mauerwerk wieder zerstört. Der berühmte Zauberer

Padmasambhava brachte es aber nicht nur fertig, ihre Zerstörungsarbeit aufzuhalten, sondern er machte sie sich obendrein so fügsam, daß sie schließlich in wenigen Nächten selbst den Klosterbau beendeten.

Möglich, daß hinter dieser Sage eine wirkliche Tatsache steckt, denn man braucht nur an Stelle der Dämonen, die sich so erbittert gegen den Bau wehrten, die Bönpos zu setzen. Als Anhänger der alten tibetischen Religion wurden sie von Padmasambhava während seines ganzen Aufenthaltes in Tibet bekämpft, und recht eigentlich besiegt hat er sie nie, sondern er mußte vielmehr einen Vergleich mit ihnen schließen.

Samye blieb lange Zeit der Sitz mächtiger Lamas, allmählich verlor es aber an Bedeutung, da die »Gelbmützensekte« sich bald nach ihrer Gründung zur Staatskirche entwickelte und die einflußreichsten Stellen mit ihren Mitgliedern besetzte. Jedoch haben andere Lamasereien, die wie auch Samye zu den »Rotmützen« gehören, erfolgreichen Widerstand geleistet, und der völlige Verfall von Padmasambhavas berühmtem Kloster muß noch andere Ursachen haben. Geschichtlich ist das auch teilweise erklärlich, aber es gibt genug Leute, die z. B. für die Versandung der ganzen Umgegend geheime Kräfte verantwortlich machen wollen. Wie dem auch sei, Samye ist heute schon fast ganz verlassen, und kaum dreißig Mönche leben noch hier und da hinter seinen Riesenmauern verstreut.

Viele der früher von Klosterbrüdern bewohnten Häuser werden jetzt von den Laienpächtern der Gompa bewohnt und sind in Bauernhöfe umgewandelt, noch mehr aber sind verfallen oder schon ganz zusammengestürzt. Inmitten all dieser Zerstörung gibt es jedoch noch einige gut erhaltene Tempel.

Samye trägt ganz den Stempel seines Gründers, des Magiers. Der ganze Ort riecht geradezu bis in seine letzten Winkel hinein nach Zauberei, und selbst die unschuldigen Haustiere wirken auf ihrem Weg nach dem Stall wie teuflische Wesen, die uns mit ihrer harmlosen Maske nur foppen und ärgern wollen.

Wirklich beherbergt das Kloster auch einen der größten Meister der Geheimlehren, den Lama Tschö-kyong. Er ist zugleich der behördlich angestellte Weissager Tibets und hat seinen Wohnsitz in dem Tempel, der den Ugs-khang enthält.

»Ugs-khang« bedeutet »Haus des Lebensodems«, so nennen die Tibeter den Ort, wohin ihrem Glauben nach der Lebensodem des eben Gestorbenen gebracht wird. Manchmal wird auch behauptet, der Odem aller Lebewesen, die hier auf Erden sterben, komme in Samye zusammen meist begnügt man sich aber bescheidener mit dem »Odem«; der Sterbenden aus der Umgegend, einschließlich Lhasas.

Von einigen Leuten weiß man, daß es ihnen obliegt, die »Ugs« von dem Ort, wo der eben von ihnen verlassene Körper liegt, nach Samye zu bringen.

Der betreffende Mensch führt dies Geschäft aber im Schlaf oder in einer Art Dämmerzustand aus; sein Körper bleibt dabei ganz untätig und rührt sich nicht vom Flecke, auch behält er keinerlei Rückerinnerung an diese Reisen.

Sollten meine Leser Lust haben, die Tibeter wegen ihres Aberglaubens auszulachen, möchte ich sie daran erinnern, daß es noch heutigentags und bei uns zulande Leute gibt, die manchmal nachts im Traume in fernen Ländern gewesen zu sein meinen. Und dabei bleiben sie gerade wie die Überbringer des »Lebensodems« doch ruhig an Ort und Stelle und können sich auf ihre Reiseabenteuer ganz und gar nicht mehr besinnen.

Haben wir nicht jeder unser Stückchen Aberglauben?

Daß die Ugs gerade nach Samye gebracht werden, ist leichtverständlich, wenn man hört, daß die weiblichen Dämonen, die »Singdongmos« (Löwengesichter), in Samye hausen, und zwar in dem Tempel, der den Weissager-Lama und den alttibetischen bodenständigen Gott Pekar beherbergt.

Diese Behausung ist stets streng verschlossen. In einem ihrer sonst ganz leeren Zimmer steht ein Hackblock, und daneben liegt ein Messer mit gebogener Klinge. Die Singdongmos sind mit diesen beiden Werkzeugen bewaffnet, wenn sie den »Lebensodem« hacken.

Nun ist es gewiß keine Kleinigkeit, einen Odem zu hacken, aber die Tibeter sind, freilich auf ihre Art, gar nicht verlegen um einen Beweis dafür.

Hackblock und Messer bleiben ein Jahr lang in der Höhle der Teufelinnen, dann werden sie gegen neue ausgewechselt. Wie es heißt, kann man dabei immer feststellen, daß das Messer dünn und schartig und der Block eingekerbt und durch den Gebrauch abgenutzt worden ist.

Vom »Haus des Lebensodems« handeln noch eine Menge Geschichten, bei denen man wohl Alpdrücken bekommen kann. Schrecklich werden darin die Kämpfe geschildert, die gefangene und gemarterte »Odems« im Ugs-khang zu bestehen haben, wie sie unter schauerlichen Abenteuern zu entkommen versuchen, und wie die hungrigen Singdongmos sie bei ihrer wilden Flucht kreuz und quer durch das ganze Land verfolgen.

Die Einwohner von Samye wollen nachts oft Seufzer und Stöhnen, Lachen und Weinen und den dumpfen Ton, mit dem das Messer auf das Hackbrett aufschlägt, aus der Richtung vom Ugs-khang kommend, gehört haben. Freilich stört diese dämonische Nachbarschaft die braven tibetischen Bauern und Mönche, die im Kloster wohnen, gar nicht in ihrem ruhigen Schlafe.

Ich sah während meines Aufenthaltes in Samye alles, was man von dem Ugs-khang sehen kann, so genau wie möglich. Vor dem Eingang zu den Räumen lagen Lederbeutel, als Sinnbilder der unsichtbaren Hüllen, in denen der »Odem« befördert wird. Die Tür selbst war mit mächtigen Riegeln verrammelt und mit dem Siegel des Dalai Lamas versehen.

Eigentlich soll diese Tür jedes Jahr einmal geöffnet werden, damit Lama Tschö-kyong Block und Messer auswechseln kann. Wie ich aber von den hohen Geistlichen des Tempels erfuhr, wird diese Regel nicht mehr so streng genommen, und die zum Gebrauch der Singdongmos bestimmten Werkzeuge werden jetzt seltener erneuert.

Früher durfte sich Tschö-kyong, wenn er die Behausung der Dämonen betrat, noch von einem Mönch begleiten lassen, aber nach einem seltsamen Erlebnis ist ihm diese Vergünstigung versagt worden.

Es wird erzählt, daß eines Tages, als der Lama Tschö-kyong die Werkzeuge erneuert hatte und gerade die Behausung der Singdongmos verlassen wollte, sein Begleiter fühlte, wie man ihn von hinten an seinem Zen (Umhang) zupfte, gerade als ob man ihn zurückhalten wollte. »Kutschog! Kutschog!« schrie er entsetzt, »jemand zieht mich an meinem Zen!«

Die beiden Männer wandten sich um. Das Zimmer war leer. Sie gingen nun wieder der Tür zu, der Lama überschritt die Schwelle, sein Begleiter aber, der ihm folgen wollte, fiel tot zu Boden.

Seitdem muß der Lama Tschö-kyong allein den geheimen Gefahren des Ugs-khang trotzen. Er kennt ja so viele Zaubersprüche und ist in so viele Geheimnisse eingeweiht – also nur unbesorgt, er wird sich schon zu schützen wissen.

Besessene als Giftmischer

Wenn es den Singdongmos behagt, »Lebensodem« zu hacken, so machen einige ihrer tückischen Brüder Besessene zu unbewußten Giftmischern, die ihnen Opfer verschaffen müssen.

In ganz Tibet sind unzählige Geschichten über diese Giftmischer im Umlauf, zum Entsetzen der Reisenden, die nie aus der Angst vor Begegnungen mit ihnen herauskommen.

Das seltsame Amt, »ein erblicher Bewahrer des Giftes« zu sein, trifft namentlich Frauen. ♀

Niemand weiß genau, um welches Gift es sich dabei handelt. Ein natürliches, aus dem Pflanzen- oder Steinreich stammendes ist es jedenfalls nicht, vielleicht eher eine Mischung verschiedener Bestandteile, wie sie das Mittelalter als Liebestränke kannte, oder, was noch wahrscheinlicher ist, es gibt dies Gift überhaupt nur in der Einbildung. Die Frau bewahrt es, wie man sagt, in einem Beutelchen unter ihrer Brust auf. Aber niemand hat dies Beutelchen je zu sehen bekommen, selbst dann nicht, wenn die Trägerin entkleidet ist. Es ist, wie behauptet wird, unsichtbar, und das Geheimnisvolle dabei macht es nur noch um so schrecklicher.

Ist der Tag für die Verabreichung des Giftes gekommen, können Mann oder Frau, die es aufbewahren, sich ihrer Verpflichtung nicht entziehen, handeln aber, ohne sich dessen bewußt zu sein.

Wenn gerade kein Fremder oder Reisender da ist, so muß der Besessene den unheilvollen Trank einem Freunde oder Verwandten kredenzen. Man flüstert einander da gräßliche Geschichten von Müttern zu, die ihren einzigen Sohn vergiftet haben, von Männern, die einer geliebten, erst seit kurzem mit ihnen verheirateten Frau die tödliche Tasse Tee reichen müssen. Und wenn der Giftmischer kein anderes Opfer in seiner Nähe findet oder wenn alle, denen er die Speise oder den Trank anbietet, die Annahme verweigern, dann ist der Besessene selbst gezwungen, das Gift zu schlucken.

Ich habe einen Mann gekannt, der behauptete, der Held einer solchen sonderbaren Giftgeschichte gewesen zu sein. Er war auf Reisen und betrat unterwegs einen Bauernhof, wo er bat, ihm zu trinken zu geben.

Die Hausfrau schickte sich an, eine Art Bier für ihn zu brauen, indem sie kochendes Wasser in ein Holzgefäß mit gegorenem Getreide goß. So bereiten die Tibeter im Himalaja ihr Bier, das heiß getrunken wird. Darauf ging sie in das obere Stockwerk hinauf. Als der Reisende alleingeblieben war, bemerkte er zu seinem Erstaunen, daß das Bier in dem Holzgefäß beim Kochen heftig aufsprudelte. Diese ungewöhnliche Art des Aufkochens ist, wie die Tibeter meinen, ein Anzeichen für das Gift.

Noch stand auf dem Feuer der Kessel, aus dem die Frau das Wasser für den Aufguß geschöpft hatte, und dies Wasser fuhr fort zu kochen. Der Mann tauchte einen großen Küchenlöffel hinein und goß seinen ganzen Inhalt auf das verdächtige Bier. Im gleichen Augenblick hörte er das Geräusch eines Falles in dem Raum über sich. Die Frau, die ihn eben noch bedient hatte, war tot umgefallen.

Dies »Gift« ist eine ewige Quelle der Angst für die Reisenden in Tibet. Wie oft haben gute Leute mich nicht ernstlich und nachdrücklich vor den Gefahren gewarnt, die mir aus der Gastfreundschaft unbekannter Menschen erwachsen könnten. Sie beschworen mich, vorsichtig zu sein und alles gut zu untersuchen, was mir an Speise und Trank geboten werde.

Manchmal hört man auch, daß die Giftmischer ihre Opfer mit Vorliebe unter den Mitgliedern religiöser Orden suchen, da ihnen von ihrem teuflischen Meister der Tod eines Lamas als besonderes Verdienst angerechnet wird.

Es gibt Näpfe aus besonderem Holze, die für hervorragend »giftempfindlich« gehalten werden. Am plötzlichen Aufkochen der in sie gegossenen Flüssigkeit soll man erkennen, ob Gift in dem Trank enthalten ist. Solche Näpfe werden deshalb sehr hoch bezahlt.

Zuweilen gerät eine Familienmutter in Verdacht, »Gift« zu beherbergen. Niemand kennt das Versteck, jedoch versucht auch niemand, es zu entdecken und sie davon zu befreien. Alle Welt ist überzeugt, daß es gegen dies Verhängnis weder Schutz noch Hilfe gibt.

Auf Schritt und Tritt wird die Unselige beobachtet, jedermann hält sie sich fern, und am Ende mag sie wohl selbst an das Vorhandensein ihres »Giftes« glauben.

Stirbt der Mensch, der das Gift bei sich trägt, so ist die Gefahr noch keineswegs beseitigt. Dieses unerschöpfliche Gift wird weitervermacht, und auch der Erbe ist dagegen wieder hilflos. Ob er will oder nicht, er tritt den Besitz an und muß nun notgedrungen selbst zum Giftmischer werden.

Ich wiederhole nochmals, daß man sagt, der Besessene handle immer unbewußt, unter dem Zwang eines fremden Willens, sowohl wenn er das Gift verabreicht, wie wenn er es weitervermacht.

Der verzauberte Dolch

In Tibet glaubt man nicht nur, daß Lebewesen »besessen« sein können, sondern man traut es auch toten Gegenständen zu.

Die folgenden Kapitel sollen zeigen, auf welche Weise die Zauberer meinen, auch Dingen ihren Willen einflößen zu können. Ferner heißt es, daß Sachen, derer man sich für die Zaubereien bedient hat, nicht bei Laien oder noch nicht eingeweihten Mönchen aufbewahrt werden dürfen. Sonst könnten gefährliche Wesen, die mit ihrer Hilfe unterjocht worden sind, sich an dem ihnen aus Unwissenheit noch schutzlos gegenüberstehenden Besitzer rächen.

Ich verdanke dieser im Volke verbreiteten Ansicht einige interessante Stücke. Öfter wurde ich von Leuten, die derartige Sachen geerbt hatten, inständig gebeten, sie ihnen abzunehmen. Einmal hatte ich diese unverhoffte Freude auf so wunderliche Weise, daß ich hier davon erzählen möchte. Ich war gerade auf Reisen und traf mit einer kleinen Karawane von Lamas zusammen, mit denen ich, wie das auf diesen menschenleeren Straßen Sitte ist, ein Gespräch anfing. So erfuhr ich, daß sie einen »Purba« oder magischen Dolch bei sich führten, der schon manches Unheil angerichtet hatte.

Das Zaubergerät hatte ihrem Oberhaupt, einem kürzlich verstorbenen Lama, gehört und im Kloster selbst schon mit seinen Untaten angefangen. Von drei Mönchen, die ihn berührt hatten, waren zwei gestorben, und der dritte hatte sich bei einem Sturz vom Pferde das Bein gebrochen. Ferner war, was für eine sehr üble Vorbedeutung galt, eine der im Klosterhof aufgepflanzten Fahnenstangen zerbrochen, an denen die großen Segensbanner wehen. Den Purba zu vernichten, wagten die Mönche nicht aus Furcht vor noch größerem Mißgeschick. In ihrer Angst hatten sie ihn daher in einen Schrank gesperrt, aus dem nun die unheimlichsten Laute hervordrangen. Am Ende hatten sie sich entschlossen, den unheilvollen Gegenstand in einer kleinen entlegenen Höhle niederzulegen, die einer Gottheit geweiht war. Dem drohten aber die unter Zelten wohnenden Hirten der Umgegend sich zu widersetzen. Sie wußten von einem Purba, der unter ganz ähnlichen Umständen durch die Lüfte gefahren war und dabei vielfach Mensch und Vieh verwundet und getötet hatte.

Die Unglücksleute, die den Zauberdolch befördern sollten, hatten ihn sorgfältig in eine Schachtel und in mit Zauberformeln bedrucktes Papier verpackt. Sie sahen so niedergeschlagen aus, daß mir die Lust verging, sie zu necken, und dann wollte ich nun auch gar zu gern die verhexte Waffe sehen.

»Zeigt mir doch einmal den Purba«, sagte ich, »ich kann euch vielleicht helfen.« Sie wagten nicht, ihn aus der Schachtel zu nehmen, und erlaubten es auch mir erst nach langem Hin- und Herreden. Es war ein schönes altes Stück. Nur die größten Klöster besitzen derartige Purbas. Ich hätte ihn gar zu gern gehabt, wußte aber sehr genau, daß die Lamas ihn um kein Geld der Welt verkaufen würden, also mußte ich es schon mit List versuchen.

»Schlagt euer Lager bei dem unsrigen auf«, sagte ich zu den Reisenden, »und laßt den Purba vorläufig bei mir; ich werde schon Rat schaffen.«

Weniger meine Worte als die Aussicht auf ein gutes Abendbrot und auf Unterhaltung mit meinen Leuten, die ihnen die Sorgen vertreiben würde, bestimmten sie anzunehmen.

Als es dunkel geworden war, entfernte ich mich vom Lager und nahm dabei vor aller Augen den Dolch mit, der sonst in meiner Abwesenheit und ohne den Schutz der Schachtel die abergläubischen Tibeter in Angst und Schrecken versetzt haben würde. Kaum glaubte ich mich weit genug entfernt, so stieß ich den Unheilstifter in die Erde und setzte mich auf eine Decke daneben, um darüber nachzudenken, wie ich die Lamas überreden könnte, ihn mir abzutreten.

So saß ich mehrere Stunden lang, als es mir schien, als sähe ich nahe dem Ort, wo der Zauberdolch im Boden stak, die Umrisse eines Lamas erscheinen. Ich sah, wie er näher kam, wie er sich vorsichtig bückte, sah, wenn auch der Dunkelheit wegen nur undeutlich, wie unter dem Zen, der die Gestalt einhüllte, langsam eine Hand hervorkam und nach dem Purba griff. Ein Sprung, und ich war auf den Füßen, und flinker als der Dieb, hielt ich den Dolch in meiner Hand.

Aha! Also nicht mir allein, auch andern stand der Sinn danach! Unter den Leuten, die ihn loswerden wollten, war also jemand mit weniger harmlosem Gemüt, der ihn richtig einschätzte und gewiß zu verkaufen wünschte. Er hielt mich wohl für eingeschlafen und meinte, ich hätte nicht aufgepaßt. War der Dolch am andern Morgen fort, so hätte man natürlich geheime Kräfte dafür verantwortlich gemacht, und eine neue Sage würde sich gebildet haben. Eigentlich schade, daß aus dem schönen Plan nun nichts geworden war. Denn jetzt hielt ich den Zauberdolch fest in der Hand, so fest sogar, daß ich mit meinen durch das Abenteuer erregten Nerven bei dem Umklammern der erhabenen Verzierungen des kupfernen Griffs eine leise Bewegung darin zu spüren glaubte. Aber wo steckte denn der Dieb?

Die ganze dunkle Ebene ringsumher lag völlig verlassen da.

Schau! dachte ich, der Lump muß entwischt sein, während ich mich bückte, um den Dolch aus der Erde zu ziehen.

Ich lief nach dem Lager zurück. Es war ja ganz einfach; wer fehlte oder nach mir kam, mußte der Schurke sein. Aber ich fand die ganze Gesellschaft noch dabei, fromme Sprüche gegen böse Geister herunterzuplärren. Ich rief Yongden in mein Zelt und fragte ihn:

»Wer von den Leuten hat sich entfernt?«

»Auch nicht einer« antwortete er. »Sie sind alle halbtot vor Angst. Ich mußte sie schelten, weil sie sogar zur Befriedigung gewisser Bedürfnisse ganz nahe bei den Zelten blieben.«

Schön. Ich hatte also Gespenster gesehen, aber daraus ließ sich vielleicht Kapital schlagen.

»Hört nur, was mir begegnet ist«, sagte ich zu den Leuten und erzählte ihnen ganz aufrichtig, wie ich infolge einer Sinnestäuschung an ihrer Ehrlichkeit gezweifelt hätte.

»Das kann niemand anders als unser Groß-Lama gewesen sein«, riefen sie. »Er wollte sicher seinen Dolch wiederhaben, und wenn er ihn bekommen hätte, würde er Euch leichtlich getötet haben. Oh, Jetsunma, Ihr seid doch eine wahre Gomtschenma, obwohl manche Leute Euch eine Philing (Fremde) nennen. Unser Tswailama (Vater und geistiges Oberhaupt) hat Euch den Purba nicht entreißen können, obwohl er doch selbst ein mächtiger Zauberer war. Behaltet ihn jetzt nur, er wird nun kein Unheil mehr anrichten.«

Alle sprachen aufgeregt durcheinander. Der Gedanke, daß ihr Zauberer-Lama, den sie, seit er einer andern Welt angehörte, noch doppelt und dreifach fürchteten, ihnen so nahe gewesen war, schüchterte sie mächtig ein, und außerdem waren sie nur zu froh, den verzauberten Dolch loszuwerden.

Froh war ich auch, aber nur weil der Dolch nun mein war. Immerhin verbot mir die Ehrlichkeit, ihre Geistesverwirrung ungebührlich auszubeuten. »Überlegt es euch nochmals«, sagte ich zu ihnen, »vielleicht hat mich ein Schatten genarrt. Am Ende bin ich im Sitzen eingeschlafen und habe alles nur geträumt . . .«

Aber davon wollten sie nichts hören. Es blieb dabei, der Lama war gekommen, ich hatte ihn gesehen, und da er den Purba nicht hatte ergreifen können, war ich dank meiner größeren Stärke die rechtmäßige Besitzerin geworden. Nun, ich war leicht zu überzeugen.

Der wunderbare Leichnam

Eine gewisse Abart tibetischer Mystiker gefällt sich in grausigen Gedankengängen und Gebräuchen, bei denen die Leichen eine große Rolle spielen. Der landläufige Zauberer sieht hierin nichts als ein Mittel zur Erwerbung übernatürlicher Kräfte; die aufgeklärteren aber fassen dergleichen als in Gleichnisform gegebene Geheimlehre auf, oder auch als eine besondere Art geistiger Schulung. Daß aber die Einbildung bei all den hierüber erzählten Geschichten stark mitspielt, steht jedenfalls völlig fest.

Um ihren Sinn überhaupt zu ergründen, muß man sie im Lichte des Tantrismus der Hindus und Bönpos prüfen. Das würde aber zu weit führen und gehört auch kaum hierher. Einige mir berichtete Tatsachen mögen ihrer Seltsamkeit wegen aber doch schon jetzt ihren Platz finden. Eine von ihnen ist neuen Datums. Sie wurde mir 1922 in Tscherku von einem Manne erzählt, der den Helden der Geschichte noch persönlich gekannt hatte.

Der Lama, um den es sich handelt, war Abt von Miniagpar lhakang, nicht weit von Ta-tschien-lu. Er hat verschiedenes vorausgesagt, das Tibet, China und der übrigen Welt bevorstehen soll.

Tschogs tsang war ein wunderlicher Heiliger und namentlich auch ein starker Trinker. Er lebte lange bei dem tibetischen Oberhaupt von Ta-tschien-lu, der den Titel Gyalpo (König) führt. Als diese beiden eines Tages plaudernd und Branntwein trinkend gemütlich zusammen saßen, erbat sich der Lama die Schwester des Stallmeisters des Fürsten zur Frau. Der dabei anwesende Stallmeister wies die Bewerbung ab, was Tschogs tsang so furchtbar in Wut brachte, daß er das Jadegefäß mit dem Branntwein zur Erde schleuderte, wo es zerbrach, und er den Stallmeister verfluchte, dem er als Strafe für seine Weigerung voraussagte, er müsse binnen zwei Tagen sterben.

Der König verhielt sich ungläubig, sagte, sein Stallmeister sei jung und gesund, nichts spräche für seinen baldigen Tod. Aber der Lama blieb dabei: »Es wird kommen, wie ich gesagt habe.« Und wirklich, zwei Tage später war der Mann verschieden.

Der König und die Eltern des Mädchens erschraken und boten dem zornigen Lama nun selbst die Braut an, aber umsonst, er wies sie zurück: »Sie hätte mir zur Erreichung eines Zieles verhelfen können, an dem viele andere Wesen mitbeteiligt waren. Dieser Grund fällt jetzt fort, und an der Frau liegt mir nichts.«

Die nun folgende Geschichte ähnelt sehr dem, was ich im ersten Kapitel von Dugpa Kunlegs erzählte, und behandelt ein in Tibet häufiges Vorkommnis.

Eines Abends rief der Lama Tschogs tsang plötzlich seinen Diener herbei und trug ihm auf, zwei Pferde zu satteln, er wolle mit ihm fortreiten.

Der Mann gab seinem Herrn zu bedenken, daß es schon fast dunkel sei und er die Reise wohl besser bis zum folgenden Morgen aufschöbe, bekam aber nur zur Antwort: »Keine Widerrede! Du kommst!«

Durch die Finsternis reitend gelangten die beiden in die Nähe eines Flusses. Sie stiegen ab und gingen auf das Ufer zu.

So pechschwarz die Nacht auch war, leuchtete doch ein Punkt auf dem Wasser so hell, als sei er von der Sonne beschienen, und mitten in dieser Helligkeit sah man eine Leiche gegen den Strom schwimmen, und nach wenigen Augenblicken in den Bereich Tschogs tsangs und seines Gefährten kommen.

»Zieh dein Messer, schneide ein Stück von der Leiche ab und iß davon«, befahl kurz der Lama, dann fügte er hinzu: »Ein Freund von mir schickt mir jedes Jahr um diese Zeit eine Mahlzeit«, und dabei machte er sich über das Fleisch der Leiche her.

Der entsetzte Diener löste ebenfalls ein Stück davon ab, wagte aber nicht, es zum Munde zu führen, und versteckte es in seinem »Ambag«, der in dem weiten tibetischen Gewand durch Umlegen des Gürtels gebildeten Brusttasche.

Dann ritten beide zurück und kamen mit Tagesanbruch wieder im Kloster an. Der Lama sagte nun zu seinem Diener: »Ich wollte dich an der mystischen Gunst und Gnade dieses Mahles teilnehmen lassen, aber du warst ihrer nicht wert, sonst würdest du gewagt haben, das Stück, das du abgeschnitten hattest, zu essen, anstatt es in deinem Gewande zu verbergen.«

Dem Diener tat es nun leid, keinen Mut gehabt zu haben, und er steckte die Hand in seinen Ambag, um noch nachträglich seinen Anteil aufzuessen, aber siehe da, das Fleisch war verschwunden.

Im Anschluß an diese sichtlich erfundene Geschichte möchte ich einige Einzelheiten erzählen, die ich den sehr zurückhaltenden Berichten von Klausnern aus der Dzogstschen-Sekte verdanke. Es gibt, so sagten sie, Wesen, die es durch große geistige Vervollkommnung so weit bringen, daß sie die Bestandteile des Körpers in andere, weit feinere, verwandeln, begabt mit Eigenschaften, die über die gemeinen fleischlichen hinausgehen. Wir sind aber meist gar nicht imstande, die stattgehabte Umwandlung auch nur zu bemerken. Ein einziger Bissen von diesem veredelten Fleisch versetzt in Verzückung und verleiht übernatürliche Kenntnisse und Fähigkeiten.

Einer von ihnen fügte hinzu: »Es kommt vor, daß solch ein Wundermensch andern auffällt, und wer das Geheimnis entdeckt hat, bittet ihn dann wohl um Benachrichtigung, wenn es einmal mit ihm zu Ende gehen sollte, damit er ein Stück von dem kostbaren Fleische essen kann.« Hoffentlich haben die Anwärter dieses grausigen Abendmahls immer Geduld genug, um den natürlichen Tod des Menschen abzuwarten, der ihnen die erwünschte Speise liefern soll. Wenn der glühende Wunsch nach geistigem Fortschritt sie nur nicht antreibt, den Augenblick zu beschleunigen? Aus der Erzählung ging beinahe so etwas hervor, freilich mit der beruhigenden Versicherung, das Opfer würde willig dargebracht!

Die tanzende Leiche

Ein anderer grausiger Ritus, von dem die Ngag-pas-Zauberer erzählen, wird Ro-lang genannt (der sich erhebende Leichnam).

Die alten Schriften wissen zu berichten, daß die Bönpos-Priester ihn vor der Einführung des Buddhismus in Tibet während der Begräbnisfeierlichkeiten dauernd ausübten.

Aber die kurze Bewegung, die der Tote damals ausführte, kann gar nicht mit dem verglichen werden, was uns die tibetischen Anhänger von Geheimlehren an schrecklichen und verzerrten Vorgängen schildern, die in der Einsamkeit stattfinden. Ich brauche kaum zu sagen, daß dergleichen dem Buddhismus und ebenfalls dem kirchlichen Lamaismus völlig fremd ist.

Man darf die verschiedenen Arten des Ro-lang nicht mit der »Auferstehung« verwechseln, wobei der Geist eines andern Wesens in den Toten übergeht und ihn anscheinend »auferweckt«, obgleich in Wirklichkeit der alte Körper nur neu belebt wird.

Einer dieser schauerlichen Ro-langs wurde mir von einem Ngags-pa beschrieben, der ihn selbst ausgeführt haben wollte:

Der Zauberer wird mit einer Leiche in einem dunklen Zimmer eingeschlossen. Um den Toten wieder zu beleben, muß er sich Mund auf Mund über ihn legen und dabei fortwährend die gleiche Zauberformel wiederholen, ohne dabei jemals seine Gedanken abirren zu lassen. Nach wenigen Augenblicken rührt sich der Leichnam, erhebt sich und will fliehen. Der Zauberer muß ihn dann eng angeschmiegt fest in den Armen halten. Der Tote bewegt sich immer heftiger, macht riesige Luftsprünge, und dabei darf der Zauberer, während er diesen Sprüngen folgt, nie seinen Mund von dem der Leiche lösen. Schließlich hängt dem Toten die Zunge heraus, und das ist der entscheidende Augenblick; der Zauberer muß sie ergreifen und ausreißen, worauf die Leiche sofort wieder unbeweglich daliegt. Die vom Zauberer sorgfältig getrocknete und aufbewahrte Zunge aber wird eine mächtige Zauberwaffe.

Außerordentlich lebhaft wußte der Ngags-pa das allmähliche Erwachen der Leiche zu schildern, wie die verglasten Augen zuerst wieder um sich blickten und das Zittern nach und nach in so lebhafte Bewegungen überging, daß der Zauberer sie kaum mehr bändigen konnte und den Toten mit Aufgebot aller Kräfte festhalten mußte. Er beschrieb seine Gefühle, als die Zunge hervorkam und seinen eigenen Mund berührte, denn nun war ja der schreckliche Augenblick da, wo er entweder siegen oder dem Toten zum Opfer fallen mußte.

Ob der grausige Kampf nicht nur reine Einbildung war? Handelte es sich etwa wieder um eine Sinnestäuschung, wie sie bei den tibetischen Mystikern häufig vorkommt, und auch wohl absichtlich von ihnen hervorgerufen wird? Ich verlangte, da ich zweifelte, »die Zunge« zu sehen, worauf mir der Zauberer denn auch ein schwärzliches verhärtetes Ding zeigte, das vielleicht einmal eine Zunge gewesen war. Freilich genügte das noch keineswegs, um mich endgültig über den Ursprung dieser scheußlichen Kostbarkeit aufzuklären.

Aber gleichviel, eine Menge Leute in Tibet glaubt jedenfalls an die Wirklichkeit des Ro-lang.

Sie glauben sogar nicht nur an die Wiederbelebung von Leichen durch besondere Riten, sondern sie halten die Toten überhaupt für fähig, sich plötzlich wieder zu erheben und den Lebenden zu schaden. So bestellt man ihnen einen ständigen Wächter, der durch fortgesetztes Hersagen liturgischer Gebete die falsche Auferstehung verhindern soll.

Ein Trapa aus Sepogön, nahe beim Saluën, erzählte mir von einem ähnlichen Falle.

Er hatte einmal, als er noch Klosterschüler war, drei Lamas seines Klosters in ein Haus begleitet, in dem ein Mann gestorben war und wo sie nun täglich, bis zum festgesetzten Begräbnistage, die Totenfeierlichkeiten abhalten sollten. Sie hatten sich zur Nachtruhe in eine Ecke des großen Zimmers zurückgezogen, in dem sich der Tote befand, durch viele Binden und Tücher in sitzender Stellung festgehalten.

»Mir wurde der Auftrag erteilt, ihn durch Aufsagen der Zauberformeln zu bewachen«, sagte der Trapa, dem ich diese sonderbare Geschichte verdanke. »Im Verlauf der Nacht wurde ich so müde, daß ich im Hersagen stockte und wohl ein paar Minuten lang geschlummert haben mag. Ein leichtes Geräusch schreckte mich auf; eine schwarze Katze schlich an der Leiche vorbei und aus dem Zimmer hinaus. Dann hörte ich einen Laut, wie wenn ein Stück Stoff zerrissen würde. Zu meinem Entsetzen sah ich den Toten sich bewegen und seine Fesseln abstreifen. Wahnsinnig vor Furcht floh ich aus dem Hause, aber nicht ohne vorher noch bemerkt zu haben, daß das Gespenst mit ausgestreckter Hand sich den schlafenden Lamas näherte. Am folgenden Morgen lagen alle drei tot da. Die Leiche war an ihren Platz zurückgekehrt, aber die Binden waren zerrissen, und die Tücher lagen rundherum auf dem Boden.«

Derartige Erzählungen werden in Tibet fest geglaubt. Die Berührung des Ro-lang ist tödlich, und das tückische Gespenst legt die Hand an alle, die ihm erreichbar sind.

Die mit den Totenfeierlichkeiten betrauten Lamas sollen magische Worte und Bewegungen kennen, die solchen Gefahren Einhalt tun können, indem sie den Toten an seinen Platz bannen, sobald er auszubrechen versucht.

Man erzählt sich auch von Ro-langs, die aus dem Hause, in dem sie wieder erwachten, entkommen sind und das Land unsicher machen. Andere wiederum sollen spurlos verschwunden sein.

Wie ich eine Zaubererrolle gebe · und einen Freigeist von Dieb erschrecke

Glücklicherweise äußert die tibetische Zauberkunst sich aber auch auf weniger abstoßende Weise, und ich selbst war mehr als einmal in der Lage, davon Gebrauch zu machen, sei es in eigener Sache, sei es freundlichen Wirten zuliebe. Einen dieser Fälle, über den ich noch heute lachen muß, will ich hier erzählen:

Ich war damals nahe bei Tschobando angehalten und an der Fortsetzung meiner Reise nach dem Saluën verhindert worden. Ich mußte deshalb nach Chinesisch-Turkistan zurück, wobei ich die Graswüste in ihrer ganzen Ausdehnung von Süden nach Norden zu durchqueren hatte. Meine kleine Karawane bestand mit mir aus sechs Personen: Yongden, drei Diener, Tsering, Yetsche Uandu, Seunam, ferner ein mohammedanisch-chinesischer Soldat, der mit seiner tibetischen Frau und einem kleinen Sohn, die ich nicht mitzähle, auf der Heimreise war.

Eines Tages waren Yongden, die Frau und ich beim Pflanzensuchen weit zurückgeblieben. Es war dicht vor Sonnenuntergang, wir mußten die andern einholen und das Lager aufschlagen. Wir steigen also alle drei wieder zu Pferde und machen uns langsam, den friedlichen Abend genießend, wieder auf den Weg, der uns gerade an eine Schlucht führt, als ich plötzlich zu meiner Linken in einer Art Hohlweg drei Männer erblicke. Sie trugen die Gewehre umgehängt und verschwanden lautlos hinter einer Bodenfalte. Ich wußte gleich nur zu gut, mit wem ich es zu tun hatte. In dieser Gegend läßt kein Tibeter einen Reisenden an sich vorübergehen, ohne ihm den höflichen Gruß: Orgye, Orgye! (Ihr habt Euch Mühe gemacht) zuzurufen und ohne ein paar Fragen über das Woher und Wohin an ihn zu richten. Aber die schweigsamen Männer hielten sich in der Nähe des Pfades versteckt, weil sie einen Anschlag im Sinne führten.

Ich setze scheinbar ganz ahnungslos meinen Weg fort und versichere mich dabei nur, daß der unter meinem langen Kleide verborgene Revolver mir auch gut zur Hand ist. Dann halte ich mein Pferd ein wenig zurück, um die Frau näher kommen zu lassen, und murmele: »Habt Ihr sie auch gesehen?«

»Ja, es sind Räuber«, antwortet sie leise. Als wahre Tochter Tibets bleibt sie dabei ganz kaltblütig, denn solche Begegnungen sind hier nichts Neues. Ich tue so, als ob eine auf einem Felsen wachsende Pflanze mich sehr beschäftige, und rufe Yongden herbei, um sie ihm zu zeigen. Dabei frage ich auch ihn, ob er die Männer links von uns gesehen habe, aber er verneine es.

»Es sind drei bewaffnete Leute, vermutlich Diebe. Die Frau hat sie auch gesehen. Halte deinen Revolver bereit. Wir wollen im Schritt bis dort unten, wo der Weg sich biegt, weiterreiten und, sobald wir ihnen aus den Augen sind, flott traben. Wir müssen uns rasch den andern anschließen. Wohl möglich, daß die drei zu einer Bande gehören, die diese Gegend unsicher macht.«

Da ich diesmal englisch spreche, brauche ich mich vor den Tibetern, die mich nicht verstehen, nicht in acht zu nehmen.

Wir sind gut beritten und kommen schnell vorwärts. Aber was ist das? Weit vor uns ist ein Schuß abgefeuert worden, und doch sehen wir das im hohen Grase an einem Flußufer aufgeschlagene Lager völlig ruhig vor uns liegen.

Noch ehe ich abgestiegen bin, frage ich sofort: »Habt ihr unterwegs drei Männer gesehen?« Aber niemand hat etwas bemerkt.

»Was war denn das für ein Schuß?« Meine Leute sehen verlegen aus, und der Soldat gesteht: »Ich habe einen Hasen geschossen. Es war kein Fleisch mehr da, und meine Frau fühlt sich schon ganz schwach . . .«

Ich winke ihn kurz zur Ruhe. Meinen eigenen Leuten ist das Jagen streng verboten, aber der Soldat steht ja nicht in meinem Dienst, so gehe ich darüber hinweg und sage:

»Wir haben drei Männer gesehen, höchstwahrscheinlich sind es Räuber. Wir müssen diese Nacht also besonders scharf aufpassen. Wer weiß, ob sie nicht noch Helfershelfer in der Umgegend haben.«

»Da sind ja schon zwei«, ruft Tsering und deutet auf zwei Männer, die auf dem unser Lager überragenden Berggipfel erscheinen.

Ich nehme sie durch mein Fernglas aufs Korn und erkenne richtig zwei der Männer, die uns unterwegs begegnet waren. Wo mag der dritte stecken? Vielleicht ist er auf der Suche nach Spießgesellen. Mittlerweile beobachten die Männer uns von ihrem Ausguck aus.

»Wir wollen uns gar nicht um sie kümmern«, sage ich, »laßt uns Tee trinken und dabei einen Plan aushecken. Legt die Waffen recht sichtbar, aber doch scheinbar absichtslos hin, nur so, daß sie verstehen, wir würden uns gegen einen Angriff schon verteidigen können.«

Der Tee ist fertig. Einer der jungen Leute taucht einen Löffel in den Kessel und spritzt etwas von der Flüssigkeit nach den sechs Himmelsrichtungen[41] und ruft dabei: »Trinkt, o ihr Götter!« Darauf werden unsere Schalen gefüllt, und um das Kohlenbecken herumsitzend, beraten wir, was zu tun ist.

Das Lager abbrechen und es anderswo aufschlagen, wäre ganz nutzlos. In dieser ungeheuren Einöde gibt es keinen Zufluchtsort. Wenn eine Räuberbande uns folgt, so findet sie uns, wenn nicht morgen, dann übermogen oder in der Woche darauf doch sicher wieder.

So langsam wie unsere mit dem Gepäck beladenen Yaks gehen, brauchen wir mindestens einen Monat, bis wir China und die nächsten Dörfer erreicht haben.

Die Diener machen den Vorschlag, die nähere Umgebung des Lagers nach Dieben abzusuchen; aber der Plan gefällt mir nicht. Die Räuber könnten ihre Abwesenheit benutzen, um das Lager zu plündern. Dem Soldaten fällt etwas Besseres ein: »Laßt uns alle bis zur Nacht hier zusammenbleiben. Wenn dann die Diebe uns im Dunkeln nicht mehr beobachten können, verstecke ich mich mit zwei der jungen Leute in den Gebüschen außerhalb des Lagers, der dritte bleibt auf Wache bei den Zelten. Er muß dabei die ganze Nacht hindurch von Zeit zu Zeit auf irgendeinen Gegenstand schlagen, wie das die chinesischen Wächter zu tun pflegen. Kommen dann die Räuber, so werden sie glauben, daß wir uns alle unter seiner Obhut schlafen gelegt hätten. Von uns Aufpassern im Gebüsch muß der, an dem sie vorbeigeschlichen sind, noch bevor sie das Lager erreicht haben, in ihrem Rücken schießen. Die beiden andern eilen hinzu, um sie von einer andern Seite zu packen, und währenddessen greift ihr drei, die ihr im Lager geblieben seid, sie von vorne an. So geraten sie plötzlich zwischen mehrere Feuer, und wenn sie ihren Plan scheitern sehen, wird sie das, falls sie nicht sehr zahlreich sind, hoffentlich in die Flucht jagen.«

Diese Kriegslist war wohl noch die beste für Menschen in unserer Lage, also ging ich darauf ein. Wir banden nun zuerst die Tiere möglichst fest an, denn oft, wenn die Räuber sich nicht zahlreich genug fühlen, eine Karawane offen anzugreifen, feuern sie aufs Geratewohl im Dunkeln Schreckschüsse ab.

Reißen sich die Tiere dann los, so jagen sie ihnen nach, und meist gelingt es ihnen auch, eins oder das andere zu fangen. Mit ihrer Beute ziehen sie nun schnell weiter und verkaufen sie in einer andern Gegend.

Yongden bestand darauf, aus den Säcken und Kisten, die unsere Nahrungsmittel enthielten, einen Verhau zu bauen, hinter dem verborgen wir auf unsere Gegner schießen sollten. Aber ich hatte mehr Zutrauen zur Gelehrsamkeit meines Pflegesohns als zu seinen Kriegskünsten. So wie der Verhau gelegen und beschaffen war, mußten wir ihn viel mehr mit unsern Körpern schützen, als daß er uns Schutz gewährt hätte.

Ich kann mich kaum an eine herrlichere Nacht erinnern als die, in der wir jeden Augenblick den Einfall der Räuber in unser kleines Lager erwarteten. Aber freilich verdankte sie ihre Schönheit nicht dem drohenden Angriff.

Am Eingang des Zeltes, eine Schale mit Tee zur Hand, saß Tsering und sang. Er schlug dazu mit einem Stöckchen den Takt auf einem der Bronzekessel, wie sie in Osttibet hergestellt und überall im Lande verkauft werden. Die tausendjährigen Weisen aus der Provinz Kham, die er sang, erzählten von den Wäldern, den schneegekrönten Bergen und den Großtaten der volkstümlichen Helden.

Diese Edlen waren zu ihrer Zeit aber auch nichts anderes gewesen als Räuber und gewiß nicht besser und nicht schlechter als die Kumpane, vor denen wir jetzt auf der Hut sein mußten. Auch der Sänger selbst hatte, wie ich wohl wußte, schon mancherlei Räubereien auf dem Kerbholz, war also ein echter Sohn dieses urwüchsigen Volkes, bei dem Tapferkeit sich hauptsächlich im Kriegführen gegen Karawanen äußert.

Tsering hatte eine schöne, männliche und doch sanfte Stimme und wußte dem Kriegerischen ebensogut wie dem Mystischen gerecht zu werden. Bald besang er Göttinnen, bald rief er die Schatten heiliger Lamas an, und dann gab es wieder Verse, die in einen glühenden Wunsch nach dem geistigen Erwachen ausklingen, das allein allem Leiden und aller Furcht ein Ende macht. »Duk med, djigs med Sangyais thob par tschog[42]!« so lautete der Schlußvers.

Selbst der gemeine Kessel schien sein Teil Poesie abbekommen zu haben, sein Metall erbebte in den weichsten Glockenklängen.

Mein unermüdlicher Diener fuhr bis zum Morgengrauen mit seinen Zaubergesängen fort. Die Schildwachen kamen ganz verfroren zurück und konnten nicht schnell genug das Feuer wieder anfachen und frischen Tee kochen. Tsering war verstummt. Der tönende Kessel hatte seine alte bescheidene Rolle wieder aufgenommen und schwebte mit Wasser gefüllt über den Flammen. Yongden schlief, mit dem Verhau als Kopfkissen, den Schlaf des Gerechten.

Die Räuber hatten uns freilich nicht angegriffen, waren aber in unserer Nähe geblieben. Als wir eben gefrühstückt hatten, sahen wir sie alle drei herkommen, jeder mit seinem Pferd am Zügel. Meine Diener sprangen rasch auf die Füße und liefen ihnen entgegen. »Wer seid ihr? Wir haben euch gestern wohl gesehen. Was tut ihr hier?«

»Wir sind Jäger«, antwortete einer der Männer.

»Nun, das trifft sich gut; es fehlt uns gerade an Fleisch. Da könnt ihr uns ja etwas Wild verkaufen . . .«

»Wir haben noch nichts geschossen«, erklärten die angeblichen Jäger etwas verlegen.

Meine Leute wußten nun genug. »Wißt ihr«, sagte Tsering zu den drei Leuten, »wer die ehrwürdige Lama-Dame ist, die mit einem so schönen Zelte reist und eine Töga[43] aus Goldstoff trägt?«

»Es ist doch nicht etwa die Jetsunma Kutschog, die in Jakyendo wohnte? Wir haben schon von ihr gehört.« – »Ja, es ist dieselbe. Ihr könnt euch wohl denken, daß sie keine Angst vor Räubern hat. Sie bekommt es sofort heraus, wer ihr etwas weggenommen hat. Sie braucht nur in eine Schale mit Wasser zu blicken, dann sieht sie darin gleich das Bild des Diebes, den gestohlenen Gegenstand und den Ort, an dem beide sich gerade befinden.« – »Es ist also wirklich wahr, was die Dokpas sagen, nämlich daß die Philings sich auf dergleichen verstehen?«

Tsering kannte die Fabel und hatte sie geschickt genug angebracht, um die Diebe abzuschrecken. Sie hätten sonst am Ende ihre Freunde herbeigeholt und uns an einem der folgenden Tage angegriffen.

Etwa zehn Tage danach wählten wir zum Übernachten ein geschütztes Fleckchen einem Nomadenlager gegenüber. Ich legte mich noch vor Anbruch der Nacht zur Ruhe und sah von meinem Zelte aus viele Besucher kommen, die mich gern sehen wollten und dabei Geschenke an Milch und Butter brachten. Yongden erklärte ihnen, man dürfe die Lama-Dame jetzt nicht bei ihrer Andacht stören, morgen früh werde sie aber alle diese Leute gern bei sich empfangen. Ich hörte noch flüstern und wie einer der Diener die Dokpas zum Tee rief, dann entfernten sich die Stimmen, und ich konnte die Worte nicht mehr verstehen.

Ganz früh am andern Morgen bat Yongden um Einlaß in mein Zelt und sagte, er müsse mir noch vor der Rückkehr der Dokpas erklären, was sie gestern abend von mir erbitten wollten. »Sie behaupten, ihnen seien Pferde gestohlen worden, kennen aber die Diebe nicht. Jetzt möchten sie, daß Sie ihnen aus einer Schale mit Wasser die Beschreibung der Übeltäter und des Ortes, wohin die Tiere gebracht wurden, herauslesen.«

»Und was hast du ihnen gesagt?« fragte ich.

»Nun«, meinte der Lama, »ich habe gedacht, daß man Ihnen am Ende eine Falle stellen will. Sie werden am Ende doch nicht alle ganz fest an die wunderbaren Zauberkünste der Fremden glauben. Wer weiß, ob es mit dem Diebstahl überhaupt seine Richtigkeit hat, und ob sie sich nicht vielleicht nur davon überzeugen wollen, daß sie uns ruhig ausrauben können!

Denn wenn gar nichts vorliegt, Sie aber doch behaupten, die gestohlenen Pferde mitsamt ihren Dieben gesehen zu haben, so sind Sie in die Falle gegangen, da es ja gar nichts im Wasser zu lesen gab. Mit der Angst vor Ihnen wäre es dann vorbei. Ich habe ihnen deshalb lieber bestätigt, daß Sie die wunderbare Fähigkeit freilich besitzen, daß aber zu ihrer Ausübung mehr gehöre als einfaches Flußwasser. Sie müßten es vielmehr drei volle Tage lang vorbereiten.

Es sei aber sehr zweifelhaft, ob Sie solange hierbleiben könnten. Das mit den Vorbereitungen leuchtete ihnen gleich ein. Nun weiß ich, daß ihnen der Gedanke, einen Menschen wegen Diebstahls kalten Blutes hinrichten zu lassen, widersteht, und daher fügte ich hinzu, sie müßten die Übeltäter sofort nach ihrer Ermittlung dem chinesischen Richter zur Hinrichtung ausliefern. Dagegen sei gar nichts zu machen, denn sie seien dem To-uo[44] verfallen. Als Lohn für seine Mitwirkung bei der Zauberei fordere dieser sein Opfer, und bekäme er es nicht, so würde er sich an den Bestohlenen rächen, die sich an ihn um Hilfe gewandt hätten.

Sie schienen darüber erschrocken und meinten, dann wollten sie doch lieber selbst und auf ihre eigene Weise die Pferde suchen und den Dieben nur eine Geldstrafe auferlegen. Aber sie kommen noch einmal wieder, und Sie wissen ja jetzt, was ich ihnen gesagt habe.«

Die Dokpas brachten neue Geschenke, und ich verteilte einige harmlose Heilmittel an ihre Kranken, wobei die Pferdegeschichte nochmals zur Sprache kam. Ich bestätigte alles, was mein Pflegesohn gesagt hatte, und die Hirten verzichteten endgültig auf mein gefährliches Ratespiel.

Tsering war im Dienste von Europäern schon einmal bis nach Ta-tschien-lu gereist. Er hatte sich dabei zu einer Art Freigeist entwikkelt und prunkte gern vor seinen urwüchsigen Gefährten mit seiner Zweifelsucht. Noch tagelang scherzte er über die Leichtgläubigkeit der armen Dokpas und lachte darüber, wie leicht sie sich hatten hinters Licht führen lassen. Nicht lange danach sah ich mit Freuden die Ufer des hochheiligen Kuku-nor wieder, des großen, von Millionen von Tibetern und Mongolen hoch verehrten blauen Sees, den ich vor einigen Jahren in seinem ganzen Umkreis kennengelernt hatte.

Eines Tages sah ich auf dem Rückweg von dem Bad, das ich im See genommen hatte, wie Tsering eben hurtig Yongdens Zelt verließ und dabei irgendeinen Gegenstand in der Tasche seines Gewandes zu verstecken schien. Da ich hinter ihm war, bemerkte er mich nicht und ging nach der Küche zu. Noch am selben Abend vertraute der junge Lama mir an, er sei beim Geldzählen plötzlich abgerufen worden, habe dabei seine Börse im Zelt vergessen, und nun fehlten drei Rupien.

»Gut«, sagte ich mir, »dann weiß ich, wer der Dieb ist.« Ich ermahnte den jungen Mann, ein anderes Mal vorsichtiger zu sein, und sprach mit niemand von der Sache.

Drei Tage danach legte ich Grashalme und Reiskörner auf meinem Tische zurecht, zündete Weihrauchkerzen an und stellte gerade in die Mitte eine Schale mit Wasser.

Darauf wartete ich ab, bis die jungen Leute schlafen gegangen waren, weil ich dann ganz sicher war, jeder würde seine Börse unter seinem

Kopfkissen, oder worauf er sonst gerade sein Haupt niedergelegt haben mochte, verwahrt haben. Ich ließ das kleine Tamburin schlagen, eins der Glöckchen läuten, die von den Lamas zum Gottesdienst gebraucht werden, und rief dann Tsering zu mir heran. Als er vor mir stand, blies ich auf das Wasser, rührte mit einem Stäbchen leicht darin herum und sprach mit der Feierlichkeit einer Seherin: »Tsering, aus der Börse des Lamas Yongden sind drei Rupien verschwunden. Ich habe sie, als du dich schlafen gelegt hattest, unter deinem Kopfe gesehen; geh und hole sie!«

Der Freigeist war so vernichtet, daß er kein Wort hervorbringen konnte. Leichenblaß warf er sich mir dreimal zu Füßen, ging nach seinem Zelt, holte das gestohlene Geld und brachte es mir.

»Ehrwürdige Frau«, fragte er zitternd, »wird der To-uo mich nun wohl umbringen?«

»Nein«, erwiderte ich großmütig, »ich will mich bei ihm verwenden, daß er dich verschont.«

Noch ein Fußfall, und er ging.

Ich aber nahm, als ich in meinem kleinen Zelt angesichts der totenstillen Wüste allein war, Tamburin und Glöckchen und dachte beim Schalle ihrer uralten lamaistischen Klänge darüber nach, wie mächtig der Glaube unserer Vorväter im Menschen weiterwirkt, und daß die Posse, die ich eben aufgeführt hatte, auch ihre ernste Seite hat.

KAPITEL 5

Meister und Schüler

Es ließe sich gut ein Roman darüber schreiben, so abenteuerlich ist die Annahme eines Jüngers bei einem Meister, so seltsam sind die Prüfungen, die er bestehen muß, so wunderlich die Umstände, unter denen seine geistige Erleuchtung sich vollzieht.

Man bekommt in Tibet diese sonderbaren Geschichten zu Hunderten zu hören, alten und neuen Datums, in Sagenform und in der Lebensgeschichte berühmter Lamas enthalten oder auch durch Mitlebende bezeugt. Übersetzt man diese »goldene Legende« Tibets in eine andere Sprache und liest sie obendrein in Ländern, deren Sitte, Denkweise und Bodenbeschaffenheit völlig verschieden von der tibetischen ist, dann verfliegt der eigenartig lamaistische Reiz der Erzählungen freilich ganz und gar. Hört man sie aber im Halbdunkel einer Klosterzelle oder unter der Felsenwölbung einer Klausnerhöhle vortragen, und sieht dabei den Ausdruck heiliger Überzeugung auf dem Gesicht des gläubigen Erzählers, so meint man die Seele Tibets selbst, in ihrer uralten kräftigen Eigenart stets nach dem Jenseits dürstend, zu erkennen.

Zuerst will ich den ganz sagenhaften und sinnbildlichen Hergang berichten, wie Tilopa, der Bengale, in die Lehre eingeweiht ward, die sich nach seinem Tode Tibet eroberte. Sie erhielt sich dann, immer von dem Meister an den Schüler weitergegeben, in der Sekte der Khagyudpas, deren geistiger Ahnherr Tilopa ist.

Beiläufig bemerkt, erhielt der Lama Yongden, mein Mitarbeiter und Pflegesohn, vom achten Jahre an seine Ausbildung in einem Kloster dieser Sekte.

Tilopa ist gerade in das Studium einer philosophischen Abhandlung vertieft, als ein armes altes Mütterchen plötzlich hinter ihm auftaucht. Über seine Schulter hinweg liest sie einige Zeilen, oder tut doch so, und fragt ihn dann kurz angebunden: »Verstehst du, was du liest?« Tilopa ist entrüstet. Wie kann eine gemeine Bettlerin sich eine so unverschämte Frage herausnehmen? Allein die Frau läßt ihm gar keine Zeit, sich zu äußern, sondern spuckt ihm gerade auf das Buch.

Tilopa springt auf die Füße. Was denkt sich das Weib, daß es die heiligen Schriften anzuspucken wagt? Aber die einzige Antwort auf sein heftiges Schelten ist, daß die Alte noch einmal spuckt, ein unverständliches Wort spricht und darauf verschwindet.

Sonderbar, das Wort blieb für Tilopa nur ein undeutlicher Ton, und doch besänftigte es sogleich seinen Zorn. Allein er fühlt sich peinlich berührt, denn es kommen ihm nun Zweifel an seinem Wissen. Vielleicht hat er wirklich die in der Abhandlung entwickelte Lehre nicht begriffen. Was versteht er denn überhaupt? Ist er am Ende nur ein ganz unwissender Dummkopf?

Er will und muß herausbekommen, was die fremde Frau gesagt hat und wie das ihm unverständlich gebliebene Wort hieß. So machte sich denn Tilopa auf die Suche nach der unbekannten Alten und fand sie nach langen, ermüdenden Wanderungen endlich eines Nachts in einem einsamen Walde, oder wie andere erzählen, auf einem Friedhof: »Wie Feuer sah er ihre roten Augen durch die Dunkelheit leuchten.«

Die Frau war nämlich eine Dakini, Wesen, die eine große Rolle in dem lamaistischen Mystizismus spielen. Es heißt, daß diese Feen den Menschen, die durch Verehrung oder durch Zauberformeln ihre Dienste zu gewinnen verstehen, geheime Lehren enthüllen müssen. Man gibt ihnen häufig den Beinamen »Mutter«. Sie erscheinen oft unter der Gestalt älterer Frauen und sind am leichtesten durch ihre roten oder grünen Augen kenntlich.

Die Frau gab Tilopa im Lauf des Gesprächs jetzt den Rat, sich ins Land der Dakinis zu begeben, um dort ihre Königin aufzusuchen. Sie sagte ihm freilich, daß ihm unterwegs viele Gefahren drohten, wie reißende Sturzbäche, wilde Tiere, trügerische Luftspiegelungen, grausige Erscheinungen und gierige Dämonen. Unterlag er der Furcht, wich er von dem schnurgeraden Pfade ab, der dies Schreckensland durchquerte, dann würden ihn die Ungeheuer verschlingen. Wenn er von Hunger oder Durst geplagt an einer frischen Quelle trinke und von den Früchten esse, die ihm von den Bäumen am Wegrande her entgegenlachten, oder wenn er sich von verführerischen Mädchengestalten in die duftigen Gebüsche verlocken lasse, dann verliere er den Verstand und finde den rechten Weg nie wieder.

Die Alte gab ihm eine Zauberformel mit auf die Reise, schärfte ihm ein, sie fortwährend innerlich zu wiederholen und seine Gedanken fest darauf gerichtet zu halten. Dabei durfte er kein Wort sprechen und mußte für alles um sich herum taub und blind sein.

Viele glauben, Tilopa habe diese abenteuerliche Reise wirklich gemacht; wer aber einige Einsicht in die Begleiterscheinungen gewisser Verzückungszustände gewonnen hat, wird in dem allem nur rein seelische Ereignisse sehen; und wieder andere fassen die Beschreibung

Vergewaltigung der Feen (Frauen) der seel. Vorgang bei der geistigen Entwicklung von ♂

als bildlich zu verstehen auf. Gleichviel, der Erzählung nach sah Tilopa wirklich alle die ihm verkündeten unsäglich fürchterlichen oder verführerischen Gesichte. Auf felsigen Abhängen und an schäumenden Wildbächen hatte er Kämpfe zu bestehen. Er mußte im Schnee vor Frost erschauern und in der Sandwüste Sonnenbrand und Durstqualen erdulden, aber nie verlor er auch nur für einen Augenblick die Zauberworte aus den Gedanken.

Endlich kam er zu einem Schlosse, dessen bis zum Weißglühen erhitzte Bronzemauern blendende Helligkeit ausstrahlten. Grauenhafte weibliche Ungeheuer sperrten ihre Schreckensmäuler auf, um ihn zu verschlingen, und Bäume, die anstatt der Zweige scharf schneidende Waffen ausstreckten, wehrten ihm den Durchgang. Aber er erzwang sich den Eintritt in das verzauberte Schloß, durchschritt einen wahren Irrgarten von prächtigen Zimmern, bahnte sich auch durch sie seinen Weg und kam so endlich in das Gemach der Königin.

Er fand sie, in göttlicher Schönheit auf ihrem Throne sitzend, im Schmuck herrlicher Juwelen strahlend, und als der heldenmütige Wanderer die Schwelle des Saales überschritt, lächelte sie ihm huldvoll zu.

Allein ganz ungerührt ob dieser Huld stieg er die Stufen des Thrones hinan, und unablässig die Zauberformel wiederholend, riß er der Fee den funkelnden Schmuck ab, trat ihre Blumenkränze mit Füßen, zerfetzte ihr goldbrokatenes Kleid, und schließlich, als sie nackt auf dem geplünderten Thron stand, tat er ihr Gewalt an.

Die Besiegung einer Dakini, sei es durch Gewalt, sei es durch Zauberei, kehrt in der mystischen Literatur der Lamaisten immer wieder und soll das Sinnbild für die Eroberung der Wahrheit und für den seelischen Vorgang bei der geistigen Entwicklung sein.

Tilopa gab seine Lehre an Narota[45] weiter, dessen Jünger Marpa sie dann in Tibet einführte. Der bedeutende Schüler Marpas, der berühmte Asket und Dichter Milaraspa, teilte sie darauf wieder seinem eigenen Schüler Tagpo Lhadji mit, und so geht sie bis auf unsere Tage in gerader Linie vom Meister immer wieder auf den Jünger über.

In dem Lebenslauf des Philosophen Narota, des geistigen Erben Tilopas, sind ganz ergötzlich und vielleicht wahrheitsgetreuer, als man glauben sollte, die Prüfungen geschildert, denen ein Meister des »direkten Pfades« seinen Jünger unterwirft, um ihn »geschmeidig« zu machen.

Die Erzählung von den zwölf großen und zwölf kleinen Prüfungen des gelehrten Narota gehört zu den klassischen Werken der tibetischen Mystik und wird den jungen Naldjorpas oft als gutes Beispiel vorgehalten.

Sie lautet kurz folgendermaßen: Narota ward im 10. Jahrhundert in

Kaschmir als der Sohn einer sehr gebildeten Brahmanenfamilie geboren und galt für einen erfahrenen Zauberer. Einstmals beleidigte ihn ein Radscha, bei dem er als Hauspriester angestellt war, und Narota beschloß, sich heimlich dafür zu rächen.

Er schloß sich in einem alleinliegenden Gebäude ein und legte einen Zauberkreis an, mittels dessen er den Fürsten töten wollte. Während er die dazu erforderlichen Beschwörungen vornahm, erschien ihm eine Dakini und fragte ihn, ob er sich wohl zutraue, den »Geist« des Verstorbenen glücklicheren Gefilden zuzuführen oder ihm in dem eben erst verlassenen Körper zur Wiederauferstehung zu verhelfen. Der Zauberer mußte gestehen, daß seine Wissenschaft nicht so weit reichte und ward darauf von der Fee ernstlich gescholten. Sie bewies ihm, man dürfe nichts zerstören, was man nicht wiederherstellen könne, und erklärte ihm, die Folge seiner gehässigen, unüberlegten Handlungsweise würde seine Wiedergeburt in einem der Fegefeuer sein. Der erschrockene Narota erkundigte sich, wie er diesem schrecklichen Schicksal entgehen könne. Sie gab ihm den Rat, den weisen Tilopa aufzusuchen, um sich von ihm in die Lehre des »direkten Pfades« einweihen zu lassen. Durch sie erreicht man die Aufhebung aller Folgen der jemals begangenen Taten und ist sicher, schon nach »einem einzigen Leben« in das Nirwana eingehen zu dürfen. Gelang es ihm, den Sinn dieser Lehre zu erfassen und sich ihre Früchte anzueignen, so entging er einer neuen Wiedergeburt und somit auch den Qualen des Fegefeuers.

Narota verließ seinen Zauberkreis, den »Kyilkhor«, und eilte nach Bengalen, wo Tilopa lebte.

Tilopa erfreute sich damals großer Berühmtheit. Nachdem er, wie ja oben erzählt wurde, die höheren Weihen erhalten hatte, war er eine Art Avadhuta-Klausner geworden, von denen es heißt: »Sie hassen nichts und lieben nichts, sie suchen keinerlei Ruhm, und sie haben die Bande der Familie, der Gesellschaft und der Religion zerrissen.« Narota dagegen war als strenggläubiger Hindu fest überzeugt von seiner Vorzugsstellung als Gelehrter und als Mitglied der hohen Brahmanenkaste. Das Zusammentreffen dieser beiden so von Grund aus verschiedenen Männer führte zu etwas, was uns wie eine Posse anmutet, für Narota aber zum erschütternden Erlebnis wurde.

Seine erste Begegnung mit dem Mann, der sein geistiger Führer werden sollte, fand im Hofe eines buddhistischen Klosters statt. Halbnackt saß Tilopa auf der Erde, aß gebackene Fische und legte die Gräten dabei neben sich auf den Boden. Um seine Kaste nicht zu beflecken, wollte Narota den Essenden in weitem Bogen umgehen, als ein Mönch, der gerade aus der Küche kam, dem Tilopa seinen Mangel an Tierliebe vorwarf, denn seine Mahlzeit hatte ja Tiere das Leben gekostet, und das noch dazu innerhalb der Umfassungsmauer eines buddhistischen Klosters. Tilopa würdigte ihn nicht einmal einer Antwort. Er wies ihn nur mit der Hand ab und sagte ein »Mantra« her. Flugs bedeckten sich die Gräten aufs neue mit Fleisch, wurden wieder zu Fischen und erhoben sich einen Augenblick in die Lüfte, um dann zu verschwinden. So blieb keine Spur von der grausamen Mahlzeit zurück, und Tilopa entfernte sich.

Narota stand wie versteinert, aber plötzlich durchzuckte ihn blitzschnell ein Gedanke. Der merkwürdige Wundermann konnte kein anderer sein als der von ihm gesuchte Tilopa. Er erkundigte sich, und richtig, seine Ahnung hatte ihn nicht betrogen. Nun versuchte er, den Yogi einzuholen, aber der blieb unauffindbar.

Das war der Anfang der Wanderjahre Narotas, die in seiner Lebensbeschreibung gewiß noch erweitert und ausgeschmückt worden sind, in denen aber vermutlich ein Kern von Wahrheit steckt. Von einer Stadt zur andern verfolgt der angehende Jünger den immer wieder entschlüpfenden Tilopa. Kaum hört er, daß er irgendwo gesehen worden sei, eilt er dorthin; aber unfehlbar ist Tilopa, wenn er ankommt, schon wieder abgereist. Darauf folgen Begegnungen, die Narota fälschlich für zufällig hält. In Wirklichkeit sind es aber vom Meister bewirkte Sinnestäuschungen. Eines Tages klopft Narota mit der Bitte um Brot an die Tür eines Hauses am Wegrande. Ein Mann öffnet und bietet ihm Wein an, den er zurückweist[46]. Alsbald verteilt sich die Luftspiegelung, das Haus verschwindet, er sieht sich auf der Straße allein, und die spöttische Stimme des unsichtbar bleibenden Tilopa verlacht ihn mit den Worten: »Ich war's.«

Dann wieder bittet ein Bauer ihn um Hilfe beim Abhäuten eines toten Tieres, eine Arbeit, die dortzulande nur die »unberührbaren« Parias besorgen. Nicht nur ihre Berührung, allein schon ihre Nähe befleckt den zu den reinen Kasten gehörigen Hindu. Voll Widerwillen und Grimm flieht der Brahmane Narota, und wieder verlacht der unsichtbare Tilopa ihn mit dem Zuruf: »Ich war's!«

Ein andermal sieht er, wie ein Mann eine in Tränen schwimmende Frau an den Haaren hinter sich herzieht. Als er auf ihre Hilferufe herbeieilt, sagt ihm der Rohling: »Es ist meine Frau; ich will sie totschlagen. Hilf mir dabei, oder geh deiner Wege.« Aber Narota fällt empört über den Elenden her und schlägt ihn halbtot, um schließlich wieder die hohnlachenden Worte zu hören: »Ich war's.«

Noch viele Abenteuer verlaufen auf ähnliche Weise. Narota ist freilich selbst Zauberer, aber so viel Hexenwerk hat er sich doch nicht träumen lassen, und er fühlt förmlich, wie er darüber den Verstand verliert. Dabei wird aber sein Wunsch, Tilopa einzuholen und sein

Schüler werden zu dürfen, nur immer größer. Er wandert aufs Geratewohl kreuz und quer durch das Land, ruft mit schallender Stimme nach dem Zauberer und wirft sich jedem Vorübergehenden zu Füßen, da er ja weiß, der Meister kann ihm in jeder beliebigen Form erscheinen.

Eines Abends kommt er an einen Friedhof, auf dem in einer Ecke ein in sich zusammengesunkener Scheiterhaufen glüht. Von Zeit zu Zeit lodert noch eine Flamme daraus empor, und bei ihrem Lichte sieht man zwischen den glimmenden Holzstücken zusammengeschrumpfte, schwärzliche Überreste eines Menschen liegen. Narota unterscheidet undeutlich eine auf der Erde ausgestreckte Gestalt. Er sieht schärfer hin, da hört er wieder einmal das alte, höhnische Lachen. Er begreift, wirft sich zu Boden, umarmt die Füße des Meisters und legt sie sich auf sein Haupt. Diesmal verschwindet Tilopa nicht wieder.

Jahrelang folgt der ehemalige Priester treulich seinem Lehrer, ohne von ihm irgendwie gefördert zu werden, wohl aber wird ihm eine ganze Reihe von Prüfungen in bezug auf seinen Gehorsam und sein Vertrauen auferlegt, von denen ich hier nur einige herausgreifen will.

Narota hatte sich, wie das bei den indischen Klausnern Sitte ist, Nahrungsmittel erbettelt, kam nun mit einem Napf voll Reis und Fleischstücken zurück und bot ihn seinem Meister an; die Regel will, daß der Jünger erst dann essen darf, wenn sein Guru satt ist. Tilopa aß alles auf und erklärte, das Gericht schmecke so gut, daß er gern noch mehr davon genommen hätte. Narota ließ sich das gesagt sein, nahm die Schale und kehrte nach dem gastlichen Hause zurück, in dem man ihm das Essen, das seinem Meister so sehr behagte, gegeben hatte. Er kam vor verschlossene Türen, aber in seinem Eifer hielt ihn das nicht lange auf. Er drückte die Tür ein, entdeckte auf dem Küchenherd die noch warme Speise und griff ordentlich zu, um dem Tilopa reichlich davon bringen zu können. Mittlerweile kamen aber die Bewohner des Hauses wieder und straften ihn recht gründlich ab.

Braun und blau geschlagen schleppte sich Narota zu seinem Meister zurück, fand aber durchaus kein Mitleid bei ihm.

»Da hast du dich mir zuliebe auf ein häßliches Abenteuer eingelassen«, das war alles, was er ihm mit ruhigem Hohn sagte, »bereust du nicht, mein Jünger geworden zu sein?«

Mit aller Kraft, die dem armen Narota noch übriggeblieben war, wehrte er sich gegen den Verdacht, solch einem Guru nicht gern gefolgt zu sein. Man könnte die Ehre, ihm zu dienen, ja gar nicht hoch genug schätzen, sie wäre mit dem Leben selber noch nicht zu teuer erkauft gewesen.

Dann wieder, als sie gerade an einem offenen Rinnstein entlanggingen, sagte Tilopa zu den Jüngern, die ihn begleiteten: »Ob wohl einer von euch von diesem Wasser trinkt, wenn ich es ihm befehle?«

Wohlverstanden galt es dabei nicht nur, einen natürlichen Widerwillen zu überwinden, sondern man wird dadurch selbst unrein, und das ist für einen Hindu aus einer reinen Kaste sehr ernst, weil er infolgedessen ausgestoßen und ein Paria wird. Trotzdem drängte gerade der Brahmane sich vor, während die übrigen zögerten, und schluckte die ekelhafte Flüssigkeit hinunter. Noch barbarischer war folgende Prüfung:

Meister und Jünger lebten gerade in einer Hütte am Waldrande. Narota bemerkte eines Tages bei seiner Rückkehr vom Dorfe, daß Tilopa während seiner Abwesenheit eine ganze Anzahl langer Nadeln aus Bambusrohr geschnitten hatte und sie nun am Feuer hart werden ließ. Ganz erstaunt fragte er, was er damit vorhabe. Der Yogi antwortete mit einem eigentümlichen Lächeln: »Würdest du es wohl aushalten können, wenn ich dir Schmerzen zufügte?«

Narotas Antwort lautete, daß er ihm ganz gehöre und daß der Meister nach Gutdünken mit ihm verfahren könne.

»Gut«, erwiderte Tilopa, »strecke deine Hand aus!«

Narota gehorchte, und nun stieß der Meister ihm erst unter die Nägel der Finger und darauf noch der Zehen je eine Bambusnadel, sperrte den gefolterten Schüler in die Hütte, befahl ihm, dort seine Rückkehr abzuwarten, und ging ruhig davon.

Erst mehrere Tage später kam der grausame Guru wieder. Er fand seinen Jünger in der Hütte hockend und die Nadeln noch unangerührt im Fleische steckend.

»Woran hast du gedacht, während du allein warst«, fragte Tilopa ihn. »Meinst du nicht doch, daß ich ein entmenschter Meister bin und daß du mich lieber verlassen solltest?«

»Woran ich gedacht habe?« antwortete Narota. »An die Schrecken, die mich im Fegefeuer erwarten, wenn ich nicht dank Eurer Gnade zur Erleuchtung durch die Lehre vom ›direkten Pfade‹ gelange und so der neuen Wiedergeburt[47] entgehe.«

Ich will zum Schluß noch eine Prüfung erzählen, die für alle andern, nur nicht für ihren Helden selbst, ganz lustig klingt.

Einmal als Tilopa mit einigen seiner Jünger spazierenging, begegnete ihm ein Hochzeitszug, der einer Braut das Geleit nach ihrem neuen Heim gab. Der Yogi fragte seine Begleiter: »Wer von euch will diese Frau, die ich für mich begehre, greifen und mir zuführen?« Er hatte noch kaum ausgeredet, da stürzte Narota schon auf den Hochzeitszug zu. Die Leute erkannten ihn als Brahmanen und ließen ihn daher ruhig herankommen, da sie glaubten, er wolle der Braut seinen Segen erteilen, der ihr Glück bringen sollte. Aber freilich, als sie sahen, daß er sie packte und fortschleppen wollte, kam ihnen jedes Ding, das ihnen zur Hand war, gerade recht als Abwehrwaffe. Mit den Stützen des Brauthimmels, mit den Leuchtern, mit den Kisten, in denen sie die Brautgeschenke trugen, schlugen sie so lange auf den übereifrigen Jünger ein, bis er wie leblos liegenblieb.

Als er wieder zu sich gekommen und dem Meister nachgehinkt war, empfing ihn Tilopa mit der auf jede Prüfung folgenden Frage: »Bereust du noch nicht?« Und Narota antwortete auch wieder wie immer, tausend Tode seien ihm nicht zuviel, wenn er sich damit die Ehre erkaufen könne, Tilopas Schüler zu sein.

Dann warf er sich noch von einem Dache herab, ging durch glühende Kohlen und bestand noch viele andere außergewöhnliche und lebensgefährliche Prüfungen.

Der Lohn, den Narota schließlich nach so vielen Leiden bekam, bestand aber nicht in regelmäßigem Unterricht und in der Einweihung in die Geheimlehren.

Tilopa ging, der Sage nach, dabei fast so seltsam vor, wie einige chinesische Lehrer aus der Ts'an-Sekte das zu tun pflegen.

Narota hatte sicher, auch ohne eigentliche Unterweisung, während seiner bewegten Lehrzeit viele der von seinem Meister vertretenen Ansichten richtig aufgefaßt. Über die Art, wie ihm dann die endgültige Erleuchtung kam, wird folgendes erzählt.

Er saß mit seinem Guru im Freien an einem Feuer, als Tilopa wortlos einen Schuh auszog und ihm damit einen heftigen Schlag ins Gesicht versetzte. Narota sah Funken vor den Augen sprühen, aber im selben Augenblick ging ihm auch blitzartig der tiefe Sinn des »direkten Pfades« auf.

Viele Jünger sammelten sich um ihn, und wie die Sage behauptet, ersparte er ihnen die Prüfungen, deren Grausamkeit er zu gut aus eigener Erfahrung kannte. Nachdem er sich als Philosoph ausgezeichnet hatte, widmete er viele Jahre – zwölf Jahre hintereinander, heißt es – der ununterbrochenen Betrachtung und gelangte so zum »vollkommenen Erfolg[48]«, das heißt er ging in den Buddhastand ein. Als Greis zog er sich in den Himalaja zurück, um dort als Einsiedler zu leben.

Narota ist in Tibet besonders als der Guru Marpas bekannt, der dann seinerseits wieder der Lehrer des berühmten Klausners und Dichters Milaraspa wurde, dessen Name, Geschichte und religiöse Lieder bei den Tibetern noch immer sehr beliebt sind. Marpa war als Lehrer keineswegs so sanft wie Narota. Jahrelang quälte er den unglücklichen Milaraspa mit dem Bau eines Hauses, das er ganz ohne Hilfe errichten mußte, und das der Meister ihn dann ein paarmal einreißen und wieder aufbauen ließ.

Milaraspa mußte selbst die Bausteine brechen und auf seinem Rücken herbeitragen, der infolgedessen schließlich ganz mit beschmutzten und vereiterten Wunden bedeckt war. Sein geistiger Vater schien aber über das ganze Elend wegzusehen, und als ihm seine Frau, die Milaraspa wie ihren Sohn liebte, seine Grausamkeit vorwarf, riet er dem armen Jünger, sich ein durchlöchertes Stück Filz auf den Rücken zu legen, um die Wunden voneinander getrennt zu halten. So verfährt man nämlich in Tibet bei den Lasttieren. Das von Milaraspa gebaute Haus kann man noch heutigentags in Lhobrag in Osttibet sehen.

Die Tibeter bezweifeln nicht im mindesten, daß derartige Geschichten in all ihren Einzelheiten völlig echt sind. Wenn wir es an Gläubigkeit auch nicht mit ihnen aufnehmen können, müssen wir uns doch hüten, alle sonderbaren Abenteuer der Naldjorpa-Schüler für reine Erfindung zu halten oder anzunehmen, daß es sich dabei nur um uralte, nicht mehr nachzuprüfende Begebenheiten handelt.

Die Geistesverfassung der Tibeter hat sich seit dem 11. Jahrhundert, in dem Marpa lebte, nicht geändert. Bis in die kleinsten Einzelheiten der Sitten und Gebräuche hinein fand ich bei vielen Lamas genau dieselben Verhältnisse, wie die alten Bücher sie beschreiben.

Der junge Mönch, der sich einen Guru sucht, ist auch heutzutage noch durchaus opferwillig und wundergläubig, wenn sein Glauben und sein Eifer vielleicht auch nicht mehr an den eines Narota oder Milaraspa heranreichen, die übrigens stets zu den Ausnahmen gehört haben. Allein im großen und ganzen spielt sich der gleiche sonderbare Roman noch immer täglich und überall im »Land des Schnees« ab.

Schon der Entschluß, sich in die Geheimlehre einweihen zu lassen, wird nicht gefaßt, ohne Furcht und Angst überwinden zu müssen. Dann kommt die oft sehr lange Reise durch die Einöde. Kein Wunder also, daß der Schüler schon in einer ganz eigenartigen Stimmung in der Einsiedelei des Meisters seiner Wahl eintrifft.

Die manchmal sehr wilde und düstere Lage der Behausung und der Ruf, der dem Zauberer vorangeht, machen dann vollends den tiefsten Eindruck auf den Jüngling und tun das ihrige, um ihn im höchsten Grade wundergläubig zu stimmen.

Von jetzt an und während der ganzen Dauer seiner geistigen und seelischen Schulung lebt er eigentlich vollständig in der Welt seiner Einbildung, und wenn Himmel und Erde die abenteuerlichsten Reigentänze um ihn vollführen, so wird ihn das nicht weiter in Erstaunen setzen. Götter und Dämonen werden ihn mit ihren Erscheinungen verfolgen, zuerst um ihn zu schrecken, dann, wenn er aller Furcht Herr geworden ist, nur noch, um ihn zu verblüffen und zu necken. Zehn, ja vielleicht zwanzig Jahre lang wird so ein unwahrscheinliches Ereignis das andere jagen und mit immer neuem Schrecken den Jünger bis zu seinem Tode martern. Oder aber er wird eines Tages plötzlich zur Erkenntnis dessen, was er lernen sollte, gelangen. Dann kann er allen ferneren Unterricht entbehren, sich dem eben noch so gefürchteten Meister zu Füßen werfen, friedlich von ihm Abschied nehmen und weiterziehen. Mehrere Geschichten einer solch aufregenden Lehrzeit habe ich mir von ihren Helden selbst erzählen lassen. Eine von ihnen will ich hier einflechten, da sie besonders kennzeichnend für Tibet ist und ich den Ort kenne, an dem sie sich abgespielt hat:

Yetsches Gyatso hatte sich schon wiederholt in »Tschams« zurückgezogen. Es quälte ihn, keine Antwort auf die Frage: Was ist der Geist? finden zu können. Immer wieder wollte er den Geist greifen und festhalten, um ihn zu prüfen und zu zerlegen, aber es ging ihm wie dem Kinde, das sich abmüht, Wasser in der geschlossenen Hand zu bergen: der »Flüchtige« entschlüpfte ihm stets von neuem. Sein geistiger Führer, einer der Lamas aus dem Kloster, dem er angehörte, riet ihm, einen gewissen Klausner aufzusuchen und um Aufnahme in den Kreis seiner Schüler zu bitten.

Die Entfernung war nicht groß. Eine Reise von drei Wochen spielt in Tibet gar keine Rolle. Jedoch der Weg nach der Einsiedelei führte durch weite, wüste Strecken und über mehr als 5000 Meter hohe Pässe. Yetsches Gyatso machte sich also auf den Weg, und sein ganzes Gepäck bestand dabei aus ein paar Büchern und etwas Mundvorrat in Form von einem Beutel mit Tsamba, einem Stück Butter und ein wenig Tee. Es war im zweiten Monat des Jahres[49], auf den Bergen lag daher noch viel Schnee, und der Pilger konnte auf seiner ganzen Reise tiefe Einblicke in die wie einer andern Welt angehörigen furchtbaren Eiswüsten des Hochgebirges tun.

Eines Abends bei Sonnenuntergang kam er an die Wohnung des Gomtschen. Vor der großen Höhle zog sich eine kleine aufgemauerte Terrasse entlang. Etwas unterhalb sah man ein paar Hütten, die den vier oder fünf Schülern des Lamas zeitweilig als Obdach dienten. Die Behausungen der übrigen Klausner lagen auf den oberen Absätzen eines Kranzes von Bergen, deren schwärzliche Felsen sich in einem kleinen, smaragdgrünen See spiegelten.

Ich selbst bin um die Dämmerungsstunde dort angekommen und kann dem Jüngling den tiefen Eindruck nachfühlen, den ihm diese Landschaft auf seiner Suche nach geheimer Weisheit gemacht haben muß.

Er ließ sich bei dem Meister melden, ward aber nicht empfangen. Da es gewöhnlich so geht, überraschte das Yetsches nicht weiter, und er teilte einfach mit einem Schüler das Zelt.

So verging etwa eine Woche, und schüchtern ließ er den Einsiedler an seinen Wunsch, ihn zu sehen, erinnern. Die Antwort lautete kurz und bündig, daß der Gomtschen ihn auffordere, den Ort sogleich zu verlassen und nach Hause zurückzukehren.

Yetsches versuchte es jetzt mit flehentlichen Anrufen, die er zum Adlerhorst seines Lamas emporsandte. Er warf sich am Fuße der Felsen zu Boden, aber das half ihm alles nichts, er mußte gehen.

Am selben Abend fegte ein Hagelsturm über eine kahle Hochebene, nach der ihn sein Weg führte, hinweg! Er sah sich deutlich von Schreckgestalten bedroht, kam in der Dunkelheit vom Wege ab und irrte die ganze Nacht auf gut Glück umher. Um es kurz zu machen, er verlebte elende Tage, das Wetter war fürchterlich, der Reisende hatte nichts mehr zu essen, wäre beim Übersetzen über einen Sturzbach um ein Haar ertrunken und kam schließlich erschöpft, krank und verzweifelt wieder in seiner Gompa an.

Aber bei alledem war sein völlig gefühlsmäßiger Glaube an die hohe geistige Weisheit des Einsiedlers unerschüttert geblieben. Drei Monate später machte er sich von neuem auf, und wieder fehlte es nicht an Stürmen. Er glaubte, der Lama habe sie entfesselt, um seine Ausdauer auf die Probe zu stellen, oder sie seien das Werk böser Geister, die seine Ausbildung in der Geheimlehre verhindern wollten.

Wieder ward er abgewiesen und machte im folgenden Jahre noch zweimal die Reise. Beim zweiten Male ließ ihn endlich der Meister vor und sagte zu ihm: »Du bist verrückt, mein Sohn. Ich will keine neuen Schüler, also schlag dir die Sache nur aus dem Sinn. Ich habe übrigens schon gehört, daß du Philosophie studiert und lange in der Einsamkeit gelebt hast. Was kannst du bei mir einfachem, altem Manne da noch wollen? Suchst du Unterricht in der Geheimlehre, so geh zum Lama X. in Lhasa. Er ist ein tüchtiger Gelehrter, kennt alle heiligen Schriften und ist sehr bewandert in den Geheimwissenschaften, also gerade der richtige Meister für einen lernbegierigen Jüngling wie du.«

Yetsches wußte wohl, daß jeder Lehrer so spricht, wenn er seinen künftigen Schüler auf den Grad seines Vertrauens hin prüfen will, und diese Probe brauchte er nicht zu fürchten. So blieb er standhaft und hatte schließlich auch Erfolg.

Ich kannte einen andern Mönch, der sich aus weniger philosophischen Gründen seinen Meister gesucht hatte. Ich führe ihn hier des Gegensatzes wegen an und weil er die Geistesverfassung der Tibeter in einem neuen Lichte zeigt.

Karma Dordschi war armer und niedriger Herkunft. Als seine Eltern ihn ins Kloster gebracht hatten, wurde er dort die Zielscheibe des Spottes und der Verachtung für die andern Mönchlein, die alle besserer

Herkunft waren als er. Das wurde nun freilich mit den Jahren etwas besser, aber viele seiner Gefährten ließen ihn doch dauernd, wenn auch nur stillschweigend, seine bescheidene Abstammung entgelten. Karma Dordschi war stolz und von seltener Willensstärke. Er erzählte mir, er habe sich schon als kleines Bürschchen geschworen, es noch einmal viel weiter zu bringen als die Leute, die ihn demütigten.

Durch seine Geburt und sein Mönchtum stand ihm nur ein Weg zu diesem Ziele offen. Er mußte ein großer Klausner und Zauberer werden, einer von denen, die sich die Dämonen zu unterjochen und dienstbar zu machen wissen, dann würde alles vor ihm zittern, und er konnte seinen Rachedurst nach Herzenslust stillen.

In dieser wenig frommen Gemütsverfassung suchte er seinen Abt auf und bat ihn um zwei Jahre Urlaub, um sich im Walde ganz der Betrachtung zu widmen. Derartige Bitten werden nie abgeschlagen. Dordschi kletterte hoch ins Gebirge hinauf und fand einen ihm zusagenden Ort nahe bei einer Quelle, wo er sich eine Hütte baute. Er machte es dann gleich wie die Klausner, die sich auf die Kunst verstehen, ihre Innenwärme zu steigern, nämlich er warf alle Kleider ab und ließ sein Haar lang wachsen. Die wenigen Menschen, die ihm in langen Zwischenräumen Lebensmittel brachten, fanden ihn stets regungslos, und auch im tiefen Winter völlig nackt, in Betrachtung versunken dasitzen.

Allmählich fing man an, von ihm zu sprechen, aber so berühmt, wie er es sich gewünscht hatte, war er freilich durchaus noch nicht. So stieg er denn zu seinem Kloster hinunter und bat den Abt um Erlaubnis, das Land verlassen und sich anderswo einen andern Guru suchen zu dürfen. Niemand hielt ihn zurück.

Seine Reiseabenteuer waren noch viel merkwürdiger als die des Yetsches Gyatso, der doch wenigstens wußte, wohin er ging. Karma Dordschi aber kannte sein Ziel überhaupt nicht.

Da es ihm gar nicht gelingen wollte, einen Zauberer ausfindig zu machen, zu dem er Zutrauen haben konnte, griff er schließlich zu Geheimmitteln. Karma Dordschi glaubte felsenfest an Götter und Dämonen. Wie Milaraspa ein Haus zum Einsturz bringt, um seine Feinde darunter zu begraben, oder auch, wie die »großen Schrecklichen« dem inmitten seines selbsterbauten »Kyilkhor« stehenden Zauberer seinem Befehl gehorchend die blutigen Häupter bringen, alles das wußte er auswendig.

Dordschi verstand sich ein wenig auf die Kunst der »Kyilkhors«, so baute er sich am Ende einer engen Schlucht einen solchen aus Steinen und begann die Schreckensgötter zu beschwören, ihn einem der Meister zuzuführen, dem sie dienten. Im Verlauf der siebenten Nacht schwoll plötzlich der Sturzbach unten in der Bergklamm mit furchtbarem Rauschen an. Vielleicht war oben im Gebirge nach einem wolkenbruchartigen Regen ein Damm gebrochen oder ein Wasserbecken übergelaufen, kurz, eine Wasserwoge fegte durch die enge Schlucht, wo der junge Mönch sich befand, ergriff ihn mitsamt seinem Kyilkhor und seinem bißchen Gepäck. Da er unter die herabgespülten Steine geriet, konnte er noch von Glück sagen, daß er schließlich, anstatt zu ertrinken, in einem weiten Tale, am Ausgang der Schlucht, ans Land geworfen ward. Als es hell geworden war, bemerkte er vor sich auf einem Gebirgsvorsprung einen eng an eine Felswand angeschmiegten »Ritö«.

Das mit Kalk beworfene Häuschen leuchtete weiß und rosig im Schein der aufgehenden Sonne. Der eben Gerettete meinte zu sehen, daß Lichtstrahlen von ihm ausgingen und gerade auf seine Stirn fielen. Mußte da nicht der lange gesuchte Meister wohnen? Hatten die Götter nicht sein Gebet erhört und selbst eingegriffen? Seine Absicht war ja gewesen, die Schlucht hinanzusteigen und die Bergkette zu überschreiten, sie aber hatten ihn, allerdings mit recht rauher Hand, bergab, dem Tale und damit auch dem Ritö zugeführt.

Karma Dordschi gefiel sich in diesem Gedanken so gut, daß er Lebensmittel und Kleidungsstücke, die ihm die Flut geraubt hatte, schnell verschmerzte, und splitternackt, wie er in seinem Kyilkhor in getreuer Nachahmung des Heruka[50] dagestanden hatte, ging er auf die Einsiedelei zu.

Einer der Schüler des Meisters kam gerade den Berg herab, um Wasser zu schöpfen, und es fehlte wenig, dann hätte er bei dem Anblick der seltsamen Erscheinung, die vor ihm auftauchte, das Gefäß aus der Hand fallen gelassen. In Indien gerät niemand bei dem Anblick nackter Einsiedler in Erstaunen, das Land wimmelt von ihnen, aber in Tibet, dem »Lande des Schnees«, steht es anders mit Wind und Wetter. Hier gibt es nur wenige Naldjorpas, die sich dazu entschließen, und man bekommt sie nicht oft zu sehen, da sie weitab von allen begangenen Wegen in versteckten Schluchten des Hochgebirges leben. »Wer wohnt in diesem ›Ritö‹?« fragte Karma Dordschi.

»Mein Meister, der Lama Tobsgyais«, antwortete der Mönch.

Der angehende Zauberer fragte nicht weiter. Wozu auch? Er wußte alles im voraus, die Götter hatten ihn dem richtigen Lehrer zugeführt.

»Geh und sage dem Lama, daß die ›Tschö-kyongs[51]‹ ihm einen Jünger geschickt haben«, sprach mit Nachdruck der nackte Mann.

Völlig verblüfft benachrichtigte der junge Wasserträger seinen Lehrer, der ihm befahl, den Besucher hereinzuführen. Karma Dordschi warf sich demütig vor ihm auf die Knie und stellte sich als seinen durch göttliche Hand bis zu »den Füßen des Meisters« geführten Jünger vor.

Lama Tobsgyais war ein Gelehrter. Von seinem Großvater, einem mit einer Tibeterin verheirateten chinesischen Beamten, hatte er zweifelsohne eine Neigung zu einer bequemen Art von Ungläubigkeit geerbt. Wer weiß, ob es nicht mehr der Wunsch nach vornehmer Einsamkeit und ungestörtem Studium, als tiefere Gründe gewesen waren, die ihn in die Einöde getrieben hatten. Nach dem Bilde zu urteilen, das Karma Dordschi mir von ihm entwarf, schien mir das wenigstens sehr wahrscheinlich. Nicht er, sondern die ihm dienenden Mönche erteilten dem Karma seinen Unterricht, und seine Beziehungen zum Lama selbst waren, wie wir sehen werden, nur von kurzer Dauer.

Die Lage der Einsiedelei des Kutschog Tobsgyais entsprach ganz und gar den in den alten buddhistischen Schriften enthaltenen Regeln: »nicht zu nahe am Dorfe und nicht zu fern von ihm.« Vom Fenster aus übersah der Klausner ein weites, ödes Tal, und überschritt man den Berg, an den sich das Kloster lehnte, kam man am andern Abhang erst nach einem guten halben Tagemarsch zu einem Dorfe.

Das Innere der Einsiedelei war denkbar einfach, wies aber immerhin eine sehr gut ausgestattete Bücherei auf, und einige schöne, an den Wänden aufgehängte »Thangkas[52]« bezeugten, daß der Bewohner weder arm noch ohne Kunstgeschmack war.

Karma Dordschi, hochgewachsen und kräftig gebaut, muß mit seinem langen geflochtenen Zopf, der, noch mit Yakhaar verlängert, ihm nun bis auf die Fersen reichte, merkwürdig gegen den zarten, feinen Gelehrten, den er mir schilderte, abgestochen haben.

Der Lama ließ sich die Geschichte des Kyilkhors und des »wunderbaren« Ansteigens des Sturzbaches erzählen und bemerkte nur, als Dordschi nochmals erwähnte, bis »zu seinen Füßen« geführt zu sein, daß der Ort, wo die Wasser ihn ans Land gespült hätten, doch nicht so ganz nahe bei der Einsiedelei gelegen sei. Dann erkundigte er sich danach, weshalb der Zauberlehrling ohne Kleider in der Welt herumreise.

Als Dordschi, ganz erfüllt von seinen Heldentaten, ihm von Heruka und den beiden nackt im Walde verbrachten Jahren gesprochen hatte, sah ihn der Lama einen Augenblick nachdenklich an. Darauf rief er einen Diener herbei und sagte ihm ganz einfach: »Führe diesen armen Mann in die Küche, gib ihm einen Platz am Feuer und sorge dafür, daß er recht heißen Tee zu trinken bekommt. Sucht auch irgendeinen alten Schafpelz für ihn heraus, er ist schon seit Jahren nicht mehr warm geworden.« Und damit verabschiedete er ihn.

So zerlumpt der Pelzrock auch gewesen sein mag, Karma Dordschi wird ihn sicher mit Freuden angezogen haben, und wie wohl muß ihm das Feuer getan haben, wie gut mochte ihm erst der fette Buttertee schmecken! Aber wenn auch der Körper schwelgte, seine Eitelkeit war schwer gekränkt. Das war doch kein Empfang gewesen, wie er einem durch ein Wunder hierherbeförderten Schüler gebührte! Aber nur Geduld, wenn er erst ausgeruht war, würde er dem Lama schon klarmachen, wer er war und was er wünschte. Tobsgyais jedoch ließ ihn gar nicht wieder zu sich bitten; er schien ihn vollkommen vergessen zu haben. Freilich mußten wohl Anordnungen seinetwegen getroffen sein, denn er bekam gut zu essen und behielt seinen warmen Platz am Feuer.

Die Zeit verging, Dordschi ward ungeduldig, und so behaglich es in der Küche auch war, allmählich kam er sich darin doch wie gefangen vor. Hätte man ihn wenigstens arbeiten, etwa Wasser schöpfen oder Brennholz sammeln lassen, aber das wollten ihm die Schüler des Lamas nicht erlauben. Der Meister hatte befohlen, ihn warm zu halten und ihm zu essen zu geben, und dabei blieb es auch.

Karma Dordschi schämte sich mehr und mehr, daß er wie ein Hund oder wie eine Hauskatze behandelt und so ohne jede Gegenleistung verpflegt wurde. Anfänglich hatte er seine Gefährten noch zuweilen gebeten, den Meister an ihn zu erinnern, aber sie hatten immer behauptet, sich das nicht erlauben zu dürfen. Wenn Rin-po-tschhe[53] ihn zu sehen wünsche, würde er ihn schon rufen lassen, erwiderten sie ihm. Später wagte er gar nicht mehr darum zu bitten. Sein einziger Trost bestand darin, den Lama manchmal auf einem kleinen Balkon vor seinem Zimmer sitzen zu sehen oder ein paar Worte von den Erläuterungen aufzufangen, die er beim Lesen eines philosophischen Buches seinen Jüngern oder einem zufälligen Besucher in seltenen Fällen erteilte. Das waren aber kurze Lichtblicke, im übrigen schlichen ihm die Stunden endlos und leer dahin, während er immer von neuem in Gedanken die seltsamen Schicksale durchlebte, die ihn hierhergeführt hatten.

So verging fast ein Jahr, und Dordschi ward es immer trübseliger zumute. Die härtesten Prüfungen hätte er gern ertragen, aber daß ihn der Lama so ganz vergaß, das war zuviel. Ob Kutschog Tobsgyais am Ende, kraft seiner Zaubergewalt, seine doch so streng vor ihm verborgengehaltene, niedrige Herkunft erraten hatte, ihn nun verachtete und aus bloßem Mitleid die Gastfreundschaft wie ein Almosen hinwarf? Dieser Gedanke fraß sich täglich fester und quälender in sein Gemüt.

Noch immer war er völlig überzeugt, daß ein Wunder ihn hierhergeführt hätte, daß kein anderer als gerade dieser Lama sein Lehrer werden müßte, alles fernere Suchen also zwecklos wäre, aber allmählich kamen ihm Selbstmordgedanken.

Karma Dordschi war der völligen Verzweiflung nahe, als ein Neffe des Klausners, ein Tulku-Lama, Abt eines Klosters, mit großem Gefolge seinen Oheim besuchte. Im Schimmer seines gelben Brokatgewandes, auf dem Haupte den vergoldeten, wie ein Pagodendach zugespitzten hölzernen Hut, stieg der Lama mit allen seinen Begleitern in der Ebene am Fuße der Einsiedelei vom Pferde. Herrliche Zelte wurden aufgeschlagen, und nachdem der Tulku sich mit dem Tee gestärkt hatte, den ihm sein Onkel in einer riesigen silbernen Teekanne schickte, stieg er zum Häuschen seines Verwandten hinauf.

Im Lauf der folgenden Tage fiel ihm die seltsame Gestalt des Karma Dordschi auf, der in seinem Schafpelz und mit seinem bis zur Erde herabhängenden Haar stets am Herde kauerte, und schließlich fragte er ihn, was er da triebe. Dordschi sah darin eine neue Gunst der Götter, hoffte, sie würden ihn nun endlich wieder gnädig anblicken, und kramte schnell alle seine Titel aus. Mit der Waldeinsamkeit fing er an, dann kam der Kyilkhor im Gebirge, das Anschwellen des Sturzbaches, die Entdeckung der Einsiedelei, die davon ausgehenden und auf seinem Haupte endenden Lichtstrahlen und endlich, wie der Lama ihn ganz vergessen habe, und die Bitte, der Tulku möge doch zu seinen Gunsten eingreifen.

Soweit ich aus der Erzählung schließen konnte, war der Tulku ähnlicher Geistesverfassung wie sein Onkel und für dergleichen Geschichten nicht zu haben. Er sah den baumstarken Karma Dordschi erstaunt an und fragte ihn, was er denn eigentlich von dem Lama lernen wolle.

Soviel Teilnahme war Wasser auf die Mühle des angehenden Zauberlehrlings, und nun schon sicherer geworden, äußerte er seinen Wunsch nach magischen Kräften. Er wollte fliegen lernen und die Erde erzittern machen, hütete sich aber wohl, den Grund anzugeben, weshalb ihm der Sinn nach solchen Wundertaten stand.

Der Lama wird sicher seinen Spaß daran gehabt haben, versprach jedoch, bei seinem Onkel ein gutes Wort für den Bittsteller einzulegen. Während der zwei Wochen, die sein Besuch noch dauerte, hatte er dann freilich keinen Blick mehr für Dordschi übrig.

Der Lama hatte von seinem Onkel Abschied genommen und war im Begriff, in die Ebene hinunterzureiten, wo sein Gefolge ihn erwartete. Schon sah man vor der Schwelle der Einsiedelei die prächtig mit rotem und gelbem Tuch aufgezäumten schönen Pferde stehen, die noch von den Dienern am Zügel gehalten wurden. In der klaren Morgensonne blitzten und funkelten die mit blankem Silber beschlagenen Sättel, und da stand der arme Karma Dordschi und sah sich, in seiner letzten Hoffnung getäuscht, halb stumpfsinnig das Schauspiel an. Denn sein

Fürsprecher hatte ihm keinerlei Antwort von seiten des Einsiedlers übermittelt, und nun, da er ging, war alles aus. Eben wollte er sich, wie die Sitte es verlangte, vor dem Tulku zum Abschied auf den Boden werfen, als dieser ihm kurz ein »Folge mir!« zurief.

Karma Dordschi war höchlichst überrascht. Man hatte nie vorher seine Dienste verlangt, was konnte der Lama jetzt von ihm wollen? Zelte und Gepäck waren von den Dienern besorgt und schon beim ersten Morgengrauen durch Lasttiere fortgeschafft worden. Um Arbeit handelte es sich daher nicht. Vielleicht sollte er aber irgendeinen vom Lama vergessenen Gegenstand dem Onkel in die Einsiedelei bringen.

Als sie am Fuß des Berges angekommen waren, redete der Tulku ihn an: »Ich habe«, sagte er, »dem Kutschog Rin-po-tschhe mitgeteilt, welche Zauberkünste du ihm ablernen möchtest, aber er antwortete mir, daß er nicht alle die Werke besitzt, die du dafür studieren müßtest. In meinem Kloster aber gibt es solch eine Sammlung, und Rin-potschhe hat mir deshalb aufgetragen, dich zu deiner Belehrung dahin mitzunehmen. Für ein Pferd ist gesorgt; du kannst also mit meinen Trapas reisen.«

Damit wandte er ihm den Rücken und schloß sich der kleinen Gruppe höherer Klosterbeamten an, die ihn auf seinem Ausflug begleitet hatten. Sie verneigten sich alle noch einmal in der Richtung der Einsiedelei, um dem Lama Tobsgyais zum Abschied ihre Ehrfurcht zu bezeugen, und trabten dann schnell davon.

Karma Dordschi blieb wie angenagelt stehen; ein Diener puffte ihn und legte ihm den Zügel eines Pferdes in die Hände . . . da saß er auch schon im Sattel und setzte sich mit den Leuten des Lamas in flotten Trab, ohne sich recht klar über das Geschehene geworden zu sein.

Die Reise verlief ganz glatt. Der Tulku nahm weiter keine Notiz von Dordschi, der fortan das Zelt und die Mahlzeiten mit den geistlichen Dienern[54] teilte.

Das Kloster des Tulkus war keineswegs so riesig wie manche andere tibetische Gompa, aber trotz seiner Kleinheit ganz so behaglich, wie es schon von weitem aussah.

Vier Tage nach der Ankunft benachrichtigte ein Trapa den Karma Dordschi, daß der Tulku die ganze Büchersammlung, deren sorgfältiges Studium Kutschog Tobsgyais für seine Zwecke unerläßlich fand, in einem Tscham-khang hätte zusammentragen lassen. Was er unterdessen an Lebensmitteln benötigte, würde ihm, so hieß es ferner, regelmäßig vom Kloster aus zugestellt werden.

Dordschi folgte seinem Führer, der ihm ein nettes Häuschen in hübscher Lage unweit der Gompa anwies. Aus dem Fenster hatte er die Aussicht auf das Kloster mit seinen vergoldeten Dächern und darüber hinaus auf ein von bewaldeten Abhängen eingerahmtes Tal. Zur Seite eines kleinen Altars befanden sich auf Wandbrettern einige dreißig Riesenbände, sorgfältig zwischen holzgeschnitzten Buchdeckeln aufbewahrt und mit Lederriemen verschnürt und umwickelt.

Dem zukünftigen Zauberer ging das Herz auf. Endlich fing man doch an, ihn richtig zu behandeln!

Bevor der Trapa ihn verließ, sagte er ihm noch, daß der Tulku ihm kein strenges Tscham vorschriebe. Er möge sich sein Leben nach Gutdünken einteilen, im nahen Bache Wasser schöpfen und soviel spazierengehen, wie sein Herz begehrte. Darauf zeigte er ihm noch, wo Mundvorräte und Brennholz für ihn aufgespeichert waren, und ging von dannen.

Nun versenkte Karma Dordschi sich in die Bücher, lernte eine Menge Zauberformeln auswendig und übte sich vorläufig mit ihrem Hersagen, um sich dann am Ende seiner Lehrzeit von seinem Guru, dem Lama Tobsgyais, den er bestimmt wiederzusehen hoffte, nur noch den richtigen Tonfall beibringen zu lassen. Er baute viele Kyilkhors genau nach den in den Büchern enthaltenen Vorschriften und verbrauchte mehr Butter und Mehl für die verschiedenartig geformten Weihbrote und Kuchen (Tormas) als für seine Nahrung selbst. Auch versäumte er es nicht, alle die in seinen Büchern empfohlenen Betrachtungen anzustellen.

So trieb er es achtzehn Monate lang, ohne daß sein Eifer je erlahmte. Nur zum Wasserholen ging er aus; nie richtete er das Wort an die Trapas, die ihm zweimal im Monat neue Vorräte brachten, und nicht ein einziges Mal trat er ans Fenster, um einen Blick nach draußen zu werfen. Ganz allmählich schlichen sich aber Gedanken, wie sie ihm nie zuvor gekommen waren, in seine Betrachtungen ein. Einzelne Sätze in den Büchern, gewisse Zeichnungen darin gewannen neue, geheime Bedeutung für ihn. Jetzt blieb er mitunter am offenen Fenster stehen und beobachtete die Mönche bei ihrem Kommen und Gehen. Schließlich ging er auch hinaus, durchstreifte die Berge und betrachtete lange die Pflanzen und die Steine, die am Himmel entlang ziehenden Wolken, das rastlos vorüberrauschende Wasser des Baches und das Spiel von Licht und Schatten. So saß er viele Stunden lang, den Blick auf die im Tale verstreuten Dörfer gerichtet. Er schaute auf die Arbeiter im Felde, sah, wie die Lasttiere des Weges zogen und wie das Vieh auf der Weide umhersprang.

Immer wenn er abends die kleine Altarlampe angezündet hatte, versenkte er sich in Betrachtungen, aber jetzt versuchte er es nicht mehr, die in den Büchern enthaltenen Anweisungen zu befolgen und die Gottheiten in all ihren verschiedenen Formen zu sich herabzubeschwören. Bis spät in die Nacht hinein, oder gar bis der neue Tag graute, verharrte er unbeweglich, allen Gedanken und Gefühlen abgestorben. Ihm war, als stünde er am Ufer eines Stromes und als sähe er die immer höher steigende Flut eines Ozeans wie eine leuchtende weiße Masse näher und näher rücken, bis sie über ihm zusammenschlagen mußte.

So vergingen wieder Monate, dann, er wußte nicht, war es bei Tage oder bei Nacht, fühlte Karma Dordschi, daß sein Körper sich über das Kissen, auf dem er saß, hinaus erhob. Ohne seine Stellung der tiefen Versunkenheit zu ändern, mit gekreuzten Beinen und in der Luft schwebend, ließ er die Schwelle hinter sich und durcheilte den Raum. Endlich kam er in seiner Heimat, vor seinem Kloster an. Es war Morgen, die Trapas kamen eben aus der Versammlung. Viele von ihnen, Würdenträger, Tulkus, frühere Schulgefährten erkannte er gleich. Halb neugierig, halb teilnehmend fand er, daß sie alle müde, sorgenvoll und bekümmert aussahen. Und wie klein sie ihm erschienen, der so hoch über ihnen schwebte! Was mußte das für ein Erschrecken und Erstaunen geben, wenn er sich ihnen erst zeigte! Sie würden ja alle vor ihm in den Staub sinken, vor ihm dem Magier im Besitz übernatürlicher Kräfte.

Aber dann konnte er selbst diesen Gedanken nur noch mitleidig belächeln. Was ging ihn diese Zwergenwelt noch an? Er dachte an die himmlische Ruhe, die von dem seltsamen leuchtenden Lichtmeer ausging, dessen stille Oberfläche keine Welle mehr kräuselt. Nein, er wollte sich ihnen nicht zeigen. Die Gedanken der Freunde bedeuteten ihm ebensowenig wie die eigenen. An der Verachtung der andern lag ihm nichts mehr, und nichts mehr an seinem ehemaligen Rachedurst.

Wieder bewegte er sich durch die Luft, um den Ort zu verlassen. . . Allein plötzlich erzitterten die Klostergebäude, sie fielen auseinander. Die Berge ringsumher gerieten in wilde Unruhe, alte Gipfel stürzten ein, neue erhoben sich. Die Sonne schien vom Himmelsgewölbe herabzufallen und fuhr wie eine feurige Kugel durch den Weltenraum. Eine neue Sonne erschien dafür am Himmel, und immer schneller und wilder ward die Jagd der Phantasiegebilde; bald unterschied Dordschi nichts mehr als eine Art wütenden Wasserwirbels, dessen schäumende Fluten aus allen Wesen und allen Dingen der Welt bestanden.

Die tibetischen Mystiker haben nicht selten solche Gesichte, die man nicht mit Träumen verwechseln darf. Der Lehrer schläft keineswegs, und trotz aller zurückgelegten Irrfahrten, aller wahrgenommenen Empfindungen und gesehenen Bilder bewahrt er oft ein ziemlich klares Bewußtsein seiner selbst und des Ortes, an dem er sich befindet. Es kommt auch häufig vor, daß, wenn der Seher sich während dieses Zustandes der Entrücktheit gerade irgendwo aufhält, wo ihm eine Störung durch Anrede, Zuruf oder Anklopfen an der Tür oder dergleichen mehr droht, er sich davor fürchtet und den ganz bewußten Wunsch hat, in Ruhe gelassen zu werden.

Aller Lärm, alles Kommen und Gehen der Menschen wirkt sehr peinlich auf ihn, und sollte es seinem merkwürdigen Geisteszustand ein Ende machen, oder muß er sich selbst aus irgendeinem Grunde mittels einer großen Willensanstrengung daraus befreien, so rächen sich die erschütterten Nerven dafür, zuerst durch schmerzhaftes Zusammenzucken, und dann noch durch lange andauerndes Übelbefinden.

Um diese Erschütterung und ihre lästigen Folgen zu vermeiden, die bei wiederholtem Auftreten gesundheitsschädlich werden können, gibt es daher Regeln, wie man länger fortgesetzte Betrachtungen, auch die gewöhnlicher Art, beenden soll. So muß man beispielsweise den Kopf langsam von rechts nach links drehen, sich einen Augenblick die Stirn reiben, die Arme recken, dabei die Hände auf dem Rücken falten und den Körper nach hintenüber werfen usw. Jeder sucht sich eben die für ihn passende Übung aus.

Bei den Mitgliedern der Zensekte in Japan, wo die Mönche sich in einem gemeinsamen Saale der Betrachtung widmen, sorgt ein erfahrener Aufseher dafür, daß keine Übermüdung eintritt, und versetzt ihnen zur Anregung der Kräfte manchmal einen tüchtigen Stockschlag auf eine Schulter. Wer es erlebt hat, versichert, daß man den Eingriff als eine angenehme Entspannung der Nerven empfindet.

Als Karma Dordschi von seiner eigenartigen Reise zurückgekehrt war, blickte er um sich. Seine Zelle, seine Bücher auf den Wandbrettern, Altar und Kamin, alles war noch genauso geblieben, wie er es am Vorabend und in den drei Jahren seines Aufenthalts gesehen hatte. Er stand auf und blickte aus dem Fenster. Das Kloster, das Tal, die Wälder am Bergeshang sahen aus wie stets. Nichts war verändert, und doch war alles anders geworden. Karma zündete in aller Ruhe Feuer an, und als das Holz aufflammte, schnitt er mit einem Messer sein langes Naldjorpahaar ab und warf es in die Glut. Darauf machte er sich Tee, aß und trank in größter Gemütsruhe, packte einige Vorräte zusammen, lud sie sich auf den Rücken und ging hinaus, nicht ohne die Tür des Tscham-khang sorgfältig hinter sich zuzuschließen.

Im Kloster angelangt, suchte er gleich die Wohnung des Tulkus auf, bat einen ihm am Eingangshofe entgegenkommenden Diener, den Herrn von seiner Abreise zu unterrichten und ihm in seinem Namen für alle erzeigte Güte zu danken. Damit ging er von dannen.

Er war schon ein gutes Stück fort, als er nach sich rufen hörte. Einer der jungen adligen Mönche, der zum geistlichen Haushalt des Lamas gehörte, lief hinter ihm her.

»Kutschog Rin-po-tschhe will dich sprechen«, sagte er ihm.

Karma Dordschi kehrte mit ihm um. »Ihr wollt uns verlassen?« fragte der Lama ihn höflich. »Wohin geht denn die Reise?«

»Ich will meinem Guru danken«, lautete die Antwort.

Der Tulku sagte nach einem Augenblick des Schweigens betrübt: »Mein verehrter Oheim ist schon seit mehr als sechs Monaten allen Leiden[55] entrückt.«

Karma Dordschi blieb stumm.

»Wollt Ihr sein Ritö aufsuchen, so will ich Euch ein Pferd geben«, fuhr der Lama fort. »Es soll mein Abschiedsgeschenk für den scheidenden Gast sein. Ihr werdet am Ritö einen nun dort wohnenden Jünger des Rin-po-tschhe finden.«

Karma Dordschi lehnte alles dankend ab. Wenige Tage später sah er das weiße Häuschen wieder, von dem ihm einstmals das Licht auszugehen schien, um sich dann auf seinem Haupte niederzulassen. Er ging in das Zimmer, das er nur einmal, am Tage seiner Ankunft, betreten hatte, und kniete lange vor dem Sessel, auf dem der Lama die Nacht in Betrachtung zu verbringen gepflegt hatte.

Am anderen Morgen nahm er von dem neuen Einsiedler Abschied und empfing von ihm einen Zen, den der Verstorbene besessen und ihm, falls er einmal seinen Tscham-khang verließe, zu überreichen befohlen hatte. Von da an führte Karma Dordschi ein Wanderleben, nicht viel anders als einst der von ihm übrigens hochverehrte und sehr bewunderte Klausner Milaraspa. Als ich ihn kennenlernte, war er schon alt, schien aber noch keinen Wunsch nach einem festen Wohnort zu hegen.

So außergewöhnlich wie bei Karma Dordschi fängt die Laufbahn aller tibetischen Einsiedler freilich nicht an. Seine Lehrzeit bietet sogar so viel Besonderes, daß ich sie gerade deshalb ausführlich erzählt habe. Ganz ohne seltsame Einzelheiten geht es bei der geistigen Schulung der Gomtschenjünger jedoch fast nie ab. Was hat man mir nicht alles darüber erzählt! Und die Erfahrungen meiner eigenen Lehrzeit im »Land des Schnees«, die nebenbei gesagt an Derbheit oft nichts zu wünschen übrigließen, waren derartig, daß ich glaube, mit vielen dieser Geschichten wird es wohl seine Richtigkeit haben.

KAPITEL 6

Mystik und Sport

Unter dem Sammelnamen »Lung-gom« verstehen die Tibeter mannigfache, mehrere Ziele verfolgende Verfahren. Sie sind teils geistiger, teils körperlicher Art und bestehen aus einer Vereinigung der Gedankenkonzentration mit verschiedenen Atemübungen. Der Name Lung-gom wird aber besonders einer halb geistigen, halb körperlichen Schulung beigelegt, die die Erwerbung einer außergewöhnlichen Leichtigkeit und Schnelligkeit bezweckt. Der Lung-gom-pa ist ein Kraftmensch, der, ohne sich durch Nahrung oder Ruhepause zu stärken, außerordentlich schnell große Entfernungen zurücklegen kann.

Die Tibeter sprechen viel von diesen Lung-gom-pas, und Beispiele von ungewöhnlich rasch zurückgelegten Fußmärschen finden sich in vielen ihrer alten Sagen.

Milaraspa berichtet in seiner eigenen Lebensbeschreibung, bei dem Lama, der ihn die schwarze Magie lehrte, habe ein Mönch gewohnt, der schneller als ein Pferd lief.

Milaraspa rühmt ferner von sich selbst, daß er nach seiner Schulung in wenigen Tagen mit einer Strecke fertig werden konnte, für die er vorher mehr als einen Monat gebraucht haben würde, und schreibt diese besondere Fähigkeit der geschickten Regelung der »Innenluft« zu.

Es handelt sich jedoch bei den Heldentaten der Lung-gom-pas mehr um wunderbare Ausdauer als um wirklich rasches Laufen. Man erwartet weniger eine sportliche Schnelligkeitsleistung, wie bei uns während der 10–15-Kilometerläufe, sondern es gilt, wie gesagt, ohne Aufenthalt Strecken von Hunderten von Kilometern in ungewöhnlich lebhafter Gangart zurückzulegen.

Ich habe mich nicht nur über die hierbei angewandten Schulungsarten unterrichtet, sondern auch einige Lung-gom-pas selbst am Werke sehen können. Allerdings, obgleich eine ganze Menge von Mönchen sich im Lung-gom üben, erreichen doch sicher nur wenige das erstrebte Ziel, und es gibt wohl nicht viele wirkliche Lung-gom-pas.

Meine erste Begegnung mit einem Lung-gom-pa fand im Norden Tibets, in der Graswüste statt.

Es war am späten Nachmittag, als wir langsam eine weite Hochebene entlang trabten. Plötzlich sah ich, ein wenig links von uns, noch sehr weit entfernt, ein winziges schwarzes Fleckchen, in dem ich mit Hilfe meines Fernglases einen Menschen erkannte. Das überraschte mich, denn Begegnungen sind hier eine Seltenheit. Wir hatten seit zehn Tagen kein menschliches Wesen zu Gesicht bekommen. Einsame Fußgänger wagten sich überhaupt kaum bis in diese unendlichen Einöden vor. Was für ein Reisender mochte es sein?

Einer meiner Diener meinte, der Mann habe am Ende zu einer durch räuberischen Überfall zersprengten Händlerkarawane gehört. Um sein Leben zu retten, wäre er vielleicht geflohen und irrte nun hilflos in der Wüste umher.

Möglich war das, und in dem Fall konnte ich den Flüchtling bis nach dem nächsten Dokpaslager mitnehmen oder ihn auf Wunsch nach irgendeinem andern, an meinem Wege gelegenen Orte bringen.

Je länger ich ihn durch mein Fernglas beobachtete, desto mehr fiel mir sein sonderbarer Gang auf, und daß er ungewöhnlich rasch vorwärts kam. Auch meine Leute, obwohl sie mit bloßem Auge ihn nur als schwarzen Punkt sehen konnten, der sich im Grase weiterbewegte, hatten bald herausbekommen, daß dieser Punkt seinen Ort seltsam rasch veränderte. Ich reichte ihnen mein Glas, und nachdem der eine von ihnen es ein paar Minuten lang benutzt hatte, murmelte er: »Lama Lung-gom-pa-tschig-da« (vermutlich ein Lung-gom-pa).

Ich horchte hoch auf.

Man hört in Tibet so oft von diesen fabelhaften Läufern reden, aber ich hatte noch niemals einen zu Gesicht bekommen und freute mich nun sehr über den sich anscheinend bietenden Glückszufall. Der Mann kam stetig näher, und es stellte sich immer mehr heraus, wie schnell er ging. Was sollte ich tun, wenn es wirklich ein Lung-gom-pa war? Ich hatte gar viele Wünsche, wollte ihn gern in der Nähe beobachten, mit ihm plaudern, ihn ausfragen und endlich auch photographieren, also gar nicht so wenig.

Aber kaum fing ich mit dieser Aufzählung an, da unterbrach mich schon der Diener, der zuerst den Lung-gom-pa an seinem Gange erkannt hatte, mit den Worten:

»Ehrwürdige Dame, Sie werden doch den Lama weder anhalten noch anreden, nicht wahr? Das wäre nämlich sein sicherer Tod. Diese Lamas dürfen, wenn sie reisen, keinen Augenblick ihre Betrachtungen unterbrechen. Der Gott, den sie im Innern tragen, entweicht, sobald sie mit der Wiederholung der Zauberformeln aussetzen. Und wenn er sie zur unrechten Zeit verläßt, schüttelt er sie so heftig, daß sie davon sterben.«

Das klang freilich, in dieser Form geäußert, verrückt genug, aber ganz überhören durfte ich es doch nicht. Soweit ich die Technik des Verfahrens kannte, mußte sich der Mann während seines Marsches im Trancezustand befinden. Folglich konnte er, wenn auch nicht gerade sterben, doch immerhin eine schmerzhafte Nervenerschütterung davontragen, falls ich unvermittelt diesem sonderbaren Zustand ein Ende machte. Wie weit das gefährlich werden konnte, ahnte ich nicht und scheute deshalb davor zurück, mit dem Lama einen möglicherweise grausamen Versuch anzustellen, dessen Folgen ich nicht ermessen konnte. Und noch ein anderer Grund sprach gegen die Befriedigung meiner Neugier.

Für die Tibeter stand es fest, daß ich eine »Lama-Dame« war. Sie kannten mich als Buddhistin, und daß es zwischen meiner rein philosophischen Auffassung des Buddhismus und seiner lamaistischen Form einen Unterschied gab, das konnten sie nicht wissen. Wollte ich daher das Vertrauen und die Achtung genießen, die meine Klostertracht[56] mir verschaffte, so mußte ich notgedrungen die tibetischen und noch viel mehr die religiösen Gebräuche einhalten.

Das war mir, wenn es sich um die Möglichkeit wissenschaftlicher Beobachtungen handelte, manchmal recht lästig, aber nur um diesen Preis hatte ich Eingang in Kreise gewonnen, die noch viel eifersüchtiger bewacht werden als der Grund und Boden von Tibet.

Ich mußte also wieder einmal meine Wißbegierde unterdrücken und mich mit dem Anblick des wunderlichen Reisenden begnügen.

Er war nun nicht mehr weit von uns entfernt. Ich konnte deutlich sein unbewegliches Gesicht und seine weitaufgerissenen Augen unterscheiden, mit denen er fest auf irgendeinen hoch in der leeren Luft befindlichen Punkt zu blicken schien. Der Lama lief nicht. Er hob sich scheinbar bei jedem Schritt von der Erde und flog wie eine elastische Kugel sprungweise in die Höhe. Seine Kleidung bestand aus den üblichen, ziemlich abgetragenen Klostergewändern, aus Rock und Mantel. Seine linke Hand hielt eine Falte des Umhanges fest und blieb halb unter dem Stoffe verborgen; in der rechten hatte er den Purba[57]. Er bewegte beim Gehen leicht den rechten Arm, wobei er seine Schritte den Bewegungen des Purba, dessen Spitze weit vom Boden entfernt blieb, so anpaßte, als ob er sich auf einen Stock stützte, der die Erde berührte. Meine Diener waren abgestiegen und warfen sich, das Gesicht zur Erde gewendet, platt auf den Boden, als der Lama an uns vorbeikam; aber er setzte seinen Weg fort, anscheinend ganz ohne uns zu bemerken.

Dadurch, daß ich den Reisenden nicht angehalten hatte, meinte ich der Landessitte genug geopfert zu haben. Es tat mir eigentlich schon leid, so zurückhaltend gewesen zu sein, und ich hätte den Lung-gom-pa gar zu gern länger beobachtet. Ich befahl also meinen Leuten, schnell wieder zu Pferd zu steigen und dem schon weit entfernten Lama nachzureiten. Ohne den Versuch zu machen, ihn einzuholen, hielten wir uns immer im gleichen Abstand von ihm, und mit Hilfe unserer Ferngläser verloren mein Pflegesohn und ich ihn nicht aus den Augen.

Sein Gesicht konnten wir nicht mehr sehen, aber doch immer noch die ganz erstaunliche Regelmäßigkeit beobachten, mit der seine Schritte wie die Schwingungen eines Pendels aufeinanderfolgten. Wir zogen so etwa drei Kilometer weit hinter ihm her, dann verließ der Lung-gom-pa den Pfad, kletterte an einem steilen Abhang empor und verschwand in den Falten der die Ebene einrahmenden Gebirgskette. Beritten konnte man ihm dorthin nicht mehr folgen, so war es mit unsern Beobachtungen vorbei, und wir kehrten zurück, um unsere alte Richtung wieder einzuschlagen.

Gern hätte ich gewußt, ob der Lama gemerkt hatte, daß wir ihm folgten, oder nicht. Wenn wir uns auch ziemlich weit hinter ihm gehalten hatten, in normalem Zustande hätte doch jeder Mensch den Lärm hören müssen, den unsere Pferde verursachten. Aber wie gesagt, der Lung-gom-pa schien in Trance zu sein, und dieses besonderen Umstandes wegen konnte ich nicht dahinterkommen, ob er nur so getan hatte, als ob er uns nicht sähe, und den Berg hinaufgeklettert war, um sich vor unserer Neugier zu retten, oder ob er wirklich nichts gemerkt und die andere Richtung nur eingeschlagen hatte, weil sein Weg ihn dorthin führte.

Vier Tage nach dieser Begegnung kamen wir während des Vormittags in einer Thebgyai genannten Gegend an, wo mehrere Hirtenlager zerstreut liegen. Ich erzählte diesen Dokpas von dem Lung-gom-pa, den wir getroffen hätten. Einige der Leute hatten ihn auch am Vorabend des Tages, an dem wir ihn gesehen hatten, bemerkt, als sie gerade bei Sonnenuntergang ihre Herden zusammengetrieben hatten.

Die Nachricht half mir, eine annähernde Berechnung anzustellen. Wenn ich in Betracht zog, wie viele Stunden wir auf unsern Reittieren in ihrem gewöhnlichen Tempo zurückgelegt hatten, und dann unsere Lagerzeit davon abzog, kam ich zu folgendem Schlusse: Um an den Ort zu gelangen, wo wir ihn am späten Nachmittag gesehen hatten, mußte der Lung-gom-pa, nachdem er bei den Dokpas vorbeigekommen war, die ganze Nacht und den folgenden Morgen, ohne einzuhalten, ungefähr ebenso rasch gegangen sein wie zu der Zeit, als wir ihn marschieren sahen. Das Wunderbare daran war die Ausdauer bei dieser Schnelligkeit, denn sonst bilden Märsche von 24 Stunden hintereinander durchaus noch keinen Rekord für die Gebirgsbewohner von Tibet.

Der Lama Yongden und ich haben auf unserer Reise nach Lhasa mehr als einmal Entfernungen von 19–20 Stunden ganz ohne Ruhepause und ohne zu essen und zu trinken zurückgelegt. Dabei kamen wir über den Hochpaß von Deo, wo wir bis an die Knie in den Schnee gerieten. Aber freilich konnte unser langsames Marschieren in keiner Weise den Vergleich mit dem beschwingten Gang dieses Lung-gom-pas aushalten.

Von Thebgyai war er übrigens nicht ausgegangen, und ich hätte gern gewußt, von wo er kam, als die Dokpas ihn gesehen hatten, und wie weit er noch zu marschieren hatte, als er den Pfad verließ und sich im Gebirge verlor. Aber darüber ließen sich nicht einmal Vermutungen anstellen. Die Dokpas meinten, er käme vielleicht von Tsang, einer Provinz, in der es sich einige Klöster seit Jahrhunderten schon zur Aufgabe gemacht hatten, Lung-gom-pas im Gehen auszubilden. Auf dem Grund und Boden von Thebgyai kreuzen sich aber mehrere Pfade, und da die Hirten den Lama nicht angeredet hatten, waren sie ebenso wie ich auf bloße Vermutungen angewiesen.

In dieser Wüste war es fast unmöglich, genaue Nachforschungen anzustellen. Sie hätten ganze Monate erfordert, und das Ergebnis wäre zweifelhaft gewesen. Für mich war also gar nicht daran zu denken.

Da ich gerade die Tsangklöster erwähnte, und daß sie den Mittelpunkt für erfolgreichen Unterricht im Lung-gom-Lauf bilden, möchte ich hier noch kurz die Umstände erzählen, denen der Sage nach diese Schulung ihren Ursprung verdankt.

Zwei bedeutende Lamas, namens Yungtön Dordschi Pal und der Geschichtsschreiber Butön[58], sind die Helden der Legende.

Yungtön kam gegen das Jahr 1284 zur Welt, und zwar, wie man annimmt, als siebente »Wiedergeburt« des Subhuti, eines Schülers des geschichtlichen Buddha. Diese Reihe von Wiedergeburten wurde später durch die Taschi Lamas fortgesetzt, von denen der jetzige, gleich ihm ein Tulku des Odpagmed, als zum sechzehnten Male wiedergeboren gilt. Yungtön Dordschi Pal war ein berühmter Zauberer, mit besonderen Kräften für die Unterjochung der Schreckensgötter begabt. Für seinen Lehrer hält man einen mystischen Lama namens Tzurwang Sengé, von dem man aber nichts weiter als abenteuerliche Sagen zu erzählen weiß. Yungtön Dordschi Pal lebte einige Zeit lang am Hofe des Kaisers von China und starb im Alter von 92 Jahren.

Butön ward 1288 in Tjo Phug nahe bei Schi-ga-tse geboren. Er ist der Verfasser von mehreren wichtigen Geschichtswerken und ordnete die buddhistischen, aus dem Sanskrit übersetzten Schriften, um die »Khagyur« genannte große Sammlung daraus zusammenzustellen.

Nun hatte der Magier Yungtön beschlossen, einen feierlichen Ritus abzuhalten, um sich Schin-dsche, den Gott des Todes, zu unterwerfen. Dieser Ritus muß alle zwölf Jahre stattfinden, und man glaubt, als Strafe für jede Versäumnis würde der Gott täglich ein Lebewesen verschlingen. Die Zauberfeier bezweckt, Schin-dsche in die Gewalt des Lamas zu bringen und ihn eidlich zu verpflichten, für sich als Nahrung kein Wesen zu töten. Es werden ihm Opfergaben dargebracht, zuerst schon während der Feier, dann noch Tag für Tag, als Ersatz für die von ihm verschonten Leben.

Butön erfuhr Yungtöns Vorhaben, und da er gern gewußt hätte, ob sein Freund wirklich den Schreckensgott zu bändigen vermochte, begab er sich, begleitet von drei andern gelehrten Lamas, zu ihm.

Sie sahen bei ihrer Ankunft, daß Schin-dsche dem Rufe des Magiers schon gefolgt war, denn seine schreckensvolle Gestalt war, wie die Sage erzählt, »unendlich wie der Himmel«.

Yungtön verkündete seinen Besuchern, sie kämen gerade recht, um zu erproben, wie weit ihr Mitleid ginge. Er habe, so sagte er, den Gott zum Wohle aller Wesen herbeibeschworen. Nun müsse er durch Gaben gnädig gestimmt werden, und zu dem Zwecke schlug er vor, einer der Lamas möge sich selbst zum Opfer bringen. Aber alle drei Gefährten des Butön lehnten unter verschiedenen Vorwänden ab und machten sich eilig aus dem Staube.

Als Butön mit seinem Freunde alleingeblieben war, erklärte er sich bereit, sein Leben zu opfern, wenn der Ritus das wirklich verlange. Er wollte sich also freiwillig von dem schon weitgeöffneten, schauerlichen Riesenmaul des Schin-dsche verschlingen lassen.

Auf dies großherzige Anerbieten erwiderte der Magier, daß er, auch ohne Butöns Leben zu opfern, schon ein Mittel finden würde, sich die segensreiche Wirkung des Ritus zu sichern. Als Entgelt wünschte er freilich, daß Butön und seine ganze Reihe von Nachfolgern sich verpflichten möchten, die Feierlichkeit alle zwölf Jahre abzuhalten. Nachdem ihm das versprochen war, schuf Yungtön unzählige Truggestalten von Tauben (tulpas) und warf sie dem Schin-dsche in den Rachen.

Seitdem haben die als Wiederverkörperungen Butöns geltenden Lamas regelmäßig im Schalu-Kloster den Ritus vorgenommen, durch den der Todesgott gnädig gestimmt werden soll. Nach und nach scheint man diesem Gott noch andere Gefährten zugesellt zu haben, denn die Lamas von Schalu sprechen heutzutage von »vielen Dämonen«, die bei dieser Gelegenheit entboten werden.

Um die Einladung nach verschiedenen Orten zu tragen, braucht er einen Boten, genannt Maheketang (»der rufende Büffel«), und diesen Büffel soll Schin-dsche reiten. Dies Tier ist berühmt wegen seiner

Unerschrockenheit und wagt es, die bösen Geister zu rufen. So erklärt man seine Rolle wenigstens in Schalu.

Man wählt den Boten abwechselnd unter den Mönchen von Nyang-töd-kyid-phug und denen von Samding.

Wer den Ehrgeiz danach hat, muß sich zuerst in einem oder dem andern der beiden Klöster durch besondere Atem- und Leibesübungen vorbereiten, die in einem stockdunklen Tscham-khang in strengster Abgeschlossenheit stattfinden und drei Jahre, drei Monate und drei Tage dauern.

Eine dieser Übungen erfreut sich der besonderen Gunst vieler sogenannter Mystiker von meist nur sehr mittelmäßigen Geistesgaben. Nicht nur Angehörige der geistlichen Orden, sondern auch Männer und Frauen aus weltlichen Kreisen ziehen sich für lange Zeit in die Einsamkeit zurück, um sich ganz dieser Sache hinzugeben. Es geht dabei folgendermaßen zu:

Der Betreffende sitzt mit gekreuzten Beinen auf einem dicken, breiten Kissen und atmet die Luft so langsam und anhaltend ein, als ob er sich aufblasen wollte. Darauf hält er den Atem an und muß nun – immer noch mit gekreuzten Beinen und ohne sich dabei auf seine Hände zu stützen – in die Höhe springen und sich wieder zurückfallen lassen, darf dabei aber nicht die Stellung wechseln. Es gibt Lamas, die dabei sehr hoch springen lernen.

Die Tibeter glauben, daß jemand, der das jahrelang fleißig betreibt, sich am Ende »auf eine Kornähre setzen kann, ohne das der Halm sich im mindesten biegt, oder daß, wenn er sich oben auf einen Haufen Gerstenkörner stellt, auch nicht ein einziges deshalb verschoben wird«. In Wirklichkeit bezweckt man dabei wohl die Aufhebung aller Schwere.

Man hat sich dafür ein eigenartiges Probestück ausgedacht. Wem's gelingt, dem traut man die obenerwähnten Heldentaten ganz oder doch beinahe zu. Will sich jemand der Prüfung unterwerfen, so gräbt man eine Grube, die ebenso tief sein muß, wie der Prüfling lang ist. Darüber wird eine Art Kuppel gebaut, in der man ganz oben eine enge Öffnung anbringt. Die Höhe des Daches entspricht der Tiefe der Grube, so daß, wenn der Mensch 1,70 Meter mißt, die Entfernung zwischen dem Boden der Grube und der Spitze der Kuppel 3,40 Meter beträgt. Der in sitzender Stellung, mit gekreuzten Beinen in diesem Grabe hockende Prüfling muß nun mit einem Satze aus der Öffnung des Daches herausspringen können.

Tibeter aus Kham versicherten, sie hätten dergleichen bei sich zu Hause mit eigenen Augen gesehen. Die Leute, die ich aber selbst springen sah, schienen es mir freilich nicht so weit zu bringen.

Was ich über die »rufenden Büffel« dort ermitteln konnte, wo sie auf ihre endgültigen Erfolge hin geprüft werden, lautete ziemlich verschieden.

Nach vorangegangener dreijähriger Dunkelhaft begeben sich die Mönche, die den Wettbewerb wagen wollen, nach Schalu bei Schigatse. Dort werden sie in einem der schon beschriebenen Häuschen eingemauert. Übrigens wird in Schalu die Öffnung nicht im Dach der Zelle, sondern seitlich angebracht. Auch springt hier der Prüfling nicht aus seinem Grabe hinaus, man läßt ihm vielmehr einen Schemel, mit dem er sich aus der Grube heraushelfen kann, in der er sieben Tage sitzend verbracht hat. Dann muß er sich aus der Öffnung hervorarbeiten, deren Maß nach der Spannweite zwischen Daumen und Zeigefinger des Prüflings berechnet wird; sie beträgt bei ausgespreizter Haltung etwa 20 Quadratzentimeter. Gelingt der Sprung, so hat man Anwartschaft auf die Rolle des Maheketang.

Es ist schwer verständlich, wie ganz hervorragende Gelenkigkeit und Schnelligkeit durch eine Schulung erworben werden können, die einen Menschen jahrelang unbeweglich im Finstern festhält, aber man darf nicht vergessen, daß solche Mittel nichts mit körperlicher Ausbildung zu tun haben. Immerhin gibt es auch noch andere Lehrweisen, die nach unsern Begriffen zweckentsprechendere Übungen, wie z. B. Dauermärsche, vorschreiben.

Bei dem zweiten Lung-gom-pa, den ich zu Gesicht bekam, hatte ich keine Gelegenheit, ihn beim Gehen zu beobachten.

Unsere Reise führte uns gerade durch die von den unabhängigen tibetischen Stämmen bewohnte Waldgegend im äußersten Westen von Szetschwan. Yongden und ich, die wir zu Fuß unsrer kleinen Karawane vorangingen, bemerkten plötzlich bei einer Wegkrümmung einen nackten Mann, dessen ganzer Körper mit Ketten umwunden war.

Er saß auf einem Felsen und schien so tief in Gedanken verloren, daß er uns nicht kommen gehört hatte. Wir blieben erstaunt stehen, aber irgendwie mußte der wunderliche Mensch uns nun doch wahrgenommen haben. Er drehte den Kopf, sah uns, sprang auf seine Füße, stürzte schneller als ein Reh in das Dickicht und war im Nu darin verschwunden. Ein paar Augenblicke lang hörten wir noch das immer schwächer werdende rasselnde Geräusch der Ketten, die beim Laufen aneinanderschlugen, dann war alles still.

»Das ist ein Lung-gom-pa«, erklärte Yongden. »Ich habe schon einmal einen solchen gesehen. Sie tragen diese Ketten, um sich zu beschweren, denn ihre Übungen haben ihren Körper so leicht gemacht, daß sie schließlich Gefahr laufen, damit in der Luft zu schweben.«

Den dritten Lung-gom-pa traf ich in der Ga-Gegend, im Lande Kham. Der Mann sah wie ein gewöhnlicher, alltäglicher Arjopa aus und trug ganz wie ein armer Pilger sein Bündel auf dem Rücken. Tausende dieser Leute kann man auf den Straßen Tibets einherwandern sehen. Sie sind so zahlreich, daß wir diesen einzelnen Vertreter gar nicht beachteten. Diese wandernden Hungerleider pflegen sich unterwegs einer beliebigen Kaufmannskarawane oder einer Gruppe von wohlhabenden Reisenden anzuschließen und ihnen so lange treu zu bleiben, wie das sich nur irgendwie mit ihrem eigenen Reisewege verträgt. Sie gehen mit den Dienern neben den Lasttieren her, und wenn diese, nur leicht beladen, mit den Reitern zu traben anfangen, beeilt sich der zurückbleibende arme Teufel, ihnen nachzulaufen, bis er abends die Karawane wieder an ihrem Lagerplatz eingeholt hat. Die Tibeter pflegen ihre langen Reisen in vielen Absätzen zurückzulegen. Sie brechen dann im Morgengrauen auf und machen gegen Mittag halt, damit die Tiere weiden und sich den ganzen Nachmittag über ausruhen können.

Die Mühe, die der Arjopa sich gibt, den Reitern zu folgen, und seine kleinen, den Dienern erwiesenen Hilfsleistungen werden durch Almosen in Form des täglichen Abendbrots belohnt, und ab und zu erhält er auch eine Schale Tee mit Tsamba.

In dieser Weise schloß sich uns auch der erwähnte Pilger an. Wie ich von ihm erfuhr, hatte er in der Pabong-Gompa im Lande Kham gewohnt und war nun unterwegs nach der Provinz Tsang.

Das war eine lange Reise. Als Fußmarsch und mit Bettelei in den Dörfern verbunden, konnte sie gut drei oder vier Monate dauern. Aber vor langen Märschen schrecken die Tibeter nicht leicht zurück.

Unser Gefährte hatte schon einige Tage mit uns zugebracht, als die Ausbesserung einiger Packsättel uns nicht vor Mittag aufzubrechen erlaubte.

So konnten die das Gepäck tragenden Maultiere erst spät an der andern Seite des Passes ankommen, den wir zu überschreiten hatten. Ich ritt daher mit meinem Pflegesohn und einem Diener voran, um uns, noch bevor es Abend wurde, einen mit Gras bewachsenen Lagerplatz in der Nähe eines Baches zu suchen.

Wenn der Herr dem Gepäck voranreist, nimmt der begleitende Diener immer Teegeschirr und etwas Vorräte mit, damit er schon vor Ankunft der Zelte und der Säcke mit den Nahrungsmitteln eine Mahlzeit herrichten kann. Auch in diesem Falle hatte mein Diener so vorgesorgt. Ich erwähne diesen scheinbar unwesentlichen Umstand, weil er zur Entdeckung des Lung-gom-pa führen sollte.

Der Paß war weiter entfernt, als ich angenommen hatte. Ich sah ein, die Lasttiere würden keinesfalls vor Einbruch der Nacht auf dem höchsten Punkt anlangen, und im Dunkeln konnte man sie dann unmöglich den Abstieg machen lassen. Als ich nahe an einem Bache einen mit Gras bewachsenen Platz fand, der den Tieren genügend Futter versprach, machte ich daher halt.

Wir hatten unsern Tee schon getrunken und waren eben dabei, trockenen Kuhdünger[59] als Brennstoff für unser Lagerfeuer zu sammeln, als ich den Arjopa weit unter uns den zum Passe führenden Weg emporsteigen sah. Trotz des steilen Abhangs kam er unglaublich schnell voran, und beim Näherkommen erkannte ich den leichten schwingenden Gang wieder, den ich schon einmal an dem Lung-gom-pa-Lama bei Thebgyai beobachtet hatte.

Als der Mann uns eingeholt hatte, blieb er, vor sich hinstarrend, einige Augenblicke regungslos stehen. Er war nicht im mindesten außer Atem, schien aber nur halb bei Bewußtsein und unfähig, zu sprechen oder zu handeln. Dann klang dieser Zustand allmählich ab, und man merkte ihm nichts Ungewöhnliches mehr an.

Auf mein Befragen gestand er mir, er habe angefangen, sich unter der Aufsicht eines nahe beim Kloster Pabong wohnenden Gomtschen zum Lung-gom-pa auszubilden. Nachdem aber sein Lehrer das Land verlassen habe, wolle er seine Studien in Schalu fortsetzen.

Mehr teilte er mir nicht mit und machte den ganzen Rest des Abends einen recht betrübten Eindruck. Am andern Morgen beichtete er Yongden, daß er aus einem ganz gemeinen Grunde unfreiwillig in Trance verfallen sei.

Als er mit den Dienern zusammen marschierte, war er ungeduldig geworden. Sie gingen seiner Meinung nach zu langsam, und er fürchtete, wir würden mittlerweile das Fleisch braten, das der uns begleitende Diener, wie er wohl sah, mitgenommen hatte. Wenn er abends mit den drei andern Leuten zu uns stieße, würde nur knapp die Zeit zum Aufschlagen der Zelte, Abschirren der Reittiere und ihrer Fütterung bleiben, dann war die Nacht da. Folglich würde es zu spät werden, noch ein Abendessen zuzubereiten, und man müßte sich kümmerlich mit ein paar Schalen Tee und etwas Tsamba behelfen.

Dieser Gedanke wurde so völlig Herr über ihn, daß er das Feuer und das auf der glühenden Asche liegende Fleisch geradezu wie in einer Vision vor sich sah, und ganz in diese innige Betrachtung vertieft, hatte er jedes Bewußtsein seiner Umgebung verloren. In seinem brennenden Wunsch, unsern Braten zu teilen, war er rascher und rascher gegangen und hatte so ganz mechanisch am Ende die Gangart eingeschlagen, die er gerade bei seinen Lung-gom-Übungen erlernte. Die Gedankenverbindung zwischen dieser Gangart und der von seinem Meister übernommenen mystischen Begleitformel hatte ihn bewogen, nun auch die Worte leise für sich herzusagen. Diese hatten den vorgeschriebenen

Takt ausgelöst, und als Folge davon war er in Trance verfallen. Dabei blieb sein Denken aber noch fest auf das gebratene Fleisch gerichtet und beherrschte so den ganzen Vorgang.

Der Lehrling fühlte sich sehr schuldig. Es kam ihm wie eine wahre Gotteslästerung vor, daß er seine elende Leckermäuligkeit mit mystischen Sätzen und Lung-gom-Übungen vermischt hatte.

Yongden erzählte mir das alles getreulich. Ich wollte gern mehr davon hören und fragte den Arjopa, was für Übungen sein Lehrer ihn denn machen ließe. Er antwortete mit großer Zurückhaltung und sichtlich ungern, aber etwas bekam ich doch aus ihm heraus, das mir schon früher Gehörtes bestätigen half.

Sein Lehrer hatte ihm gesagt, daß Dämmerung und Nacht für den Läufer am günstigsten und hilfreichsten sind; ferner hatte er ihn dazu angehalten, seine Blicke fest auf den Sternenhimmel zu richten. Vermutlich hatte der Lehrling nach tibetischem Brauch wie alle Mystiker schwören müssen, alles, was ihn sein Meister lehrte, geheimzuhalten, und deshalb mußten meine Fragen ihm ja lästig fallen.

Drei Tage nach der so unverhofft abgelegten Laufprobe war, als wir bei Tagesanbruch aufwachten, der Arjopa plötzlich aus dem Zelt meiner Diener verschwunden. Er war während der Nacht geflohen, vielleicht, um seinen Marsch zu beschleunigen, und wieder unter Zuhilfenahme der Lung-gom-Übung, aber diesmal hoffentlich aus edleren Beweggründen als der bloßen Gier nach einem guten Bissen.

Soweit ich aus verschiedenen Quellen ermitteln konnte, handelt es sich bei dieser besonderen Art von Lung-gom kurz gesagt um folgendes Verfahren:

Der erste Schritt besteht wie immer darin, daß man sich nach dem richtigen Lehrer umsieht. Dann muß man sich mehrere Jahre lang unter der Anleitung eines erfahrenen Meisters allerhand Atemübungen widmen. Erst wenn der Schüler sich darin als genügend fortgeschritten erweist, darf er die weiten Märsche unternehmen.

Zur ferneren Einweihung ist erforderlich, daß der Guru ihm eine mystische Formel beibringt. Der Jünger muß seine Gedanken fest auf die innerliche, streng abgemessene Wiederholung dieser Formel gerichtet halten. Sie dient zur Regelung der Atmung während des Gehens; die Schritte müssen mit den Silben der Formel gleichen Takt halten.

Der Läufer darf nicht sprechen, an nichts anderes denken und weder nach rechts noch links blicken. Er muß die Augen unverrückt auf einen einzigen, fernen Gegenstand gerichtet halten und darf seine Aufmerksamkeit durch nichts, was es auch sei, davon ablenken lassen.

Hat er sich so in Trance versetzt, so ist das gewöhnliche Bewußtsein freilich zum größten Teil ausgeschaltet; es bleibt aber doch genug übrig, um dem Läufer zu ermöglichen, Hindernissen aus dem Wege zu gehen und nicht die Richtung zu verlieren. Das spielt sich aber ganz ohne sein Zutun ab und kostet ihn in seinem Trancezustand keinerlei Überlegung.

Große öde Strecken, flacher Boden und die Zeit des Zwielichts gelten als förderlich. Selbst nach einem langen, ermüdenden Tagesmarsch gerät man gegen Sonnenuntergang leicht in Trance. Man fühlt dann die Erschöpfung nicht mehr, und der Reisende kann noch viele Kilometer zurücklegen.

Auch die frühen Morgenstunden werden, wenn auch in geringerem Maße, für günstig gehalten. Die Mittagszeit, der Anfang des Nachmittags, enge, gewundene Täler, bewaldete Gegenden, hügeliger Boden haben ungünstigen Einfluß, und nur Lung-gom-pas allerersten Ranges sollen diese Widerstände überwinden können.

Die Tibeter glauben also, wie es scheint, die Einförmigkeit der Landschaft und das Fehlen irgendwie auffallender Gegenstände in der Nähe des Läufers machen zur Trance geneigt. Selbstverständlich lenkt eine kahle Ebene den Geist weniger von der Formel und dem Wechsel des Ein- und Ausatmens ab als eine durch Felsen und Buschwerk verengerte Schlucht und Waldungen oder ein rauschender Gießbach. Auch läßt sich die regelmäßige Gangart auf hügeligem Boden schwer einhalten.

Obgleich ich selbst nur über beschränkte Erfahrungen in dieser Hinsicht verfüge, wage ich doch hinzuzusetzen, daß, wenn die Trance sich auch am leichtesten in weiten, öden Räumen erzielen läßt, doch auch ein Hochwald ohne Unterholz, den an geradegewachsenen Stämmen vorbei ein ebener Fußweg durchschneidet, sich als günstig erweist. Vielleicht tut auch da die Einförmigkeit der Landschaft ihre Wirkung. Freilich kann meine Bemerkung nur den Wert einer persönlichen Erfahrung beanspruchen, wie ich sie während der langen Märsche durch die Wälder von Poyul auf meiner Reise nach Lhasa sammeln konnte.

Jede klare Nacht wird zur Schulung der Anfänger für geeignet gehalten, besonders aber die Sternennächte. Oft geben die Lehrer den Rat, ein und denselben Stern fest ins Auge zu fassen, was etwas an das Verfahren bei Hypnose erinnert. Wie man mir erzählte, bleiben einige Neulinge plötzlich stehen, wenn der von ihnen angeblickte Stern unsichtbar wird, sei es, daß er unterhalb des Horizontes gerät oder aber höher steigt und über ihrem Kopf vorbeizieht; sei es, daß er von einem Berge verdeckt wird, oder daß der Läufer selbst eine andere Richtung einschlägt.

Andere hingegen bemerken das Verschwinden des Sternes gar nicht, weil sie, wenn er aufhört sichtbar zu sein, sich schon ein festes Bild von ihm gemacht haben, das sie nun nicht mehr verlieren.

Leute, die tiefer in die Geheimwissenschaften eingedrungen sind, versichern, daß, wenn der Lung-gom-pa schon eine gewisse Entfernung zurückgelegt hat, seine Füße den Boden nicht mehr berühren und er mit fabelhafter Schnelligkeit durch den Raum dahingleitet.

Vermutlich belasten sich einige von ihnen deshalb mit Ketten, weil sie sich den Anschein geben wollen, als ob sie diesen hohen Grad von Leichtigkeit wirklich erreicht hätten.

Wenn man alle mit unterlaufenden Übertreibungen ausschaltet, kann ich aus meiner freilich sehr begrenzten Sachkenntnis heraus, und nach dem, was ich von vertrauenswürdigen Lamas gehört habe, sagen, daß man es so weit bringen kann, das Körpergewicht nicht mehr zu empfinden. Eine Art Gefühllosigkeit bewirkt, daß man auch den Anprall gegen Steine oder etwaige andere Hindernisse des Weges nicht mehr spürt. So kann man stundenlang mit ganz ungewohnter Schnelligkeit marschieren und gerät dabei in jenen angenehmen Rauschzustand, der wohl jedermann von schnellen Autofahrten her bekannt ist.

Dabei machen die Tibeter einen großen Unterschied zwischen den freiwillig unternommenen Märschen der Lung-gom-pas und denen der Pawos und Pamos, die als Medien im besessenen Zustande unfreiwillig in Trance verfallen und, ohne sich eines Ziels bewußt zu sein, marschieren.

Im Himalaja begegnet man häufig Leuten, die an dieser sonderbaren Krankheit leiden. Ich kenne eine reizende, im übrigen völlig geistesklare Pächtersfrau, die zu ihrem großen Kummer an solchen anscheinend unheilbaren Anfällen leidet. Ganz plötzlich, wenn sie sich eben noch mit ihrem Mann zu Tisch setzen wollte, kann es vorkommen, daß sie unvermittelt aufspringt und in ungewöhnlich schneller Gangart aus dem Hause in den Wald läuft. Nichts vermag sie aufzuhalten. Ist es gerade Regenzeit, so watet sie, bis über den Gürtel im Wasser, durch die angeschwollenen Sturzbäche. Sie hat keinerlei Empfindung mehr, sondern ist völlig bewußtlos. Meist führt ihr Lauf sie nach dem elterlichen Hause.

Sie erwacht dann aus der Trance, begreift, was wieder einmal mit ihr vorgegangen ist, verfällt in tiefe Traurigkeit und weint Tränen der Verzweiflung.

Die Eingeborenen glauben, diese Besessenen würden sofort sterben, wenn man sie in dem Augenblick zurückhalten wollte, in dem sie in Trance geraten und gehen müssen. Aber wie ich schon sagte, ihr Fall hat mit dem der Lung-gom-pas nichts zu tun.

Wenn die klügeren Lamas die durch die Lung-gom-Schulung erzielten Erscheinungen auch nicht leugnen, so legen sie ihnen doch weiter keine Bedeutung bei. Ihre Haltung demgegenüber erinnert an die Buddhas in nachfolgender Geschichte:

Buddha war eines Tages mit einigen seiner Jünger auf Reisen, als er in einer inmitten des Waldes gelegenen Hütte einen einsamen, ganz abgezehrten Yogi traf.

Der Meister blieb stehen und fragte den Klausner, wie lange er denn hier schon sein entsagungsreiches Leben führe. »Seit 25 Jahren«, lautete die Antwort. »Und was ist der Lohn für alle deine Mühe?« fragte Buddha weiter.

»Ich kann einen Fluß überschreiten, indem ich auf dem Wasser gehe«, erklärte der Klausner stolz. »Ach, mein armer Freund!« erwiderte ihm der Weise mitleidig. »Hast du wirklich damit deine Zeit vergeudet, und du brauchtest doch dem Fährmann nur einen Heller zu geben, dann setzte er dich in seinem Kahn über.«

Wie man sich ohne Feuer mitten im Schnee warm erhält

Es ist eine schwierige Frage, wie man, ohne zu erfrieren, den Winter in einer oft zwischen 4000–5000 Meter Höhe gelegenen Höhle verbringen soll, noch dazu wenn man nackt oder nur ganz leicht gekleidet ist. Und doch haben viele tibetische Einsiedler das Rätsel gelöst, und man erklärt sich ihre Widerstandsfähigkeit damit, daß sie sich darauf verstehen, die innere Wärme, »Tumo« genannt, anzuregen.

Das Wort »Tumo« – im Tibetischen gtumo geschrieben – bedeutet Wärme, wird aber nicht zur Bezeichnung der gewöhnlichen Wärme gebraucht. Es stammt aus dem mystischen Wortschatz, und die Wirkungen der dadurch beschriebenen geheimnisvollen Wärme beschränken sich nicht nur darauf, den Körper der Einsiedler, die sie hervorrufen können, vor Kälte zu schützen.

Die Kenner der tibetischen Geheimwissenschaften unterscheiden mehrere Arten von Tumo, das volkstümliche, das während gewisser Verzückungszustände von selbst auftritt und den Mystiker nach und nach in den »weichen Mantel der Götter« hüllt, das geheime, das den Einsiedlern auf den Schneebergen das Leben erleichtert, und zuletzt das mystische Tumo, das nur noch lose mit dem Begriff der Wärme verwandt ist, denn es verschafft der Beschreibung nach schon in dieser Welt »paradiesische Wonnen«.

In der Geheimlehre spielt Tumo auch die Rolle des zarten Feuers, das die Zeugungsflüssigkeit erwärmt und die darin enthaltenen Kräfte durch die fadenförmigen »tsas[60]« bis zu Scheitelhöhe emporleitet, wodurch an Stelle der Fleischeslust geistige und gedankliche Entzückungen entstehen.

Aberglauben und wunderliche Begriffe von Naturwissenschaft haben in dieser Hinsicht zu den seltsamsten Geschichten Anlaß gegeben, von denen ich eine hier einzuflechten wage:

Den berühmten Klausner Restschung-pa ließ sein Wunsch nach Gelehrsamkeit nicht ruhen, und so verließ er seinen darüber unwilligen Meister Milaraspa, um in Lhasa Literatur und Philosophie zu studieren. Da er ungehorsam war, ging ihm aber alles schief, wenigstens vom religiösen Standpunkt aus gesehen.

Ein reicher Mann war von der Gelehrsamkeit und den magischen Kräften, die er schon besaß, begeistert und bat ihn, seine einzige Tochter zu heiraten, damit er ihn zu seinem Erben machen könnte. Das junge Mädchen teilte durchaus nicht die Bewunderung ihres Vaters für Restschung-pa, mußte ihn aber doch notgedrungen zum Manne nehmen. Allein sie machte ihm das Leben schwer genug, und der arme Gatte mußte bald bitter bereuen, seinen Lehrer verlassen und der Lockung des Reichtums nachgegeben zu haben.

So sanft er war, die Bosheit seiner Frau ließ sich dadurch nicht entwaffnen, und schließlich zückte sie sogar das Messer nach ihm. Aber o Wunder! Nicht Blut, sondern Sperma quoll aus der Wunde. Der Lama, dem ich die Geschichte verdanke, erzählte mir mit vollster Überzeugung, der Körper Restschung-pas sei eben infolge der Tumo-Übungen ganz vom Samen des Lebens erfüllt gewesen. Freilich muß ich zur Steuer der Wahrheit hinzufügen, daß ein andrer Lama sich über seinen leichtgläubigen Amtsbruder lustig machte und mir die Sache folgendermaßen erklärte: Durch einige Arten Tumo wird allerdings der Körper mit einer Zeugungskraft erfüllt, die geistiges Schaffen ermöglicht, aber es handelt sich da um etwas Zartes und Unsichtbares, durchaus nicht um greifbare Dinge.

Jedenfalls kennen aber, selbst in mystischen Kreisen, nur wenige Lamas alle diese Abarten des Tumo, während die Wunderwirkungen des Tumo, durch das sich die im Schnee der Hochgebirgseinsamkeit überwinternden Einsiedler am Leben und warm zu erhalten verstehen, allen Tibetern bekannt sind. Daraus folgt aber keineswegs, daß man ebenso allgemein weiß, wie diese Wärme eigentlich erzeugt wird. Im Gegenteil; die Lamas, die darin unterrichten, halten den Vorgang geheim und behaupten steif und fest, daß man durch Hörensagen oder aus Büchern nie zu praktischen Erfolgen darin kommen kann. Nur durch den persönlichen Unterricht eines im Tumo erfahrenen Lehrers soll es der Schüler wirklich so weit bringen.

Ferner können auch nur besonders dafür Begabte hoffen, die Früchte der Schulung zu ernten. Die wichtigsten Vorbedingungen sind: daß man vorher schon mit Geschick verschiedene Atemübungen angestellt hat, und daß man einer bis zur Trance gesteigerten Gedankenkonzentration fähig ist, die bis zum Grade, wo die Gedanken Gestalt gewinnen, geht.

Und diese ganz besondere Einweihung in das Tumo muß von einem wirklich dazu befähigten Lama ausgeübt werden.

Eine lange Prüfungszeit ist dabei unerläßlich.

Mir schien, als ob sie unter anderm namentlich bezweckte, den Lehrer davon zu überzeugen, daß der Lehrling eine kräftige Natur hat. Bei allem Zutrauen zur Lehrweise des Tumo halte ich sie doch bei lungenschwachen Schülern für nicht ungefährlich.

Ich weiß nicht, wollte der ehrwürdige Lama, den ich mit meinen Anliegen quälte, mich nur endgültig loswerden, als er meinen inständigen Bitten nach Abkürzung dieser Wartezeit nachgab. Jedenfalls verlangte er einfach von mir, ich solle mich an einen verlassenen Ort begeben, mich dort in einem eiskalten Flusse baden und dann unabgetrocknet, und ohne die Kleider wieder anzulegen, die Nacht regungslos in Betrachtungen verbringen. Es war im Anfang des Winters, in einer Höhe von etwa 3000 Meter, und ich war nachher unbändig stolz darauf, mich dabei nicht erkältet zu haben.

Später genoß ich ein ähnliches, diesmal aber unfreiwilliges Bad, als ich im Mekong ausglitt, den ich auf einer Furt nicht weit von Rakschi in Nordtibet durchwatete. Als ich ans Ufer kam, waren meine Kleidungsstücke im Nu an mir festgefroren, und ich hatte keine andern, um mich umzuziehen.

Es ist daher begreiflich, daß die Tibeter, da sie oft den Zwischenfällen eines harten Klimas ausgesetzt sind, die größte Achtung für eine Kunst hegen, die sie dagegen schützen soll.

Ist man einmal eingeweiht, so darf man keine Wolle mehr tragen und sich nie mehr dem Feuer nähern.

Nachdem der Lehrling sich eine Zeitlang unter strenger Aufsicht seines Meisters geübt hat, begibt er sich an einen völlig weltfernen, hochgelegenen Ort. Unter »hochgelegen« versteht man in Tibet nur solche über 4000 Meter.

Den Respas-Meistern[61] nach darf man das Tumo nie im Innern eines Hauses oder da ausüben, wo viele Häuser zusammenstehen, weil dort die Luft durch Rauch, Gerüche oder auch durch geheime Ursachen verdorben wird. Die Anstrengungen des Schülers würden deshalb vergeblich bleiben, ja sogar seiner Gesundheit ernstlich schaden können.

Ist der angehende Respa richtig untergebracht, darf er niemand außer seinem Guru mehr sehen, der sich von Zeit zu Zeit nach seinen Fortschritten erkundigt, oder den er selbst zuweilen in seiner Einsiedelei aufsucht. Die Tumo-Übungen müssen täglich vor dem Morgengrauen anfangen und noch vor Sonnenaufgang beendet sein, da der Lehrling später andere Pflichten zu erfüllen hat. So ist es meist noch tiefe Nacht, wenn er seine Hütte oder Höhle verläßt. Wie kalt es auch sein mag, immer muß er völlig nackt sein, höchstens darf er ein einziges Gewand aus dünnster Baumwolle tragen.

Die Anfänger dürfen sich auf ein Stück Teppich oder auf ein Brett setzen. Die fortgeschrittenen Schüler sitzen auf der bloßen Erde, und wenn sie es noch weiter gebracht haben, im Schnee oder auf dem Eis eines gefrorenen Wasserlaufs. Dabei müssen sie ganz nüchtern sein, und alle Getränke, namentlich aber heiße, sind bis zum Schluß der Übung verboten.

Man kann unter zwei Stellungen wählen. Entweder man sitzt mit gekreuzten Beinen, wie gewöhnlich bei der Betrachtung, oder auf abendländische Weise, die Hand auf das entsprechende Knie gelegt. Daumen und Zeige- sowie der kleine Finger werden ausgestreckt, Mittel- und Ringfinger gebogen unter der Handfläche gehalten.

Als Einleitung dienen verschiedene Atemübungen, durch die man die Nasenlöcher für den Luftdurchzug frei machen will. Dann werden mittels des Ausatmens Stolz, Zorn, Haß, Gier, Faulheit und Dummheit aus dem Innern ausgestoßen. Der Segen der Heiligen, der Geist Buddhas, die fünf Weisheiten, alles, was in der Welt edel und gut ist, wird durch das Einatmen eingesogen und aufgenommen.

Nun folgt eine Zeit der Sammlung; alle Sorgen, alles Nachdenken werden verdrängt, und man versenkt sich in die tiefste Ruhe, wobei man sich an seinem Körper, an Stelle des Nabels, eine goldne Lotusblume denkt, in deren Mitte die Silbe »ram« wie eine Sonne erstrahlt oder gar selbst die Sonne ist. Über ihr erscheint die Silbe »ma«, und aus dieser tritt die Göttin Dordschi Naldjorma hervor.

Diese mystischen Silben, »Samen« genannt, dürfen nicht wie einfache Schriftzeichen gesehen werden, die verschiedene Dinge versinnbildlichen sollen, sondern sie müssen wie Lebewesen erscheinen. Sie stehen aufrecht und können Bewegungen ausführen. So ist z. B. »ram« kein mystischer Name für das Feuer, sondern der Samen, aus dem das Feuer entsteht. Die Hindus nehmen die Aussprache dieser Samen-Wörter sehr ernst. Sie glauben, daß ihre Kraft in dem Ton liegt, durch den sie gebildet werden.

In Tibet werden diese Silben besonders als schematische Formen der Elemente, Gottheiten usw. gebraucht. Einige Anhänger der Geheimlehren gestehen ihnen auch wohl die Eigenschaften zu, Samen zu sein, meinen aber freilich, daß, wenn man sie verwenden will, kein Ton bei ihrer Nennung laut werden darf, sondern man sich nur das von der Silbe bezeichnete Bild deutlich vorstellen muß. Da »ram« nun der Samen des Feuers ist, kann der kunstgeübte Meister mittels des heraufbeschworenen Bildes dieses Wortes überall Feuer hervorrufen oder sogar ohne sichtbaren Brennstoff Flammen hervorbringen. Wenigstens sagt man so.

Sobald Dordschi Naldjorma der Silbe »ma« entstiegen ist, muß man selbst in die Göttin eingehen und darauf in ihrer Nabelgegend sich in Betrachtung des Buchstabens A, in Scheitelhöhe aber des Buchstabens H versenken. Langsame tiefe Atemzüge wirken nun blasebalgartig auf ein unter der Asche schlafendes Feuer, das in A enthalten und wie ein Kügelchen geformt ist. Man gebraucht in Tibet den Vergleich: ebenso rund und so dick wie ein Stück Ziegenkot. Jede Einatmung bläst wie ein Luftzug in den Bauch, an der Stelle, wo der Nabel sich befindet, und facht das Feuer an.

Darauf hält man nach jedem tiefen Einatmen den Atem allmählich länger und länger an. Mit dem Gedanken folgt man dauernd dem Erwachen des Feuers in der Vene Uma, die in der Mitte des Körpers aufsteigt.

Die Tibeter haben von den Hindus die drei mystischen Venen entlehnt, die in der geistigen Schulung der Yogis solch große Rolle spielen. Diese sogenannten »Venen« gelten übrigens nicht als wirkliche Blutgefäße, sondern als unendlich feine Nerven, und sollen die Kraftströme durch den Körper leiten. Neben den von den Tibetern »roma, uma, kyangma« benannten Haupt-»Venen« kennen sie noch eine Menge anderer.

Fortgeschrittene Mystiker halten diese Art »Netzwerk« nicht für wirklich bestehend, sondern sehen darin nur eine künstlich angenommene Darstellung der Kraftströme.

Die Übungen zerfallen in zehn Abteilungen der Grade, die einander ununterbrochen folgen. Die subjektiven Visionen und ihre Begleiterscheinungen sind durch eine Kette allmählicher Abstufungen miteinander verbunden. Das Einatmen, Anhalten des Atems und Ausatmen hat seinen eigenen Rhythmus, und dabei wird unaufhörlich eine mystische Formel wiederholt.

Der Geist muß völlig auf das Schauen des Feuers und die sich daraus entwickelnde Wärme gerichtet sein, unter gänzlichem Ausschluß aller andern Gedanken oder Bilder.

Die zehn »Grade« können kurz wie folgt beschrieben werden:

1. Man stellt sich die Mittelvene »uma« in der Dicke eines Haares oder Fadens vor, oder, wenn man so will, man sieht sie. Sie ist von der aufsteigenden Flamme angefüllt, und der Luftzug der Atmung geht durch sie hindurch.

2. Die Vene wird so dick wie der kleine Finger.

3. Sie wird armdick.

4. Sie erfüllt den ganzen Körper, oder besser gesagt, der Körper ist jetzt eine Art Röhre, mit einem feurigen Ofen darin.

5. Der Körper wird nicht mehr wahrgenommen. Die unmäßig erweiterte Vene verschluckt das ganze Weltall, und der Naldjorpa verfällt in eine Verzückung, in der er sich zu einer windgepeitschten Flamme werden fühlt, umgeben von den glühenden Wogen eines Feuermeers.

Anfänger, die noch keiner dauernden Versenkung fähig sind, legen diese fünf Grade schneller zurück als die weiter fortgeschrittenen Jünger, die bei jedem einzelnen in langer Betrachtung verweilen. Unter einer Stunde kommt aber niemand bis zum fünften Grade.

Die subjektiven Visionen wiederholen sich dann wieder in umgekehrter Reihenfolge.

6. Der Sturm läßt nach, die feurigen Wellen werden niedriger und sanfter, das Glutenmeer schrumpft zusammen und wird wieder vom Körper aufgesogen.

7. Die Vene ist nicht mehr als armdick.

8. Sie hat nur noch den Umfang des kleinen Fingers.

9. Sie wird haardünn.

10. Sie verschwindet. Das Feuer verschwindet zugleich mit allen anderen etwaigen Formen oder Bildern, und damit verteilen sich auch die irgendwelche Dinge betreffenden Gedanken. Der Geist verschmilzt mit der »Großen Leere«, und es gibt keine Trennung mehr zwischen dem Beschauer und dem Geschauten.

Je nach dem Grad der geistigen und seelischen Entwicklung des Naldjorpas kann dieser Zustand länger oder kürzer dauern.

Auch ohne die fünf letzten Grade kann diese Übung, wenn man unter der Kälte leidet, beliebig mehrere Male am Tage wiederholt werden, die eigentliche Schulung findet allerdings früh am Morgen statt.

Milaraspa rettete sich durch das Tumo, als er, durch unerwarteten Schneefall überrascht, einmal in eine Höhle des Latschi-khang (Mount Everest) getrieben ward und dort ohne genügende Nahrungsmittel bis zum folgenden Frühjahr aushalten mußte.

Dies Abenteuer hat ihm den Stoff für ein in Tibet berühmt gewordenes Gedicht geliefert, das ich in freier Übersetzung hier teilweise wiedergeben will:

»Angewidert vom Treiben der Welt,
Suchte ich die Einsamkeit an den Hängen des Latschikhang.
Himmel und Erde hielten Rat
Und sandten mir als ihren Boten den Sturm.
Die Elemente der Luft und des Wassers
Schlossen ein Bündnis mit den finsteren Wolken im Süden
Und nahmen Sonne und Mond gefangen.
Sie bliesen die kleinen Sternlein aus, fegten sie fast vom Himmelszelt,
Die großen aber hüllten sie ein in ein Leichentuch, aus Nebel gewoben.
Neun Tage und neun Nächte lang fiel unablässig der Schnee,
In Flocken, so dick wie die Wolle des Schaffells.
Wie Vögel kamen die Schneeflocken herabgeflogen,
Die kleinen aber waren nicht größer als Erbsen oder Senfkörnchen.
Taumelnd und wirbelnd kamen sie herunter,
Mehr Schnee gab es, als Worte sagen können.
Oben auf den Bergen bedeckte er die Gletschergrate,
Unten im Tale waren die Bäume des Waldes bis zum Wipfel darin begraben;
Das schwarze Gebirge schien wie mit Kalk übergossen.
Der Frost glättete die beweglichen Wellen der Seen,
Und das blaue Wasser der Bäche hatte sich unter dem Eise versteckt.
Aus Höhen und Tiefen war eine große Ebene geworden.
Wie Gefangene saßen die Menschen in ihren Dörfern,
Und im Stalle litten die Haustiere Hunger.
Für Vögel und Tiere des Waldes waren dies Fastenzeiten,
Und die Erde barg Mäuse und Ratten tief drunten, als seien es Schätze.
Auf den weißen Bergen stritt nun der Schneesturm des Winters gegen mein leichtes Gewand,
Der Schnee fiel auf mich herab, schmolz und ward zum rieselnden Bache.
Der heulende Sturmwind brach sich an meinem leichten,
baumwollnen Kleide, das aber doch Glut im Innern bedeckte.

Wie der tapfere Streiter auf Leben und Tod hier kämpfte,
Konntet ihr sehn, und Sieger geblieben, ließ ich den Klausnern
Ein leuchtendes Beispiel zurück von dem, was Tumo vermag!«

Milaraspa weiß wie ein Dichter zu schildern, aber sonst bieten seine Erlebnisse nichts Außergewöhnliches. Nur war er, und das ist freilich ein bedeutsamer Unterschied, unversehens vom Schnee überrascht worden und hatte weder genügende Vorräte noch rechten Schutz vor dem Unwetter. Sonst gibt es in Tibet viele Klausner, die den Winter so zubringen, wie er es beschreibt.

Ich habe nun gewiß nicht die unverschämte Anmaßung, meine winterlichen »Landaufenthalte« im tibetischen Hochgebirge mit Entbehrungen zu vergleichen, wie Leute vom Schlage Milaraspas sie durchgemacht haben, aber über die von ihm geschilderte Landschaft kann ich allerdings mitreden. Wie oft habe ich sie nicht, und zwar gar nicht weit von dem Latschi-khang entfernt, von einer hochgelegenen Einsiedelei aus betrachtet? Es fehlte mir allerdings nicht gerade an Lebensmitteln, und auch Brennstoff hatte ich genug, um nur nach Herzenslust Feuer zu machen, aber ich bekam doch einen guten Begriff von der Härte dieses eigenartigen Lebens. Dabei denke ich aber auch an die vollkommene Stille, an den unsäglichen Frieden, der über meiner Höhlenwohnung lag, und meine, die Menschen, die ihre Tage so verbringen, sind nicht zu bedauern, eher sogar zu beneiden.

Außer der eben beschriebenen Tumo-Übung gibt es noch andere zum gleichen Zweck. Alle sind sich mehr oder weniger ähnlich, denn es handelt sich immer um die Verbindung des Atemeinhaltens mit der körperlichen Gestaltung eines nur in der Einbildung bestehenden Feuers, wobei es also letzten Endes auf eine Autosuggestion hinausläuft.

Die sechs von Narota verbreiteten »Geheimlehren« enthielten eine dem Tumo gewidmete Abteilung.

Kurz zusammengefaßt empfiehlt er folgendes Verfahren:

Man kreuzt in hockender Stellung die Beine, legt die Hände unter die Oberschenkel und fügt sie zusammen.

In dieser Haltung läßt man 1. seinen Magen dreimal eine Wendung von rechts nach links und dreimal von links nach rechts machen.

2. Man knetet den Magen, so stark man kann.

3. Man schüttelt den Körper etwa in der Art eines störrischen Pferdes und macht dabei, immer mit gekreuzten Beinen, einen kleinen Luftsprung.

Diese drei Übungen werden dreimal wiederholt und enden mit

einem großen Sprung, so hoch, wie der Naldjorpa ihn nur machen kann.

Selbstverständlich ist es nicht weiter wunderbar, daß man nach einem derartigen Turnen warm wird. Die Übung hat viel Ähnlichkeit mit dem »Hatha-Yoga« der Hindus.

Der Atem wird angehalten, bis der Bauch »wie ein Topf« geformt ist. Dann kommt die körperliche Gestaltung des Bildes der Dordschi Naldjorma, gerade wie bei der zuerst beschriebenen Übung.

In jede Handfläche hinein denkt man sich eine Sonne, ferner unter jede Fußsohle, und eine weitere unterhalb des Nabels.

Dadurch, daß man die Sonnen an den Händen und Füßen aneinanderreibt, wird das Feuer entzündet. Es berührt dann die unter dem Nabel befindliche Sonne, die ebenfalls Feuer fängt, das sich nun im ganzen Körper verbreitet.

Bei jedem Ausatmen sieht man die ganze Welt in heller Glut. 21 hohe Luftsprünge beenden die Übung.[62]

Obwohl zwischen den gestalteten Bildern der beiden von mir kurz geschilderten Schulungsarten einige Ähnlichkeit herrscht, überwiegen die Unterschiede doch bei weitem, denn während die zweite Übung große Beweglichkeit und Sprünge erheischt, fordert die erste vollkommenste Unbeweglichkeit.

Beide Arten der Ausbildung wie auch alle sonstigen, die dasselbe Ziel verfolgen, erfordern in der vorgeschriebenen Reihenfolge das mechanische Einatmen, Anhalten des Atems und Ausatmen, das von den Tumo-Schülern lange geübt werden muß. Weder die fest auf das Bild des Feuers gerichteten Gedanken noch die innerliche Wiederholung der die Betrachtung begleitenden mystischen Formel darf jemals durch die Atmung unterbrochen werden. Auch darf keinerlei Anstrengung gemacht werden, um sich das Anwachsen des Feuers zu vergegenwärtigen. Die Vision kommt ganz von selbst zustande, und was ja der Zweck der Übung ist, durch den ganzen Körper verbreitet sich nach und nach eine angenehme Wärme.

Manchmal findet zum Schluß eine Art Prüfung für die Tumo-Schüler statt. Die sich der Sache gewachsen glauben, begeben sich dann, geführt von ihrem Lehrer, in einer mondhellen Winternacht an das Ufer irgendeines gefrorenen Wasserlaufes. Ist kein frei fließendes Wasser mehr da, so bohrt man ein Loch ins Eis. Mit Vorliebe wählt man eine stürmische Nacht, und die läßt in Tibet nie lange auf sich warten.

Die Bewerber um die Respawürde setzen sich völlig nackt mit gekreuzten Beinen auf die Erde. Tücher werden in Eiswasser getaucht, kommen darin zum Gefrieren und werden steif vor Frost wieder herausgezogen. Die Schüler umwickeln sich damit und müssen sie an ihrem Körper auftauen und trocknen lassen. Kaum ist das geschehen, so taucht man das Tuch von neuem ins Wasser, das Spiel fängt von vorne an und wird bis Tagesanbruch fortgesetzt. Wer die meisten Tücher an sich getrocknet hat, gilt als Sieger im Wettbewerb.

Einige sollen es so weit bringen, das Tuch im Lauf einer Nacht bis zu vierzigmal an ihrem Körper zu trocknen. Das wird aber wohl etwas übertrieben sein, und man wird auch gut tun, anzunehmen, daß es sich in manchen Fällen um allmählich immer kleiner gewordene Tücher handelt, die am Ende nur noch ein Symbol darstellen. Immerhin steht es fest, daß manche Respas Stoffstücke von der Größe eines Schals an sich trocknen. Ich habe das mit eigenen Augen gesehen.

Bevor man als Respa anerkannt und für würdig erklärt wird, den weißen Baumwollrock zu tragen, der die Tumo-Doktoren auszeichnet, muß man es wenigstens auf drei Tücher gebracht haben. Wenigstens war das früher erforderlich, wird aber vielleicht heutzutage nicht mehr so streng genommen.

Respa bedeutet jemand, der sich in Baumwolle kleidet, und allgemein versteht man darunter, daß er auch nur das eine Gewand trägt. Freilich fehlt es in Tibet auch nicht an Respas, die unter dem leichten Kleid wärmeres Unterzeug verbergen. Es sind entweder Betrüger, die in gewinnsüchtiger Absicht die Leute anführen wollen, oder wirkliche Tumo-Schüler, deren Ausbildung aber für dauernde Erfolge noch nicht ausreichend gewesen war.

Hingegen gibt es sehr gelehrte Einsiedler, die den Respa in der Tumo-Kunst weit übertreffen. Sie werfen selbst das Baumwollkleid noch ab und hausen manchmal ihr ganzes Leben lang vollkommen nackt auf einsamen Bergeshöhen.

Die Tibeter sind sehr stolz auf solche Heldentaten und lassen es nicht an Neckereien fehlen, wenn ihnen auf einer Pilgerfahrt nach dem warmen Indien etwa nackte Yogis begegnen. Sie verstehen nicht, daß dortzulande die Nacktheit nur völlige Entsagung bedeutet und nicht etwa eine besondere körperliche Abhärtung zur Schau stellen will.

Einer dieser Über-Respas, der in der Umgegend des Khang-tise[63] ausgebildet war, ging mit einem Freunde und einem Laiendiener durch Nepal nach Gaya.[64] Bevor er in die Ebenen Indiens kam, begegnete er einem Sadhu, der sich auf einer Matte liegend sonnte. Sein Ausdruck und seine Haltung strotzten geradezu von herausfordernder Eitelkeit, so daß der Einsiedler aus dem einsamen Reich des Eises sich das Lachen darüber nicht verbeißen konnte. »Freundchen«, redete er ihn an, »ich lade dich ein, dich so, wie du bist, am Ufer des Mophangsees[65] niederzulegen, dann solltest du schon ein anderes Gesicht ziehen.«

Der Hindu verstand natürlich kein Wort von dem, was ihm der Lama auf tibetisch sagte, und konnte sich sicher nicht erklären, weshalb die drei Reisenden ihn so respektlos auslachten.

Ich hörte den Scherz von dem Klausner selbst erzählen, den die Erinnerung daran noch bis in sein hohes Alter hinein belustigte.

Um es kurz zu sagen, im Anfang der Ausbildung dauert die Zunahme oder die Empfindung der Wärme nur so lange wie die Übung selbst. Sobald geistige Ausspannung und Atemgymnastik nachlassen, macht sich allmählich die Kälte wieder fühlbar. Hat man sich aber erst jahrelang geschult, so erzeugt sich bei sinkender Temperatur die Wärme ohne weiteres von selbst.

Neben der Prüfung, die im Trocknen nasser Tücher besteht, gibt es noch mehrere andere, z. B. setzt man sich mitten in den Schnee. Je mehr dabei unter dem Respa wegschmilzt, und je weiter sich diese Schneeschmelze rund um ihn her erstreckt, desto höher wird die von ihm ausgestrahlte Wärme eingeschätzt.

Wenn es auch schwer ist, sich einen ganz klaren Begriff von den mit dem Tumo erzielten Erfolgen zu machen, scheinen sie doch immerhin gut beglaubigt zu sein. Den ganzen Winter hindurch bringen ganz nackte oder nur sehr leicht gekleidete Einsiedler es fertig, mitten im Schnee auf den höchsten Bergen zu leben. Ich bin nicht die einzige, die sie gesehen hat. Einige Teilnehmer der Expedition, die den Gipfel des Mount Everest zu besteigen versuchte, haben ein paar solche Klausner von weitem zu Gesicht bekommen. Ich selbst habe bei meinen schüchternen Anfängen im Tumostudium auffallend gute Erfolge gehabt.

Botschaften »durch die Luft«

Die tibetischen Mystiker sind schweigsame Leute und verstehen sich darauf, bei ihren Schülern ohne viel mündlichen Unterricht auszukommen. Die Beschreibung ihrer sonderbaren Lehrweisen würde mich hier zu weit führen. Ich füge deshalb nur noch hinzu, daß ein Schüler, der sich unter Anleitung eines Einsiedlers der Betrachtung widmet, seinen Lehrer nur selten zu sehen bekommt. Wie oft das geschieht, richtet sich nach den Fortschritten oder nach den geistigen Bedürfnissen des Schülers, und darüber hat der Lehrer allein zu entscheiden. Oft liegen Monate oder sogar Jahre zwischen diesen Begegnungen. Trotz dieser Trennung haben jedoch Meister und Jünger, besonders die geistig schon hochentwickelten unter diesen, ein anderes Mittel, durch das sie nach Bedarf miteinander verkehren können.

Die Geheimwissenschaft der Tibeter beschäftigt sich auch mit der Fernwirkung der Gedanken. Man könnte sagen, daß sie für das »Land des Schnees« dasselbe bedeutet wie für das Abendland die drahtlose Telegraphie. Während aber bei uns die Übertragungsapparate dem ganzen Volke zur Verfügung stehen, bleibt in Tibet die viel heiklere Übersendung der Botschaften »auf dem Winde[66]« einer kleinen Minderheit von Eingeweihten vorbehalten.

Auch den Bewohnern des Abendlandes ist die Fernwirkung der Gedanken unter dem Namen Telepathie nicht unbekannt. Gesellschaften, die sich mit dem Studium seelischer Vorgänge befassen, haben solche Fernwirkungen mehr als einmal verkündet. Sie scheinen aber meist zufällig zustande gekommen zu sein und ohne daß der Beteiligte sich der von ihm gespielten Rolle bewußt war.

Wollte man dagegen eine derartige Verbindung absichtlich herstellen, so blieb es meist insofern bei sehr zweifelhaften Erfolgen, als man sie nicht mit einiger Sicherheit des Gelingens nach Belieben wiederholen konnte.

Das liegt bei den Tibetern anscheinend anders. Ihrer Behauptung nach ist diese Fernwirkung eine Wissenschaft, die wie jede andere erlernt werden kann, vorausgesetzt, daß der Schüler den nötigen Unterricht erhält und daß er sich für die praktische Anwendung der Lehre eignet. Man soll durch verschiedene Mittel zur Beherrschung dieser Kunst gelangen können, aber darin sind sich alle tibetischen Kenner der Geheimwissenschaften einig: die Hauptsache ist stets das feste Zusammenhalten aller Gedanken bis zum Trancezustand.

Man sieht, soviel man diese Erscheinungen auch im Abendland studiert hat, man hat dort auch keine andere Ursache dafür entdeckt als in Tibet.

Die Meister der Mystik erklären, die erste Vorbedingung für die Fernwirkung der Gedanken sei, daß man den eigenen Geist völlig in der Gewalt habe. Nur wenn man jederzeit die Gedanken fest und unverrückbar auf ein und denselben Gegenstand geheftet halten kann, darf man auf Gelingen rechnen.

Die Rolle des bewußten »Empfängers«, der stets bereit ist, bei dem unmerklichen Anprall der Gedankenwellen zu erzittern, gilt für ebenso schwierig wie die des »Senders«. Namentlich muß der angehende »Empfänger« aber von vornherein auf die Person abgestimmt sein, deren Botschaft er in erster Linie erwartet.

Die ausschließliche Hinwendung des Gedankens auf einen einzigen Gegenstand muß so weit gehen, daß alle andern Gegenstände darüber aus der bewußten Wahrnehmung verschwinden. Das ist für die Lamaisten eine der Grundfesten ihrer geistigen Schulung. Andererseits erfordert die Ausbildung auch Übungen, die dazu befähigen sollen, verschiedene Strömungen der geheimen Kräfte wahrzunehmen, die das Weltall in jeder Richtung durchkreuzen.

Gestützt auf diese Tatsachen wird manchmal behauptet, die Fernwirkung der Gedanken sei gleich dem Tumo und andern nützlichen, wenn auch nicht unentbehrlichen Begabungen, eine Begleiterscheinung der geistigen Schulung überhaupt. Es ist daher überflüssig, sie besonders zu studieren.

Andere wieder denken anders darüber. Sie geben wohl zu, daß die durch die geistige Schulung erworbenen Fähigkeiten es ermöglichen, die Fernwirkung der Gedanken und die meisten übrigen okkulten Künste auszuüben. Allein sie fügen hinzu, daß auch wer nicht zu den höchsten Höhen des mystischen Pfades aufsteigen kann oder mag, doch noch hoffen darf, in einem der Nebenzweige Erfolg zu haben.

Das ist im allgemeinen die Ansicht der Meister der Mystik, und viele von ihnen lassen ihre Schüler Übungen in der Fernwirkung der Gedanken anstellen.

Es gibt kontemplative Einsiedler, die es auch ohne schulmäßigen Unterricht dahin gebracht haben, die Gedankenbotschaften ihres geistigen Führers entgegenzunehmen. Man sieht darin einen Beweis für die tiefe Verehrung, die sie ihrem Meister widmen. Kleiner an Zahl sind die Mystiker, die ganz von selbst zur Aussendung von Botschaften fähig geworden sein sollen.

Die Ausbildung in dieser Kunst verläuft im großen und ganzen meist wie folgt:

Zuerst müssen alle Übungen vorgenommen werden, die so zur Anspannung aller Gedanken auf einen einzigen Gegenstand führen, daß der Denkende schließlich eins mit dem Gedachten wird.

Daneben muß man sich noch der damit Hand in Hand gehenden Übung widmen, durch die der Geist von jeder seelischen Tätigkeit »entleert« wird, so daß völlige Stille und Ruhe in ihm herrscht.

Darauf folgt Unterscheidung und Zergliederung der verschiedenen Einflüsse, die plötzliche und anscheinend unerklärliche geistige oder körperliche Empfindungen und besondere Gemütszustände hervorrufen, wie Freude, Schwermut und Furcht, oder auch die unerwartete Erinnerung an Personen, Sachen oder Ereignisse, die scheinbar ganz unverknüpft mit den Gedanken oder den gegenwärtigen Handlungen der Person sind, in deren Gedächtnis sie auftauchen.

Hat der Schüler einige Jahre lang nur diese Übungen betrieben, darf er mit seinem Lehrer zusammen Betrachtungen anstellen.

Die beiden ziehen sich dann, die Gedanken fest auf den gleichen Gegenstand gerichtet, in ein stilles, halbdunkles Zimmer zurück. Am

Schluß der Übung teilt der Jünger seinem Lama die verschiedenen Grade seiner unterdessen aufgetauchten mannigfaltigen Gedanken, Gefühle oder Wahrnehmungen mit. Alles, was dabei der Betrachtung des Meisters gleicht oder etwa davon abweicht, wird genau aufgeschrieben.

Ohne zu wissen, an was der Lama jetzt denken will, versucht dann der Lehrling, alle in seinem eigenen Geist aufkeimenden Gedanken zu unterdrücken oder, mit andern Worten, sich innerlich »leer zu machen«. Und nun überwacht er alles, was etwa an Gedanken, Gefühlen und Wahrnehmungen sich in ihm regt, ohne daß es aus seinem eigenen Gemütsleben zu stammen scheint. Wiederum legt er dann dem Lama die während der Übung aufgetretenen Gedanken und Vorstellungen vor, der sie mit denen vergleicht, die er bei dem Schüler innerlich angeregt hat.

Der Meister gibt darauf dem aufhorchenden Lehrling aus einiger Entfernung genaue Befehle, die dieser als Beweis dafür, daß er sie richtig verstanden hat, entweder wörtlich wiederholt oder gleich ausführt. So wird der Unterricht fortgesetzt und dabei ganz allmählich die Entfernung zwischen Lehrer und Schüler immer mehr vergrößert. Erst sitzen sie im selben Zimmer, dann in verschiedenen Räumen desselben Gebäudes, oder der Lehrling kehrt nach seiner eigenen Hütte oder Höhle zurück, um sich schließlich einige Kilometer weit von der Wohnung des Lamas zu entfernen.

Man glaubt in Tibet ganz allgemein, daß die fortgeschrittenen Mystiker die Gedanken anderer ganz nach Belieben lesen können. Besitzt der Meister diese Macht, so können die Schüler sich bei ihm nicht mehr in der Aussendung von Gedanken in die Ferne üben, denn er würde ja ihre Absicht schon kennen, ehe sie noch die Zeit zur erforderlichen Sammlung für den Versuch gehabt hätten.

Mag die öffentliche Meinung nun recht haben oder nicht, jedenfalls zwingt sie den mit dem Titel »Dubtschen« ausgezeichneten Lama (weißer Magier), so zu tun, als ob er das Vermögen, das man ihm zuschreibt, wirklich besäße. Daher tauschen Anfänger die Gedankenbotschaften erst untereinander aus.

Zwei oder drei Lehrlinge tun sich unter Anleitung ihres Lamas dabei zusammen und verfahren dann etwa so, wie ich es eben beschrieben habe.

Fortgeschrittenere Schüler beweisen ihr größeres Können durch Aussendung unerwarteter Gedankenbotschaften, die außerhalb der festgesetzten Übungen und zu einer Zeit erfolgen, wo der Empfänger vermutlich beschäftigt und ganz ahnungslos ist.

Sie versuchen auch, mittels Fernwirkung Gedanken oder Handlungen bei Personen anzuregen, mit denen sie noch nicht durch Übungen verbunden waren, oder auch Tiere in ihren Handlungen zu beeinflussen.

Dieser Ausbildung und andern, die ähnliche Zwecke verfolgen, werden ganze Jahre gewidmet.

Es läßt sich unmöglich sagen, was bei diesem heißen Bemühen wirklich herauskommt. Man darf sich übrigens die Kreise, in denen solch geheime Studien betrieben werden, nicht wie die stark besuchten Schulen in den großen Klöstern vorstellen. Das wäre weit gefehlt. Man muß sich ein weltfernes Tal denken, wo vielleicht zeitweilig ein halbes Dutzend Schüler sich bei der Klause eines Einsiedlers zusammengefunden hat, und so groß ist die Zahl nur selten. Weit davon entfernt findet man dann vielleicht in einem andern gottverlassenen Bergwinkel wieder drei oder vier Schüler, die sich im Umkreis von ein oder zwei Kilometern bei der Hütte ihres Lehrers angesiedelt haben. Man sieht, diese geistige Schulung wird nur von sehr vereinzelten Leuten, und durchaus nicht am selben Orte ausgeübt.

Was für Früchte die Lernenden aber auch von der gründlichen Vorbereitung auf den gedanklichen Fernverkehr ernten mögen, bei den Altmeistern der Mystik dürfen sie auf keine Ermutigung rechnen. In ihren Augen ist all dies Streben nach dem Erwerb außergewöhnlicher Kräfte nichts als ein ganz bedeutungsloses und kindisches Spiel.

Diese großen Einsiedler scheinen allerdings nach Belieben aus der Ferne mit ihren Schülern und, wie viele meinen, mit allen Lebewesen überhaupt verkehren zu können. Aber wie schon gesagt, gilt das nur für eine Begleiterscheinung ihrer tiefen Einsicht in die Gesetze des Geistes und ihrer eigenen seelischen Vollkommenheit.

Es heißt, daß, wenn man kraft der aus dem Erforschen des Seelenlebens erwachsenen Erleuchtung dahin gelangt ist, sich selbst und den »andern« nicht mehr als gänzlich voneinander getrennte und verbindungslose Einheiten zu sehen, der Gedankenverkehr ganz leicht wird. Ich lasse dahingestellt, was hierbei Wahrheit, was Einbildung sein mag; es ist vielleicht besser, man streitet nicht darüber.

Ich möchte nur noch hinzufügen, daß die tibetischen Mystiker keine grobsinnlichen Verbindungsmittel zwischen Lehrer und Schüler kennen und von Briefen, die von der Decke herabfallen oder die beim Erwachen unter dem Kopfkissen gefunden werden, nichts wissen wollen. Fragt man sie danach, so können sie kaum glauben, daß man es ernsthaft meint und sich nicht über sie lustig machen will.

Dabei fällt mir die drollige Antwort eines Lamas aus Taschi-lhünpo ein, dem ich erzählte, gewisse Philings[67] bildeten sich ein, auf diese Weise mit den Geistern der Toten und sogar auch mit einigen tibetischen Meistern der Mystik verkehren zu können. »Sind das dieselben Leute, die Indien erobert haben?« rief er aus, so überwältigt war er von der Leichtgläubigkeit der sonst so gefürchteten Engländer.

Aus den von mir im Lauf mehrerer Jahre gemachten Beobachtungen scheint hervorzugehen, daß die Fernwirkung der Gedanken, wie übrigens alle andern seelischen Vorgänge, in Tibet einen besonders günstigen Boden finden. Woran mag das liegen? Es wäre vermessen, eine bestimmte Antwort darauf zu geben; ist uns doch die Natur der seelischen Vorkommnisse selbst noch ein tiefes Geheimnis.

Möglich, daß gewisse natürliche Einflüsse, Folgen der Höhenlage von Tibet, dabei mitspielen, oder auch die große Stille, die über dem ganzen Lande liegt. Diese Stille ist so außergewöhnlich, daß man sie – wenn man mir den wunderlichen Ausdruck nachsehen will – selbst durch das Geräusch der wildesten Sturzbäche hindurch zu hören glaubt. Auch möglich, daß seelische Kräfte hier besser gedeihen, weil es an den großen Menschenansammlungen fehlt, die anderswo mit ihrer geistigen Tätigkeit mannigfaltige Wirbel seelischer Kräfte hervorbringen und so die Wellenbewegung unterbrechen, die dem Phänomen vermutlich zugrunde liegt.

Gleichviel was die Ursachen sein mögen, gewollte oder unbewußte Gedankenübertragungen scheinen in Tibet nicht eben selten zu sein.

Was mich selbst betrifft, so bin ich sicher, Gedankenbotschaften von Lamas erhalten zu haben, mit denen ich in Verbindung gestanden hatte, und vielleicht sind diese Botschaften noch viel zahlreicher gewesen, als ich weiß. Ich habe jedoch nur solche Fälle als beweiskräftig angeführt, bei denen der beteiligte Lama mehrere Tage oder sogar Monate nach der Übertragung sich selbst bei mir nach dem Erfolge erkundigt hat.

Neben den Verbindungen seelischer Natur, die nicht gerade von einer Gedankenbotschaft, sondern vielmehr von einer gewissen Übereinstimmung zwischen dem Gedankengang von Lehrer und Schüler herzurühren scheinen, kann ich von zwei ganz verschiedenartigen Begebnissen berichten.

Das eine fand im Tale des Dainschinflusses während meiner Reise nach Lhasa statt. Der Lama, der bei diesem besonders ausgesprochenen Fall von Gedankenübertragung die Hauptrolle spielte, gehörte zum Kloster Tschö-tsong.

Yongden und ich hatten die Nacht im Freien zugebracht, in einem durch viele Regenzeiten ausgehöhlten natürlichen Graben, den gerade jetzt aber der Frost hart und trocken gemacht hatte. Aus Mangel an Brennstoff hatten wir unser gewöhnliches Frühstück, den Buttertee, nicht kochen können und mußten uns daher nüchtern auf den Tagesmarsch machen. Gegen Mittag bemerkten wir nahe am Wege, auf seinem Sattelteppich[68] sitzend, einen recht vertrauenerweckend aussehenden Lama, der gerade seine Mahlzeit beendete. Bei ihm waren drei junge Mönche von vornehmem Äußeren. Sie machten mehr den Eindruck von Schülern, die ihren Lehrer begleiteten, als von gewöhnlichen Dienern. Vier in der Nähe der kleinen Gruppe angebundene Pferde bemühten sich, etwas dürres Gras abzurupfen.

Die Reisenden hatten ein Bündel Holz mitgebracht und Feuer angezündet. Der Teetopf dampfte noch auf der glühenden Asche. Wir grüßten den Lama so höflich, wie es bettelnden Pilgern[69] zukam. Unsere Gesichter mögen wohl den Wunsch verraten haben, den der Anblick der Teekanne in uns erweckt hatte. Der Lama murmelte »Nyingdje[70]«, und laut lud er uns ein, näher zu kommen und unsere Eßschalen herauszuholen, um Tee und Tsamba entgegennehmen zu können.

Einer der jungen Trapas goß den Rest Tee in unsere Schalen, setzte ein Beutelchen mit Tsamba in unserer Nähe nieder und ging fort, um seinen Gefährten beim Satteln und Beladen der Tiere für die Weiterreise zu helfen, als eins der Pferde plötzlich scheute und durchging. Das kommt oft vor; einer der Mönche nahm einen Strick und ging fort, um das Tier wieder einzufangen.

Der Lama war wenig gesprächig. Wortlos folgte er dem über die kahlen Felder sprengenden Gaul mit den Augen. Wir verzehrten schweigend unsere Mahlzeit. Als ich mich dabei umsah, fiel mein Blick auf einen Holztopf, der geronnene Milch enthalten hatte. Ich erriet, daß er von einem etwas abseits gelegenen Bauernhof stammte, und flüsterte Yongden ins Ohr: »Wenn der Lama fort ist, wollen wir bei dem Bauer um etwas Milch betteln.«

So leise ich auch gesprochen hatte, der Lama schien mich doch verstanden zu haben. Er sah mich lange forschend an, wiederholte mit halber Stimme »Nyingdje!« und wandte dann den Kopf ab.

Das Pferd war nicht weit fortgelaufen, schien aber zum Spielen aufgelegt, und der Trapa hatte Mühe, es einzufangen. Schließlich gelang es, ihm den Strick um den Hals zu werfen, und nun folgte es dem jungen Mönch ganz willig.

Noch immer saß der Lama regungslos da, den Blick auf den uns entgegenkommenden Mann gerichtet, der auf einmal stehenblieb. Ein paar Augenblicke hielt er wie aufhorchend auf demselben Fleck, führte dann das Tier nach einem Felsen und band es daran fest. Darauf kehrte er um, verließ die Straße und schlug die Richtung nach dem Bauernhofe ein. Kurz danach sah ich ihn zu dem Pferde zurückgehen, wobei er etwas trug, das ich nicht genauer unterscheiden konnte.

Als er uns nahe gekommen war, erkannte ich in dem »etwas« einen mit dicker Milch gefüllten Holznapf. Er setzte ihn aber nicht vor seinen Herrn hin, sondern behielt ihn in der Hand und fragte dabei den Lama sichtlich mit den Blicken: »Ist das wirklich, was Ihr wolltet? Was soll ich nun mit dem Topf tun?«

Auf diese stillschweigenden Fragen nickte der Lama nur bejahend und befahl dem Trapa, die dicke Milch mir zu geben.

Das zweite derartige Erlebnis fand nicht im eigentlichen Tibet statt, sondern in dem zu den chinesischen Provinzen Kansu und Szetschwan gehörigen Grenzgebiet.

Am Saum des riesigen Waldes, der sich zwischen Tagau und dem Kunkapaß ausdehnt, hatten sechs Reisende sich meinem kleinen Trupp angeschlossen. Die Gegend ist durch ihre verwegenen Räuber berüchtigt, und jeder, der hindurch muß, sucht eine möglichst zahlreiche und gut bewaffnete Reisegesellschaft zusammenzubekommen. Fünf von meinen neuen Gefährten waren chinesische Kaufleute, der sechste aber ein Ngags-pa-Bönpo, ein wahrer Riese, dessen langes, in ein rotes Stück Stoff gewickeltes Haar wie ein Riesenturban um den Kopf gelegt war.

Ich war immer darauf aus, Neues über religiöse Lehren und Gebräuche zu erfahren, und lud den einsamen Reisenden zu meinen Mahlzeiten ein, in der Hoffnung, ihn dabei alles mögliche Wissenswerte ausplaudern zu hören. So erzählte er mir, er sei auf dem Wege zu seinem Lehrer, einem Bönpo-Magier, der gerade auf einem benachbarten Berge einen großen Dubtob (Zauberritus) abhielt, um damit einen Dämon zu unterjochen, der die kleinen einheimischen Stämme arg belästigte.

Nach vielen vorsichtigen Umschweifen äußerte ich meinen Wunsch, den Magier zu besuchen, aber sein Jünger erklärte es sofort für völlig unmöglich, den Meister während des ganzen Mondmonats zu stören, den der Ritus beanspruchen würde. Da war nichts zu machen, aber ich nahm mir dennoch vor, dem Ngags-pa zu folgen, wenn er jenseits des Passes von uns Abschied nähme, den Magier zu überraschen und wenigstens schnell einen Blick auf seinen Zauberkreis mit dem übrigen Zubehör zu werfen.

Das schien mir ausführbar, und so schärfte ich meinen Dienern ein, den Ngags-pa gut im Auge zu behalten, damit er uns nicht plötzlich entwischte.

Meine Leute werden wohl untereinander zu laut über mein Vorhaben gesprochen haben; kurz und gut, der Ngags-pa erfuhr von dem Streich, den ich seinem Guru spielen wollte, und riet mir, ihn aufzugeben.

Ich erwiderte, daß ich ja nichts Böses im Schilde führe und mich nur zu meiner Belehrung gern freundschaftlich mit dem Magier unterhalten wollte. Im übrigen befahl ich den Dienern, unsern Reisegefährten noch schärfer im Auge zu behalten.

Er merkte nun freilich wohl, daß er gewissermaßen unser Gefangener war, aber zugleich begriff er, daß ihm deshalb kein Leid geschah, und war Tibeter genug, um das reichliche Essen zu würdigen, das er bei uns bekam. So verlor er über dem Abenteuer nicht seine gute Laune.

»Habt nur keine Angst, daß ich Euch durchgehe«, sagte er, »meinetwegen mögt Ihr mich sogar anbinden. Ich habe das Vorangehen gar nicht nötig, wenn ich meinen Lehrer vorher von Eurem Kommen unterrichten will, denn er weiß schon lange Bescheid.« »Gnais lung gi teng la len tang tsar.« »Ich habe ihm eine Botschaft auf dem Winde geschickt.«

Die Ngags-pas sind Prahlhänse und rühmen sich gern, außergewöhnliche Kräfte zu besitzen. Ich achtete daher ebensowenig auf seine Worte wie sonst wohl auf die Reden seiner Bundesbrüder aus der Zunft der schwarzen Magie.

Diesmal hatte ich freilich unrecht.

Jenseits der Paßhöhe kamen wir an Alpenweiden. Auf diesen weiten Flächen braucht man die Räuber nicht mehr sehr zu fürchten, da sie dort keine Deckung finden.

Die chinesischen Kaufleute, die uns im Walde immer dicht auf den Fersen geblieben waren, fühlten sich nun wieder sicherer und trieben ihre Tiere zu schnellerer Gangart an. Ich beabsichtigte immer noch, dem Ngags-pa zu folgen, der eben die große Straße verlassen wollte, als aus einer Bodenfalte ein Trupp von etwa sechs Reitern auftauchte, die eiligst auf uns zugeritten kamen.

In meiner Nähe angelangt, saßen sie ab, begrüßten mich und boten mir die landesüblichen Geschenke der Khadags (Schärpen) und einige Stücke Butter. Nach diesen Höflichkeitsbeweisen trat ein alter Mann vor und sagte mir, der große Bönpo-Magier habe sie geschickt, um mich zu bitten, ich möge meinen Vorsatz, ihn zu besuchen, doch aufgeben. Er dürfe niemand sehen; höchstens ein schon eingeweihter Schüler könne an dem Orte zugelassen werden, an dem er seinen Zauberkreis errichtet habe.

So mußte ich meinen Plan aufgeben. Anscheinend hatte der Ngags-pa seinen Meister wirklich durch eine »Botschaft auf dem Winde« gewarnt.

Hier wäre alle Ausdauer vergeblich gewesen. Selbst wenn ich trotz der Probe, die mir der Schüler von seinen ungewöhnlichen Eigenschaften gegeben hatte, noch bezweifeln wollte, daß die geheimen Kräfte des Meisters mich fernzuhalten vermochten, so sahen die gut bewaffneten stämmigen Bergbewohner, die da um mich herumstanden, jedenfalls überzeugend aus. Sie erwiesen mir alle Achtung und waren mir auch gewiß nicht feindlich gesinnt, aber wer weiß, wie rasch sich das ändern konnte, wenn mein Eigensinn den Erfolg eines Ritus in Frage stellte, an dem ihr ganzer Stamm beteiligt war.

Ich übergab also dem Ngags-pa einen Khadag und etwas Geld für seinen Lehrer, beglückwünschte die Tibeter zum Besitz eines so hervorragenden Magiers, und dann gingen wir freundschaftlich auseinander.

Anscheinend gibt es in Tibet auch das Fernsehen. Will man all den Geschichten Glauben schenken, die man sich dort von berühmten Lamas erzählt, fehlt es sicher nicht an vielen derartigen Beispielen. Aber in diesen uns überlieferten Lebensbeschreibungen sind Wahrheit und Dichtung so stark vermischt, daß die wunderbaren Begebnisse mehr Zweifel als Glauben erwecken.

Es gibt jedoch auch heutzutage noch Leute, die durch eine Art von Fernsehen verursachte Visionen gehabt haben wollen.

Mit Träumen hat das gar nichts zu tun. Zuweilen findet die Vision während der Betrachtungen statt, manchmal dagegen ist der Seher auch gerade ganz beliebig anderweitig beschäftigt. Ein Tsipa Lama – Mathematiker und Sterndeuter – erzählte mir, er habe eines Tages, als er eben bei Tisch war, einen befreundeten Gyud Lama (jemand, der in einer Schule für rituelle Magie den Doktorgrad erworben hat) gesehen, mit dem er schon jahrelang nicht mehr zusammen gewesen war. Diesen Lama sah er vor seiner Haustür stehen und bei ihm, ganz reisefertig, einen jungen Trapa mit einem Bündel auf dem Rücken. Der Jüngling warf sich dem Lama zu Füßen, um Abschied zu nehmen, worauf der Ältere lächelnd einige Worte erwiderte und mit dem Finger nach Norden zeigte. Der Trapa wandte sich dann nach dieser Richtung und warf sich ihm wieder dreimal zu Füßen. Beim Aufstehen schleuderte er den Zen, der sich bei den häufigen Fußfällen verschoben hatte, über seine Schulter, und dabei bemerkte der Tsipa, daß ein Zipfel des Mantels zerrissen war. Damit verschwand die Vision. Ein paar Wochen nachher kam derselbe junge Mann an, geschickt von dem Gyud Lama, der seinen Freund bitten ließ, ihm einige bei der Sterndeuterei erforderliche Berechnungen beizubringen.

Der Trapa erzählte, der Lama habe ihm im Augenblick des Abschieds, als er sich vor ihm niederwarf, gesagt: »Da du nun zu einem neuen Lehrer gehst, mußt du ihn auch von mir grüßen«, und dabei hatte er nach Norden gezeigt, wo der Wohnsitz des Tsipa lag.

Der Tsipa sah am Zen seines Schülers genau denselben Riß, der ihm schon während der Vision aufgefallen war.

Ich fragte, ob der Gyud Lama seinen Freund etwa wissen lassen wollte, daß er ihm einen Schüler sandte, aber darauf konnte der Tsipa mir nicht antworten. Die Sache hatte sich eben erst ereignet, und er hatte seitdem noch nichts wieder von seinem Freunde gehört.

Ich muß sagen, daß die Tibeter im allgemeinen wenig Lust zur Vertiefung in seelische Erlebnisse zeigen, und darin besteht eine der Hauptschwierigkeiten, die sich dem Forscher entgegenstellen. Derartige Vorkommnisse gelten in Tibet, wenn auch nicht eben für alltäglich, doch keineswegs für so außergewöhnlich, daß sie in den Augenzeugen den unwiderstehlichen Wunsch nach kritischer Untersuchung erweckten. Es werden bei ihnen nicht wie bei den Menschen des Abendlandes feststehende Begriffe über die Naturgesetze und über Mögliches und Unmögliches erschüttert.

Die meisten Tibeter, Gelehrte ebensogut wie Unwissende, geben ohne weiteres zu, daß dem, der sich darauf versteht, alles möglich ist, und folglich erregen die ihnen etwa begegnenden Wunder nur ihre Anerkennung für den geschickten Menschen, der sie hervorzurufen weiß.

KAPITEL 7

Mystische Lehrsätze und geistige Schulung

Im allgemeinen zerfällt die tibetische Religionswelt in zwei große Abteilungen. In der einen empfiehlt man als Heilmittel die Einhaltung der Sittengesetze und der Klosterregeln, in der andern gibt man den verstandesmäßigen Lehren den Vorzug und glaubt, daß, wer sie befolgt, dadurch von allem Zwang der Gesetze befreit ist. Die Anhänger der beiden Schulen sind aber keineswegs durch unübersteigliche Schranken voneinander getrennt. Auch die zur ersteren Schule gehörigen Mönche werden meist zugeben, daß tugendhafter Wandel und strenge Klosterzucht bei aller Nützlichkeit oder auch Unentbehrlichkeit doch nur eine Vorbereitung auf den höheren Pfad sein können. Was die zweite Schule angeht, so halten alle ihre Vertreter ohne Ausnahme die treuste Beobachtung der Sittengesetze und der Klosterregeln ebenfalls für außerordentlich wohltätig, und daß hierin für die Mehrzahl der Menschen das größte Heil liegt, darin sind beide Schulen sich ganz einig. Reiner Lebenswandel, Ausübung guter Werke, besonders aber Mitleid, Nichtachtung weltlicher Vorteile, seelischer Frieden, kurz, alles, wozu das Klosterleben den Mönch erzieht, wird ihn langsam, aber auf sicherem Wege zur Erleuchtung führen, die das Heil ist.

Die andere Lehrweise, der »direkte Pfad« genannt, gilt für höchst gefahrvoll. Ihre Lehrer sagen, es sei, als ob man bei einer Bergbesteigung sich schnurgerade den Weg zum Gipfel erzwingen und, anstatt die in Schlangenwindungen dahin führende Straße einzuschlagen, von Fels zu Fels springen und die Abgründe auf ausgespanntem Seil überschreiten würde. Nur ein völlig schwindelfreier Mensch, seiner Kraft und seines Gleichgewichts ganz sicher, kann sich eine solche sportliche Glanzleistung zutrauen, und selbst der Geschickteste muß mit einer plötzlichen Schwächeanwandlung rechnen. Die aber bedeutet dann den Fall, den entsetzlichen Absturz, den der tollkühne Bergsteiger mit seinem Leben bezahlen muß. Unter diesem Bilde verstehen die Tibeter einen erschütternden geistigen Vorfall, der den Menschen in die schlimmsten Tiefen des Wahnsinns und der widernatürlichen Laster führt und schließlich in Besessenheit endet.

So werden von den Gelehrten und Mystikern die Lehren der beiden Schulen zusammengefaßt. Allein in Tibet wie auch anderswo sind die Gebildeten und die Denker sehr in der Minderheit, und wenn es unter den Vertretern der »Regel« vielerlei Volks gibt, das in den Klöstern einfach ein Schmarotzerleben führt, verbergen sich unter dem Deckmantel der völligen Freiheit eine Menge Leute, die sicher niemals irgendeinen Gipfel unsicher machen werden, dagegen unleugbar höchst malerisch aussehen. Man findet bei ihnen die ganze Tonleiter der Zauberer, Wahrsager, Magier und Geisterbeschwörer vertreten, von den elendsten an bis zu denen, die auf den Höhen des Lebens wandeln, und es ist ein wahrer Spaß, von ihnen zu hören, wie sie sich in ihren sonderbaren Köpfen die Lehre von der »vollständigen Freiheit« zurechtgelegt haben.

Die beamtete Geistlichkeit, das heißt, die meisten »Gelbmützen« genannten Mönche aus der von dem Reformator Tsong Khapa gegründeten Sekte der Geluk-pas, hält an der Lehrweise der »Regel« fest.

Unter den gar nicht oder nur halbreformierten sogenannten »Rotmützen-Sekten« wandelt auch heutzutage die Mehrzahl der eigentlichen Klostermönche am liebsten den vorsichtigen Pfad der Regelbeobachtung. Früher war das anders. Die Gründer der Khagyud-pas, der Lama Marpa und besonders der berühmte Klausner und Dichter Milaraspa, waren ausgesprochene Anhänger des »direkten Pfades«.

Die aus gleicher Zeit stammenden Sakya-pas waren ursprünglich Magier, in deren Klöstern namentlich die Geheimwissenschaften betrieben wurden, wie das auch heute noch geschieht. Freilich macht die Philosophie ihnen jetzt viele ihrer besten Mönche abspenstig.

Die wahren Anhänger des »direkten Pfades« findet man jedoch namentlich außerhalb der Klöster. Sie bevölkern die Tscham-khangs[71] und führen in der Wüste oder im Schnee des Hochgebirges ein Einsiedlerleben. Die Gründe, weshalb sie diesen für gefährlich geltenden Pfad wählen, sind verschiedener Natur.

Manchmal hoffen sie, dabei auf philosophische Rätselfragen eine Antwort zu erhalten, die ihre Bücher schlecht oder doch unbefriedigend erteilen. Andere erträumen sich magische Kräfte. Wieder andere ahnen, daß es jenseits aller Lehrsätze eine vollkommenere Erkenntnis geben muß, wenn wir nur Wahrnehmungsorgane von größerer Vollendung als unsere gewöhnlichen Sinne entwickelt hätten, das Dasein uns sicher noch neue Seiten bieten würde. Solche Organe wollen sie nun zu erwerben versuchen. Einige haben auch begriffen, daß selbst alle erdenklichen guten Werke unfähig sind, uns aus dem Kerker dieser Welt und des »Ich« zu befreien, und suchen nach dem Geheimnis des Nirwana.

Schließlich gibt es noch einige wenige Neugierige, halbe Zweifler, die der Wunsch treibt, zu erfahren, was an den seltsamen, von Ohr zu Ohr geflüsterten Wundertaten der großen Naldjorpas eigentlich wahr sein mag.

Die überwiegende Mehrzahl dieser Leute, die oft nach ihnen selbst unklar bleibenden Zielen streben, gehört den Mönchsorden an. Unumgänglich notwendig ist das allerdings nicht. Die Mönchsgelübde haben für die Anhänger der Mystik wenig Wert. Für sie ist die »Einweihung« das allein Wichtige.

Zwischen dem einfachen Mönch und dem Schüler, der sich um die Einweihung bemüht, besteht nun ein großer Unterschied. Der eine wird von seinen Eltern schon im Alter von acht bis zehn Jahren ins Kloster gebracht und bleibt oft mehr aus Gewohnheit als aus wirklicher Neigung zum Berufe darin. Der andere ist meist schon über zwanzig Jahre alt, und wenn er einen Meister der Mystik bittet, ihn als Schüler anzunehmen, so gehorcht er einem persönlichen Antrieb und hat vorher mit dem gewöhnlichen Klosterleben schon schlechte Erfahrungen gemacht. Diese verschiedenen Ausgangspunkte sind bei den Arten der tibetischen Mönche auch weiterhin deutlich erkennbar.

Eine sehr ernste Sache ist die Wahl eines geistigen Vormunds oder Gurus, denn sie beeinflußt die ganze Richtung, die das Leben des jungen Lehrlings im Dienste der Geheimwissenschaften nehmen wird. Hat man da an die falsche Tür geklopft, kann man in die ungeahntesten Abenteuer verwickelt werden.

Begnügt sich der junge Mönch damit, geistige Anleitung von einem Lama zu erbitten, der ein Kloster oder irgendeinen nicht allzu entlegenen Ort bewohnt und weder Klausner noch Fanatiker des »direkten Pfades« ist, wird seine Lehrzeit vermutlich ohne erschütternde Zwischenfälle verlaufen.

Der Meister wird ihn während einer längeren oder kürzeren Probezeit freilich auf Herz und Nieren prüfen. Möglich, daß er sich dann darauf beschränken wird, ihm einige philosophische Bücher zu erklären, ihm den Sinn von ein paar symbolischen Diagrammen (Kyilkhors) anzugeben und ihn dabei zu lehren, welchen Betrachtungen sie als Grundlage dienen.

Hält er ihn für fortschrittsfähig, so entwirft er dann einen Plan für seine weitere geistige Entwicklung. Die Tibeter fassen die verschiedenen Grade in folgende drei Worte zusammen:

Tawa: anschauen, prüfen.

Gompa: nachdenken, erwägen.

Tschyeupa[72]: Erfüllung und Frucht der beiden vorhergehenden Übungen.

Eine andere, weniger verbreitete Aufzählung wiederholt den nämlichen Gedanken in leicht veränderten Ausdrücken:

Teune: nach der Bedeutung, dem Urgrund der Dinge suchen.

Lab: sie in ihren Einzelheiten studieren.

Gom: über das Ergebnis nachdenken und es erwägen.

Togs: es verstehen.

Damit der Schüler sich in aller Ruhe den Betrachtungen und den anderen vorgeschriebenen Übungen widmen kann, wird der Lama ihm fast immer befehlen, sich in das Tscham[73] zurückzuziehen.

Dieser Brauch spielt im tibetischen Religionsleben eine so wichtige Rolle, daß ich näher darauf eingehen muß. Ich will aber gleich vorausschicken, daß die Gründe, weshalb viele Leute sich in diese Art von Einsamkeit begeben, durchaus nicht immer so tiefgehend sind wie die oben angeführten. Das wird sich aus dem Folgenden ergeben:

Das Wort »Tscham« bedeutet Schranke, Grenze, Scheidelinie. In der Religion versteht man darunter: sich absondern, sich mit einer Schranke umgeben, die nicht überschritten werden darf. Diese Trennungswand ist verschiedener Natur. Bei den großen Mystikern gilt sie für rein geistig, denn sie bedürfen keiner körperlichen Scheidewände mehr.

Es gibt mehrere Arten von Tschams, von denen jede wieder einige Unterabteilungen hat. Wenn wir von der mildesten Abgeschlossenheit zur strengsten aufsteigen, begegnen wir folgenden Formen:

Ein Lama, aber auch ein frommer Laie, schließt sich in seinem Zimmer oder seiner Privatwohnung von der Außenwelt ab. Er geht nicht mehr aus, oder doch nur, um irgendein gutes Werk zu tun, wie etwa einmal oder mehrere Male die Runde um einen Tempel zu machen.

Je nach der Regel, der er sich unterworfen hat, darf der Tscham-pa, falls er Laie oder verheirateter Lama ist, mit seinen Familienmitgliedern einige Worte wechseln und seine Dienstboten und ein paar seltene Besucher sowohl sehen wie von ihnen gesehen werden.

Oder auch er darf nur die Leute sehen, die ihn bedienen, und empfängt er einmal Besuch, so ist diesem nicht erlaubt, das Zimmer, in dem sich der Tscham-pa aufhält, zu betreten, sondern sie müssen durch einen Vorhang hindurch miteinander sprechen, ohne daß einer den anderen sieht oder von ihm gesehen wird.

Wenn wir zu den strengeren Formen der Abschließung aufsteigen, kommen wir zu dem Tscham-pa, der nur einen zu seiner Bedienung bestimmten Menschen sieht, kein Wort spricht und dem Diener seine Befehle aufschreibt. Ferner zu dem, der auf die ihn umgebende Landschaft, oder was es sonst sein mag, auch nicht einen Blick mehr wirft, nur den Himmel ansieht und sein Fenster teilweise verhängt. Dann wieder zu dem, der es ganz verhüllt, so daß er nicht einmal den Himmel mehr sieht, jedoch durch die Gardine oder das Papier hindurch dem Tageslicht noch etwas Zutritt erlaubt. Und schließlich zu dem, der überhaupt niemand mehr sieht, dem seine Mahlzeit oder alles, was er sonst brauchen mag, in einem Raum neben seinem Wohngemach hingestellt wird. Beim Herausgehen gibt der Diener ein Zeichen, der Tscham-pa tritt ein, ißt oder nimmt den gewünschten Gegenstand an sich und kündet dann durch ein neues Zeichen an, daß er in sein Zimmer zurückgekehrt ist. Oder auch er nimmt die Nahrungsmittel mit und verzehrt sie in seiner Zelle. Derartige Tscham-pas erteilen manchmal ihre Befehle schriftlich; versagen sie sich aber selbst das, dann haben sie überhaupt keine Möglichkeit mehr, sich etwas zu verschaffen. Falls ihr Essen vergessen wird, müssen sie eben fasten.

Im eigenen Hause wird das Tscham, namentlich in seiner strengen Form, meist nicht allzulange ausgeübt; anscheinend dauert es höchstens ein Jahr lang, manchmal setzt man es aber auch nur drei Monate, einen Monat oder sogar nur wenige Tage lang fort. Besonders bringen Laien es selten auf mehr als einen Monat.

Eine ernstere Abschließung verträgt sich schlecht mit dem Verbleiben des Tscham-pas in seiner Privatwohnung, wo bei aller Vorsicht das Kommen und Gehen anderer und das unvermeidliche Geräusch der häuslichen Arbeiten durch die allzu dünne Schranke seiner geschlossenen Tür dringt. Die Klöster bauen deshalb zu diesem Zweck besondere Häuschen nach verschiedenen Mustern. Der Einsiedler kann dann wählen, ob er vom Fenster aus die Landschaft bewundern will oder ob die Mauern ihm jeden Ausblick versperren sollen, dafür aber einen kleinen Hof bilden, in dem er spazierengehen und im Freien sitzen kann, ohne etwas von der Außenwelt zu sehen oder von jemand gesehen zu werden.

In dieser Art Häuschen wohnt oft der Diener des Tscham-pas in der Küche, sieht seinen Herrn und spricht auch mit ihm. Oder er haust für sich in einer Hütte und sieht oder spricht den Einsiedler nie. In diesem Fall wird ein doppeltes Schiebefenster in der Wand des Tscham-khang angebracht, und durch dieses bekommt der Tscham-pa sein Essen, das sich meist auf eine einzige Mahlzeit am Tage beschränkt. Tee wird ihm dagegen mehrere Male gebracht.

Nur Mönche bedienen sich dieser besonderen Wohnungen, in denen sie häufig mehrere Jahre hintereinander bleiben. In der Regel halten sie drei Jahre und drei Monate darin aus. Viele von ihnen wiederholen aber im Laufe ihres Lebens diese Art der Abschließung, und manche ziehen sich bis zu ihrem Tode in das Tscham zurück.

Es gibt aber einen noch strengeren Grad als den eben beschriebenen, und das ist die Weltflucht, gepaart mit völliger Dunkelheit.

Für Indien und die meisten buddhistischen Länder ist das ein bekanntes Verfahren. In Burma baut man besondere Räume dafür, deren verschiedene Ausführung ich während meines Aufenthalts auf den Sagainbergen zu sehen bekam, aber die Mönche dort halten sich nur wenige Stunden darin auf. In Tibet dagegen verbringen sie manchmal ganze Jahre in der Finsternis, und es fehlt sogar nicht an Menschen, die sich lebenslänglich darin begraben.

Einige dieser Tscham-khangs sind einfach sehr dunkle Räume und bekommen ihre Luftzufuhr auf natürlichem Wege. Will man sie aber völlig finster haben, so wählt man entweder eine Höhle oder baut eine unterirdische Behausung mit Kaminen, die nur Luft, aber kein Licht durchlassen.

Soll mit der Abschließung ein Ende gemacht werden, muß der Tscham-pa seine Augen erst allmählich wieder an das Licht gewöhnen. Je länger er im Dunkeln gelebt hat, desto langsamer wird ihm das Tageslicht auch wieder zugeführt. Gewöhnlich, wenn auch nicht immer, besorgt er das selbst, und leicht können Monate darüber vergehen. Zuerst wird ein Loch, nicht größer als ein Stecknadelkopf, in die Wand des Tscham-khangs gebohrt und dann langsam bis zur Größe eines Fensterchens erweitert.

Der Name Tscham-khang wird besonders den in Nähe der Klöster erbauten Häuschen beigelegt. Liegen sie dagegen im Gebirge, in einsamen Gegenden zerstreut, so nennt man sie »Ritö«. Man braucht in Tibet noch nicht oft die belebten Straßen verlassen zu haben, um doch häufig kleine Siedlungen der Ritö-pas gesehen zu haben, deren winzige Häuschen im Walde zerstreut liegen oder sich an die felsigen Abhänge anzuklammern scheinen. Niemals wird ein Ritö im Tale erbaut, sondern immer auf Bergeshöhen, und bei der Wahl des Ortes müssen bestimmte Regeln befolgt werden. Zwei tibetische Verse drücken kurz aus, was dabei zu beobachten ist:

Gyab rii tag, Hinter ihm das Felsengebirge,
Dune rii tso Vor ihm der Bergsee.

Es soll sich also an einen Abhang lehnen und von da aus einen See oder wenigstens einen Wasserlauf beherrschen. Ferner muß man von der Einsiedelei aus den Auf- und Untergang der Sonne ungehindert beobachten können, und so gibt es, je nach dem vom Einsiedler verfolgten Ziel, noch manche andere Vorschrift. Wenn mehrere Ritös eng beieinander liegen, so wohnen Mönche darin, die ganz der Betrachtung leben oder sich einer geistigen Schulung unterziehen, für die das Kloster noch nicht die genügende Ruhe bieten kann. Diese Mönche leben oft nicht ganz abgeschlossen. Sie gehen zum Wasserschöpfen zur Quelle oder zum nächsten Bach, suchen sich Brennstoff zusammen, spazieren bei ihrer Einsiedelei herum und setzen sich, um ihre Betrachtungen anzustellen, ins Freie. An manchen Orten ist die Einsamkeit so groß, daß jeder Grund wegfällt, sich noch besonders abzuschließen.

Lange nicht alle Ritö-pas sind Anhänger des »direkten Pfades«, aber fast alle sind bis zu einem gewissen Grade Mystiker oder Okkultisten. Jedoch findet man zuweilen auch Gelehrte darunter, die sich in die Wüste zurückgezogen haben, um zu lesen, zu studieren oder ein Buch zu schreiben. Die richtigen Naldjorpas, die schon auf den Höhen des tibetischen Mystizismus wandeln oder noch die schroffen Hänge des »direkten Pfades« erklimmen, leben niemals gruppenweise. Sie hausen in schwer zugänglichen, kaum noch menschenwürdigen Höhlen, und selbst die wüsteste Einöde scheint ihren Durst nach Einsamkeit noch nicht stillen zu können.

Im Abendlande wird allgemein angenommen, daß Abgeschlossenheit und völlige Einsamkeit nicht auf die Spitze getrieben und nicht zu lange fortgesetzt werden können, ohne daß der Mensch Gemütskrankheiten zum Opfer fällt, die schließlich zu Verblödung oder Wahnsinn führen.

Diese Ansicht entspringt wahrscheinlich Beobachtungen, die man an lange ganz einsam lebenden Leuten, wie Leuchtturmwärtern, Schiffbrüchigen, in der Wüste verirrten Reisenden, Zellengefangenen, anstellen konnte. Aber das sind Fälle, die sich in keiner Weise mit denen der tibetischen Einsiedler vergleichen lassen. Diese unterziehen sich freiwillig der Einsamkeit und gehen in voller geistiger Gesundheit wieder daraus hervor. Über die Richtigkeit der als Frucht ihrer langen Betrachtungen aufgestellten Lehrsätze kann man ja streiten, daß sie aber in vollkommener Geistesklarheit verfaßt sind, steht fest.

Das ist auch durchaus kein Wunder; diese Menschen sind auf das einsame Leben vorbereitet. Bevor sie sich in ihr Tscham-khang oder ihre Klause zurückziehen, haben sie innerlich eine Menge Gedanken aufgespeichert, die ihnen Gesellschaft leisten. Übrigens verleben sie die Zeit ihrer Weltflucht, so lange sie auch dauern mag, durchaus nicht müßig. Freilich zählen sie die Stunden nicht mehr, wissen sogar oft nichts mehr von der Einteilung in Tag und Nacht, aber dabei füllen sie ihre Zeit mit den verschiedensten Übungen aus, arbeiten unablässig an ihrer geistigen Entwicklung, suchen nach verborgener Erkenntnis oder grübeln über Rätsel der Weltweisheit nach. Müßig darf man diese Menschen in ihren Forschungen und ihrem oft leidenschaftlich bewegten Innenleben gewiß nicht nennen. Sie haben kaum Zeit, sich einsam zu fühlen.

Noch nie, selbst nicht im Anfang seines Einsiedlerdaseins, habe ich einen Tscham-pa oder Klausner über den Mangel an menschlicher Gesellschaft klagen hören. Meist kann sogar jemand, der einmal diese Art Leben gekostet hat, sich kaum wieder an bewohnte Gegenden und geselligen Verkehr zurückgewöhnen.

Wie man auch darüber denken mag, und ganz abgesehen von religiösen oder verwandten Begriffen, das Einsiedlerleben ist doch keineswegs reizlos. Wenn man die Tür des Tscham-khangs hinter sich zufallen hört oder wenn man von der hohen Warte der Einsiedelei aus sieht, wie der erste Schnee das Tal bedeckt, und sich dabei klarmacht, daß nun auf Monate hinaus jeder Zugang versperrt ist, so bewirkt das sogar unleugbar ein süßes Lustgefühl. Aber freilich, diese Erfahrung muß man an sich selbst gemacht haben, sonst kann man unmöglich den Reiz verstehen, den diese Lebensweise auf viele Asiaten ausübt.

Sehr verschiedenartig ist das, was die Tscham-pas während ihrer Weltflucht tun und treiben. Es ist kaum möglich, ihre Übungen vollständig aufzuzählen, denn es gibt niemand, der sie alle kennt. Man findet sie allerdings in der mystischen Literatur Tibets manchmal ausführlich beschrieben, aber gerade über das, was wir am liebsten wissen möchten, über Zweck und Ziel, sind sie absichtlich sehr zurückhaltend. Will man ernstlich darin eindringen, so ist man auf die Mitteilungen der Lehrer angewiesen, die ihr Wissen von Mund zu Mund weitergeben. Und vor allem darf man sich nicht auf die Berichte eines einzelnen verlassen, da die Auffassung nicht nur zwischen den Sekten, sondern auch zwischen den verschiedenen Meistern sehr schwankt.

Die meisten Übungen, die den Anfängern auf den Wegen der Mystik empfohlen werden, sind dem Tantrismus[74] der Hindus entlehnt, der durch die Missionare der buddhistisch-tantristischen Ngags-kyi-thegpa- und Dordschi-thega-Sekten in Tibet eingeführt wurde. Man findet jedoch auch andere Gedankengänge darin, und der Geist, der uns daraus entgegenweht, unterscheidet sich ziemlich wesentlich von dem des Tantrismus, soweit wir das nach unserer allerdings lückenhaften Kenntnis beurteilen können.

Ich hörte einmal von einem gelehrten Lama die Behauptung, auch die kühnsten Lehren über die uneingeschränkte Verstandesfreiheit und das über alle und jede Regel Erhabensein, die von den am weitesten fortgeschrittenen Anhängern des »direkten Pfades« in die Tat übersetzt werden, seien nur ein schwaches Echo dessen, was in unvordenklichen Zeiten schon in Mittel- und Nordchina gelehrt wurde. Dieser Lama war fest überzeugt, daß alles, was im Verlauf der geheimsten Einweihung von den Meistern des »direkten Pfades« geäußert wird, vollkommen den Lehren des Buddha entspricht und in seinen Reden manchmal auch deutlich zu lesen steht. »Jedoch«, fügte er hinzu, »der Buddha hat wohl verstanden, daß die meisten Menschen sich besser an die Regeln halten, die dazu da sind, die bösesten Folgen ihrer Unwissenheit abzuwehren und sie Wege zu führen, auf denen ihnen kein schwerer sittlicher Schaden droht. Aus dem Grunde hat er für Laien und Durchschnittsmönche Sittengesetze aufgestellt.«

Dieser Lama schien die arische Herkunft des Buddha stark anzuzweifeln und suchte seine Ahnen unter den Angehörigen der gelben Rasse. Er war ganz sicher, daß sein Nachfolger, der Buddha Maitreya, einst in Nordasien erstehen würde. Wie mochte er auf diesen Gedanken geraten sein? Mit tibetischen Mystikern ist schlecht streiten. Haben sie einmal geantwortet: »Ich habe das während meiner Betrachtungen gesehen«, so ist nichts mehr aus ihnen herauszubekommen. Der übrigens weitgereiste Gelehrte behauptete, gewisse mongolische Lamas teilte ganz seine Ansicht über den Buddha und seinen künftigen Nachfolger.

Natürlich sind durchaus nicht alle Tscham-pas erleuchtete Geister oder geben sich tiefsinnigen Betrachtungen hin. Viele begnügen sich mit der tausend-, ja millionenfachen Wiederholung derselben Formel, meist eines Sanskrit-Mantra, deren Sinn ihnen ganz dunkel bleibt. Manchmal sind die Worte, die der Klausner hersagt, auch tibetisch, ohne daß ihre Bedeutung ihm deshalb irgendwie klarer würde.

Eine der bekanntesten Formeln wird »Kyabdo« (Zufluchtnehmen) genannt. Ich habe sie damals, als ich unter der Maske einer armen Pilgerin ganz Tibet durchzog, gewiß eine Million Mal hergeleiert. Ich hatte sie mir gerade deshalb ausgesucht, weil sie so allgemein verbreitet war und nicht auffiel. Ich schien dann so ganz bei der frommen Sache zu sein, daß ich dadurch vielen langweiligen, lästigen Fragen über mein Woher und Wohin und andern gefährlichen Klippen entgangen bin. Nebenbei sind die Worte durchaus nicht inhaltsleer.

> »Ich nehme meine Zuflucht zu allen reinen Zufluchtsorten.
> Oh, ihr, meine Väter und Mütter (Ahnen), die ihr im Kreise der aufeinanderfolgenden Wiedergeburten umherirrt und euch in die sechs verschiedenen Formen der Lebewesen kleidet,
> Mögen eure Gedanken sich der Erleuchtung (Erkenntnis) zuwenden,
> Auf das ihr zum Buddhastand eingeht, der frei ist von Furcht und Leiden.«

Sehr bekannt ist die Tscham-Form, bei der man sich in eine Hütte oder auch nur in das eigene Zimmer zurückzieht, diese Worte hunderttausendmal wiederholt und sich ebensooft auf die Knie wirft.

In Tibet gibt es zwei Abwandlungen dieser Form, von denen die »Tschags-tsal« genannte ungefähr dem Kotau der Chinesen gleicht. Nur erheben die Tibeter vor dem Kniefall die Arme über den Kopf, falten dabei die Hände nach Art der Hindus und führen sie in drei Absätzen bis zur Gürtelhöhe, worin eine bildliche Bedeutung liegt. Gewöhnlich wird die Bewegung so schnell gemacht, daß man das dreimalige Anhalten gar nicht bemerkt. Auf dieselbe Art grüßt man, immer dreimal hintereinander, die Bildsäulen in den Tempeln, die Groß-Lamas, die heiligen Bücher und Gebäude.

Die zweite Form, Kyang-tschags genannt, wird auf indische Art ausgeführt; lang auf der Erde ausgestreckt sagt man die oben angeführten Worte her. Da der Ritus erfordert, daß man, je nach dem Ort, wo man sich gerade befindet, dabei mit der Stirn entweder den Fußboden oder die nackte Erde berührt, wird die Stirnhaut sehr empfindlich und schwillt stark an. Zuweilen bildet sich sogar eine Wunde, an deren eigenartigem Aussehen die Sachverständigen erkennen können, ob das »Kyabdo« gelungen ist oder nicht.

Von diesen frommen Einfaltspinseln kommen wir nun zu den Tscham-pas, die sich ihnen sehr überlegen dünken, weil sie Atemübungen gleich den indischen Yogis anstellen, wobei sie bei einer bestimmten Körperhaltung das Ein- und Ausatmen und Atemanhalten auf verschiedene Weise ausführen müssen. Oft sind die Tscham-pas bei diesen Übungen splitternackt, und aus der Form, die der Bauch beim Atemanhalten annimmt, kann man ersehen, wie weit der Lehrling es schon in der Geschicklichkeit gebracht hat.

Die Tibeter versichern, daß außer den oben beschriebenen körperlichen Erfolgen die Beherrschung des Atemvorgangs dazu hilft, die Leidenschaften, den Zorn sowohl wie die fleischliche Begier, zu besiegen, daß sie uns heiter stimmt, den Geist zur Betrachtung geneigt macht und die Geisteskräfte weckt.

»Der Atem ist das Reittier und der Geist der Reiter«, predigen die tibetischen Mystiker, und vom Reittier verlangt man Gehorsam. Allein der Atem leitet auch die Tätigkeit des Körpers und beeinflußt die des Geistes, woraus sich zwei Lehrweisen ergeben; eine leichtere, die sich durch Atemregelung den Geist unterwirft. Die schwierigere dagegen erzielt diese Regelung, indem sie erst im Geiste Ruhe schafft.

Mit diesen täglich mehrmals wiederholten Atemübungen verbindet der Einsiedler unter Zuhilfenahme der Kyilkhors[75] häufig die kontemplative Versenkung.

Ein Kyilkhor ist eine Art Diagramm, auf Papier oder Stoff gezeichnet, oder in Metall, Stein oder Holz eingeritzt. Manchmal wird er auch aus winzigen Fähnchen, Lampen, Weihrauchstäben, Tormas oder aus Gefäßen hergestellt, in denen die verschiedensten Gegenstände enthalten sind, so daß sie geradezu eine Welt im kleinen bilden. Die dabei vorkommenden Personen und ihr Beiwerk erscheinen aber meist nicht unter ihrem gewöhnlichen Äußeren. Gottheiten oder Lamas sind in Form einer kleinen Teigpyramide, Torma genannt, dargestellt.

Manchmal findet man auch Kyilkhors aus buntem Streusand auf Bretter oder den Erdboden gezeichnet.

Eine der vier höheren Lehranstalten, die den großen Klöstern beigeordnet sind (die Gyud-Schule), unterrichtet die Mönche in der Kunst, die untereinander sehr verschiedenen Kyilkhors anzulegen. Ich sah bei den Sakya-pas Anlagen von wenigstens drei Meter im Umfang. Sie waren aus buntem Sand hergestellt und von dünnen Stäbchen gehalten, die es ermöglichten, Lagen von verschiedener Dicke herzustellen, wodurch die Zeichnung an unsere Reliefkarten erinnerte. Diese Riesenräder waren von Holz- oder bunten Pappwänden umrahmt, wohl in Nachahmung von mit Toren versehenen Wällen; auch an Altarlampen und kleinen Bannern fehlte es dabei nicht.

Trapas, die Meister in dieser Art Baukunst werden möchten, studierten jahrelang ihre Regeln. Der kleinste Fehler in der Zeichnung, in der Wahl der Farben oder des Beiwerks kann, den Lamas nach, die schrecklichsten Folgen haben, denn der Kyilkhor ist ein Handwerkszeug der Magie, eine Waffe, die jeden verwundet, der sie ungeschickt handhabt.

Ferner darf niemand ohne vorherige Einweihung und ausdrücklich erteilte Berechtigung einen Kyilkhor zeichnen, und jede besondere Abart erfordert neue Weihen. Ein Kyilkhor, den ein Nicht-Eingeweihter errichtet hat, bleibt ein totes Ding ohne Saft und Kraft. Nur wenige Lamas, die im Besitz der höheren Weihen sind, haben Kenntnis von der tieferen Bedeutung der Kyilkhors und von ihrer Anwendung.

Es versteht sich also von selbst, daß die schwierigen und groß angelegten Kyilkhors in den Tscham-khangs nicht am Platze sein würden. Anlage und Zeichnung sind dort außerordentlich vereinfacht. Übrigens weichen die geheimen Kyilkhors der Mystiker auch wieder von denen in den Gompas ab.

Vermutlich erhält der Lehrling am Anfang seiner geistigen Erziehung von seinem Lama die Anleitung, wie er ein Diagramm für das, was die Tibeter »Ten« nennen, herstellen muß. Man versteht darunter einen Gegenstand, auf den man die Aufmerksamkeit richten, eine Stütze, auf der sie ruhen kann. In der Mitte des Kyilkhors wird eine Hauptfigur, ein Gott oder ein Bodhisatva angebracht. Um die Gedanken leichter darauf festhalten zu können, stellt man die Welt, in die man sich ihn hineindenkt, und ihre Bewohner durch einige Figuren oder Sinnbilder körperlich dar.

Der Schüler muß so weit kommen, daß er diese verschiedenen Gestalten deutlich vor sich sieht. Zuerst hilft er sich durch Beschreibungen aus Büchern nach, in denen er allerlei über das Aussehen der Gottheit, ihre Kleidung, Haltung, Wohnung und deren Lage gelesen hat. Nach und nach bildet die Gestalt sich aber ganz von selbst, und wenn der Tscham-pa sich vor seinen Kyilkhor setzt, braucht er sich die Einzelheiten nicht mehr ins Gedächtnis zurückzurufen.

Viele Schüler bleiben nun an diesem Punkt stehen, ganz mit sich zufrieden, und ihr Lehrer gibt sich auch gar keine Mühe, das zu verhindern oder ihnen zu beweisen, daß sie noch nicht über das Abc der Mystik hinausgekommen sind.

Hat der Tscham-pa aber Ausdauer, so kann er nun darangehen, den Kyilkhor zu beleben, der bis jetzt ja nur ein totes Ding und eine Hilfe für das Gedächtnis war.

Die Hindus beseelen sowohl die Diagramme wie die Götterbilder, bevor sie ihnen Ehrfurcht erweisen. Sie nennen diesen Ritus Pranapratishta und wollen durch ihn mittels geistiger Ausströmungen die Kraft des Anbeters auf den angebeteten leblosen Gegenstand übertragen. Der ihm von da an erwiesene tägliche Gottesdienst erhält das ihm eingeflößte Leben und nährt sich so von derselben Gedankenanspannung, die er verursacht hat. Fehlt es ihm aber an diesem luftigen Nährstoff, so welkt die in ihn hineinversetzte lebendige Seele dahin. Sie stirbt an Entkräftigung, und ihre Hülle wird wieder zu einem toten Ding. Hierin liegt einer der Gründe, weshalb die Hindus es als Schuld empfinden, wenn nicht täglich ein Ritus vor einmal belebten Götterbildern abgehalten wird, es sei denn, sie hätten nur ein auf die Dauer einer Festlichkeit beschränktes Leben. In dem Fall gelten sie am Ende der Feier für tot und werden mit großem Pomp in irgendeinen heiligen Fluß geworfen.

Ähnlich beleben auch die tibetischen Mystiker ihre Kyilkhors, haben aber dabei nicht die Absicht, sie zu einem Gegenstand der Anbetung zu machen. Sie können sogar nach Ablauf einer gewissen Übungszeit den körperlich dargestellten Kyilkhor ganz entbehren, weil er jetzt für sie ein rein geistiges Bild geworden ist.

Eine der bei der Schulung am häufigsten, mit oder ohne Kyilkhor angewandten Übungen verläuft wie folgt:

Man beschwört die Gestalt einer Gottheit herauf; erst wird sie allein betrachtet, dann entsteigen ihrem Körper noch weitere Formen, teils ihr gleich-, teils andersgeartet. Häufig werden vier Personen daraus;

bei gewissen Betrachtungen können sich aber auch hundert oder gar unzählige entwickeln.

Nachdem diese verschiedenen Gottheiten zu klaren, um die Mittelfigur gruppierten Bildern geworden sind, werden sie ganz allmählich eine nach der anderen von ihr aufgesogen, so daß sie zuerst alleinbleibt und endlich selbst zu verblassen beginnt. Zuerst verschwinden die Füße, dann langsam und nach und nach der Körper und zuletzt der Kopf, bis von dem ganzen Zauberspuk nur noch ein Pünktchen übrigbleibt, das dunkel, bunt oder auch leuchtend sein kann. Die Meister der Mystik glauben aus seiner Farbe herauslesen zu können, wie weit ihre Jünger geistig fortgeschritten sind. Endlich nähert sich dieser Punkt dem in Betrachtung versunkenen Schüler und verschmilzt mit ihm, wobei auch wieder achtgegeben werden muß, in welchen Teil des Körpers er einzudringen scheint.

Hierauf folgt eine Zeit der Betrachtung; der Punkt wird vom Naldjorpa wieder ausgestoßen und muß von neuem auf seine Farbe hin beobachtet werden. Einige Lehrer geben ihren Schülern an, wo der Punkt sich mit ihrem Körper vereinigen und wo er ihn wieder verlassen soll. Sie zeigen dabei gewöhnlich auf die Stelle zwischen den Augenbrauen. Andere dagegen raten davon ab, den Verlauf der Sinnestäuschung zu beeinflussen, und wollen sie einfach beobachtet wissen. Oder aber sie empfehlen je nach der Eigenart des Schülers eine der beiden Lehrweisen.

Bei anderen Übungen wiederum erscheint ein Lotus, dessen Blumenblätter sich allmählich entfalten. Jedes trägt einen Bodhisatva, das Herz der Blume aber eine Mittelfigur. Gleich nach seiner Entfaltung schließt sich der Lotus wieder, und beim Zusammenfalten geht von jedem Blumenblatt ein Lichtstrahl aus, der sich im Herzen des Lotus verliert. Verschwindet auch das Herz, so durchdringt das dabei aufsprühende Licht den in Andacht versunkenen Mönch. Von dieser Übung gibt es viele Abarten.

Manchmal stellt man sich auch eine Menge auf allen möglichen Körperteilen sitzende Gottheiten vor.

Viele begnügen sich auf ihrem Anstieg zu den Höhen der Mystik mit diesem Grade und gefallen sich, anstatt weiterzustreben, in solchen Visionen. In meiner trockenen Beschreibung mögen diese Erscheinungen wenig reizvoll wirken. Sie bieten aber bei einiger Übung so viel Ungeahntes und Überraschendes, daß leicht ein fesselndes Spiel daraus wird.

Dem einsamen Tscham-pa in seiner klösterlichen Weltflucht bieten sie Schauspiele, weit anziehender als die Ausstattungsstücke unserer Bühnen. Selbst wenn man sie als Trugbilder erkennt, fühlt man ihren

Zauber. Wieviel mehr noch muß der Mensch dadurch berauscht werden, der das Ganze für Wirklichkeit hält!

Übrigens sind diese Übungen gar nicht zum Vergnügen der Einsiedler ersonnen worden. Sie sollen vielmehr dem Mönch beweisen, daß die Welt mit all ihren Erscheinungen nur ein Blendwerk unserer Einbildungskraft ist.

»Aus dem Geiste gehen sie hervor,
Und der Geist verschlingt sie auch wieder«,

singt der Klausner und Dichter Milaraspa, und das ist der Urgrund der mystischen Lehre in Tibet.

Bevor ich weitergehe, möchte ich jetzt noch einen Blick auf die Einsiedler werfen, die magische Kräfte anstreben. Im allgemeinen handelt es sich da um zwei große Gruppen; die zahlreichste möchte sich mächtige Wesen, Götter oder Dämonen unterwerfen und hörig machen. Die angehenden Zauberer sind fest überzeugt, daß die Wesen aus andern Welten, die sie zur Erfüllung ihrer Wünsche in ihren Dienst zwingen wollen, völlig verschieden von denen der eigenen Welt sind.

Am besten studiert man die verschiedenen Abarten dieser Leute unter den Ngags-pas, den »Männern der geheimen Worte«. Zum mindesten wird man sie fast immer ungemein malerisch finden. Bei ihnen kann man auch am häufigsten Erscheinungen geistiger Art beobachten, deren unbewußter Erzeuger manchmal selbst ihr Opfer wird und ein tragisches Ende nimmt. Die einfachen Tscham-pas, von denen hier die Rede ist, wagen sich im Bereich der Magie selten weit vor. Ihr Ehrgeiz beschränkt sich meist darauf, »ein Lama zu werden, der nach Belieben Regen und Hagel kommen und gehen lassen kann«. Dieser Beruf verschafft hohe und feste Jahreseinnahmen, da die Bauern gern für Erhaltung ihrer Ernten bezahlen, und auch außerdem fällt noch manches dabei ab. Viele träumen daher nichts anderes, schulen sich darin und üben diese Kunst aus. Jedoch werden nur wenige Mönche wirklich berühmt und erwerben sich größeren Reichtum.

Besonders die Mönche der Sakya-pas-Sekte gelten als geschickte Wettermacher und haben sich in dieser Kunst eine fast monopolartige Stellung errungen.

Wünscht ein Tscham-pa aus irgendeinem Grunde, sich Wesen aus einer anderen Welt zu unterjochen, legt er sich meist zu dem Zwecke einen Kyilkhor an, obgleich es auch noch andere Mittel und Wege dafür gibt. Sie müssen dann die erforderlichen Wesen durch ihre magischen Künste in das Bauwerk oder die Zeichnung hineinlocken und sie dort gefangenhalten. Ist ihnen das geglückt, so wird als Entgelt für seine Freilassung dem Gefangenen das Versprechen abgepreßt, gehorsam an dem geplanten Werk mitzuhelfen.

Im Mittelalter haben unsere Zauberer, und wahrscheinlich die anderer Länder auch, es ganz ähnlich gemacht und dann gewiß auch, gerade wie in Tibet, mit der Wut der ihnen in die Falle gegangenen Opfer zu tun gehabt. Es geht dabei hart auf hart, und wehe dem ungeschickten Magier, der einen seiner unbotmäßigen Gefangenen etwa entkommen läßt.

Die zur zweiten Gruppe gehörigen sind mehr oder weniger fest überzeugt, daß einzig und allein ihr eigener Wille den magischen Vorgang zuwege bringt, daher schaffen sie sich die dazu erforderlichen Gebilde ebenso, wie wir uns unser Arbeitswerkzeug selbst herstellen.

Derartige Magier leugnen dann durchaus nicht die Echtheit der Zwischenfälle, denen ihre weniger erleuchteten Kollegen zuweilen zum Opfer fallen, erklären sie aber auf wissenschaftliche Weise. Ganz sicher davor fühlen sie sich freilich selbst nicht, obgleich sie das wahre Wesen dieser Zauberei gut genug durchschauen.

Aber nun genug davon, wenn es auch noch tausenderlei Einzelheiten über die Tscham-pas zu berichten gäbe. Ich bemerke nur noch: Die Sitte will, daß der Lehrer nicht ohne einige Feierlichkeiten den Tscham-pa nach dem Ort geleitet, wo er sein Einsiedlerleben führen soll. Hat er sich einer strengen Regel unterworfen und soll er seine Mahlzeiten durch ein Schiebefensterchen erhalten, so schließt der Meister selbst die Tür der Zelle ab und drückt sein Siegel darauf. Oder auch der Guru besucht von Zeit zu Zeit seinen Jünger, fragt ihn nach seinen Fortschritten und erteilt ihm Ratschläge. Handelt es sich dagegen um eine mildere Form des Tscham, so hängt man vor die Einsiedelei eine Fahne und vermerkt darauf die Namen der mit Einwilligung des Gurus entweder als Diener oder als Besucher zugelassenen Personen.

Bei der Mauer des Tscham-khangs, in dem ein Mönch sich auf Lebenszeit eingeschlossen hat, findet man zuweilen einen dürren Zweig in die Erde gesteckt.

Wenden wir uns nun zu dem jungen Mönch, der, anstatt sich bei einem gewöhnlichen Klosterlama in die Lehre zu begeben, einen Klausner zum geistigen Führer wählt, so sieht die Sache ganz anders aus.

Die Lehrweise wird oft hart bis zur Grausamkeit, wie wir ja in den vorhergehenden Kapiteln schon sahen.

Bei den wahren Anhängern des »direkten Pfades« wird der größte Nachdruck, wie gesagt, auf den Dreiklang »prüfen, nachdenken, verstehen« gelegt, und alle Geisteskräfte des Jüngers sind auf dies Ziel gerichtet. So abenteuerlich uns die dabei angewandten Mittel vorkommen mögen, in der Nähe gesehen, muß man zugeben, daß ihr Zweck völlig vernünftig ist. Man kann ferner annehmen, daß die Erfinder dieser Lehrweisen ihre Leute von Grund auf kannten, so gut sind sie auf ihre Geistesverfassung zugeschnitten.

Padmasambhava beschreibt die Reihenfolge der verschiedenen Stufen des »direkten Pfades« wie folgt:

1. Viele Bücher über die verschiedenen Religionen und Philosophien lesen. Den Reden vieler Gelehrter und Lehrer lauschen; die voneinander abweichenden Lehrsätze erst vertreten und sie dann selbst nachprüfen.

2. Unter allen diesen sich eine Lehre auswählen und die andern fahren lassen, so wie der Adler sich seine Beute aus der Herde heraus wählt.

3. Sich mit bescheidenen Lebensverhältnissen begnügen, sich demütig verhalten, nie sich vordrängen, nicht zu den Großen dieser Welt gehören wollen. Hinter dieser unbedeutenden Außenseite jedoch den Geist zu den höchsten Höhen erheben, weit über allem weltlichen Glanz und Ruhm schweben.

4. Gleichgültig gegen alles sein. Gleich einem Hund oder Schwein sich von dem nähren, was die Gelegenheit bietet, und keine Auswahl unter den dargebotenen Dingen treffen. Keine Anstrengung machen, weder um etwas zu erhalten, noch um etwas zu vermeiden. Alles nehmen, wie es kommt, Reichtum und Armut, Lob und Verachtung. Nicht mehr unterscheiden zwischen Tugend und Laster, Ruhm und Schande, Gut und Böse. Sich weder betrüben noch Reue oder Bedauern fühlen, was immer man auch getan haben mag, und ebensowenig Freude oder Stolz über irgend etwas empfinden.

5. Ohne Erregung, freien Geistes den Streit der Meinungen und die mannigfachen Tätigkeiten der Menschen betrachten. Denken: so ist eben die Natur der Dinge, so sind die verschiedenen Persönlichkeiten nun einmal beschaffen. Die Welt so sehen, wie ein Mensch vom höchsten Bergesgipfel aus auf die Täler und die niedrigeren Hügel unter sich herabschaut.

6. Die sechste Stufe läßt sich nicht beschreiben, sie entspricht dem Begriff der Leere.

Im allgemeinen ist diese »Leere« wie eine Abwesenheit des »Ich« aufzufassen. Die tibetische Formel lautet: Die Lebewesen sind ledig des »Ich«. Alle Dinge sind ledig des »Ich«.

Trotz dieser »Programme« würde man vergeblich versuchen, eine regelmäßige Abstufung der unendlich vielen Erziehungsübungen vorzunehmen. Sie werden auf alle mögliche Weise zusammengestellt, und nicht nur jeder Meister der Mystik hat seinen eigenen Lehrplan, er läßt auch seine verschiedenen Schüler selten den gleichen Weg einschlagen.

Wir müssen uns also als Folge der vielfachen Richtungen und

persönlichen Anlagen der Anhänger des »direkten Pfades« mit einer großen Verwirrung abfinden. Man kann sie unmöglich in eine Schablone pressen. »Freiheit« heißt der Wahlspruch auf den Hochgipfeln im »Land des Schnees«, und so widerspruchsvoll es auch scheint, als ersten Schritt dazu fordern die geistigen Führer von ihren Schülern den unbedingtesten Gehorsam, der sich aber freilich nur auf die Übungen und auf die Lebensweise beschränkt. Es wird kein Lehrgebäude errichtet, dem Schüler steht immer frei, zu glauben, zu leugnen oder zu zweifeln, ganz wie der Geist ihn treibt.

Ich hörte einmal einen Lama sagen, beim Beschreiten des »direkten Pfades« sei die Anleitung zum »Umgraben« das Wichtigste. Glauben und Ansichten, erworbene Gewohnheiten und angeborene Anlagen, alles müsse der Schüler über Bord werfen. In seinem Geist dürfe nicht die kleinste Nachwirkung von Ursachen bleiben, deren Ursprung sich im Dunkel der Vorzeit verliert.

Da eine Aufzählung der unter den Mystikerschülern gebräuchlichen Übungen unmöglich ist, auch schon weil kaum irgend jemand sie alle kennt, müssen wir uns auf einige beschränken und selbst zu ermitteln suchen, wie jede ihr Endziel, die »völlige Loslösung«, erreichen will. Zwei Übungen stehen in besonders hohen Ehren, von denen die eine die unablässige Bewegung des Geistes scharf beobachtet, ohne sie aber jemals zu hemmen, die andere dagegen jedes Abirren verhindern und den Gedanken unverrückt auf einen einzigen Gegenstand gerichtet wissen will.

Dem Lehrling wird bald die eine, bald die andere Übung vorgeschrieben, oder auch erst ausschließlich die eine, dann ebenfalls ausschließlich die andere, oder es wird zwischen beiden abgewechselt. Schließlich können auch beide Übungen am selben Tage oder sogar unmittelbar hintereinander stattfinden.

Bei allen Arten der Betrachtung ist es eine unerläßliche Vorübung, die Gedanken fest auf einen Gegenstand gerichtet zu halten. Das ist so selbstverständlich, daß es keiner Erklärung bedarf, und so üben sich auch alle Schüler darin. Allein nur den »Intellektuellen« rät man, das Kommen und Gehen der Geister zu beobachten.

Alle Buddhisten üben die Gedankenkonzentration aus. Bei den Sekten im Süden des Landes, in Ceylon, Burma und Siam bedient man sich dafür manchmal verschiedener Geräte, »Kasinas« genannt. Es sind abwechselnd runde, beliebig gefärbte Tonscheiben, irgendeine runde, mit Wasser bedeckte Oberfläche oder auch ein Feuer, auf das man durch ein rundes, in einem Kaminschirm angebrachtes Loch blickt. Man heftet das Auge so lange auf den einen oder anderen dieser Kreise, bis man ihn mit geschlossenen Lidern ebenso deutlich sieht wie offenen

Auges. Man bezweckt damit aber nur eine Gedankenkonzentration, durchaus nicht die Herbeiführung hypnotischer Zustände, wie manche Schriftsteller glaubten. Übrigens gibt es neben den »Kasinas« noch viele andere Mittel. An welchem Gegenstand man sich schult, gilt dem Tibeter ganz gleich; der Lehrling muß selbst den wählen, der seine Gedanken am besten anzieht und festhält.

Diese Tatsache wird durch ein in Tibet wohlbekanntes Geschichtchen beleuchtet. Ein Jüngling bittet einen Klausner um seine Führung auf dem Wege des Geistes und soll sich nun gleich zum Anfang in der Gedankenkonzentration üben. »Was tust du für gewöhnlich?« fragte der Meister den angehenden Naldjorpa. – »Ich hüte Yaks«, lautete die Antwort. – »Gut«, sagt der Gomtschen, »dann stelle Betrachtungen über einen Yak an.« Der Anfänger läßt sich in einer leidlich bewohnbar gemachten Höhle nieder, wie man sie in den von wandernden Hirten durchstreiften Gegenden Tibets oft findet, und beginnt sich zu schulen. Einige Zeit nachher begibt sich sein Meister nach der Behausung des Schülers und ruft ihn zu sich heran. Der Jüngling hört ihn und will seine Klause verlassen, aber seine »Betrachtung« hat das erstrebte Ziel erreicht. Er hat seine Gedanken so gut auf den einen Gegenstand gerichtet, daß er schließlich nicht mehr zwischen ihm und sich selbst unterscheiden kann und das Bewußtsein seiner eigenen Persönlichkeit verloren hat. Indem er auf der Schwelle der Grotte gegen ein eingebildetes Hindernis ankämpft, antwortet er: »Ich kann nicht heraus, meine Hörner sind mir im Wege«, so ganz fühlte er sich zum Yak geworden.

Manchmal übt man die Gedankenkonzentration auch wohl an irgendeiner Landschaft, z. B. einem Garten, den man sich bis in jede Einzelheit einprägt. In Gedanken merkt man sich alle seine verschiedenen Blumenarten, ihre Anordnung, die Bäume in bezug auf ihre Höhe wie auf die Form ihrer Zweige und Blätter, kurz alles, was es dabei überhaupt zu beobachten gibt. Sieht man sowohl mit offenen wie mit geschlossenen Augen das gleiche, ganz klare Abbild des Gartens vor sich, so scheidet man innerlich ganz allmählich die Einzelheiten aus, deren Ganzes den Garten bildet. Die Blumen verlieren nach und nach ihre Farben und Formen und lösen sich auf; selbst ihr Blütenstaub verschwindet. Die Bäume werfen ihre Blätter ab, die Äste schrumpfen zusammen und scheinen sich in den Stamm zurückzuziehen, der sich selbst zu einem immer schmaler werdenden Strich verdünnt und endlich ganz unsichtbar wird. Nur der nackte Boden bleibt übrig, und dessen Steine und Erde muß man nun ebenfalls verschwinden lassen, bis auch er sich schließlich verflüchtigt hat.

Mit Hilfe solcher Übungen nimmt man allmählich dem Begriff der Welt seine Form und seinen Stoff und schreitet gradweise erst zum

Begriff des reinen, unendlichen Raumes vor, gelangt dann zur Unendlichkeit des Bewußtseins, um sich schließlich zum Bereich der Leere durchzuringen und dort zu enden, wo es weder Bewußtsein noch Abwesenheit des Bewußtseins mehr gibt. Das sind die vier althergebrachten Betrachtungsweisen des Buddhismus, die man »formlos« nennt.

Was hat man nicht alles ausgetüftelt, um sich in diesen Geisteszustand zu versetzen! Bei manchen Betrachtungen wird der Verstand ganz ausgeschaltet, bei andern hingegen muß das Innenleben auf das schärfste beobachtet oder auch die Außenwelt sorgfältig erforscht und durchdacht werden. Und wenn man den Tibetern glauben soll, gibt es auch wieder Leute, die ganz unvorbereitet und plötzlich, wo sie auch gerade sein und was sie tun mögen, in diese Gemütsverfassung geraten.

Eine andere Schulungsart der Mystik besteht in der so ausschließlichen Betrachtung irgendeines Gegenstandes, daß man am Ende nicht nur nichts außer ihm sieht, sondern auch gar keinen andern Begriff mehr erfassen kann. Allmählich geht dadurch das Bewußtsein der eigenen Persönlichkeit verloren, und man tauscht dagegen die des betrachteten Gegenstandes in der Weise ein, wie wir es eben von dem Menschen erzählten, der sich als Yak empfand. Aber dabei darf man nicht stehenbleiben. Ist man zu dem betrachteten Gegenstand geworden, das heißt, macht man alle die Empfindungen durch, die sich aus seiner Form und Ausdehnung oder seinen andern Eigenschaften ergeben, dann geht man dazu über, sich selbst als ein außerhalb befindliches Ding zu betrachten. Wer sich beispielsweise einen Baum für die Betrachtung gewählt hat, vergißt nun, ein menschliches Wesen zu sein, und fühlt die Starrheit des Stammes, fühlt die Äste und wie sie sich bewegen, fühlt das geheime Leben der Wurzeln und wie der Saft darin in die Höhe steigt. Darauf muß er, als Baum zum Subjekt geworden, das ihm jetzt als Objekt erscheinende menschliche Wesen, das da vor ihm sitzt, betrachten und genau studieren. Dann überträgt er sein »Bewußtsein« wieder auf den Menschen und sieht aufs neue den Baum an, wird umgekehrt zum Baum und betrachtet den Menschen, kurz, er wiederholt diese Umwandlung vom Subjekt zum Objekt und anders herum, so oft es von ihm verlangt werden mag.

Im Innern des Hauses wird diese Übung mit Hilfe eines Figürchens, eines »Gom tsching« (Betrachtungsholz) genannten Stäbchens, oder einer Weihrauchkerze ausgeführt, das angezündet wird, wenn der Raum völlig finster oder wenigstens sehr dunkel ist, um das Gemüt zur Betrachtung geneigt zu stimmen. Diese Vorbereitung heißt »niam par jag pa« und soll völlige geistige Ruhe bewirken, wozu die Betrachtung des winzigen Feuerpünktchens an der brennenden Kerze mithilft.

alt. states of consciousness

Die Buddhisten üben diesen Brauch seit uralten Zeiten. Buddhaghosa spricht in einem seiner »Manoratha Purani« betitelten Werke davon, daß die Nonne Utpalavarna ihren Geist durch die Betrachtung ihrer Lampe sammelte und sich dadurch, als ob sie auf einen Fußschemel gestiegen wäre, zur vollen Erkenntnis aufschwang.

Die Menschen, die sich vorschriftsmäßig und dauernd der Betrachtung widmen, haben oft, wenn sie den gewohnten Platz dabei einnehmen, das Gefühl, als ob eine schwere Last oder ein lästiges Gewand plötzlich von ihnen abfiele und es auf einmal um sie her still würde. Dieser Eindruck von Ruhe und Erleichterung ist aber gerade das, was die Mystiker »niam par jag pa« oder »gleich« und »eben« machen nennen, das heißt mit andern Worten, alle Erregung stillen, die im Geiste »Wellen« schlägt.

Bei einer andern, noch selteneren Übung verlegt man den Sitz des Bewußtseins von einer Stelle des Körpers zur andern. Man erklärt das wie folgt:

Wir fühlen unser Bewußtsein im Herzen. Die Arme erscheinen uns wie Anhängsel des Körpers. An unsere Füße denken wir wie an einen »entfernten Teil« von uns oder, kurz gesagt, wie an das »Objekt« eines an anderer Stelle befindlichen »Subjekts«. Der Schüler muß nun bemüht sein, das Bewußtseinssubjekt von seinem gewöhnlichen Wohnsitz fort, etwa in seine Hand zu verlegen, und darauf ein Ding »fühlen«, das sich in Form von fünf Fingern und einer Faust am Ende eines langen Anhängsels (dem Arm) befindet und durch ihn mit einer großen beweglichen Masse (dem Körper) verbunden ist.

Er muß den Eindruck haben, als hätte er seine Augen nicht im Kopfe, sondern in der Hand und als ob diese nun zum Sitz des Sehens und Denkens gewordene Hand sich am Ende des Arms auf und nieder bewegte, um Kopf und Körper zu berühren, anstatt daß die Augen, wie sonst, wenn sie die Hand betrachten wollen, auf sie hinuntersehen.

Und was bezweckt man mit diesem wunderlichen Gebaren? Die Antwort, die ich meist auf diese Frage bekam, wird kaum jemand befriedigen, ist aber doch wohl die einzig richtige. Die Lamas sagten mir: »Wie soll man ein Ziel beschreiben, wenn niemand, der nicht die Frucht der Übungen schon eingeheimst hat, die gegebenen Erläuterungen verstehen kann! Wir kommen dadurch zu andern Geisteszuständen als zu den uns gewohnten. Wir schreiten dank dieser Übungen über die eingebildeten Schranken, die wir dem ›Ich‹ gesetzt haben, hinaus und sehen nun deutlich, daß es gar kein ›Ich‹ gibt.« Einer der Lamas knüpfte an eine von mir gemachte Bemerkung einen Beweis zugunsten seiner Auffassung. Als er das »Herz den Sitz des Gedankens und Geistes« nannte, äußerte ich beiläufig, daß wir im Abendlande das

Geistesleben ins Gehirn verlegten, worauf er sofort einfiel: »Sehen Sie wohl, daß man den Geist an verschiedenen Stellen fühlen kann? Ihr empfindet den Gedanken im Kopfe, ich im Herzen. Warum denn jemand anders nicht auch im Fuße? Übrigens sind das lauter trügerische Empfindungen, an denen nicht der leiseste Schatten von Wirklichkeit ist. Der Geist ist weder im Herzen noch im Kopfe, und unsere Übungen wollen uns lehren, daß wir ihn nicht im Körper einkerkern sollen.«

Im Grunde zielen diese Übungen, zu denen sich noch viel toller klingende gesellen, auf ein gründliches Aufräumen unter den altgewohnten, landläufigen Ansichten hin. Man soll einsehen lernen, wie leicht sie durch andere ersetzt werden können, und daß Begriffe, die wir unsern so unzuverlässigen Empfindungen verdanken, sicher keine unbedingte Wahrheit enthalten.

Aus ähnlichen Gedankengängen heraus hört man von den Anhängern der chinesischen Ts'an-Sekte[76] rätselhafte Aussprüche, wie z. B.: »Seht, wie sich eine Staubwolke aus dem Meere erhebt, und hört, wie das Gebrüll der Wogen auf der Erde erschallt.«

Von der Lehre der Ts'an heißt es, sie verstehe die Kunst, »den Polarstern in der südlichen Himmelskugel zu sehen.«

Das erinnert an die Äußerung des tibetischen Einsiedlers, der Schüler müsse »umgraben« lernen.

Vor keiner gewagten Behauptung schreckt der Lehrer zurück, um vorgefaßte, allgemein als wahr anerkannte Meinungen, Gedanken und Empfindungen des Jüngers mit der Wurzel auszurotten, und erlaubt ihm auch nicht, anstatt des alten Glaubens nun etwa die neuen Lehren anzunehmen, die er selbst ihm vorgetragen hat. Sind doch beide nur »relativ« oder nichts als reine Einbildung.

Eine Frage, die sowohl die Mystiker unter den Einsiedlern wie die Mönch-Philosophen Tibets ihren Schülern zu stellen pflegen, lautet: »Eine Fahne flattert im Winde. Ist es der Wind, der sich regt, oder ist es die Fahne?«

Für richtig gilt die Antwort: »Was sich regt, ist weder der Wind noch die Fahne, sondern der Geist.«

Die Ts'an-Anhänger legen diese Worte dem sechsten Ahnherrn ihrer Sekte in den Mund. Der Sage nach sah er, wie zwei Mönche eine im Winde flatternde Fahne betrachteten. Der eine behauptete, die Fahne bewege sich, der andere sagte dasselbe vom Winde, worauf der Meister ihnen erklärte, weder das eine noch das andere sei der Fall, denn die Bewegung ginge von etwas in ihrem eigenen Innern aus.

Die Frage, ob diese Gedankengänge aus Indien oder aus China in Tibet eingedrungen sind, kann nicht ohne weiteres beantwortet werden. Aber ein Lama aus Kham sagte mir einmal: »Schon bevor Padmasambhava nach Tibet kam, haben die Bönpos so gelehrt.« Demnach würde es schon vor Einführung des Buddhismus ein philosophisches Lehrgebäude in Tibet gegeben haben; freilich weiß man nicht, was an der Behauptung Wahres ist.

Abgesehen von den verblüffenden Erfolgen der Bemühung, den »Geist« in irgendeinen beliebigen Körperteil zu versetzen, empfindet man an der gewählten Stelle eine starke, wirkliche oder auch eingebildete Zunahme der Wärme.

Nachprüfung ist da sehr schwierig, denn schon der bloße Gedanke daran würde die Konzentration unterbrechen, den Geist nach seinem gewöhnlichen Sitz zurückverlegen und somit die Ursache der Wärme zerstören. Eine andere Person dabei zu beaufsichtigen, ist andererseits ganz unmöglich. Die Klausner und ihre Jünger haben nicht das geringste mit den Medien gemein, die bei uns im Abendlande sich gegen Entgelt sehen lassen und es erlauben, daß man an den mit ihrer Hilfe erzielten Vorkommnissen Kritik übt.

Selbst der Geringste unter den Schülern eines tibetischen Gomtschen würde zu einem derartigen Vorschlag ein erstauntes Gesicht machen. Ich meine ihn antworten zu hören: »Es ist mir ganz einerlei, ob Sie an diese Dinge glauben oder nicht, und ich will Sie auch gar nicht überzeugen. Ich bin kein Taschenspieler, der Kunststücke vorführt.«

Das ist richtig. Die Orientalen stellen ihre Kenntnisse der Mystik, Philosophie oder Seelenkunde nicht zur Schau, und es ist sehr schwer, sie darüber zum Sprechen zu bringen. Ein Reisender kann bei einem Lama zu Gaste sein, monatelang mit ihm Tee trinken und fest überzeugt von der völligen Unwissenheit seines Wirtes abreisen, obgleich es diesem ein leichtes gewesen wäre, dem Fremden nicht nur alle seine Fragen zu beantworten, sondern ihn auch viel nie geahntes Neues zu lehren.

Ob man nun glauben will oder nicht, daß sich bei der oben beschriebenen Übung Wärme oder das Gefühl der Wärme einstellt, ich kann nur sagen, daß ich ihr mehr als einmal, wenn ich in Schnee und Eis im Zelt übernachten mußte, warme Füße und erquickenden Schlaf zu verdanken gehabt habe. Freilich, ist man nicht gut geschult, so erfordert diese Übung einen Kräfteaufwand, der sie sehr ermüdend macht.

Zum Schlusse noch die Andeutung, daß die mit »Erkenntnis«, »Bewußtsein«, »Geist« übersetzten Ausdrücke im Tibetischen nicht ganz dasselbe wie bei uns bedeuten. Die Tibeter unterscheiden bis zu elf Arten von »Erkenntnis-Bewußtsein« und haben dreierlei Bezeichnungen, die wir alle mit »Geist« wiedergeben müssen, obgleich jede noch ihre besondere Nebenbedeutung hat.

Um sich von dem Grad der Geisteskonzentration während der Betrachtung Rechenschaft abzulegen, stellt man gern eine brennende Lampe auf den Kopf des sich schulenden Lehrlings. Wenn er allein lebt, so besorgt er es selber. Unter Lampe versteht man ein kleines Kupfer- oder Tongefäß von der Form einer auf breitem Untersatz ruhenden Schale, die einen Docht enthält und mit geschmolzener Butter gefüllt wird.

Solange der Schüler völlig unbeweglich bleibt, hält sich die Lampe auch auf dem Kopfe, aber bei der leisesten Bewegung fällt sie herunter. Da nur die vollkommene Konzentration diese Unbeweglichkeit bewirkt, zeigt der Sturz der Lampe jedes Nachlassen darin sofort an.

Man erzählt sich, ein Meister habe einmal die Lampe auf den Kopf eines Anfängers gestellt, und als er am Morgen darauf wiederkam, fand er ihn allerdings noch in Betrachtung versunken, aber die Lampe, in der nun keine Butter mehr war, stand neben ihm. Die Antwort, die der Lehrling auf Befragen gab, zeigte, daß er den Zweck der Übung erst sehr unvollkommen begriffen hatte, denn er sagte: »Die Lampe ist nicht heruntergefallen, ich habe sie einfach weggestellt, als sie leer war.« – »Und woher wußtest du, daß sie erloschen war, oder auch nur, daß du überhaupt eine Lampe auf dem Kopfe trugst, wenn du es wirklich zu einer Gedankenkonzentration gebracht hättest?« erwiderte der Meister.

Manchmal vertritt ein Schälchen mit Wasser die Stelle der Lampe, oder auch vor, nach oder selbst während der Übung befiehlt der Lama seinem Schüler, ein bis zum Rande mit Wasser gefülltes Gefäß von einer Stelle zur andern zu tragen. Wenn die Probe gelingen soll, darf auch nicht ein einziger Tropfen unterwegs vergossen werden. Man stellt dadurch fest, ein wie hoher Grad geistiger Ruhe schon erreicht worden ist. Die leiseste Regung des Geistes verursacht eine Körperbewegung, und da die bis zum Rande gefüllte Schale schon durch ein bloßes Zittern der Finger erschüttert wird, fließt das Wasser gleich über. Je häufiger und je mehr Wasser dabei vergossen wurde, desto größer muß, wie man wenigstens annimmt, die geistige Erregung gewesen sein.

Dies Verfahren ist, glaube ich, im ganzen Orient bekannt, und die Hindus wissen einige hübsche Geschichtchen davon zu erzählen.

Ein Guru hatte einen in der geistigen Vervollkommnung schon sehr fortgeschrittenen Schüler, versprach sich aber noch viel für ihn von der weiteren Ausbildung bei Janaka, dem hochberühmten weisen König, zu dem er ihn also schickte. Janaka ließ den Reisenden zuerst tagelang vor der Tür seines Palastes warten und verbot ihm den Zutritt, was der Jüngling aber, obgleich er edler Herkunft war, ohne Murren ertrug.

Chakren

Als er endlich bei dem Herrscher zugelassen wurde, reichte man ihm eine bis zum Rande mit Wasser gefüllte Schale und befahl ihm, mit ihr in der Hand die Runde um den Thronsaal zu machen.

Janaka hielt mit der ganzen Pracht des Morgenlandes Hof. Die Wände der großen Halle funkelten von Edelsteinen. Die mit herrlichen Juwelen geschmückten Hofherren hatten sich um ihren Gebieter geschart, und bildschöne, sehr leichtgekleidete Palasttänzerinnen lächelten dem jungen Fremdling zu, als er an ihnen vorbeischritt.

Er erledigte seine Aufgabe jedoch, ohne auch nur einen Tropfen zu verschütten, so wenig hatte ihn das Schauspiel vor seinen Augen bewegt. Janaka sandte ihn zu seinem Meister mit den Worten zurück, er habe ihn nichts mehr zu lehren.

Die bei den Hindus verbreitete Lehre von den »Khorlos« (Rädern) ist auch den Tibetern bekannt, die sie vermutlich von Indien übernommen haben. Freilich auch hier wieder behaupten einige Bönpos, eine ähnliche, aber »nicht mit Aberglauben vermischte« Lehre sei ihren Vorvätern bekannt gewesen, schon bevor die Missionare des tantristischen Buddhismus ins Land kamen. Immerhin weicht die tibetische Auffassung in vielen Punkten ab von jener der Anhänger des klassischen hinduistischen Tantrismus.

Den Mystikern nach sind die »Khorlos« Kraftherde, die in verschiedenen Teilen des Körpers liegen. Dargestellt werden sie durch den Lotus, mit Blumenblättern von wechselnder Zahl und Farbe. Der Lotus selbst ist eine ganze Welt und enthält Diagramme, Gottheiten usw. Selbstverständlich muß das Ganze rein bildlich, als Darstellung verschiedener Kräfte aufgefaßt werden. Die auf die Khorlos bezüglichen Lehrsätze und die sich daranknüpfenden Gebräuche bilden einen Teil der allergeheimsten mündlichen Unterweisung. Bei der Schulung, in der die Khorlos eine Rolle spielen, kommt es hauptsächlich darauf an, einen Kraftstrom nach dem auf der Scheitelhöhe des Kopfes gelegenen oberen Lotus – dem »dab tong«, Lotus der tausend Blumenblätter – zu lenken. Durch die verschiedenen Übungen will man zur Entwicklung der Verstandes- und Geisteskräfte oder der magischen Gewalten die Summe von Energie nutzbar machen, die sich, wenn man sie ihrem natürlichen Lauf überläßt, auf tierische, namentlich aber auf geschlechtliche Weise äußert.

Die tibetischen Meister der Mystik, die zur Sekte der Dzogstschen (der »großen Erfüllung«) gehören, sind beinahe Alleinherrscher im Gebiet der Khorlos-Übungen.

Die erleuchteten Anhänger des »direkten Pfades« sprechen den oben erwähnten Gebräuchen einen gewissen Nutzen nicht ab, nehmen sie aber lange nicht so wichtig, wie es die indischen Yogis tun.

Liest man die auf diese Fragen bezüglichen Werke, oder hört man die mündlich dazu gegebenen Erläuterungen, so hat die Antwort des Lehrers einen deutlichen Unterton von Ungeduld. Es klingt, als wolle der Lama sagen: »Kann sein, daß dies alles für die Mehrzahl der Studierenden ganz nützlich ist, aber doch nur als Vorübung. Eilt euch damit! Das Ziel liegt woanders!«

Der Eindruck, den man schließlich davon bekommt, ist also gemischt und schwer zusammenzufassen. Das Gebiet des tibetischen Mystizismus hat viel von einem Schlachtfeld, auf dem sich Rassen bekämpfen, deren Geistesanlagen nicht nur verschieden sind, sondern einander manchmal von vornherein feindselig gegenüberstehen.

Für geradezu klassisch gilt bei den tibetischen Mystikern folgende Art der Schulung:

Der Meister stellt dem jungen Mönch, seinem angehenden Schüler, einige Fragen, unterwirft ihn verschiedenen Proben, um sicherzugehen, daß es ihm mit seinem Entschlusse ernst ist, und befiehlt ihm dann, sich in die Einsamkeit des Tscham zurückzuziehen. Als Gegenstand der Betrachtung empfiehlt er ihm seinen Schutzgott, Yidam genannt. Hat der Jünger diesen noch nicht selbst gewählt, so tut der Lehrer es für ihn, und darauf wird gewöhnlich eine Feier abgehalten, um den Yidam mit seinem neuen Schützling in Verbindung zu setzen.

Der Lehrling muß nun in der oben beschriebenen Weise seine Gedanken auf den Yidam konzentrieren. Er stellt ihn sich recht deutlich in seiner ganzen Eigenart, mit all dem dazugehörigen Beiwerk vor, also mit Blume, Rosenkranz, Säbel, mit dem Buch in der Hand, oder mit Halsband und Kopfschmuck und ähnlichem.

Die Wiederholung gewisser Formeln und ein eigens erbauter Kyilkhor dürfen bei dem Ritus nicht fehlen, der den Yidam beschwören soll, sich seinem Getreuen zu zeigen. So wenigstens wird dem Schüler der Vorgang dargestellt.

Nur während der wenigen Stunden, die dem Schlaf und den äußerst knapp bemessenen Mahlzeiten (meist nur eine am Tage) vorbehalten sind, unterbricht der Lehrling seine Betrachtung. Oft legt der Tscham-pa sich gar nicht zur Ruhe; so halten es viele Ritö-pas-Lamas sowohl gewohnheitsmäßig wie während besonderer, der Betrachtung gewidmeten Zeiten.

Es gibt in Tibet eigene Sitzgelegenheiten, Gamti – Kistensitz – oder Gomti – Sitz der Betrachtung – genannt. Der Lama setzt sich mit gekreuzten Beinen auf ein in der Kiste liegendes Polster. Um auch im Schlafe noch in dieser Stellung ausharren zu können, oder wenn er sich lange Zeit der Betrachtung widmen will, bedient der Einsiedler sich des »Betrachtungsstrickes« (sgom thag), das heißt eines Stoffstreifens, den er zum Stützen des Körpers über die Knie und hinter den Nacken, oder auch über Knie und Lenden leitet. Eine ganze Anzahl von Klausnern verbringt so die Tage und Nächte, ohne sich je auszustrecken. Sie schlummern wohl zuweilen ein, schlafen aber niemals fest und unterbrechen ihre Betrachtung selbst nicht während der kurzen Augenblikke, in denen sie eingenickt sind.

So können Monate, wenn nicht Jahre vergehen. Von Zeit zu Zeit überzeugt sich der Lehrer von den Fortschritten seines Jüngers, bis dieser ihm endlich verkünden kann, daß er das Ziel seiner Mühen erreicht hat, daß die Gottheit ihm erschienen ist. Meist allerdings nur kurz und nebelhaft, und der Meister erklärt das Ergebnis wohl für ermutigend, aber noch nicht für endgültig. Es wäre doch sehr zu wünschen, daß der Verehrer die Gesellschaft seines Schutzpatrons dauernd genösse.

Dieser Ansicht ist auch der Naldjorpa und fährt mit seinen Anstrengungen fort. Wieder vergeht lange Zeit, bis endlich der Yidam sozusagen festgehalten wird. Er bewohnt nun den Tscham-khang, und der junge Mönch kann ihn beständig in der Mitte des Kyilkhors betrachten.

»Vortrefflich«, antwortet der Lehrer auf diesen Bericht. »Aber du mußt nun eine noch größere Gunst erbitten, nämlich die, mit deinem Haupt die Füße der Gottheit berühren, ihren Segen empfangen und die Worte ihres Mundes vernehmen zu dürfen.«

Bis hierher waren die verschiedenen Grade der Schulung verhältnismäßig leicht zu erklimmen, aber nun wird der Weg steiler und steiler, und nur wenige gelangen zum Gipfel.

Der Yidam belebt sich jetzt endlich. Deutlich fühlt der Schüler seine Füße unter seiner Stirn, wenn er sich anbetend vor ihm in den Staub wirft. Er empfindet auf seinem Haupt das Gewicht seiner segnenden Hände, sieht, wie seine Augen sich bewegen und wie sein Mund sich halb öffnet. Und jetzt verläßt der Gott den Kyilkhor, jetzt geht er im Tscham-khang umher.

Das ist der gefährliche Augenblick! Handelt es sich um die To-uos, um jähzornige Halbgötter oder Dämonen, darf man sie nie aus den magischen Kerkermauern des Kyilkhors entwischen lassen. Wenn sie freigelassen werden, so rächen sie sich an dem, der es verstanden hat, sie hineinzuzwingen. Hier haben wir es aber mit einem Yidam zu tun, dessen Äußeres grauenerregend und dessen Kräfte wohl schrecklich sind. Allein der Getreue braucht sie nicht zu fürchten. Er darf ihm innerhalb des Tscham-khangs ruhig seine Freiheit lassen. Der Yidam soll sogar nach draußen gehen, und wenn der Meister es ratsam findet, muß der Schüler versuchen, sich von seinem Schutzgott auf dem Spaziergang begleiten zu lassen.

Freilich ist das wieder ein schwieriger Schritt. In der Stille des meist dunklen, weihrauchdurchdufteten Tscham-khangs machen sich die Wirkungen der vom Schüler vielleicht schon jahrelang betriebenen Gedankenkonzentration leicht geltend. Aber wird die Form, die sich hier bewegen und sprechen kann, auch der freien Luft und dem Sonnenlicht widerstehen können? Wie wird es ihr in einer ganz anderen Umgebung ergehen, unter Einflüssen, die sie nun nicht mehr fördern werden, sondern aufzulösen drohen? Hier scheiden wieder manche Schüler aus; mit den meisten von ihnen weigert sich der Yidam auszugehen. Er bleibt im Schatten hocken oder verflüchtigt sich. Zuweilen wird er auch ärgerlich und rächt sich für die respektlosen Belästigungen, denen man ihn auszusetzen wagt. Einigen Schülern begegnen sonderbare Unglücksfälle, andere haben mehr Glück und können dann darauf rechnen, den verehrten Gesellen auf allen ihren Wegen treulich zur Seite zu finden. »Du hast das ersehnte Ziel erreicht«, verkündet dann der Meister dem überglücklichen Naldjorpa, »und ich habe dich nun nichts mehr zu lehren. Du hast jetzt die Gunst eines Lehrers erworben, der größer ist als ich.«

Manche sagen darauf ihren Dank und kehren stolz und zufrieden in ihr Kloster zurück, oder sie lassen sich in einer Einsiedelei nieder, um dort lebenslänglich mit dem Trugbild zu spielen.

Andere hinwieder werfen sich zitternd und zagend dem Lama zu Füßen und gestehen ihm eine furchtbare Sünde. Es sind ihnen Zweifel gekommen, die sich mit aller Mühe nicht unterdrücken ließen. Selbst in Gegenwart des Yidam, während er mit ihnen sprach und sie ihn berührten, konnten sie den Gedanken nicht loswerden, daß er nur ein von ihnen selbst geschaffenes Blendwerk sei.

Scheinbar ist der Meister über diese Beichte betrübt. Er schickt den Jünger in das Tscham-khang zurück und wird mit seiner Ausbildung wieder von vorn anfangen, denn sein Unglauben wäre doch ein zu schlechter Dank für die große Gunst, die sein Yidam ihm erwiesen hat.

Ein Glaube, der einmal vom Zweifel benagt ist, läßt sich aber nicht so leicht wiederherstellen. Im Morgenlande genießen die geistigen Führer bei ihren Schülern unsägliche Ehrerbietung, sonst würde die Versuchung, ihnen zu entlaufen, wohl manchmal unüberwindlich sein, und das ganze Ergebnis der langen Übungen könnte leicht eine Art Materialismus werden. Aber meistens bleibt der Schüler da. Mag er auch am Yidam zweifeln, an seinem Lehrer zweifelt er nicht. Nach einiger Zeit, nach Monaten oder Jahren, wiederholt er sein Geständnis, diesmal aber viel entschiedener als vorher. Nun zweifelt er gar nicht mehr. Er ist jetzt überzeugt, daß der Yidam aus seinen eigenen Gedanken geboren, er also sein Schöpfer ist.

»Jetzt bist du zur richtigen Erkenntnis gekommen«, sagt ihm dann der Lama. »Götter und Dämonen, ja das ganze Weltall, alles ist nur ein Blendwerk, das im Geiste sein Dasein hat, aus ihm entsteht und sich in ihm wieder auflöst.«

KAPITEL 8

Geistige Vorgänge, und wie die Tibeter sie erklären

Ich habe in den vorhergehenden Kapiteln schon öfter Tatsachen erwähnt, die man wohl zu den geistigen Vorgängen rechnen kann. Bevor ich dies Buch abschließe, komme ich noch einmal darauf zurück, denn Tibet dankt seinen Ruhm ja hauptsächlich dem Glauben, daß die Wunder dort ebenso wild wachsen wie anderswo die Blumen auf der Wiese.

Wie mag es zu diesem sonderbaren Ruf gekommen sein? Wir wollen, um diese Frage zu beantworten, kurz feststellen, wie die Tibeter selbst über diese »Wunder« denken. Gleichviel was einige davon halten mögen, häufig sind diese wunderlichen Tatsachen keinesfalls, und man darf auch nicht vergessen, daß die hier auf ein paar Seiten zusammengefaßten Beobachtungen die Frucht einer mehr als zehnjährigen Erfahrung darstellen.

Schon seit uralten Zeiten hat Tibet starke Anziehungskraft auf seine Nachbarländer ausgeübt. Lange vor der Geburt des Buddha war der Blick der Hindus schon mit frommer Scheu auf den Himalaja gerichtet, und man erzählte sich seltsame Dinge von dem Land, das, von Wolken verschleiert, auf den Schultern seiner Schneeberge thronte.

Auch China scheint ehemals dem Zauber der wunderbaren tibetischen Einsamkeit unterlegen zu sein. Von dem großen Mystiker Laotse berichtet die Sage, er sei einmal am Ende seines langen Lebens, auf einem Ochsen reitend, nach dem »Lande des Schnees« aufgebrochen, aber, nachdem er die Grenze überschritten habe, auf immer verschwunden. Dasselbe erzählt man von Bodhidharma und von einigen seiner chinesischen Schüler. Noch heutzutage trifft man zuweilen auf den nach Tibet führenden Pässen Hindupilger, die sich wie im Traume, man könnte sagen, wie in der Hypnose, weiterschleppen, als ob ein unwiderstehliches Etwas sie mit sich zöge. Fragt man sie, wohin die Reise geht, bekommt man meist nur die Antwort, daß sie auf Tibets Erde sterben möchten. Und nur zu oft wirken das rauhe Klima, die große Höhe, Ermüdung und Nahrungsmangel so zusammen, daß ihr Wunsch auch wirklich in Erfüllung geht.

Wie soll man sich diese magische Anziehungskraft Tibets nun erklären?

Zunächst sicher wegen der als Wundertäter angesehenen Einsiedler-Lamas, aber dann fragen wir weiter: Warum gilt gerade Tibet als das Gelobte Land der Geheimwissenschaften und des Übernatürlichen? Sicher in erster Linie dank der geographischen Lage des Landes, das von einer Kette furchterregender Gebirge und von endlosen Wüsten umschlossen daliegt.

Wenn der Mensch ihm lieb gewordene Hirngespinste aufgeben muß, weil sie sich mit der Umwelt seines Alltags nicht mehr vertragen, verlegt er sie gern in ferne, anscheinend besser dazu stimmende Regionen. Und schließlich baut er sich daraus ein Wolkenkuckucksheim und träumt sich Paradiese jenseits der Sternenwelt. Wieviel lieber wird er da nicht noch jede Gelegenheit ergreifen, das Land seiner Sehnsucht in wenigstens erreichbarer Nähe hienieden auf der Menschenerde unterzubringen.

Diese Gelegenheit bietet ihm Tibet. Es besitzt alle Eigenschaften eines Märchenlandes. Man kann ohne Übertreibung behaupten, daß an die Größe der tibetischen Landschaft kein noch so ausschweifender Traum hinanreicht, daß man Göttern oder Dämonen keinen schöneren Hochsitz ersinnen könnte.

Die ruhige Erhabenheit und Wildheit, der zugleich schauerliche und doch wieder bestrickende Zauber der verschiedenen tibetischen Landschaften läßt sich mit Worten nicht wiedergeben. Oft, wenn man diese einsamen Hochgebirgsgegenden durchwandert, fühlt man sich wie ein unbefugter Eindringling, geht unwillkürlich langsamer, spricht leiser und muß die Worte zurückdrängen, die den ersten besten uns begegnenden Eingeborenen um Verzeihung bitten möchten, daß man hier eindringt, wo eigentlich nur er Rechte hat. Bei den Tibetern selbst hat die Gewohnheit die aus der natürlichen Eigenart des Landes entspringenden Einflüsse auch durchaus nicht abgeschwächt. Ihr urwüchsiges Gemüt formt all diese Eindrücke zu den vielen abenteuerlichen, gespenstischen Gestalten um, mit denen sie die großen, leeren Räume ihres einsamen Landes so dicht bevölkert haben.

Andererseits haben, gerade wie einst die chaldäischen Hirten mit ihren Beobachtungen des gestirnten Himmels den Grundstein der Sternkunde legten, die tibetischen Einsiedler und wandernden Schamanen schon seit langen Zeiten über die Geheimnisse ihres wunderbaren Landes nachgesonnen und die Vorkommnisse beobachtet, die dort einen so günstigen Boden fanden. Eine ganze wunderliche Wissenschaft ist daraus hervorgegangen, deren Besitz ihren Jüngern im »Land des Schnees« zu ihrem jetzt schon altbewährten Ruhm verholfen hat.

Trotz seiner von der Natur so trefflich verteidigten Lage ist aber Tibet doch nicht unzugänglich. Ich weiß das aus eigener Erfahrung. Mehrere Male habe ich verschiedene Himalajapässe überschritten, um seine südlichen Hochebenen zu besuchen, bin jahrelang in den Graswüsten des Nordens umhergestreift, und auf meiner letzten Reise habe ich das ganze Land, von seinem äußersten Ende im Südosten bis nach Lhasa hin, kennengelernt. Wenn nicht die Politik das Land den Fremden verschlösse, würde jeder widerstandsfähige Reisende es mir nachtun können.

Es steht fest, daß besonders seit Einführung des Buddhismus eine ganze Anzahl von Hindus, Nepalesen und namentlich Chinesen Tibet besucht und von den übernatürlichen Kräften gehört haben, die man den Dubtobs[77] zuschreibt. Einige dieser Reisenden sind gewiß auch mit den Lamas und den Bönpo-Magiern in Berührung gekommen und haben etwas von den Lehren der kontemplativen Klausner gehört. Im Verein mit den schon erwähnten natürlichen Ursachen und vielleicht auch noch andern, weniger augenfälligen, mußten diese Erzählungen, die, von Mund zu Mund weitergegeben, sich wie immer noch sehr abrundeten, am Ende unvermeidlich den Schleier des Geheimnisvollen weben, der auch für uns noch immer das »Land des Schnees« zu umgeben scheint.

Dann wäre also nichts davon wahr, daß in Tibet die Wunder besonders gut gedeihen? Die Annahme wäre vermutlich ebenso verkehrt, wie wenn man auf Treu und Glauben alles das hinnehmen wollte, was sich die Eingeborenen zu erzählen wissen, oder gar das, was in der Beziehung bei uns in den erfinderischen Gehirnen einiger Spaßvögel entstanden ist.

Am besten schließen wir uns der zuerst einigermaßen überraschenden Auffassung der Tibeter an. In Tibet leugnet kein Mensch ihr Vorkommen, hält sie aber durchaus nicht für Wunder im abendländischen Sinn des Wortes, also nicht für übernatürlich.

Die fortgeschrittensten unter den tibetischen Mystikern fassen alle die Tatsachen, die man in andern Ländern dem Wunder oder dem willkürlichen Eingreifen von Wesen aus einer andern Welt zuschreibt, als geistige Vorgänge auf.

Im großen und ganzen unterscheiden die Tibeter zwei Arten solcher Vorkommnisse:

1. unbewußt hervorgebrachte, sei es daß nur eine einzige oder mehrere Persönlichkeiten dabei mitwirken.

Da die Person oder die Personen, die den Vorgang veranlassen, unbewußt handeln, kann dieser natürlich keinen im voraus von ihnen bestimmten Zweck verfolgen.

2. bewußt hervorgebrachte, die auf ein bestimmtes Ziel gerichtet sind. Oft, wenn auch nicht immer, sind sie das Werk einer Person allein.

Diese kann ein Mensch oder auch eins der sechs Lebewesen sein, mit denen die Tibeter sich unser Weltall bevölkert denken. Wer den Vorgang auch hervorrufen mag, das Verfahren ist immer das gleiche, und von einem Wunder ist nie die Rede.

Beiläufig bemerkt, die Tibeter glauben nicht an die Willensfreiheit. Sie nehmen an, daß alles Wollen durch vielfache, teils nahe-, teils unendlich fernliegende Ursachen bedingt wird. Ohne weiter auf dies hier nicht hergehörige Thema einzugehen, betone ich nur, daß der Vorgang, ob er nun bewußt oder unbewußt hervorgebracht wird, immer sehr vielfachen Ursachen entspringt. Erstens denen, die in seinem Urheber den zur Hervorbringung erforderlichen Willen weckten oder unbewußt in ihm schlummernde Kräfte zu dem Zwecke auslösten, und schließlich den äußeren Umständen, die den Urheber mit beeinflußt haben.

Die fernliegenden Ursachen sind meist durch ihre »Abstammung[78]« vertreten, ein bildlicher Ausdruck, den ich in Tibet öfter gesprächsweise erwähnen hörte. Man versteht darunter die Wirkungen, in die sich für den Augenblick Handlungen und Gedanken verkörpern, die in der Vergangenheit stattgefunden haben.

Wenn ich also von Gedankenkonzentration spreche, so darf man nicht vergessen, daß diese im Sinne der hier besprochenen Lehre nicht ganz freiwillig erfolgt und daß hinter dem Vorgang, dessen unmittelbare Ursache[79] sie ist, in weiter Ferne eine Unmenge von ebenso zwangsläufigen Ursachen zweiten Grades[80] liegen.

Wie die Tibeter glauben, liegt das Geheimnis der geistigen Schulung darin, daß sie eine Macht der Gedankenkonzentration entwickelt, die weit über das sonst in dieser Richtung auch von den Begabtesten Erzielte hinausgeht. Ihrer Behauptung nach werden mittels dieser Konzentration Kraftwellen hervorgebracht.

Wohlverstanden, das Wort »Wellen« stammt von mir. Ich gebrauche es, um mich klarer auszudrücken, und weil es sich, wie man sehen wird, auch im Gedankengang der Tibeter um Kraftströme handelt, obgleich sie nur von »Kraft[81]« sprechen.

Ihrer Lehre nach wird diese Kraft jedesmal dann erzeugt, wenn irgendeine geistige oder körperliche Betätigung stattfindet. Die Buddhisten haben die Einteilung: Betätigung des Geistes, des Wortes oder des Körpers. Die Erzeugung der geistigen Vorgänge hängt von der Stärke und von der Richtung ab, die man dieser Kraft gibt. Die tibetischen Meister der Magie lehren die verschiedenen Weisen, wie man die durch angespannte Gedankenkonzentration erzeugte Kraft nutzbar machen kann, wie folgt:

1. Man kann mit diesen Wellen einen Gegenstand wie einen elektrischen Akkumulator »laden« und ihm dann die darin aufgespeicherte Kraft zu einem beliebigen Zweck entnehmen, wie z. B. die Lebenskraft des Menschen, der den Gegenstand berührt hat, erhöhen oder ihn unerschrocken machen und ähnliches.

Auf Grund dieser Lehre bereiten die Lamas Pillen, Weihwasser und allerlei Zauberamulette, die Schutz gegen Unfälle oder gegen Krankheit gewähren sollen. Zuerst muß der Lama sich durch Befolgung einer besonderen Diät und durch in der Einsamkeit angestellte Betrachtungen reinigen. Darauf richtet er seine Gedanken fest auf den Gegenstand, den er mit Heilkraft »laden« will. Darüber gehen manchmal Wochen oder gar Monate hin. Handelt es sich freilich nur um Schärpen oder Zauberstricke, so wird das Knoten und Weihen oft binnen weniger Minuten erledigt.

2. Die auf den Gegenstand übertragene Kraft flößt ihm eine Art Leben und Bewegungsfähigkeit ein, und er kann auf Befehl dessen, der ihn beseelt hat, Handlungen begehen.

Man mag sich hierbei der Geschichte von den rituellen Kuchen (Tormas) erinnern, die der Lama-Zauberer von Tsanglung den ungehorsamen Bauern (siehe Seite 62) zur Strafe durch die Luft schickte.

Ähnlich, so erzählt man sich, verfahren die Ngags-pas, wenn sie jemand Schaden zufügen wollen. Sie sollen dabei folgendermaßen verfahren:

Nach vielleicht monatelanger Gedankenkonzentration flößt der Magier einem Messer den Willen ein, einen bestimmten Menschen zu töten. Glaubt der Ngags-pa endlich, das Instrument sei seiner Aufgabe gewachsen, so bringt er es in Reichweite des Menschen, der getötet werden soll, so daß dieser kaum umhin kann, es zu ergreifen. Die Tibeter glauben, daß, wenn Mensch und Messer erst einmal miteinander in Berührung gekommen sind, das Messer sich bewegt, der haltenden Hand eine unwiderstehliche Bewegung aufzwingt und den betreffenden Menschen tötet oder verwundet. Anscheinend waren dann Ungeschicklichkeit oder Selbstmord die Todesursache.

Es wird versichert, die einmal beseelte Waffe sei auch dem Zauberer gefährlich, und wenn er nicht geschickt damit umzugehen wisse, könne er ihr wohl gar selbst zum Opfer fallen.

Kein Wunder, wenn der Zauberer während der für diesen Ritus erforderlichen langen Übungen seiner eigenen Einbildungskraft unterliegt und die Sache mit einem Unfall endet. Abgesehen von allen Dämonengeschichten, kann es sich hier, wenn man den Tibetern glauben soll, recht gut um ein ähnliches Vorkommnis handeln, wie in den Fällen, wo der Magier eine Gestalt geschaffen hat, die sich am Ende von ihrem Schöpfer unabhängig macht.

Gewisse Lamas und einige Bönpos haben mir versichert, die Annahme, das Messer würde beseelt und töte, wie vorbestimmt, den Menschen, beruhe auf einem Irrtum. Es sei im Gegenteil der Mensch, der so sehr unter dem Einfluß der Gedankenkonzentration des Zauberers stehe, daß er unbewußt Selbstmord begehe.

Der Ngags-pa, so erklärten sie mir, will nur das Messer beseelen, dabei verliert er aber keinen Augenblick die Person, auf die der Ritus gemünzt ist, und das Ereignis ihres Todes aus dem Sinn. Da nun das Opfer ein guter »Empfänger« für die vom Zauberer erzeugten geistigen Wellen[82] ist, das leblose Messer sich aber nicht dazu eignet, ist es eben der Mensch, der dem Einfluß des Ngags-pas unterliegt.

Wenn folglich der Todgeweihte mit dem vom Zauberer vorbereiteten Messer in Berührung kommt, wird die Beeinflussung, der er damit unbewußt unterliegt, ausgelöst, er gehorcht ihr und gibt sich den Tod.

So wurde mir die Sache erklärt. In Tibet glaubt man ferner, daß Meister der Geheimwissenschaften Menschen, Tieren, Dämonen, Genien u. a. m. auch ohne vermittelnden greifbaren Gegenstand, selbst aus der Entfernung, Gedanken des Selbstmordes oder auch irgendwelcher andern Art einflößen können.

Darin sind sich freilich alle einig: an dem geistig gut Geschulten müssen alle solchen Versuche abprallen, denn er erkennt ja die Natur der gegen ihn ausgesandten »Kräftewellen« und kann die ihm unheilvoll scheinenden abwehren.

3. Die aus der Gedankenkonzentration stammende Kraft wird ohne jede Unterstützung durch körperliche Gegenstände aus der Ferne übertragen und bringt an ihrem Bestimmungsort Vorgänge verschiedener Art zuwege.

Sie kann dort z. B. einen geistigen Vorgang veranlassen, wie ich anläßlich der Tulkus[83] schon andeutete.

Sie kann auch in das ihr angewiesene Ziel eindringen und ihm besondere Wucht verleihen.

So verfahren die Meister der Mystik, wenn sie ihre Schüler einweihen. Bei den Tibetern besteht diese Einweihung nicht etwa darin, daß sie eine Lehre oder ein Geheimnis mitteilen, sondern sie übertragen eine geistige Gewalt, die den Schüler befähigt, das auszuführen, was er zu tun wünscht. Der tibetische Ausdruck »angkur«, den wir mit »Einweihung« übersetzen, bedeutet wörtlich »die Macht verleihen«.

Diese Fernübertragung der geistigen Kraft ermöglicht es, wie man sagt, dem Meister, auch die körperliche und seelische Kraft seines

Schülers, wenn es sein muß, von weitem zu unterhalten und anzufeuern.

Nicht immer soll die Übertragung den Empfänger bereichern, auf den die »Welle« gerichtet ist. Sie kehrt sogar manchmal, nachdem sie ihn berührt hat, nach ihrem Ausgangspunkt zurück. Bei der Berührung hat sie ihm aber teilweise oder auch ganz seine eigene Kraft entzogen und kehrt damit beladen dahin zurück, woher sie kam, um von dem Urheber des Vorgangs wieder in sich aufgenommen zu werden.

Von einigen schwarzen Magiern und gewissen dämonischen Wesen sagt man, sie könnten ihr Leben auf diese Weise bis ins Unendliche verlängern oder sich außergewöhnliche Körperkräfte zulegen.

4. Die Tibeter behaupten ferner, in der Gedankenkonzentration geübte Leute könnten den Geschöpfen ihrer Einbildungskraft Gestalt verleihen und so alle möglichen Trugbilder erschaffen: Menschen, Gottheiten, Tiere, beliebige Gegenstände oder Landschaften (siehe Seite 101).

Sie erscheinen dann keineswegs immer nur als wesenlose Luftspiegelungen, sondern können vielmehr sehr greifbar sein und alle die Fähigkeiten und Eigenschaften besitzen, die von Natur zu dem Lebewesen oder Ding gehören, das sie darstellen.

Ein Schemenpferd kann z. B. traben und wiehern. Sein Schemenreiter kann von seinem Reittier absteigen, unterwegs mit einem Vorübergehenden sprechen und eine aus wirklichen Nahrungsmitteln bestehende Mahlzeit verzehren. Der Duft eines Schemenrosenstrauchs kann sich weit hinaus verbreiten, ein Schemenhaus Reisende aus Fleisch und Blut beherbergen.

Auf den ersten Blick mutet uns das ganz wie ein Märchen an, und man tut auch gut, von hundert derartigen Geschichten neunundneunzig ruhig in das Fabelreich zu verweisen. Immerhin begegnet man einigen sonderbaren Fällen, gewisse Vorkommnisse lassen sich nicht ableugnen. Will man dann die tibetischen Erklärungen dafür nicht annehmen, so muß man sich eben selbst eine andere suchen. Übrigens sind diese Erklärungen in ihrer halb wissenschaftlichen Fassung an und für sich höchst anziehend und regen ihrerseits wieder entschieden zum Studium an.

Reisende aus dem Abendlande, die bis an die Grenze Tibets gekommen sind und sich eine oberflächliche Ansicht von dem Aberglauben der Masse des Volkes gebildet haben, werden erstaunt sein, wie seltsam verstandesmäßig, ja sogar stark zweiflerisch angehaucht diese anscheinend leichtgläubigen Menschen im Grunde ihres Herzens sind.

Zwei in Tibet wohlbekannte Geschichten mögen zur Erläuterung dienen. Auf ihre Wahrheit kommt es hier nicht an. Bedeutsam werden sie nur durch ihre Auffassung vom Wunder und durch den Geist, der uns daraus entgegenweht.

Einst an einem stürmischen Tage befand sich ein Kaufmann mit seiner Karawane auf Reisen. Der Wirbelwind entführte ihm seinen Hut und trug ihn ins Gebüsch.

Die Tibeter glauben, daß es Unglück bringt, wenn man eine auf diese Weise unterwegs auf die Erde gefallene Kopfbedeckung wieder aufhebt. Abergläubisch, wie er war, ließ der Kaufmann sie also liegen.

Der Hut war aus weichem Filz mit Ohrenklappen aus Pelz. Er lag so flach und halb vom Buschwerk verborgen da, daß man seine Form kaum mehr erkennen konnte.

Ein paar Wochen später kam bei Anbruch der Nacht ein Mann vorbei und glaubte eine undeutliche, unter den Sträuchern kauernde Gestalt zu erkennen. Da er eben kein Held war, machte er schnell, daß er weiter kam. Am folgenden Morgen erzählte er im ersten Dorf, in dem er sich aufhielt, er hätte im Unterholz, nicht weit vom Wege, »etwas Sonderbares« gesehen.

Die Zeit ging hin, andere Reisende bemerkten am gleichen Fleck ebenfalls ein schwer zu beschreibendes seltsames Ding und erzählten im Dorfe davon.

Das wiederholte sich noch oft, und immer wieder wurde die allgemeine Aufmerksamkeit auf die unschuldige Kopfbedeckung gelenkt.

Sonne, Regen und Staub waren unterdessen am Werke; der Filz hatte sich verfärbt, und die aufrecht stehenden Ohrenklappen glichen entfernt den behaarten Ohren irgendeines Tieres. Sonderbar genug sah das zerlumpte Ding wirklich aus!

Reisende und Pilger, die in dem Dorfe haltmachten, wurden nun schon vor dem »Etwas«, nicht Mensch noch Tier, gewarnt, das am Waldesrande auf der Lauer lag und vor dem man sich hüten mußte. Manche wollten auch wissen, es sei ein Dämon, und es dauerte nicht lange, da ward dem bislang noch namenlosen Ding schon Teufelsrang verliehen.

Immer mehr Leute sahen den alten Hut, immer mehr wurde davon gesprochen, bis schließlich das ganze Land sich über den an der Waldecke versteckten »Dämon« unterhielt.

Jetzt sahen Reisende eines Tages wie der Hut sich bewegte, ein andres Mal schien er sich von dem Dornengestrüpp, das ihn umstrickte, loszureißen, und am Ende verfolgte er gar die Vorübergehenden, die in toller Flucht vor ihm ausrissen.

Kraft der vielen darauf gerichteten Gedanken war der Hut belebt worden.

Man erzählt sich diese angeblich wahre Geschichte als Beispiel für

Gedanken-formen erschaffen Wirklichkeit

die Macht der selbst unbewußt und fast ziellos ausgeübten Gedankenkonzentration.

Die zweite Erzählung klingt ganz so, als hätte sie sich ein boshafter Spaßvogel ausgedacht, um die Frommen zu verspotten. Aber weit gefehlt! In Tibet wird niemand darüber lachen oder daran Anstoß nehmen. Die Geschichte wird einfach als Ausdruck der jeder Gottesverehrung zugrunde liegenden Wahrheit aufgefaßt, daß der Gegenstand der Anbetung seinen Wert nur durch die ihm bezeugte Ehrerbietung hat und daß er seine Macht einzig und allein den frommen Gedanken und dem Glauben seiner Getreuen verdankt. Die alte Mutter eines Kaufmanns, der alljährlich Indien besuchte, bat ihren Sohn eines Tages, ihr eine Reliquie aus dem heiligen Lande mitzubringen, denn das ist Indien, als die Wiege des Buddhismus, für die Tibeter. Der Kaufmann versprach es ihr auch, vergaß es aber über seinen andern Geschäften.

Die alte Tibeterin war tief betrübt darüber, und als die Karawane ihres Sohnes sich das Jahr darauf wieder auf den Weg nach Indien machte, ließ sie sich das frühere Versprechen nochmals wiederholen.

Leider ging es aber auf der zweiten und sogar auch der dritten Reise ebenso damit, nur daß beim drittenmal der Sohn sich, noch bevor er nach Hause zurückgekehrt war, daran erinnerte. Es tat ihm nun aufrichtig leid, der frommen alten Frau weh tun zu müssen. Während er sich noch den Kopf zerbrach, was er nur tun könnte, fiel sein Blick auf den Wegrain, wo ein Stück von dem Kinnbackenknochen eines Hundes lag. Da kam ihm ein plötzlicher Einfall. Er löste aus dem ausgetrockneten Knochen einen Zahn heraus, reinigte ihn von dem anhaftenden Staub und wickelte ihn in ein Stück Seidenstoff. Zu Hause angelangt, überreichte er den Zahn dann seiner Mutter als höchst kostbare Reliquie, aus dem Munde des großen Sariputra[84] stammend.

Hochbeglückt und andachtsvoll verwahrte die gute Alte den Zahn in einem auf einem Altar stehenden Schrein und hielt täglich einen regelrechten Gottesdienst mit Weihrauch und angezündeten Lämpchen davor ab. Noch andere Fromme fanden sich dazu, und es dauerte nicht lange, da war der Hundezahn wirklich zur heiligen Reliquie geworden und sandte leuchtende Strahlen von sich aus, was zu dem tibetischen Sprichwort Anlaß gab:

Mö gus yö na
Khyi so ö tung,

das heißt: Mit Verehrung kann man selbst einen Hundezahn zum Leuchten bringen.

Wie aus dem Vorangegangenen erhellt, bleiben sich die Lehren der Lamaisten eigentlich in bezug auf alle Vorgänge gleich. Alle beruhen auf der Vormacht des Geistes, und das kann ja auch bei einem Volke nicht wundernehmen, das in seiner großen Mehrzahl das Weltall, so wie wir es sehen, nur für eine Schöpfung der menschlichen Einbildung hält.

Die Fähigkeit, sich nach Belieben unsichtbar zu machen, die in den Märchen und Zaubergeschichten aller Völker solch große Rolle spielt, wird von den Anhängern der tibetischen Geheimwissenschaften der Ausschaltung aller geistigen Tätigkeit zugeschrieben.

An Aufzählung greifbarer Mittel, die zur Unsichtbarkeit verhelfen sollen, fehlt es in den Legenden gewiß nicht. Da gibt es unter andern das berühmte Fabelholz »dip tsching«, das ein Rabe von ganz besonderer Art in seinem Nest verbirgt. Schon der kleinste Splitter davon genügt, um Mensch, Tier oder Ding, die ihn bei sich tragen oder in der Nähe haben, völlige Unsichtbarkeit zu verbürgen. Freilich, ist man einer der großen Naldjorpas oder Dubtschens, so braucht man dazu überhaupt keinen Zaubergegenstand mehr.

Wenn ich es richtig verstanden habe, fassen die in die geistige Schulung Eingeweihten diesen Vorgang anders auf als die Laien. Demnach würde es sich gar nicht um ein gewöhnliches Verschwinden handeln, obgleich die Ungebildeten sich das Wunder wohl unter dieser Form vorstellen. Worauf es wirklich ankommt, ist dagegen, daß man bei den Lebewesen, denen man sich nähert, keinerlei Empfindung erregt und auf diese Weise ganz unbemerkt bleibt. Hat man es noch nicht völlig dahin gebracht, kann man immerhin so unbeachtet bleiben, daß man bei der Umgebung keine Gedanken auslöst und folglich auch keine Spuren im Gedächtnis der andern hinterläßt.

Man hat mir das etwa folgendermaßen erklärt: Wenn man sich mit großem Geräusch und vielen Bewegungen nähert und Menschen und Dinge dabei berührt, löst man bei vielen Personen eine Menge von Empfindungen aus. Die Aufmerksamkeit wird rege und richtet sich auf den Urheber der Gefühle. Geht man dagegen ganz leise, so weckt man nur wenige und keine lebhaften Empfindungen, die fast unbeachtet bleiben, und die Folge davon ist, daß man selbst auch wenig bemerkt wird.

Wie unbeweglich und still man sich aber auch verhalten mag, immerhin erzeugt die Arbeit des Geistes doch eine Kraft, die ihren Erzeuger umwittert und die, wenn man mit ihr in Berührung kommt, auf verschiedene Weise empfunden wird. Gelingt es nun, jede geistige Regung zu unterdrücken, so weckt man auch keine Empfindungen um sich herum und wird folglich nicht gesehen.

Diese Behauptung schien mir so gewagt, daß ich einwarf, der greifbare Körper müsse doch notgedrungen gesehen werden. Die Antwort lautete: Wir sehen in jedem Augenblick vielerlei Gegenstände, bemerken aber von all denen, die vor uns sind, doch nur eine sehr beschränkte Anzahl. Die andern machen uns gar keinen Eindruck, das Sehen hat kein »Erkenntnis-Bewußtsein« zur Folge und hinterläßt auch keine Erinnerung. Diese Gegenstände sind also unsichtbar für uns geblieben.

Wie anziehend die andern sonderbaren Fähigkeiten sein mögen, die man den tibetischen Meistern der Geheimwissenschaften nachrühmt, am verblüffendsten wirkt doch immer die Verkörperlichung von Gedankenformen.

Wir lasen im letzten Kapitel schon, wie der Lehrling lernen muß, sich die Form seines Schutzgottes zu bauen, aber dabei handelt es sich noch um eine Art philosophischer Aufklärung. Das Ziel ist häufig ein ganz anderes.

Der Deutlichkeit wegen werfen wir am besten zuerst einen Blick auf einen andersartigen Vorgang, der oft nicht nur in Tibet, sondern auch in sonstigen Ländern des Ostens und selbst des Westens besprochen wird. Man will darin manchmal eine gewisse Ähnlichkeit mit dem Verkörpern von Gedankenformen finden; die beiden Vorgänge sind aber doch stark voneinander verschieden.

Fast überall in der Welt gibt es Leute, die an einen verfeinerten Körper glauben, der sich, während sein grober, greifbarer Gefährte schläft oder totengleich in Trance liegt, an verschiedenen Orten[85] aufhalten, allerlei Taten verrichten und sich dabei zuweilen mit einem andern als seinem gewöhnlichen, groben Körper verbinden kann.

Im dunklen Mittelalter sprach man viel von den Hexen und ihren Sabbatfeiern, und jedesmal stellte es sich bei näherer Untersuchung dann heraus, daß sie während der ganzen Zeit bewußtlos in Trance lagen, dabei aber doch, wenn das Bewußtsein zurückgekehrt war, die Wunder der höllischen Orgie genau beschrieben, bei der sie zu Gaste gewesen sein wollten. Wie viele hysterische Frauen sind in jenen Zeiten nicht deshalb verbrannt worden!

In Indien berichten unzählige Geschichten von den seltsamen Abenteuern der Menschen, Halbgötter und Dämonen, die in tote Körper hineinschlüpfen, für den Verstorbenen handeln, dann aber wieder in ihre eigene irdische Hülle zurückkehren, die mittlerweile bewußtlos dagelegen hatte.

Am berühmtesten ist die Geschichte von Sankaratscharya, dem großen Vedanta-Philosophen, dem es die indischen Brahmanen verdanken, wenn sie ihre durch die buddhistische Verstandesreligion stark erschütterte Vorzugsstellung wieder errungen haben. Aus den halb sagenhaften Lebensbeschreibungen erkennen wir immerhin noch einen höchst merkwürdigen Menschen, dessen sonst klarer Verstand leider nur durch eine Art politischen Kastenvorurteils getrübt war. Er wurde dadurch zu einem Vorkämpfer für unheilvolle soziale Lehren, die dem erhabenen Pantheismus, zu dem er sich im übrigen bekannte, völlig widersprachen.

Sankaratscharya, so erzählt man, hatte seinen Gegner, den Philosophen Mandana, der für das ritualistische Glaubensbekenntnis des Karma mimamsa[86] eintrat, herausgefordert. Der Besiegte im Kampf sollte dann der Jünger seines Widersachers werden und auch dessen Lebensweise annehmen.

Da nun Mandana ein Familienvater war, Sankaratscharya aber ein Sannyasin[87], hätte, wenn Mandana siegte, Sankaratscharya sein Mönchsgewand ablegen und heiraten müssen. Im umgekehrten Fall wäre Mandana gezwungen gewesen, auf sein Weib und sein Heim zu verzichten und das gelbe Gewand, das Kennzeichen der strengsten Entsagung, anzulegen.

Nun geschah es, daß Mandana im Wortstreit den kürzeren zog, und schon beanspruchte Sankara ihn als seinen Jünger, als Bharata, Mandanas gelehrte Gattin, eingriff. »In der heiligen Schrift«, so sagte sie, »steht geschrieben, daß Mann und Frau eins sind. Also hast du in meinem Mann auch nur die Hälfte unseres Wesens geschlagen. Willst du als Sieger anerkannt werden, mußt du erst auch mich schlagen.« Sankara wußte nichts darauf zu erwidern; der Einwand war gut begründet. Er begann das philosophische Turnier von neuem, und nun rettete sich die Frau, die wohl wußte, daß sie es an Kenntnissen und Schlagfertigkeit nicht mit ihrem Gegner aufnehmen konnte, durch eine gut erdachte Kriegslist.

Die indischen heiligen Schriften rechnen die Kunst der sinnlichen Liebe mit unter die Wissenschaften, und Bharata stellte nun an Sankara einige darauf bezügliche Fragen, die den heiligen Mann ganz aus der Fassung brachten.

Er entschuldigte seine Unwissenheit mit den seit seiner frühesten Jugend angestellten philosophischen Betrachtungen. Ihm, dem Sannyasin, seien in seiner strengen Ehelosigkeit die Frauen und alles, was mit ihnen zusammenhing, gänzlich fremd geblieben. Er traue sich jedoch völlig zu, die ihm fehlenden Kenntnisse nachzuholen, und bitte seine reizende Gegnerin um einen Monat Frist, um sich zu belehren. Dann sei er bereit, den Wortstreit wieder aufzunehmen.

Bharata muß nun wohl ihren Gegner unterschätzt haben, oder sie traute ihm bei der Kürze der Frist nicht zu, auch in dieser Wissenschaft Meister zu werden. Sie willigte ein, und Sankara begab sich auf die Suche nach Lehrern.

Gerade damals war ein Radscha namens Amaraku gestorben. Sankara, der seine Studien unmöglich in der Gestalt eines schon berühmt gewordenen und als enthaltsam bekannten Philosophen betreiben konnte, nutzte diese Gelegenheit für sich aus. Er befahl seinen Jüngern, seinen Körper an einem entlegenen Ort sorgsam zu bewachen, verließ ihn darauf mit seinem »verfeinerten Selbst« und fuhr in den des Fürsten hinein, der eben auf dem Scheiterhaufen verbrannt werden sollte. Der wieder auferstandene Amaraku aber ward zur großen Freude seiner verschiedenen Ehefrauen und zahlreichen Geliebten nach seinem Palast zurückgebracht.

Sankara erwies sich als eifriger Schüler und bereitete seinen von dem ältlichen Radscha etwas vernachlässigt gewesenen Gattinnen eine freudige Überraschung. Auch seine Minister und Räte bemerkten, daß ihr Gebieter sich seit seiner Auferstehung auffallend verändert hatte und daß der kluge Herrscher von jetzt von dem ihnen altbekannten recht törichten Radscha sehr verschieden war.

So argwöhnten die Frauen des Hofes und die Mitglieder des Staatsrates allmählich, daß der Geist irgendeines mächtigen »Siddha[88]« den Körper des verstorbenen Amaraku benutzte. Da sie befürchteten, er könne ihn eines Tages wieder mit seiner eigenen körperlichen Hülle vertauschen, ließen sie überall nach einer an einem entlegenen Ort verborgenen Leiche suchen und befahlen, sie nach der Auffindung gleich zu verbrennen.

Unterdessen war Sankara so in sein Studium vertieft, daß er seine Persönlichkeit darüber vergessen hatte und gar nicht mehr daran dachte, wieder den Körper des asketischen Philosophen zu beziehen, der in irgendeinem Winkel, von ein paar Schülern bewacht, dalag.

Die Jünger jedoch wurden unruhig, als ihr Guru sich zur verabredeten Zeit nicht wieder einstellte, und als sie erst von den Nachforschungen hörten, gerieten sie ganz außer sich. Sie liefen stracks nach der Residenz des Radschas, erlangten auch Zutritt bei ihm und stimmten einen von Sankara selbst in Musik gesetzten philosophischen Gesang an, der blitzartig sein Erinnern weckte. Eilends verließ sein Geist den Körper des Radschas und fuhr zurück in den eigenen, der mittlerweile entdeckt war und eben auf dem Scheiterhaufen verbrannt werden sollte.

Nun konnte er Bharata wohlbeschlagen entgegentreten, überraschte sie sogar durch sein hervorragendes Wissen, und sie mußte sich für besiegt erklären.

Die Geschichte ist Boccaccios würdig. Sie wird jedoch seit Jahrhunderten von Sankaras Anhängern wiederholt, ohne daß sie daran irgendwie Anstoß genommen hätten. Erst seit kurzem scheinen sie sich klarzumachen, daß sie dem Andenken ihres Meisters nicht gerade zur Ehre gereicht, und so wird sie jetzt zuweilen als eine Erfindung irregeleiteter, einfältiger Eiferer hingestellt.

Uns gibt die Erzählung wertvolle Aufklärungen, weil sie beweist, daß der Glaube, ein verfeinertes Selbst könne von einem Körper zum andern übergehen oder gar körperlos umherirren, auch in Indien verbreitet war. In Tibet ist dieser Glaube nicht ungewöhnlich; man nennt dort den Übergang des Selbst von einem Körper zum andern »trong jug[89]«. Es ist denkbar, daß die darauf bezüglichen Lehren aus Indien eingeführt worden sind. In seiner selbstverfaßten Lebensbeschreibung erzählt Milaraspa, seinem Guru Marpa sei einstmals eingefallen, daß sein eigener Lehrer Narota ihm das Geheimnis, wie man trong jug bewerkstellige, nicht mitgeteilt habe und daß er trotz seines hohen Alters dann sofort nach Indien gereist sei, um es dort noch zu erlernen.

Man darf nicht vergessen, daß die Menschen, die an den Übergang eines Geistes oder eines Selbst glauben, angeben, der Körper, von dem dieser Geist sich zurückzieht, bleibe dann auch dauernd leblos. Darin besteht der wesentliche Unterschied zwischen diesem Vorgang und den von einem Tulpa bewußt oder unbewußt erschaffenen Erscheinungen, mögen sie nun ihrem Urheber gleichen oder nicht.

Während daher die aus Indien oder Tibet berichteten »Übergangs«-Geschichten wohl zu den Fabeln gezählt werden müssen, erscheint die Hervorbringung von Tulpas der Untersuchung wert zu sein.

Ich warne aber nochmals sowohl vor allzu großer Leichtgläubigkeit wie vor völligem vorsätzlichem Unglauben.

Wollte man den vielen hierzu erzählten Geschichten oder all den Berichten der Leute Glauben schenken, die Zeuge solcher Verkörperungen gewesen sein wollen, so kämen sie in Tibet häufig vor; aber wie immer in solchen Fällen, tut man gut, recht viel davon für Übertreibung und leeres Geschwätz zu halten.

Auch darf man die Massen- und Autosuggestion nicht außer acht lassen. So selten diese Vorkommnisse schließlich aber auch sein mögen, ganz leugnen lassen sie sich, wie gesagt, schwerlich. Die von den Tibetern beschriebenen und auch die von mir beobachteten Verkörperungen haben, wie es scheint, nichts mit denen gemein, die in den spiritistischen Sitzungen erzielt sein sollen. In Tibet werden Augenzeugen durchaus nicht besonders eingeladen, sie sind also auch nicht von vornherein geistig auf das Sehen von Erscheinungen vorbereitet oder geneigt, sie festzustellen. Es fehlen sowohl der Tisch, auf den die Versammelten ihre Hände legen, wie das Medium im Trancezustand und das schwarze Gemach.

Der Raum braucht nicht einmal verdunkelt zu werden; weder Sonne noch frische Luft vermögen die Erscheinungen zu stören.

Die Vorgänge werden, wie gesagt, teilweise absichtlich hervorgerufen, und zwar augenblicklich, wenn der Urheber über die genügende geistige Kraft verfügt. Häufig spielt sich aber auch der Vorgang so langsam ab, wie im vorigen Kapitel anläßlich der Verkörperung des Yidams beschrieben wurde.

In andern Fällen bringt der Urheber den Vorgang unfreiwillig hervor und ist sich der von andern beobachteten Erscheinung selbst gar nicht bewußt.

Zuweilen nimmt die Erscheinung die Gestalt ihres Urhebers an, und dann werden die Menschen, die an das Dasein eines luftigen »Doppelgängers« glauben, diesen darin zu erkennen glauben. Manchmal tauchen aber auch gleichzeitig viele dem Urheber ganz ähnliche Gestalten auf, und dann kann man sie nur schwer alle dem Dasein eines einzigen Doppelgängers zuschreiben. Zuweilen hat aber auch die einmal oder mehrfach geschaffene Form nicht die mindeste Ähnlichkeit mit ihrem Urheber.

Ich möchte hier einige Vorkommnisse beschreiben, die ich im Beisein anderer Personen selbst erlebt habe:

1. Ein in meinem Dienst stehender junger Mann wollte seine Eltern besuchen. Ich hatte ihm drei Wochen Urlaub bewilligt, nach deren Ablauf er Lebensmittel für mich einkaufen und Lastträger für das Überschreiten der Pässe anwerben sollte.

Der junge Mensch ließ es sich bei den Seinigen aber so wohl sein, daß er länger fortblieb. Nach fast zwei Monaten war er noch nicht zurückgekehrt, und ich gab ihn eigentlich schon auf. Eines Nachts träumte ich von ihm. Ich sah ihn dabei anders als gewöhnlich gekleidet und bemerkte auf seinem Kopf einen europäisch geformten Hut, der mir an ihm ganz fremd war.

Am folgenden Morgen kam einer meiner Diener mit der Nachricht angelaufen, Uangdu käme zurück, er habe ihn eben gesehen. Ich wunderte mich über das sonderbare Zusammentreffen und ging vor das Zelt, um den Reisenden ankommen zu sehen.

Von meinem Lagerplatze aus beherrschte ich das Tal. Ganz deutlich sah ich Uangdu, und zwar genau so gekleidet, wie ich ihn im Traume gesehen hätte. Er war allein und stieg gerade den sich am Berghang emporschlängelnden Pfad hinan.

Ich machte eine Bemerkung darüber, daß er ohne Gepäck war, worauf der neben mir stehende Diener antwortete: »Uangdu wird den Trägern wohl vorangegangen sein.« Außerdem sahen noch zwei andere Männer ebenfalls Uangdu den Berg heraufsteigen.

Mein Diener und ich hatten ihn beim Näherkommen immer im Auge behalten, als er bei einem kleinen Tschorten anlangte, dessen Unterbau aus einem seitlich etwa 80 Zentimeter messenden gemauerten Kegel bestand. Das ganze kleine Bauwerk maß einschließlich seines oberen Teils bis zu seiner höchsten Spitze nicht mehr als zwei Meter. Es war teils aus Stein, teils aus gestampftem Lehm erbaut und enthielt nicht die kleinste Höhlung. Der junge Mensch verschwand hinter dem Tschorten und kam nicht wieder zum Vorschein.

Rundherum gab es weder Bäume noch Häuser oder Erdfalten; das Tschorten lag völlig frei. Zuerst vermuteten der Diener und ich, Uangdu hätte sich im Schatten des kleinen Denkmals niedergelassen. Als aber die Zeit verging, ohne daß er zum Vorschein kam, suchte ich mit Hilfe meines Fernglases die ganze Umgebung ab, konnte aber keine Menschenseele entdecken.

Auf meinen Befehl machten sich nun zwei meiner Leute auf die Suche nach Uangdu. Ich verfolgte ihren Marsch mit meinem Fernglas, aber auch sie vermochten ihn nicht aufzufinden.

Am selben Tage tauchte Uangdu gegen 5 Uhr abends an der Spitze seiner kleinen Karawane im Tale auf. Er trug genau das Gewand und den Hut, die ich zuerst im Traum und später während seiner Erscheinung an ihm gesehen hatte.

Ohne diese überhaupt zu erwähnen und ohne den Trägern Zeit zur Aussprache mit meinen Dienern zu geben, befragte ich nun Uangdu und seine Leute. Was ich ermittelte, war, daß sie alle viel zu weit entfernt von uns übernachtet hatten, als daß einer von ihnen morgens schon hätte hier sein können, und überdies hatte Uangdu sich auf dem ganzen Wege nie von den übrigen getrennt.

Während der darauffolgenden Wochen konnte ich durch Nachfragen in den Dörfern, wo die Träger ihre letzten Nachtquartiere gehabt hatten, die Wahrheit der Angaben nachprüfen. Es stimmte durchaus; Uangdu hatte auf der ganzen letzten Tagereise seine Leute nicht verlassen.

2. Eines Nachmittags besuchte mich ein tibetischer Künstler, der mit Vorliebe Schreckensgottheiten nicht nur malte, sondern auch hoch verehrte.

Hinter ihm unterschied ich in etwas nebelhaften Umrissen die Gestalt eines der Fabelwesen, die seine Leinwand so oft bevölkerten.

In meinem Erstaunen mochte ich plötzlich zusammengeschreckt sein, denn der Maler kam, um mich nach dem Grund zu fragen, auf mich zu, wobei ich bemerkte, daß das Gespenst die Bewegung nicht mitmachte. Ich schob meinen Besucher rasch zur Seite und machte mit ausgestrecktem Arm ein paar Schritte auf die Erscheinung zu. Mir war, als berührte ich etwas nicht ganz Festes, das dem Druck nachgab. Die Gestalt aber war verschwunden.

Auf mein Befragen gestand mir der Künstler, er habe sich schon wochenlang bemüht, die von mir gesehene Erscheinung heraufzubeschwören, und er habe auch gerade heute lange an einer Darstellung derselben Gottheit gearbeitet.

Kurz, alle seine Gedanken waren auf diesen Gott gerichtet, den er sich dienstbar machen wollte. Der Tibeter selbst hatte ihn übrigens nicht gesehen.

3. Das dritte wunderliche Ereignis muß vermutlich unter die absichtlich hervorgerufenen Vorgänge eingereiht werden.

Ich lagerte damals in der Nähe des Punag Ritö in der Provinz Kham. Eines Nachmittags befand ich mich mit meinem Koch in einer Hütte, die mir als Küche diente. Der junge Mann bat mich um Vorräte, und ich sagte ihm: »Komm mit in mein Zelt, da kannst du dir aus den Kisten nehmen, was du brauchst.«

Wir gehen hinaus und sehen beim Näherkommen alle beide in meinem offenstehenden Zelt den Oberlama aus dem Ritö neben meinem Tisch auf einem Feldstuhl sitzen. Wir waren nicht weiter überrascht, denn der Lama pflegte mich oft zu besuchen. Der Koch sagte deshalb sofort: »Rin-po-tschhe ist da, ich will umkehren und gleich Tee für ihn machen. Die Vorräte kann ich dann ja später holen.«

Ich bin damit einverstanden, mein Diener entfernt sich, und ich gehe allein weiter. Als mich nur noch wenige Schritte vom Zelte trennen, habe ich den Eindruck, als ob ein davor ausgespannter, durchsichtiger Nebelschleier sich langsam zerteilte. Der Lama aber war verschwunden.

Kurze Zeit darauf kam der Koch mit dem Tee.

Er war überrascht, den Lama nicht vorzufinden, und um ihn nicht zu erschrecken, erklärte ich ihm: »Rin-po-tschhe kam nur auf einen Sprung herüber; er hat zu tun und konnte daher nicht länger bleiben.«

Ich verfehlte natürlich nicht, mit dem Lama von dieser Erscheinung zu sprechen, aber er begnügte sich, etwas spöttisch darüber zu lachen. Eine Aufklärung gab er mir nicht.

Die Hervorbringung eines Schemens in der Art des im vorigen Kapitel beschriebenen Yidams hat zweierlei Ziele. Das vornehmere läuft darauf hinaus, dem Schüler die Überzeugung beizubringen, daß es keine Götter außer den von ihm selbst durch seine Einbildungskraft erschaffenen gibt. Das gröbere Ziel hat den Schutz des Schülers selbst im Auge.

Und wie beschützt der Schemen seinen Urheber? Sehr häufig, indem er anstatt seiner auftritt. Jeden Morgen nimmt der Lama die Persönlichkeit seines Schutzgottes an – wenn er wollte, könnte er auch eine andere wählen –, und dann glaubt man, die bösen Geister seien so entsetzt darüber, daß er nun nicht mehr einem Menschen, sondern einem Schreckensgott gleicht, daß sie schnell die Flucht ergreifen.

Allein lange nicht alle, die Tag für Tag den Ritus vornehmen, der ihnen die Gestalt ihres Yidams verleihen soll, kommen wirklich so weit. Ob sie die Dämonen täuschen, lasse ich dahingestellt sein, die Menschen fallen jedenfalls nicht darauf herein. Allerdings hörte ich erzählen, einige Lamas seien plötzlich in der Gestalt lamaistischer Götter erschienen.

Die Magier hingegen wollen, wenn sie einen Tulpa (Schemen) ins Leben rufen, sich nur ein gefügiges Werkzeug schaffen. In dem Fall muß der Schemen nicht gerade ein Schutzgott sein. Jedes Wesen oder auch jeder leblose Gegenstand kann sich dafür eignen, wenn es ihnen in den Plan paßt[90].

Hat der Schemen einmal eine richtige Form angenommen, so neigt er, der tibetischen Geheimwissenschaft nach, zu dem Wunsch, die Vormundschaft des Magiers abzuschütteln, erweist sich als aufsässiger Sohn, und man erzählt sich von Kämpfen zwischen dem Zauberer und ihm, die für seinen Urheber manchmal ein schlimmes Ende nehmen.

Es soll auch vorkommen, daß der zu irgendeinem Zwecke ausgesandte Schemen nicht mehr zurückgekehrt ist und nun als halbdenkende und halbbewußte Marionette in der Welt herumirrt. Oder auch er widersetzt sich heftig seiner Auflösung; dann bemüht sich der Magier, sein Werk wieder zu zerstören, und der Schemen klammert sich an das ihm einmal eingeflößte Leben.

Sollten alle diese aufregenden Erzählungen über Verkörperungen wirklich nichts als reine Einbildung sein?

Möglich! Ich kann für nichts bürgen, sondern gebe nur die Berichte von Leuten weiter, die ich sonst vertrauenswürdig gefunden habe, gestehe aber zu, daß sie sich selbst getäuscht haben können.

Freilich kann ich die Möglichkeit, einen Schemen zu schaffen und dann zu beleben, selbst kaum bezweifeln.

Ich bin von Natur ungläubig veranlagt und wollte selbst einen Versuch damit machen. Um mich nicht durch die auffallenden Gestalten der lamaistischen Götter beeinflussen zu lassen, deren Gemälde und Bildsäulen ich für gewöhnlich unter Augen hatte, wählte ich eine wenig hervorstechende Persönlichkeit, einen dicken untersetzten Lama, der so recht harmlos und lustig aussah. Nach ein paar Monaten war der brave alte Knabe fertig. Er »festigte« sich nach und nach und ward mir eine Art Tischgenosse, wartete mit seinem Erscheinen auch gar nicht mehr ab, bis ich an ihn dachte, sondern kam auch, wenn ich

Harvey

mit meinen Gedanken ganz woanders war. Meist bekam ich ihn nur zu sehen, aber zuweilen war es mir auch, als streife mich der Stoff eines Gewandes und als ob ich den Druck einer Hand auf meiner Schulter fühlte. Ich führte dabei damals durchaus kein Stubenhockerdasein, ritt vielmehr täglich aus, lebte unter dem Zelt und fühlte mich gottlob wie immer gesund wie ein Fisch im Wasser.

Eigentlich hätte ich den Vorgang sich ruhig entwickeln lassen sollen, aber die ungewohnte Gegenwart fiel mir auf die Nerven und ward schließlich geradezu zum Alpdruck. Ich entschloß mich daher, das Trugbild aufzulösen, weil ich seiner nicht mehr ganz Herr war, was mir auch, obgleich erst nach sechs Monaten, gelang. Mein Lama hatte ein zähes Leben.

Daß ich freiwillig meine Sinne täuschen konnte, ist nicht weiter erstaunlich. Diese Fälle von »Verkörperung« sind nur deshalb so eigenartig, weil auch dritte Personen solche durch den Gedanken hervorgebrachte Formen sehen können. Manche behaupten, es handle sich wirklich um die Erschaffung einer körperlichen Gestalt, andere wieder sehen darin nur einen Fall von Suggestion. Dann würde der Gedanke, den der Urheber dieses Schemens hegt, unwillkürlich einen Dritten beeinflussen und ihn etwas sehen lassen, was der Urheber selbst sieht.

Obwohl die Tibeter sich redliche Mühe geben, alle Wunder mit dem Verstande aufzuklären, bleibt doch bei einigen ein Rest von Rätselhaftigkeit bestehen, gleichviel, ob sie nun glatt erfunden sein mögen oder ob die Ursachen woanders liegen. So sterben z. B. der allgemeinen Annahme nach die großen Meister der Mystik nicht immer in gleicher Weise wie die übrigen Sterblichen, sondern sie können zu jeder beliebigen Zeit ihren Körper spurlos auflösen.

So soll Restschung-pa verschwunden sein, und von Dagmedma, der Gattin des Marpa, heißt es, sie habe sich im Verlauf einer eigenartigen Betrachtung in ihrem Manne verkörpert.

Allerdings kommen uns diese Sagen, deren Helden schon vor Jahrhunderten lebten, wie die reinen Fabeln vor. Folgende Tatsache aber, die verhältnismäßig neuen Datums ist, hat für uns besondere Bedeutung, weil das Wunder sich hierbei nicht in einer weltfernen Einsiedelei, sondern am hellen, lichten Tage vor Hunderten von Zeugen abgespielt hat.

Ich muß gleich vorausschicken, daß ich zu meinem größten Leidwesen selbst nicht dabei war, aber meinen Bericht Leuten verdanke, die Augenzeugen gewesen sein sollen. Nur der Umstand, daß ich den Helden der Geschichte gekannt habe, verbindet mich lose mit dem Wunder.

Er war, wie ich schon erzählt habe, einer der geistigen Führer des Taschi Lamas und wurde Kyongbu Rin-po-tschhe genannt. Als ich in Schi-ga-tse wohnte, war er schon alt und führte einige Kilometer von der Stadt entfernt, am Ufer des Yeru Tsangpo, wie die Tibeter den Brahmaputra nennen, ein Einsiedlerleben. Die Mutter des Taschi Lamas verehrte ihn sehr hoch, und während ich mich bei ihr aufhielt, wurden mir einige seltsame Dinge von ihm erzählt.

Es hieß nämlich, mit den Jahren nähme der Wuchs der Gelehrten und Heiligen stetig ab. In Tibet sieht man darin einen Beweis hoher geistiger Vervollkommnung, und von vielen Mystikern und Magiern will die Sage wissen, daß sie ursprünglich hochgewachsene Männer waren, dann immer kleiner und kleiner wurden, bis sie am Ende ganz verschwunden waren. Man wollte damals die neue, dem Maitreya errichtete Bildsäule einweihen, und der Taschi Lama äußerte den Wunsch, Kyongbu Rin-po-tschhe möge die Feierlichkeit vollziehen, was dieser aber mit den Worten ablehnte, daß er schon vor der Vollendung des für die Bildsäule bestimmten Tempels tot sein würde.

Der Taschi Lama bat darauf den Einsiedler, wie man mir sagte, seinen Tod doch bis nach Einweihung des Standbildes aufzuschieben. Uns im Abendland klingt das wie ein ungereimtes Verlangen, mit dem Glauben der Tibeter stimmt es aber zusammen, daß die großen Mystiker sich den Zeitpunkt ihres Todes selbst wählen können.

Der Klausner ging also auf den Wunsch ein und versprach, am Tage der Einweihung sein Amt auszuüben.

Als daher, etwa ein Jahr nach meiner Abreise von Schi-ga-tse, Tempel und Statue fertig waren, ward der Einweihungstag festgesetzt. Als es so weit war, schickte der Taschi Lama einen prachtvollen Tragsessel und eine Begleitmannschaft, um den Kyongbu Rin-po-tschhe nach Taschi-lhünpo zu befördern.

Die Leute dieser Ehrenwache sahen den Einsiedler den Tragsessel besteigen; die Sänfte ward geschlossen, und sie begaben sich damit auf den Weg. Unterdessen hatten viele Tausende sich in Taschi-lhünpo versammelt, um der Feier beizuwohnen, und waren nicht wenig erstaunt, als sie Kyongbu Rin-po-tschhe ganz allein und zu Fuß ankommen sahen. Schweigend durchschritt er den Tempel, ging auf die riesige Bildsäule zu, näherte sich ihr so weit, daß er sie berührte, und verschmolz endlich vollkommen mit ihr.

Etwas später langte die von der Ehrenwache begleitete Sänfte an. Man riß die Türe auf – die Sänfte war leer.

Als man mir in Lhasa von dem Wunder erzählte, konnte meine Einbildungskraft wirklich nicht mit. Da ich den Einsiedler persönlich gekannt hatte, nahm ich besondern Anteil daran, zumal ich auch den

Ort der Handlung gesehen hatte und von den vorhergehenden Umständen, der Bitte des Taschi Lamas und dem Versprechen des Einsiedlers, seinen Tod hinauszuschieben, unterrichtet gewesen war.

Ich brannte darauf, nach Schi-ga-tse zu reisen, um mich nach dem Ende des Lamas zu erkundigen und, wenn er wirklich tot sein sollte, sein Grab zu besuchen.

Allein Yongden und ich lebten in Lhasa unter einer Verkleidung verborgen, die wir aber in Schi-ga-tse, wo es von Bekannten wimmelte, sicher nicht hätten durchführen können. Ließen wir aber die Maske fallen, so beförderte man uns sofort an die Grenze, und nachdem ich mich in der Hauptstadt Tibets aufgehalten hatte, lag mir viel daran, auch noch die Gräber der alten Könige und andere Denkmäler der Provinz Yarlung zu besuchen. So mußte ich meine Nachforschungen notgedrungen aufgeben.

Bevor wir jedoch Tibet verließen, brachte Yongden es fertig, einige leidlich aufgeklärt scheinende Männer wegen des Wunders von Schi-ga-tse auszufragen.

Leider lag das Ereignis nun schon sieben Jahre zurück. In der Provinz Tsang hatte sich seitdem vielerlei verändert, und mehrere andere Wundergeschichten wurden über die Flucht des Taschi Lamas aus Tibet erzählt. Auch war die politische Stimmung dem Land und den Leuten von Tsang gerade nicht günstig. Wer an gesellschaftlicher Stellung nur irgendwie über den Durchschnitt hinausragte, hütete sich ängstlich vor jeder Äußerung, die den verbannten Großlama wieder in den Vordergrund bringen oder das Ansehen seines eben errichteten Standbildes erhöhen konnte. Es hatte ohnehin schon, der öffentlichen Meinung nach, die Eifersucht des Hofes von Lhasa erregt.

Ich begegnete folgenden Auffassungen: Kyongbu hatte einen ihm ganz gleich sehenden Schemen geschaffen, der die Sänfte bestiegen und sich so, wie berichtet wurde, im Tempel des Maitreya verhalten hatte. Dieser Schemen war auf Befehl des Magier-Lamas bei der Berührung mit dem Standbild zergangen, während der Einsiedler sich vermutlich nicht aus seiner Klause gerührt hatte. Oder auch es war dem Lama gelungen, der ganzen versammelten Masse aus der Entfernung eine Sinnestäuschung aufzuzwingen.

Einige deuteten an, Kyongbu Rin-po-tschhe sei, als das Wunder sich begab, schon tot gewesen, habe aber einen von ihm erschaffenen Tulpa zurückgelassen, der sich anstatt seiner nach Taschi-lhünpo begab.

Dabei fällt mir ein, daß mir eines Tages ein Schüler des Kyongbu sagte, man könne auch mit Hilfe gewisser Arten von Gedankenkonzentration geistige Vorkommnisse im Hinblick auf spätere Ereignisse vorbereiten. War die Konzentration erfolgreich gewesen, so rollt die ganze Reihe der gewollten Handlungen sich wie von selbst ab, und die Mitarbeit des Magiers konnte ganz wegfallen. Der Lama meinte sogar, der Magier sei oft ganz außerstande, sein Werk rückgängig zu machen und etwa zur einmal festgesetzten Stunde den Vorgang noch zu verhindern. Die von ihm erzeugte und auf ein bestimmtes Ziel gelenkte Kraft sei ihm dann völlig entglitten.

Über die geistigen Vorkommnisse in Tibet gäbe es noch viel zu sagen. Ein einzelner Forscher kann da stets nur Unvollkommenes ermitteln, zumal angesichts der schwierigen Umstände, die sich gerade dortzulande den Untersuchungen entgegenstellen.

Der Gedanke liegt mir sehr fern, einen Kursus in Magie abzuhalten oder gar ein Lehrgebäude bezüglich der geistigen Vorgänge zu errichten. Ich wollte hier nur einen Begriff davon geben, wie man in einem der wenigstbekannten Länder der Welt gewisse Tatsachen ansieht, die zum Bereich der Geisteswissenschaften gehören.

Es würde mich freuen, wenn dieses Buch bei Gelehrten, die besser als ich dazu befähigt sind, den Wunsch nach gründlicherem Studium der hier kurz geschilderten Vorgänge anregen würde.

Ich meine, die Studien der geistigen Vorkommnisse sollten in demselben Geiste betrieben werden wie jede andere wissenschaftliche Forschung. Die Entdeckungen, die man in diesem Bereich machen kann, haben nichts vom Wunder an sich und rechtfertigen auch in keiner Weise all den Aber- und Irrglauben, der sich in manchen Kreisen gebildet hat. Diese Untersuchungen bringen im Gegenteil die Art, wie die angeblichen Wunder sich abspielen, ans Licht, und ein erklärtes Wunder ist kein Wunder mehr.

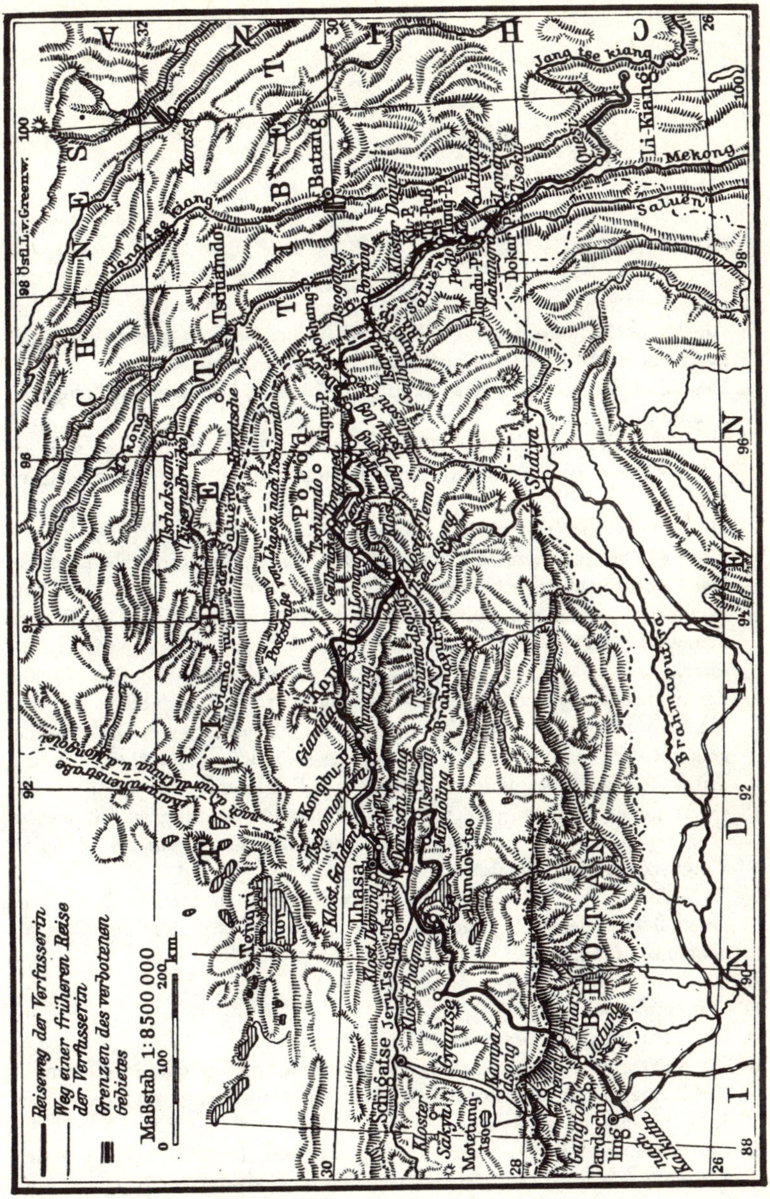

Die von der Verfasserin ursprünglich verwendete Schreibweise der Namen und Begriffe wird auch in dieser neuen Ausgabe von ›Heilige und Hexer‹ übernommen. Zum Teil hat Alexandra David-Néel selbst bestimmte Namen und Begriffe auf unterschiedliche Weise wiedergegeben, um einige Abweichungen in Sprach- und Schriftgebrauch zum Ausdruck zu bringen. Entsprechende Unterschiede in der Schreibweise von Namen und Begriffen werden im Register dieser Ausgabe (S. 258 ff.) zusätzlich mit aufgeführt.

Anmerkungen

1 Alexandra David-Néel, Arjopa. Die erste Pilgerreise einer weißen Frau nach der verbotenen Stadt des Dalai Lama. Leipzig, F. A. Brockhaus.

2 Das »Gyatcher rolpa«, übersetzt von Ed. Foucaux, Professor am Collège de France.

3 Wörtlich: »Jemand, der zur völligen, heiteren Ruhe gelangt ist«, aber im gewöhnlichen Sprachgebrauch ein mystischer Asket, im Besitz magischer Kräfte.

4 Ein Eingeborener von Bhutan.

5 Einer der höherstehenden Lamas, die von den Ausländern »lebende Buddhas« genannt werden. Siehe S. 96 ff.

6 Weibliche Gottheiten, von denen es mehrere Arten gibt. Die Tibeter nennen sie »die Mütter«. Sie lehren ihre Gläubigen die mystischen Lehrsätze.

7 Ein tibetischer Apostel aus dem 8. Jahrhundert. Padmasambhava war ein Magier und gehörte einer »entarteten« Sekte, tantristischer Buddhismus genannt, an; daß er aber unmäßig gewesen wäre, wie man, um die Trunksucht zu entschuldigen, behaupten will, ist ganz unbewiesen.

8 »Herr«, aber mit einer größeren Beimischung von Achtung, so daß es etwa dem englischen »Sir« entspricht, und eine höher als »Mister« stehende Rangbezeichnung andeutet.

9 Die »Tisas« sind Halbgötter, die sich von Gerüchen nähren. Einige von ihnen lieben die Wohlgerüche, andere ziehen das vor, was wir Gestank nennen würden.

10 Ein Dubtob ist ein Weiser und Magier.

11 Kontemplativer Einsiedler.

12 Die Kuru- und Sepopässe in 5000 m Meereshöhe.

13 Die Aidatrompete ist eine lange, scharfklingende fanfarenähnliche Trompete mit einem Ganztonventil in H und As. Der Name hängt mit Verdis Oper Aida zusammen.

14 Der dritthöchste Berg der Erde mit 8598 m Höhe. Der zweithöchste ist der K 2 im Karakorum, auch Dapsang oder Mount Godwin Austen genannt mit 8611 m, der höchste der Mount Everest (Tschomolungma) mit 8848 m.

15 In Kegel- oder Pyramidenform gebackene Kuchen, deren man sich bei mystischen oder magischen Vorgängen bedient.

16 Die Verse sind einem Gedicht entnommen, dessen Verfasser, der Asket

Milaraspa (11. Jahrhundert), sich in eine Höhle zurückgezogen hatte. Sie sind in Tibet sehr bekannt und bedeuten: Wenn ich dazu fähig bin, in dieser Einsiedelei bis zu meinem Tode zu bleiben, ohne jemals den Wunsch nach Rückkehr in die Welt zu hegen, dann glaube ich mein mir vorschwebendes geistiges Ziel erreicht zu haben.

17 Den Weg nach Süden einschlagen hieß soviel, wie sich Gangtok oder Kalimpong nähern, wo es ein paar Touristenstraßen gibt und wo einige Ausländer wohnen.

18 Von den Fremden sehr unzutreffend »lebende Buddhas« genannt. Siehe S. 96 ff.

19 Mehl aus gerösteter Gerste, die Hauptnahrung der Tibeter, steht für sie an der Stelle des bei uns üblichen Brotes.

20 Außer in Tibet ist der Lamaismus noch über die ganze Mongolei und einen Teil von Sibirien und der Mandschurei verbreitet. Selbst im europäischen Rußland hat er einige Anhänger.

21 Diener der Tugend, oder Diener aus Tugend.

22 Auf sanskrit Sambara genannt.

23 Besser unter dem Namen Jampeion bekannt; auf sanskrit heißt er Manjuschri.

24 Ich beziehe mich auf die ursprüngliche Ausgabe ihrer Reisebeschreibung.

25 Bhagawadgita.

26 Die tibetischen Schriftsteller erwähnen diese Kraft häufig unter dem Namen Tschugs oder Tsal.

27 Nicht zu verwechseln mit Aghia Tsang, dem früher erwähnten Groß-Tulku und Abt von Kum-bum.

28 Das Wort wird auf tibetisch »gtchod« buchstabiert.

29 Ein Getsche ist ein Doktor der Philosophie, Dirdschi eine Stadt in der Provinz Kham, im östlichen Tibet.

30 Dies »sich denken« (tibetisch migspa) bedeutet für den Tibeter, daß er so lange seine Gedanken fest auf einen Punkt richtet, bis er die Verkörperung des von ihm gedachten Bildes bewirkt hat. Er befindet sich dann in einer Verzückung, in der die in der Einbildung bestehenden Tatsachen und Orte die des normalen Bewußtseins völlig verdecken und verdrängen.

31 Ein in Tibet gebräuchlicher Ausdruck, falls es sich nicht um Austausch von Waren, sondern um ihre Bezahlung in Silbermünzen oder Barren handelt.

32 Thang: ein weites, mehr oder weniger ebenes Gelände.

33 Banag Gompa heißt in der Mundart der Dokpas im nördlichen Tibet ein Kloster, das anstatt aus Steinhäusern nur aus Zelten besteht.

34 Ehrwürdige Dame. Höfliche Anrede einer Frau gegenüber, die einen hohen Ordensrang in der lamaistischen Religion einnimmt.

35 »Kostbarer«, Ausdruck großer Ehrerbietung.

36 Der mystische Pfad.

37 Yangdag pai ltaba, wörtlich »richtiges Sehen«.

38 Die höchste Erlösung, die geistige Erleuchtung.

39 Respas, Menschen, die gelernt haben, das innere Feuer, Tumo genannt, zu entwickeln. Siehe S. 182 ff.

40 Der Sage nach haben aus Indien kommende buddhistische Mönche schon im Jahre 11 unserer Zeitrechnung ein Kloster in Tibet gegründet. Beweise dafür gibt es aber nicht.

41 Die Tibeter zählen auch noch Scheitel- und Fußpunkt mit.

42 »Könnte ich doch in den Buddhastand eingehen, der allen Leidens und Fürchtens bar ist!«

43 Töga = zur lamaistischen Klostertracht gehöriges ärmelloses Leibchen.

44 To-uo, der Erzürnte, Name für eine ganze Reihe furchterregender Gottheiten.

45 Sein richtiger Name ist Narota, woraus die Tibeter Naropa gemacht haben.

46 Wenn ein Brahmane ein gegorenes Getränk trinkt, so ist das für ihn eine Beschmutzung.

47 Man darf diese Lehre und ihre Betätigung nicht mit der des echten, strenggläubigen Buddhismus verwechseln, von der sie im Gegenteil stark abweicht.

48 Mtschog gi ngos grub.

49 Das neue Jahr beginnt in Tibet mit Anfang Februar.

50 Lamaistische Gottheit, stets in Gestalt eines nackten Klausners dargestellt.

51 »Beschützer der Religion«, Götter oder Dämonen, die, wie die Lamaisten glauben, sich eidlich verpflichtet haben, die buddhistische Lehre gegen ihre Feinde zu verteidigen.

52 Auf Stoff gemalte Bilder, die wie die japanischen Kakemonos aufgerollt werden können.

53 Rin-po-tschhe: »der Kostbare«. Ein Ehrenname, mit dem man einen hochstehenden Lama sowohl anredet wie von ihm spricht.

54 Ein Lama wird ausschließlich von Mönchen bedient. In den Klöstern dürfen Laien nicht dauernd wohnen.

55 Nya-nien les des song, Worte der Ehrfurcht, mit denen man ausdrückt, daß ein heiliger Lama gestorben ist, und die darauf hinauslaufen, daß er in das Nirwana eingegangen ist.

56 Ich hatte übrigens das volle Recht, dies Gewand zu tragen; es als Verkleidung anzulegen, würde ich mir nicht erlaubt haben.

57 Ein ritueller Dolch.

58 Geschrieben: Buston.

59 In den unbewaldeten Landstrecken Tibets ist Viehdünger der gewöhnliche Brennstoff der Einwohner. In den von Hirten besuchten Gegenden sammeln die Reisenden den von den Herden zurückgebliebenen Dünger auf und unterhalten ihr Feuer damit.

60 Tsa, rtsa geschrieben, bedeutet Vene, Arterie und Nerv.

61 »Die in Baumwolle Gekleideten.« So wird man genannt, wenn man die Kunst des »Tumo« erlernt hat.

62 Auszug aus dem »tschos drug bsdus pahi zinbris.« Die dem Narota zugeschriebene Abhandlung der »sechs Lehrsätze«.

63 Tibetischer Name für die Kailasberge in Westtibet.

64 Nahe der indischen Stadt Gaya ist der Ort, an dem Buddha die Erleuchtung

zuteil ward; er bildet daher ein Ziel für buddhistische Pilger aus allen Ländern.

65 Heiliger See nahe bei den Kailasbergen.

66 Man bezeichnet mit demselben Worte rlung (sprich lung) sowohl die Luft wie den Wind, manchmal auch den Atemhauch. So kann man rlung gi teng la ebensogut mit »auf der Luft« oder »durch die Luft getragen« übersetzen.

67 Eigentlich »Ausländer«. Allein die Tibeter verstehen darunter besonders die Engländer, die einzigen Fremden weißer Rasse, die sie außer den Russen kennen, die bei ihnen nicht Philings, sondern Urossos heißen.

68 Die Tibeter reiten auf gepolsterten Holzsätteln. Ein eigenartig geformter Teppich wird auf den Sattel gelegt.

69 Wir reisten damals in Verkleidung.

70 Ein häufig gebrauchter Ausruf, der freundliches Mitleiden ausdrückt. Zu übersetzen etwa mit: »Wie schade! Wie traurig! Die armen Leute!«

71 Tscham-khang, für einen Einsiedler besonders erbautes Häuschen.

72 In Tibet schreibt man abwechselnd ltawa, sgompa, spyodpa.

73 Mtshams geschrieben.

74 Die spätere Form des Hinduismus.

75 Tibetisch: dhyilkhor geschrieben.

76 Besser unter dem Namen Zen-Sekte bekannt. So heißt sie in Japan, wo sie unter den Gebildeten viele Anhänger hat. Der Name bedeutet: »Sekte der Betrachtung.«

77 Ein Weiser, der über außergewöhnliche Kräfte verfügt.

78 Tibetisch: »rigs«. So ist z. B. die Milch in der Butter und dem Käse, das Samenkorn in dem aus ihm hervorgewachsenen Baum gegenwärtig. Die Tibeter bedienen sich gern gerade dieser Beispiele.

79 Gyu.

80 Rhyen, sprich kyene.

81 Tschugs oder rtsal.

82 Auch hier gebrauche ich Ausdrücke, die nicht tibetisch sind, die aber, so gut es angeht, die Gedanken meiner Gewährsleute in der Fremdsprache wiedergeben.

83 Siehe den Abschnitt »Die lebenden Buddhas«, S. 96 ff.

84 Einer der bedeutendsten Schüler des Buddha.

85 Siehe hierzu das, was im Kapitel 1 über die Delogs gesagt wurde.

86 Die Lehre verkündet, daß das Heil nur durch Opfergaben, den Göttern dargebracht durch Anbetung, Sakramente und andere Riten, errungen werden kann. Sankara hielt dagegen das Heil für die Frucht der Erkenntnis.

87 Jemand, der völlig der Welt entsagt hat.

88 Ein Mensch, der mit außergewöhnlichen Kräften begabt ist.

89 Grong hjug geschrieben.

90 Vergleiche das über die Tulkus in Kapitel 3 Gesagte.

Register

Die von der Verfasserin ursprünglich verwendete Schreibweise der Namen und Begriffe wird auch in dieser neuen Ausgabe von ›Heilige und Hexer‹ übernommen. Zum Teil hat Alexandra David-Néel selbst bestimmte Namen und Begriffe auf unterschiedliche Weise wiedergegeben, um einige Abweichungen in Sprach- und Schriftgebrauch zum Ausdruck zu bringen. Entsprechende Unterschiede in der Schreibweise von Namen und Begriffen werden im Register dieser Ausgabe mit aufgeführt.

Alexandra David-Néel

WANDERER MIT DEM WIND

Reisetagebücher in Briefen 1904–1917

Aus dem Französischen übertragen von Christoph Rodiek.
272 Seiten, 16 Seiten Abbildungen.
Linson DM 36,–. ISBN 3-7653-0305-4

Alexandra David-Néel (1868–1969), bedeutende französische Orientalistin, Philosophin und Schriftstellerin, unternahm über mehr als drei Jahrzehnte hinweg Reisen in Asien, dem Kontinent ihrer »Sehnsucht«. Ihre Reisetagebücher 1904–1941 sind Briefe an ihren Mann Philippe Néel. 1911 war Alexandra David-Néel nach Asien aufgebrochen. Auf den Spuren der Wahrheit, die sie im Buddhismus gefunden hatte, reiste sie durch Indien, Sikkim und Tibet und von dort nach Japan, Korea und China. Die Briefe aus dieser Zeit sind Texte von tiefer philosophischer Einsicht in die Hinfälligkeit alles Zeitlichen. Beeindruckend ist das poetische Einfühlungsvermögen, das sie mit Menschen, Landschaften und Dingen verbindet. Das Land, wo der Schnee wohnt und »nur der Wind sein Lied singt«, hatte seine eigene Wirklichkeit; hier schien die übrige Welt ihre Bedeutung verlieren zu können.

Alexandra David-Néel wußte von der Brüchigkeit aller Dinge und stand doch mitten im Leben: Ihre eigene Ruhelosigkeit findet hier ihre Erklärung: *»Ich bin wie ein Wanderer mit dem Wind . . .«*.

F. A. BROCKHAUS · WIESBADEN